国家出版基金项目
NATIONAL PUBLICATION FOUNDATION

知识产权经典译丛（第6辑）

国家知识产权局专利局复审和无效审理部◎组织编译

发明工业革命：

1660~1800年的英国专利制度

[英] 克里斯汀·麦克劳德（Christine Macleod）◎著

张　南　苏汉廷　王宇涵◎译

知识产权出版社
全国百佳图书出版单位
—北 京—

CAMBRIDGE

图书在版编目（CIP）数据

发明工业革命：1660~1800年的英国专利制度/（英）克里斯汀·麦克劳德（Christine MacLeod）著；张南，苏汉廷，王宇涵译. —北京：知识产权出版社，2023.1

书名原文：Inventing the Industrial Revolution

ISBN 978-7-5130-8474-1

Ⅰ.①发… Ⅱ.①克… ②张… ③苏… ④王… Ⅲ.①专利制度—研究—英国—1660-1800 Ⅳ.①D9561.34

中国版本图书馆CIP数据核字（2022）第220219号

内容提要

本书探讨了1660~1800年英国专利制度的发展及其与技术变革的关系，特别是分析了司法机关对专利权的授权、执法，分析了专利制度之外的发明，同时结合英国资本主义经济介绍了发明人的崛起。笔者首次尝试以专利统计数据的可靠性来衡量工业革命初期的发明活动和技术变化，指出工业革命初期的专利分配是为了更好地发展资本经济，而非致力于促进发明，同时质疑了发明人的主要目标是节省劳动力的普遍假设。同时还梳理了当时学者对发明概念的认识过程，可为当代专利制度的研究提供启示。

责任编辑：卢海鹰　王玉茂　　**责任校对：**王　岩
封面设计：杨杨工作室·张冀　　**责任印制：**刘译文

知识产权经典译丛
国家知识产权局专利局复审和无效审理部　组织编译

发明工业革命
——1660~1800年的英国专利制度
［英］克里斯汀·麦克劳德（Christine MacLeod）　著
张　南　苏汉廷　王宇涵　译

出版发行：知识产权出版社有限责任公司　　**网　　址：**http：//www.ipph.cn
社　　址：北京市海淀区气象路50号院　　**邮　　编：**100081
责编电话：010-82000860转8541　　**责编邮箱：**wangyumao@cnipr.com
发行电话：010-82000860转8101/8102　　**发行传真：**010-82000893/82005070/82000270
印　　刷：三河市国英印务有限公司　　**经　　销：**新华书店、各大网上书店及相关专业书店
开　　本：720mm×1000mm　1/16　　**印　　张：**21
版　　次：2023年1月第1版　　**印　　次：**2023年1月第1次印刷
字　　数：400千字　　**定　　价：**138.00元
ISBN 978-7-5130-8474-1
京权图字：01-2022-0894

This is a Simplified – Chinese translation of the following title published by Cambridge University Press:

Inventing The Industrial Revolution: The English Patent System, 1660 – 1800, by Christine MacLeod, ISBN 978 – 0 – 521 – 89399 – 2.

《知识产权经典译丛》
编审委员会

总　序

当今世界，经济全球化不断深入，知识经济方兴未艾，创新已然成为引领经济发展和推动社会进步的重要力量，发挥着越来越关键的作用。知识产权作为激励创新的基本保障、发展的重要资源和竞争力的核心要素，受到各方越来越多的重视。

现代知识产权制度发端于西方，迄今已有几百年的历史。在这几百年的发展历程中，西方不仅构筑了坚实的理论基础，也积累了丰富的实践经验。与国外相比，知识产权制度在我国则起步较晚，直到改革开放以后才得以正式建立。尽管过去三十多年，我国知识产权事业取得了举世公认的巨大成就，已成为一个名副其实的知识产权大国。但必须清醒地看到，无论是在知识产权理论构建上，还是在实践探索上，我们与发达国家相比都存在不小的差距，需要我们为之继续付出不懈的努力和探索。

长期以来，党中央、国务院高度重视知识产权工作，特别是十八大以来，更是将知识产权工作提到了前所未有的高度，作出了一系列重大部署，确立了全新的发展目标。强调要让知识产权制度成为激励创新的基本保障，要深入实施知识产权战略，加强知识产权运用和保护，加快建设知识产权强国。结合近年来的实践和探索，我们也凝练提出了“中国特色、世界水平”的知识产权强国建设目标定位，明确了“点线面结合、局省市联动、国内外统筹”的知识产权强国建设总体思路，奋力开启了知识产权强国建设的新征程。当然，我们也深刻地认识到，建设知识产权强国对我们而言不是一件简单的事情，它既是一个理论创新，也是一个实践创新，需要秉持开放态度，积极借鉴国外成功经验和做法，实现自身更好更快的发展。

自 2011 年起，国家知识产权局专利复审委员会*携手知识产权出版社，每年有计划地从国外遴选一批知识产权经典著作，组织翻译出版了《知识产权经典译丛》。这些译著中既有涉及知识产权工作者所关注和研究的法律和理论问题，也有各个国家知识产权方面的实践经验总结，包括知识产权案

---

* 编者说明：根据 2018 年 11 月国家知识产权局机构改革方案，专利复审委员会更名为专利局复审和无效审理部。

件的经典判例等，具有很高的参考价值。这项工作的开展，为我们学习借鉴各国知识产权的经验做法，了解知识产权的发展历程，提供了有力支撑，受到了业界的广泛好评。如今，我们进入了建设知识产权强国新的发展阶段，这一工作的现实意义更加凸显。衷心希望专利复审委员会和知识产权出版社强强合作，各展所长，继续把这项工作做下去，并争取做得越来越好，使知识产权经典著作的翻译更加全面、更加深入、更加系统，也更有针对性、时效性和可借鉴性，促进我国的知识产权理论研究与实践探索，为知识产权强国建设作出新的更大的贡献。

当然，在翻译介绍国外知识产权经典著作的同时，也希望能够将我们国家在知识产权领域的理论研究成果和实践探索经验及时翻译推介出去，促进双向交流，努力为世界知识产权制度的发展与进步作出我们的贡献，让世界知识产权领域有越来越多的中国声音，这也是我们建设知识产权强国一个题中应有之意。

申长雨

2015 年 11 月

译者简介

张南，江苏南京人，英国玛丽女王大学知识产权法学博士。现任中国政法大学全面依法治国研究院副教授，比较法学研究院硕士研究生导师，中国政法大学欧洲研究中心研究员，中国政法大学外国法查明研究中心研究员，曾参与《专利法》第四次修改和《种子法》第三次修订，曾于世界知识产权组织（WIPO）语言司任译员。首批国家海外知识产权纠纷应对指导专家、国家知识产权局地理标志技术审查专家，国家市场监督管理总局行政执法专家，中国卫生法学会副秘书长，黑龙江省知识产权保护中心专家。出版的专著*A Confucian Analysis on the Evolution of Chinese Patent Law System*被世界知识产权组织图书馆和英国玛丽女王大学知识产权图书馆收录。

苏汉廷，中国政法大学法学院法学理论专业硕士，加利福尼亚大学伯克利分校法学院国家公派交流生，北京大学国家法治战略研究院研究助理，《法意读书》英语编译组翻译。曾参加2019年国际刑事法院模拟法庭审判竞赛（英文）[所在代表团获中国赛区总冠军第一名、全球总决赛第12名（团队）]。

王宇涵，中国政法大学刑事司法学院法学学士，英国布里斯托大学国际商法硕士，现任长春市南关区人民法院法官助理。

致　谢

最应该感谢的是唐纳德·科尔曼（Donald Coleman），他不仅指导了这篇博士论文的主题，为本书奠定了基石，同时也对项目的后续研究和开发表现出浓厚的兴趣，慷慨地给予建议、批评和鼓励。约翰·哈里森（John Harris）和罗伊·波特（Roy Porter）研究了这一主题，敦促我发表这篇论文，并提出了不少宝贵的完善建议。

马克·戈尔迪（Mark Gddie）经常的支持和热情促使我完成了这一论文和本书。通过讨论我的想法，提出他自己的见解，尤其是润色文章的内容，他对本书质量提高的贡献不可估量。

对专利和发明历史的研究专业人员不多，我非常幸运地发现两位同事在相关领域工作，同时也为失去其中一位而深感悲痛。我从与已故的哈里·达顿（Harry Dutton）的谈话中学到了很多东西，他关于英国专利制度的著作为我打开了新的视野。莉莉安·佩雷斯（Liliane Perez）与我分享了他对18世纪法国和英国发明人比较研究的广博知识，也对本书作出了精辟的评论。感谢威尔弗雷德·普雷斯特（Wilfrid Prest）在剑桥大学期间与我进行的许多有益的讨论。

还有很多帮助我的人和机构，我也要表示感谢：伦敦皇家学会、皇家艺术学会和历史研究所都欢迎我到档案馆咨询；剑桥大学图书馆、英国国家图书馆和国家档案馆的员工都帮助我整理工作最需要的资料；剑桥大学计算机中心，特别是玛吉·卡尔（Maggie Carr），教会了我如何操作技术进行数据分析和文本录入。克莱尔学堂的同事、同学和员工在我写作期间提供了适宜的环境和很多帮助；在开放大学，我很高兴有机会教授学生们技术史，其中特别有一些对高等教育充满热情的学生们。最后，当然也很重要，我要感谢英国的纳税人的财政支持，帮助我完成这本书。我希望任何读到这本书的人都觉得非常有收获。

缩略词

历史研究所公报	*B. I. H. R.*	*Bulletin of the Institute of Historical Research*
英国国家图书馆（伦敦）	B. L.	British Library London
博德利图书馆（牛津）	Bodl.	Bodleian Library, Oxford
伯明翰参考书图书馆	B. R. L.	Birmingham Reference Library
下议院杂志	*H. of C. Jnl*	*Journals of the House of Commons*
上议院杂志	*H. of L. Jnl*	*Journals of the House of Lords*
英国政府年历文件	*C. S. P. D.*	*Calendar of State Papers Domestic*
威尼斯政府年历文件	*C. S. P. V.*	*Calendar of State Papers Venetian*
剑桥大学图书馆	C. U. L.	Cambridge University Library
英国传记辞典	*D. N. B.*	*Dictionary of National Biography*
英国历史评论	*E. H. R.*	*English Historical Review*
经济史评论	*Ec. H. R.*	*Economic History Review*
经济学杂志	*Econ. Jnl*	*Economic Journal*
皇家历史手稿委员会	H. M. C.	Historical Manuscripts Commission
思想史杂志	*J. H. I.*	*Journal of the History of Ideas*
经济史杂志	*Jnl Econ. Hist.*	*Journal of Economic History*
法律评论季刊	L. Q. R.	*Law Quarterly Review*
英国国家档案馆（伦敦）	P. R. O.	Public Record Office, London
皇家艺术学会（伦敦）	R. S. A.	Royal Society of Arts, London

伦敦皇家协会	R. S. L.	Royal Society of London
谢菲尔德城市图书馆	S. C. L.	Sheffield City Library
苏格兰档案馆（爱丁堡）	S. R. O.	Scottish Record Office, Edinburgh
纽科门交易协会	*T. N. S.*	*Transactions of the Newcomen Society*
维多利亚郡史	*V. C. H.*	*Victoria County History*

注释体例

引文中的拼写已经更新为现代用法，首字母在必要时进行了修改，以在句法上与它们出现的句子保持一致。日期格式仍使用旧式日期，但年份从 1 月 1 日开始。除非另有说明，出版地是伦敦。

英国专利序号和班纳特·伍德克罗夫特（Bennet Woodcroft）编制的索引中的序列号一致（见引言）。其日期根据 A. A. 戈梅（A. A. Gomme）《英国专利的日期更止（1617 ~ 1752 年）》进行了必要的更正。

在表格中，数字已计算到小数点后一位；在正文中，小数已四舍五入到最接近的整数。

本书正文边码为英文原版页码，方便读者使用原书索引。

目　　录

引　言 …… 1
第 1 章　1550 ~ 1660 年的专利：法律、政策和矛盾 …… 9
1. 1　伊丽莎白时代和早期的专利实践 …… 9
1. 2　公众对垄断的敌意 …… 13
1. 3　垄断法令 …… 16
第 2 章　斯图亚特王朝后期的专利授权——一种政策工具 …… 18
2. 1　财政收入 …… 18
2. 2　赞助与垄断 …… 22
2. 3　工业政策 …… 28
2. 4　王室与专利权人的伙伴关系 …… 31
第 3 章　1660 ~ 1800 年专利制度的发展 …… 37
3. 1　专利管理与审查 …… 37
3. 2　专利说明书与专利管理 …… 45
3. 3　专利与泡沫法案 …… 50
第 4 章　司法机关与专利权的实施 …… 53
4. 1　法律框架 …… 53
4. 2　起诉：一项“不确定和危险”的事业 …… 55
4. 3　1693 ~ 1698 年的德怀特（*Dwight*）案 …… 59
4. 4　1741 年的斯丹弗斯（*Stanyforth*）案 …… 62
4. 5　恫吓和反恫吓 …… 63
第 5 章　专利决策 …… 69
5. 1　申请专利的阻碍因素 …… 69
5. 2　专利与专利权人的分类 …… 72
5. 3　专利的非正统用途：广告与侵权 …… 74
5. 4　专利的正统用途：保护发明 …… 81

5.5　生产线上的发明人 …… 86
第6章　专利制度外的发明 …… 89
6.1　主要部门：农业与矿业 …… 90
6.2　纺织行业 …… 93
6.3　工程业与机床制造 …… 95
6.4　“化学”工业 …… 98
6.5　行会与消费税下的贸易 …… 103
第7章　资本主义经济中的专利 …… 106
7.1　数据分析 …… 106
7.2　伦敦的专利权人 …… 109
7.3　地方专利 …… 113
7.4　专利权人的职业分布 …… 123
7.5　“准职业”发明人 …… 128
第8章　专利的长期增长 …… 132
8.1　专利的新压力 …… 133
8.2　短期因素 …… 139
第9章　发明的目标 …… 146
9.1　节约劳动力 …… 147
9.2　节约资本 …… 161
第10章　专利权：批评与替代方法 …… 168
10.1　垄断的可接受方面 …… 168
10.2　培根的批判 …… 171
10.3　对于英国专利制度的批判 …… 174
10.4　发明的进步 …… 175
10.5　专利辩护 …… 181
第11章　发明的新概念 …… 185
11.1　天意的职能 …… 186
11.2　弗朗西斯·培根与自然哲学家 …… 188
11.3　发明的经济学观点 …… 190
11.4　发明和工匠 …… 192
11.5　节省劳动力发明的威胁 …… 193
11.6　对机械化的认可 …… 198

11.7　天意的灭亡 …… 202
注　释 …… 205
参考文献 …… 269
原书索引 …… 298

引　言

英国的专利制度比我们以为的要更加古老，也更年轻。尽管发明专利早在 1
16 世纪中叶就已开始定期被授予，但直到 1852 年，议会才颁布了第一部关于专利的重要法律，英国专利局也才随之成立。1660 ~ 1800 年，所谓“专利制度”的称谓并不准确。它可不是潜心于 19 世纪末或 20 世纪专利法的人所想象的那样，是发明的有序保护者和促进者。但它也绝不是什么腐败的宫廷赞助者（那些着眼于斯图亚特王朝早期的垄断争议的人也许会这么以为）。本书通过解释一个公认的专利制度是如何从垄断的泥潭中诞生而展开。1624 年颁布的垄断法令旨在遏制英国王室对专利的滥用行为，其豁免了授予新发明的一般性禁止行为。与经常给人的印象相反，这项本质上消极的立法本身并不足以产生一个完全能够满足工业革命时期发明者需求的机构。发展是渐进和悄无声息的：没有立法，法庭上也罕有诉讼活动，只能从几本书和小册子中听到含蓄的响应之声。在很长的一段时间里，这个制度的存在是不稳定的：发明往往脱离于它而产生，却不知它的存在。这个制度之所以能够存活下来，主要是因为有足够多的人发现专利的用途不只是保护发明那么简单，最终，因为人们在使用专利制度的过程中，创造了一个有生命力的机构，而这个机构是人们所不能忽视的。在 18 世纪中叶后不久，这一制度就发展出了自己的势头，并在其使用者之中催生出一种先下手为强的心态：忽视专利的人将面临危险。这种变革来自专利“客户”的倡导和管理者对专利的使用和滥用行为的回应。

本书不仅是提供专利制度的机构变革史。它还探讨了英国 17 ~ 18 世纪专利与发明之间的关系，并且提出专利记录远比它通常被低估的情形更富有成
效。发明及其对经济增长的贡献是难以把握的主题。对于正在研究 18 世纪生 2
产力增长这一难以捉摸的问题的历史学家来说，发明专利似乎提供了一个更有力的抓手，是一个对没有定论的定性证据的定量补充。但也发出了危险警告；我们被反复警告，不要过于看重专利统计数据。[1]把专利统计作为发明创造活动或技术变革的粗略指数，将其归纳为粗略的总数字，充其量只能说是一种误导。然而，如果辅以适当的历史敏感性，它们也可以用来阐明一系列经济和社会的发展。如果这本书别无新意，它最终将破坏所有试图在脆弱的专利统计数

据基础上建造上层建筑的努力。但我希望它能发挥更大的作用，具有更积极的性质。因为专利记录仍然是我们所拥有的关于 19 世纪以前发明人及其活动的少数几个综合信息来源之一。我的目的不是要否定专利制度，而是要对其进行探索：展示专利制度是如何运作和使用的；探究谁是专利权人以及他们是如何利用专利权的；评估在专利记录范围内外的创造性程度；调查同时代人是如何看待专利制度的，以及我们可以从他们对发明的态度中了解到什么。用雅各布·施莫克勒（Jacob Schmookler）的话说，“我们可以选择谨慎地使用专利统计数据，并通过它们尽可能地学到些东西，或者不使用它们并且对仅靠它们可以教给我们的东西一无所知。”[2]

直到 18 世纪后期，发明专利在所有授予的专利证书中也只占一小部分（专利证书是授予土地、头衔、职位和其他特权的常见行政工具）。这使得追踪它们的任务变得更加复杂。幸运的是，有人做到了。所有的研究人员都要感谢承担了这项艰巨工作的第一任专利局局长班纳特·伍德克罗夫特（Bennet Woodcroft），他追踪到了绝大多数的研究人员，并于 1854 年以 3 个索引的形式发表了他的研究成果。新的专利局局长不久后出版了这些索引和载有这些专利文本的蓝皮书，这注定成为此后所有研究的出发点。[3]然而，要想了解专利制度的运作，除了这些看似规整的登记册，还必须深入那些政府官僚机构的文件中，追溯在成为专利权人之前必须要走的迷宫式路线。这些文件包括在公共档案室里一起保存的请愿书、逮捕令、报告和摘要，使几乎看不见的机构发展的足迹变得清晰起来。然而，可悲的是，这些令人印象深刻的大量信息具有误导性：它们主要是官僚式的拷贝，几乎没有透露出关于专利权人及其发明或项目的信息。这一时期的英国专利制度是注册制，而不是审查制。[4]对专利申请的审查很少，因此有关专利的信息也很少。在 18 世纪早期引入书面规范之前，
3 以及之后的一段时期，甚至连专利的主题都是保密的，只有一些简单的描述。也正是在这一时期，专利权人定期记录了自己的职业和居住地。与英国形成鲜明对比的是，例如，法国的档案里面记载了大量关于寻求获得特权的专利人的个人背景、发明和企业的详细资料。这种差异来自两个机构之间的根本区别：法国政府需要知道哪些申请者值得其为之提供财政和其他援助，英国政府则是发布一项与自己没有进一步利害关系的许可，其价值完全由市场决定。[5]

英国专利制度的研究人员必须把目光放得比该制度自身的记录更广，因为再无其他的综合信息来源。追踪个别专利权人和发明人成为一个问题。如果一个专利权人不幸遭遇法律案件，法庭记录有时会揭示更多关于他和他的发明资料。而关于专利的判例法是在 18 世纪下半叶才开始发展起来的。较早的案件和那些没有记录价值的在先案件不容易被发现。它们大多出现在衡平法院里，

我有幸找到一些，将在第 4 章对此进行讨论。对大法官办公室和王座法庭的索引进行系统的检索，无疑会揭示出更多信息。议会偶尔也会讨论个人专利，当专利权人寻求延长专利保护期或通过私人法案赋予他更大的权利时，议会就会讨论个人专利：在两院的议事录中可以找到相关的报告，在科贝特（Cobbett）的《议会史》（*Parliamentary History*）中也有对此简略的辩论。[6]19 世纪初，改革专利制度的压力最终通过特别委员会质询的疏导得以释放：由于该制度在本质上仍然与 18 世纪相同，因此可以从提交给委员会的证据中收集到一些信息。[7]至于其他方面，则完全依赖于文学资料。很少有像约翰·怀亚特（John Wyatt）和詹姆斯·瓦特（James Watt）这样的专利权人，能留下专利证书和商业记录。有些人，例如托马斯·萨弗里（Thomas Savery）写了一些小册子来宣传自己的发明；有的人则受到来自竞争对手和他们的垄断以及失败项目的受害者的书面攻击。[8]17 世纪和 18 世纪的发明人并没有像 19 世纪那样被视为英雄人物。因此，当时关于企业或人物的记述很少，而后一个世纪对发明人的回溯性传记则往往是不准确的。幸运的是，越来越多传记类和技术类的二次文献，往往能提供一些有价值的信息。事实上，我一直依赖众多历史学家的深入研究，他们对专利所涉及的技术和产业进行了阐述。

现有的专利制度的“标准史”大多是由律师或经济学家撰写的，他们以今天的理由为之辩护。J. W. 戈登（J. W. Gordon）在 1897 年急于为“公众反对滥用专利权”辩护；50 年后，H. G. 福克斯（H. G. Fox）认为，法官对专利权人过于苛刻，专利制度的创造者未曾想过要求专利权人必须有“发明天才”的神秘成分。他们两位都参考了垄断法令（1624 年）来澄清专利授予的历史
作用，而这一点在 17 世纪晚期和 18 世纪基本都被忽略了。1906 年，威廉·海 4
德·普莱斯（William Hyde Price）从经济学的角度研究了都铎王朝和早期斯图亚特王朝统治下的垄断和专利史。他再一次将故事结束于 1640 年，并得出了一些关于垄断的适时结论，无疑对当时的美国反垄断立法有所借鉴。[9]1946 年，英国国家档案馆的艾伦·A. 戈姆（Allan A. Gomme）编写了一本简明扼要的专利制度沿革史，介绍了从中世纪晚期到 20 世纪的专利制度。[10]这是继 E. 温德姆·休姆（E. Wyndham Hulme）和 D. 西伯恩·戴维斯（D. Seaborne Davies）在《法律评论季刊》（*Law Quarterly Review*）上发表的一系列文章之后，对这主题的行政和司法史所作出的重要贡献。[11]1967 年，伯姆（Boehm）和希尔波斯顿（Silbcrston）研究了“英国专利制度的经济影响”，他们认为以较大的篇幅来阐明专利制度的立法地位和历史是很有必要的。[12]然而，他们对早期历史的概述很简短，再次聚焦于垄断法令，重点是 19 世纪专利制度的改革及其后来的完善。

如果说研究专利制度的历史学家未能说明1640~1852年发生了什么，那么工业革命的历史学家却没有放弃对其经济后果的推测——并得出了千差万别的结论。[13]直到最近，一位经济史学家才对这个问题进行了深入研究。哈里·达顿（Harry Dutton）超越了行政和法律史的范畴，从发明活动本身的角度出发，“探寻专利对使用该制度的人有着怎样的影响”。[14]通过一个“新生发明产业”的巧妙模型，他得出了一个结论，正是这个体系的不完美，“矛盾地创造了某种接近理想的东西”。发明者使用它是因为其是唯一的科技保护手段，但还不足以严密到能阻止新技术迅速传播。[15]达顿的作品对18世纪晚期的情况作了阐述，我在文中也多有提及，但他更强调19世纪前半叶这个时段。关于早期还有很多的东西要说明，也许只有从17世纪开始向前追溯，而不是从19世纪开始向后预测，才能看得见。

除此之外，早期的专利记录一般要么被当作一个用来寻找与发明相关的名称和日期的来源，要么被当作一个破旧但有用的发明活动索引。前者在鼓励技术变革的英雄主义观点方面有其危险性，[16]后者则一直是一条错误的线索，对此我将更仔细地研究。如今，计量经济史学减轻了专利的压力。[17]它更为复杂的计算方法可以随时用来研究工业革命期间技术变革的速度和方向。还有一个优势是，计量经济学的研究聚焦生产率的提高，从而让我们能更确切地了解技
5 术变革的经济后果。发明创造活动本身不过是原材料，专利只是对其提供了一个大致的指导；而经济史学家通常对一项发明的传播范围和速度及其对生产力的影响更感兴趣。目前还没有明确的答案：历史学家使用类似的计量经济学方法，对生产率增长的程度和性质得出截然不同的结论。[18]也许最终会达成一致意见，但历史学家也有可能最终得出这样的结论：计算“剩余价值”（全要素生产率）并不比计算专利更有帮助。顾名思义，剩余价值是指从产出中扣除土地、劳动力和资本的投入后未计入的部分——“是一种‘最好的猜测’，不会超过这个数字”。[19]两者都试图量化质变。尽管它们提供了一个有价值的视角，但历史学家最终还是被迫从衡量转向判断。就剩余价值的评价标准来说，有必要评估技术革新相对其他外部因素（例如组织改进或劳动力教育）所发挥的作用究竟有多大。[20]而对于专利评价标准，我们不得不探寻被这一制度所记载的哪些发明是关键性的发明，并去估计是否有在经济上重要的发明，或者说有其他未被专利记录的外部因素。这里没有捷径可走。

利用专利统计数据作为衡量发明创造活动指标的诱惑仍然存在，这主要是因为这个数据的确正是历史“常识”告诉我们的其应然的情形。从1775年开始，专利数据呈现出明显的上升趋势。从英国斯图亚特王朝复辟时期后的一个世纪里平均每10年60项专利，到17世纪60年代平均每10年200项，再到

17 世纪 80 年代近 500 项，并持续每 20 年翻一番，直至 19 世纪中叶。显而易见的解释是，这种兴起体现出发明人才的爆发式增长，源于 18 世纪末席卷英国的“小玩意儿浪潮”。[21]这一浪潮本身仍是争议的来源。技术史学家对技术的间断性是否足以构成技术革命存在分歧；而经济史学家则对技术变革在经济增长中的作用进行了辩论。阿科斯·保林尼（Akos Paulinyi）最近将“材料成型加工机械”引入制造业，特别是机床的发明，称为技术革命。[22]他的论文挑战了那些像麦克洛斯基（McCloskey）和冯·滕泽尔曼（Von Tunzelmann）一样认为这一时期的技术进步不在于那些著名的新机器和发动机，而在于一系列的小改进——“更像是一场温和的（尽管是前所未有的）雨，到处在水坑里聚集”，这一切是渐进的而不是革命性的。[23]强调发明的传播，而非最初的出现，也倾向于将 19 世纪下半叶之前的蒸汽机和棉织机的“革命性”工厂技术的重
要性降到最低。拉斐尔·塞缪尔（Raphael Samuel）特别强调了这个未变革行 6
业的规模以及它对人力的持续依赖。[24]

那些追随尼夫（Nef）的人也支持始于 16 世纪或更早的渐进式发展的观点。他们认为，不是工厂及其机器，而是长期以来从烧木头到烧煤的技术转变才是关键的创新。[25]此外，长期以来，经济史学家一直在怀疑，是否还有一些突出的技术发明没有被误认为是工业化。尽管这些技术发明对一些行业很重要，但在 19 世纪中叶以前，它们的经济影响可能微乎其微；英国经济增长迅速，但人均实际收入并没有持续增长，而人均实际收入的增长可以被视为“工业化”的决定性特征。最近，“第一次工业革命”被描述为是两种截然不同的现象的结合。例如，克拉夫茨（Crafts）承认“现代化”行业——棉花工业和钢铁工业——发生了重大的技术变革，但至少在 19 世纪 30 年代之前，其总体经济意义仍然存疑：这种革命主要体现在经济结构上，而不是在制造业生产力上。[26]里格利（Wrigley）更极力主张在传统的经济和技术框架内进行阐述：18 世纪英国经济的显著增长是建立在“有机”资源（土地的产出）的基础上的；完全转向以煤炭和蒸汽为基础的“工业无机”经济，是出现在 1830 年之后的一种现象。[27]克拉夫茨和里格利都认为农业生产力才是 18 世纪经济增长的关键，而工业技术变革则是偶然和意外的。在克拉夫茨看来，棉纺机发明于英国而非其他地方只是一种偶然；而对里格利来说，英国的煤层则是“不期而至的福气”。[28]这些专利统计数据无法用来在上述解释中作出决断，这些历史学家中也没有一个人寻求这些数据的支持。答案（如果有的话）还有待更详细但也更广泛的、对比的和反事实推理的调查。

然而，这些数据中所示的现象仍然存在，需要进一步解释。随着支持工业革命“激变论”解读的一系列数据被重新加工和理顺，[29]专利权在 18 世纪后期

的快速增长，仍然是现在已缓缓上升的曲线中为数不多的陡坡之一。人们也可以对专利数据进行再加工，也许除了“技术上有重大意义的”发明之外，可以把其他的都删掉，并注意到重要的、未获得专利的发明。[30]这本身可能就是一项有价值的工作，但它不会提供一个历史性的有效数字；我们只是回到了定性证据的领域。专利统计数据必须经得起考验。所印刷的记录并不完整，也有一些错误，但遗漏和不准确之处都微不足道：它们没有为新的见解提供任何依
7 据。[31]一系列不完美的统计数据并不是问题所在。问题是双重的。首先，专利制度是一个杂货铺：它容纳了许多存疑的小改进、小变化和小设计，而一些最重要的发明［例如，纽科门（Newcomen）的空气发动机、亨茨曼（Huntsman）的坩埚钢和克朗普顿（Crompton）的走锭纺纱机等］却从未获得专利。其次，发明本身无法被简化为小单元进行统计。它们是“模糊的对象”，就像山脉中的山峰一样：很难确定它们的起点和终点。有人试图用各种方法来估量它们，却没有一个是简单或直接的。（例如，技术成就能否与经济潜力等量齐观？最初的突破和后来使发明在技术和经济上可行的小改进相比，哪个更重要？这种突破在多大程度上是一种幻觉，它是众多小进步的累积吗？如何计算失败的原型或同一产品或工艺的多个发明？）[32]

个别专利可能标志着一项技术成就。然而，专利作为一个群体，其意义必须从经济角度考虑。总的来说，18 世纪的专利是在竞争激烈的资本主义背景下经济增长的标志。专利统计数据需要重新解释，而不是重新计算。我们一直在向它们提出错误的问题。即使我们无法充分信任专利统计数据能作为发明（更不用说提高生产力）的指南，也至少可以相信它们是专利的指标。这并非表面上看起来的同义反复的死胡同。专利的期限和分配表明了经济内部的紧张关系，有些是短期的，有些是长期的：削减成本或抓住机会的压力。有时，但并非总是，这些压力是可以通过技术缓解的；它们往往代表了某种消费品的流行趋势，而在这种情况下，技术的作用很小，甚至根本不存在。

发明者是出于对利润的追求，还是出于好奇心或“发明的本能”等非经济因素的驱动一直是一个长期争论的话题，且主要围绕着雅各布 · 施莫克勒的工作而展开。[33]关于发明者的观点总体来说都是正确的，不过专利权人的身份就比较特殊了。成为专利权人并没有什么荣耀可言。购买专利是一种商业交易。获得专利成本高昂，不会有人在毫无经济考量的情况下寻求专利。这种目的可能是保护和利用一项发明；也可能是打动潜在的客户或投资者；为了摆脱行会*的控制，或者在行会开始变得破旧不堪，竞争开始加剧的时候，替代行

* 中世纪工商业组织的一种称谓。——编辑注

会的保护。发明与专利之间的联系在历史上是暂时性的；直到18世纪下半叶二者之间的联系才开始得到牢固确立。

本书前4章考察了专利制度在欧洲复辟时代到1800年之间的发展：伊丽莎白时代实践的残余影响与垄断争议；政府官员对专利的管理；专利权人在法 8
庭上为其权利要求作出辩护时的优势和劣势。第5章和第6章阐述了该制度的特殊运作对专利的使用（或不使用）的影响。除了保护发明免遭未经许可的仿制之外，它们还阐明了专利是如何因其他理由而被申请和授权的。专利制度的不利之处在于，许多真正的发明并没有获得专利。尽管人们早就认识到这一点，但还没有充分领会这种情况在不同行业和不同技术之间的较大差异，而且随着时间的推移，这种差异也在发生变化。比如有些领域的专利申请并不划算，有些类型的发明不太适合专利保护。随着产业结构的改变，特别是当产业变得更加集中化和资本化的时候，这些因素可能会改变，并促使专利与发明的比例提高。在第7章中，通过专利权人的居住地和职业来分析专利的分布情况，使这一点尤为明显。第8章则将前述发现进行汇总，来解释专利数量的短期波动和在18世纪末的“起飞”。最后3章则与前8章对专利制度的探索截然不同。在第9章中，通过研究专利权人对其发明原理的阐述，笔者针对18世纪发明人的目标提出了一个新观点，即当时的发明人在节省劳动力上的兴趣其实并没有人们通常所认为的那么大。第10章和第11章则从经济活动转向经济思想，首先探讨了当时人们对专利制度的看法，以及他们为什么要促成针对发明人的替代奖励计划；其次介绍了随着英国人对技术信心的增强，对发明人和发明的看法所发生的变化。

“英格兰”专利涵盖英格兰、威尔士、特威德河畔贝里克区，并可根据请求覆盖其殖民地。直到1852年，苏格兰和爱尔兰一直保持着各自独立的专利制度，因此本研究将不包括这两个地区。1707年和1800年的联合王国则使得英国垄断法令的适用范围分别扩大到这两个地区。[34]而在联合王国之前，英国王室只能审慎地对发明授予不受管制的垄断权，如同在其他事情上一样。然而17世纪的苏格兰则根据1661年的鼓励贸易和制造业法颁布了议会私人法案，对发明和新产业给予有限的垄断期限。[35]1760年之前，苏格兰的专利很少，后来的加速则在很大程度上是由英格兰专利持有人造成的，他们试图堵上这个侵权的后门。在18世纪，苏格兰只获得了7项专利；37个有苏格兰地址的人在边境的北部和南部各获得1项专利，106个有英格兰地址的人也各获得1项专利；另有22名苏格兰居民各获得了1项英国专利。[36]爱尔兰的专利很少引起人们的兴趣，尤其是在联合王国成立之前。在17世纪90年代股票市场的繁荣时期，随着威廉三世（William Ⅲ）的胜利，狂热的投机者试图将他们的特权延

9 伸到爱尔兰，但爱尔兰人似乎是个例外。[37]1813 年，工程师罗伯逊·布坎南（Robertson Buchanan）从格拉斯哥（Glasgow）写信给他在伦敦的代理人，询问“现在申请爱尔兰的专利是否合适，如果合适，费用是多少。我记得在联合王国成立之前，詹姆斯·瓦特先生曾告诉我，爱尔兰的专利没什么用。”布坎南大概是被告知付出大于收益，因为他的下一封信要求蒙代尔（Mundell）“获得英格兰和苏格兰的专利。我想我们不应该瞎搞一个爱尔兰专利。”[38]想要在 3 个国家获得专利保护必须分别支付费用，且需要 300 多英镑才能获得保护，这成了人们抱怨的焦点。

虽然本研究的重点是英格兰，因此笔者使用了形容词“英格兰”（English），但应该记住，其中的几位主角是苏格兰人，尤其是发明家詹姆斯·瓦特、约翰·伦尼（John Rennie），以及经济学家大卫·休谟（David Hume）、亚当·斯密（Adam Smith）和杜戈尔德·斯图尔特（Dugald Stewart）。[39]在提及专利权人时，笔者始终使用男性性别，这不是出于无心之失，而是因为他们中的 99% 确实是男性。[40]

第 1 章

1550 ~1660 年的专利：法律、政策和矛盾

在过去的两个世纪里，“专利”一词已经有了一个精确的技术含义：在有 10
限的时间内对一项发明的商业开发授予垄断权。这掩盖了它的起源。1768 年，法学家威廉·布莱克斯通（William Blackstone）仍然熟悉对这个词更广泛的理解，在这个词中，发明专利只是皇家“专利书”的一种：

> 国王的授权书也是一个公开的记录。这些授权，无论是土地、荣誉、自由、特许权还是其他权利，都包含在特许状或专利书中，也就是公开信，即随地附属物，之所以称为随地附属物，是因为它们不是密封的，而是暴露在公众的视野中，底部盖有大印，通常由国王下令给他所有的臣民。[1]

因此，专利证书只是授予特权的文件。发明授权进入行政管理阶段的时间相对较晚，被视为英国王室政策的又一个工具。这意味着它们被不加区分地记录在专利登记册上，包括土地、职位、荣誉和皇室礼物中的其他授权书。

1.1 伊丽莎白时代和早期的专利实践

自爱德华三世统治以来，有记录表明，英国王室将“保护书”授予了知名的外国工匠，主要是织布工、制盐工和玻璃工，目的是鼓励他们定居英国，并将他们的技能传授给当地学徒。[2]这些授权书并不授予任何专有特权或垄断。这一做法在 16 世纪中叶被大规模恢复，目的是鼓励引进欧洲制造业和技能。这一时期，排他性是一个主要特征，主要是受意大利思想的影响。

在技术成果中创造产权的概念在意大利城邦出现。[3]在 14 世纪早期，威尼斯共和国奖励了玉米面粉厂的发明人，他们将自己的设计上交并进行了实践检验，获得长期的奖励和免费的工厂场地。1421 年，佛罗伦萨授予建筑师布鲁 11

内莱斯基（Brunelleschi）1项独家专利，用于运输大理石的带有起重装置的驳船。但威尼斯是第一个在法律上规范授予垄断专利的城市，参议院在1474年裁决发明完善后应进行登记：发明人因此获得了10年的独家利益，若有侵权，则罚款100达克特*，而政府保留了征用登记发明的权利。移居国外的意大利工匠为了保护自己不受当地竞争和行会限制，把传授技能作为一个条件，在欧洲各地传播他们的专利制度知识。例如，布鲁塞尔档案馆的前9项专利中有6项是发给意大利人的。这不是巧合，当时在几个国家最早记录的专利是玻璃制造，而威尼斯人擅长这项技术。与威尼斯进行贸易的德国商人也带着这个想法回到德国，德国也是欧洲最早授予专利的国家之一。事实上，“一个接一个，意大利的影响在所有早期的专利制度中都像穿针引线一样”。[4]

英国也不例外。安东尼奥·吉多蒂（Antonio Guidotti）爵士于1537年从那不勒斯写信给托马斯·克伦威尔（Thomas Cromwell），提出了一项计划，要把意大利的丝绸织工带到英国：

> 在这件事上，我只求陛下给我一个恩典，就是作为国王陛下的中间人获得一个15年或20年的特权，这样在王国里，除了以我和我的名义，任何人都不能做或让他做这样的工作。[5]

没有迹象表明这一请求得到批准，但威尼斯人的做法正逐渐为人所知，并被一些人赞赏地提及。“据我所知，在威尼斯，在海上的许多地方，他们奖励并珍视每一个带来新艺术或神秘事物的人，人们可以凭此开始工作”，托马斯·史密斯（Thomas Smith）爵士在1549年写道。[6]然后在1552年，一项玻璃的专利被授权，发明人显然是一个英国人——斯迈思（Smyth），下一项专利于1561年授予两个移民，因为他们制造了卡斯蒂利亚肥皂。1565年，佛罗伦萨人弗朗西斯科·伯蒂（Francisco Berty）获得制盐的第一项苏格兰专利，1586年，爱尔兰获得第一项玻璃专利。

在伊丽莎白一世的首席部长威廉·塞西尔（William Cecil）和后来的伯格利（Burghley）勋爵的指导下，获得卓越的欧洲大陆技术是颁布专利的主要动机。为他进口和改进技术政策服务的专利形成了持久的印记，这一印记在审查的大部分时间都存在。只要英国人落后于他们的竞争对手，鼓励外国工匠在英国定居仍然是引进新技术最合适的方式。这尤其是在纺织、采矿、冶金和所有军械领域特别成功。伯格利充分利用低地国家新教徒纺织工人遭受迫害的机
12 会，帮助建立了“新式布料”。宗教差异和工匠法这类法规不允许阻碍他们移

* 中世纪流通欧洲各国的货币。——编辑注

民，议会也很关心他们与既定利益之间出现的问题。16 世纪 60 年代，12 项化学工艺专利和 6 项机械设备专利获得授权，矿冶企业获得广泛特权；在德国技术人员的帮助下，开发矿产资源的企业获得广泛的垄断权。[7]

伯格利首先想到的是预期的国家利益，即确保某些必要商品的供应或创造就业机会，其次是奖励发明人的劳动和开支“符合正义”，以鼓励他人。他特别渴望推动引进那些在进口清单中占据最重要地位的产业（例如，明矾、玻璃、肥皂和硝石），以及开发以前因缺乏必要技能而未开发的本土资源。[8]专利权人被要求不能拖延实施其“发明”，并通过向本土工人传授必要技能来确保其持续性。如果不符合这些条件，授权书可以被撤销。政府规定，生产的产品应比进口的同类产品便宜，有时还应定期检查其质量。[9]政府谨慎行事，以便不损害已建立工业的成功。政府根据需要作出决定避免失业和尊重保留传统行会，这些行会因其在规范工业方面的作用而受到重视。有时，为了确保准确性和保护老牌工匠和地主，伯格利会亲自修改条款。[10]

有进一步的证据表明，伊丽莎白时代早期的专利绝不是按需求授予的，即研究了发明的性质及其对利益相关方财富的潜在影响。例如，一群法国玻璃制造工匠在 1567 年向英国政府请求获得生产诺曼底窗玻璃的 21 年专利的特权。政府征询了奇丁福尔德玻璃工匠的意见，询问他们是否已经制造或能够制造这种玻璃。只有当他们回答为否定时，专利才被授予。1589 年，一项制盐专利被拒绝授予给德国工匠，理由是女王的许多臣民已经用盐水制盐了。斯托（Stow）报道的一个案例进一步表明了伯格利的密切关注。亨利·纽厄尔（Henry Newell）和托马斯·米尔德迈（Thomas Mildmay）爵士的制糖专利被拒绝。他们声称，这是他们的生意：

> 不会妨碍女王陛下的生活习俗，不会损害任何商业冒险家，不会损害伦敦的杂货店，尽管这可能会被称为垄断，但对联合王国没有任何不便：但是财政大臣（在没有听到其他人反对声音的情况下，他绝不会同意这样的事情）收到了为什么不应只允许一个人、两个人或三个人提炼糖的理由。[11]

在专利制度的发展过程中，伯格里政策的首要目标是引进国外的整个产业
或制造技术，这一点具有重要意义。第一发明人的权利被理解为源自发明的第 13
一进口商的权利。[12]这给政府对专利权人的要求产生了两个重要影响（我们当前的公布原则直到 18 世纪末才确立）。首先，最初要求的对价或交换条件不是公开他的秘密，而是通过有效地引进新技术或新产业来“促进贸易”。因此，无论是对现有行业还是对专利发明而言，仅仅是改进的专利权都是不受欢迎

的，因为这些改进可能会妨碍老牌工匠的生计。[13]这是伯科特（*Bircot*）案（1572 年）中双重判决的结果。[14]正如半个世纪后爱德华·科克（Edward Coke）爵士所说，这意味着“一项新发明给联邦王国带来了他们以前没有的东西”，而“一项旧发明的补充”只是给“一件旧斗篷”装上的一个新纽扣。[15]就业是神圣不可侵犯的，而威胁它的发明人被剥夺了官方的承认和专利保护。[16]1571 年，委员会驳回了马蒂（Matthey）为保护他的新刀柄提交的专利申请，刀匠们投诉声称，由于高级刀柄的垄断，马蒂会使行会的所有成员都破产。[17]直到 18 世纪的最后 25 年，这个标准才在法庭上被废除，曼斯菲尔德（Mansfield）大法官在莫里斯诉布兰森（*Morris V. Branson*）案（1776 年）中裁决，对改进的反对如果成立，“将废除几乎所有授予的专利”。正如曼斯菲尔德的声明所暗示的那样，这项原则并没有阻止授予许多技术上只是改进的专利。然而，引用伯科特（*Bircot*）案导致随后对那些威胁到现有生计或被认为只是改善的生效专利的否决。[18]

其次，最初的考虑失去了合理性，因为授予外国工匠的专利越来越少。1624 年，爱德华·科克仍依赖伯格利的次要理由：

> 发明人通过其投资、成本和费用为联邦王国带来了一种新的制造工艺，因此，他有理由在方便的时候获得特权作为奖励（以及其他类似的鼓励）。[19]

1660 年以后的专利申请书通常会在开篇时提到，申请人在发明上花费的“巨大的费用、劳动、成本和痛苦”（或类似的牺牲），并且通常会针对政府的社会和经济偏见提供一些陈词滥调的潜在利益——雇用穷人、开发本地资源，或者在进口上节省大量资金。将这项发明付诸实践，就避免通过书面描述等其他方式向公众披露这项发明。17 世纪后期的专利，仍然依附于旧的实践，实际上并不需要任何有效的公开形式。因为很少向专利权人提出任何要求。17 世纪 80 年代，强加给丝织物专利权人和 White Paper 公司的条件是，它们应该指导本地学徒，这是一个例外：值得注意的是，两者都是由胡格诺派难民建立
14 的。[20] 18 世纪早期出现了书面规范，但直到很久以后，通过普通法法官的判决，才从法律上要求规范承担告知公众的重任。[21]

在专利制度适应不断变化的经济和技术条件的过程中，产生的这些以及其他有关专利的适当功能和形式的问题，在整个 17 世纪和 18 世纪的大部分时间里一直迟迟没有进展。[22]这些问题是由官员和法官根据情况临时决定的。对专利权人的要求一直没有确定：有时需要一个条款来执行和指示，有时（而且越来越多地）需要一个书面说明。尽管官方不允许，对发明的改进仍被授予

专利。因此，侵权案件和专利有效性案件的判决就是建立在这种不断变化和不确定的基础上的。

1.2 公众对垄断的敌意

伯格利努力使他的工业政策取得成功，但大多数新引进的产业并没有如预期的那样蓬勃发展。即使到了 1569 年，他仍然沮丧地，甚至犹豫不决地决定“如果看不到任何发展，没有任何让人感动的荣誉，将不再授予任何特权”。[23] 更糟糕的是，如果没有一只坚定的手，引导这个体系达到明确的目的，不正之风也开始蔓延，将使其名誉扫地，并最终危及其生存。虽然专利不再是有意引进技术的政策工具，但引进外国（和英国）发明仍然可以获得专利；至少可以说，对法院的影响是有利的。更有争议的是，基于新产业或新发明的垄断不再被授予朝臣和他们的客户，他们的目的纯粹是财政方面。[24] 由于他们干扰了既定的贸易，那些利益受到威胁的人，如生产者或消费者，几乎立即提出了抗议。

在伊丽莎白一世的几届议会中，人们都对英国政府利用专利权来管理制造业和贸易表示不满。1601 年，他们齐心协力地攻击了这种被视为滥用皇室特权的行为。为了提前阻止“在某些专利案件中解释普通法的法案”的通过，女王承诺通过公告撤销令人特别反感的专利，并将其余专利交给普通法管辖。[25] 然而，在她的继任者的领导下，尽管成立了调查专利权人索赔的诉讼委员会，詹姆斯在《奖励书》（*Book of bounty*）（1610 年）中发表了自我约束的声明，但下议院发现了越来越多的申诉理由。[26]

> 对于公告和专利，它们变得如此普通以至于没有尽头，每天都会带来
> 一些新的项目或其他事项。事实上，这个世界确实曾在永久专利的重担下 15
> 呻吟过，专利变得如此频繁，以至于在国王到来时，有人抱怨当时有八九
> 家垄断企业存在，现在据说是多了好几倍。[27]

1621 年，下议院又对垄断发起了一次攻击。“白金汉戒指”的首席代理人贾尔斯·蒙佩松（Giles Mompesson）逃离了首都，他经营着金银丝线的垄断业务，有旅馆和酒馆的经营许可证，议会依据普通法下令取消 18 项专利和其他 17 项提交中的专利。但事情并没有就此结束：1621 年，一项由下议院通过但被上议院否决的法案在 1624 年被重新提出，且被制定为垄断法令（21 Jac. I，c. 3）。

这一法案的戏剧性故事经常被提起，通常是在 17 世纪初的宪法危机背景下，根据辉格党的解释，这标志着下议院对王室特权的重大打击。[28] 旨在禁止

王室滥用其分配权力，该法令作为专利制度的法律基础，有一种奇怪的副作用，是一种历史的怪事。[29]它豁免了对新发明专利的一般禁令。[30]它的目标是滥用注册专利（例如酒馆），围绕工业专利发展起来的各种不正当做法，以及为规避老公司的限制而颁发的许可证，特别是在出口贸易中。[31]整个行业的控制有时是建立在发明专利的基础上的，专利是这一过程的一部分：曼塞尔普斯玻璃制造专利在1621年就因此受到批评，如果“发明橡胶鞋的人应该拥有鞋底去制造鞋”，[32]那些以向请愿者勒索大笔钱财作为提出索赔的代价的朝臣遭到了严厉的谴责。但最令人不快的是，作为一种赞助形式，在已建立的产业中，无须向王室支付报酬的朝臣被授予垄断权。这对消费者和已有制造商都是不利的。

> 各种各样的计划都出现了，许多是可笑的、可耻的，所有都非常可悲；国王也开始嫉妒和责难，以及其他获利的人，在一年内通过这些方式从民众身上获得的20万英镑中，只有1500英镑归国王使用和核算。[33]

1624年，议会试图通过限制专利证书来根除这些弊端，仅授予第一发明人垄断权。从此以后，皇家特许证书的有效性将受到普通法的审判，任何对其感到不满的人都可以向国王法庭、普通法庭或经济法庭提起诉讼，请求救济。如果成功，将得到赔偿，赔偿金将是他所受损害的三倍，和投入的双倍。[34]

但该法案中存在漏洞，在17世纪30年代迫切需要新的税收和收入来源的英国王室能够利用这些漏洞。工业公司被创建或改造来经营授予垄断权的专
16 利，其代价是每年支付租金或分期支付给王室。主要消费品，例如盐、肥皂、淀粉、煤炭的价格大幅上涨，因为垄断者试图收回政府要求的租金和溢价，并在其还有政治运气的情况下获取高额利润。一些行业的从业人员被禁止从事其合法职业，除非支付罚款，或者拒绝支付罚款而受到严厉的处罚。[35]因此，专利制度完全失信。1640年，在普遍反对垄断的抗议中，议会长期对专利权的呼吁有效地废除了这一制度。[36]在所有专利权都受到限制的情况下，只有极少数的专利证书在过渡期内颁发。[37]

“垄断”比以往任何时候都更能成为一个让人有情绪的词，1660年以后，它一直保留着贬义的力量。显然，人们对掠夺性的朝臣和王室对专利的任何财政剥削仍然怀恨在心。1654年，诺威奇的市长和公司对提议中的邮政垄断感到愤怒，他警告克伦威尔：“我们以血汗和财富为代价换取了自由，我们希望不要再被令人厌恶的垄断所困扰，而是可以自由地传达我们的信件。”[38]一位匿名作家（显然是一位失望的保皇党人）在1664年警告查理二世，不要让“放荡、贪婪的朝臣背叛了民众的信任，垄断授权并追逐专利和新发明，直到

王国陷入贫困，王子被憎恨”。[39]同年，据政府报道，一位电线商西蒙·乌林（Simon Urlin）在他召集的一次会议上反对约翰·加里尔（John Garill）申请专利，“他激动地说，已故国王因为授予这些专利而失去了理智”。[40]打油诗《天使的声音和眼泪》（*Vox et lacrimae anglorum*）（1668 年）也表达了同样的观点：

> 把所有的垄断都踩在地上，
> 制定条款使其不再出现，
> 在这方面，王子的危险主要在于，
> 他被迫用别人的眼睛去看，我们的麻烦就出现了，
> 这时国内战争就开始了。[41]

滥用垄断权已成为英国内战的一个主要原因，成为流行的神话。事实上，1640 年，在申诉委员会关于滥用财产特权的名单中，垄断占据了首位。[42] 1684 年，东印度公司在排除闯入者的权利问题上发生了一场争端，垄断案再次将这一问题完全带入公众视野。“垄断”这个词，或者说“独占”，威辛斯（Within）法官声称，通常这个词在法律人眼里是令人讨厌的。[43]在 1692～1693 年的两次议会辩论中，很明显，对垄断的指控是一个现成的武器：尽管有这样的指控，威廉·沃尔科特（William Walcot）的“海水淡化”法案还是通过了；然而，授予凸面灯专利权人更长时间的专利权的法案却并非如此。在强大得多的利益集团的反对下，它被当作一种垄断被抛弃了，因此“直接违背了公众的利益”。[44] 1714 年，诗人亚伦·希尔（Aaron Hill）在宣传他的山毛榉油项目时，认为有必要先发制人地指责专利是“国家的特权”，鼓励垄断。他向土地所有者保证：“当女王给我一个用橡树果实制造油的专利时，她没有给我任何别人的财产，也没有强迫你把你的橡树果实卖给我；因为如果你认为这更符合你的利益，你当然可以不用管它，该法只不过是对先前惯例和普通法的宣示，但它将以前的审慎限制转变为具有法律约束力的惯例守则。”[45] 17

在托马斯·隆比试图通过议会私法延续其专利的情况下，专利制度不愉快的起源在 1732 年提醒了下议院。他的一位支持者认为，由于不存在非法垄断，“我们不受前一部法律的限制”。他回忆起“当时的泡沫和垄断，以及当时所犯下的许多罪行”，这些罪行使该法律得以颁布，“以防止未来出现任何此类泡沫或垄断”。[46]当时与下议院的自由派如此纠缠，死得很惨，而复辟政府却把它忘得一干二净。约西亚·塔克（Josiah Tucker）在一个世纪后就意识到了这一点：

> 当国王查理二世复辟时，他不仅恢复了所有以前与对外贸易有关的垄

> 断，而且制造了许多新的垄断，无论是国外的还是国内的，正如那个时代所承认的那样；那时我承认：因为查理一世在这些事情上的专横制度太可憎了，他儿子不能立即到达同样过分的程度。[47]

1.3 垄断法令

那么垄断法令允许什么呢？各种类型的授权和特权被明确地排除在其条款之外。其中包括由议会法案作出或确认的授权，经御玺盖章向法院法官和治安官发的授权令，印刷以及制造军械、火药和明矾的专利，以及授予四名指定个人的制造专利；城镇和公司的特许权也被豁免。后来发现了一个主要的漏洞，直到 1640 年，英国政府一直通过这个漏洞推动其垄断地位。然后出现了发明专利证书。下面完全引用了该法令第 6 节关于专利制度的条款，专利制度赖以存在的条款：

> 同时声明并颁布，上述任何声明均不适用于在联合王国内从今往后，就单独加工或制造任何形式的新产品向该新产品的真正第一发明人授予 14 年或以下期限的专利和特权，而其他人此时不能使用上述专利和特权制造上述新产品，避免违反法律、通过涨价损害国家利益，损害贸易造成不便。上述 14 年应自提交专利之日算起，或授予此类特权之日算起，但其效力应与从未制定该法案时的效力相同，且不具有其他效力。

显然，该法只不过是对先前惯例和普通法的宣示，但它将以前的审慎限制
18 转变为具有法律约束力的惯例守则。[48]它成为英国政府司法官员检验专利应用的标准。它唯一的创新是将期限限制为 14 年，并宣布有关垄断、专利、许可等案件应在普通法中审理和裁决。

爱德华·科克爵士（1552～1634 年）起草了这项新法律，并指出了它的一些直接影响，他可能被认可为垄断法的专家。他不仅是一名司法官员和首席大法官，而且在 *Darcy v. Allein*（1602 年）案中代表原告出庭。在该案中，对进口扑克牌的垄断被撤销了，而关于专利的普通法引起了激烈的争论，并且他自 1593 年以来调查了许多专利和贸易争端。作为一名议员，他［和威廉·诺尔（William Noy）］提出了 1621 年的反垄断法案，并在审议 1624 年法案的委员会中任职。[49]科克爵士认为，只要满足七个条件，新工业品的唯一生产专利将获得授权。[50]第一，期限最多为 14 年。这一限制并非完全随机选择的：它是法律规定的 7 年学徒期的两倍。科克爵士认为，这样做是否还不算太久，因为第一批学徒将被他们主人的专利限制 7 年，并因此而气馁。第二，"它必须被

授予第一个真正的发明人”。第三，“它必须是这样的工业品，任何其他人都
不可以使用该专利的制造方法。科克爵士预计在解释这些条款时不会遇到任何
困难。他遵循伊丽莎白时代的惯例，将“发明人”理解为包括工业品和技术
设备的进口商。[51]同样，问题不在于有关工业品，或设备以前是否在英国使用
过，而在于申请专利时是否在使用。第四，“特权不得违反法律”，也就是说，
它必须是“大体上和实质上新的发明：但如果发明的物质以前就存在，并在
其上有新的补充，尽管这种补充使前者更有利可图。然而，在法律上，它并不
是一个新的工业品。科克爵士在这里提到了 *Bircot* 案的先例，即 1572 年财政
署内室法庭的决定；直到 18 世纪末，当时它被引用在好几个案例，结果被推
翻，他才开始思考专利法律。在 *Bircot* 案中，还解决了，“如果新的工业品实
质上是根据法律发明的，以前使用的旧工业品是不能被禁止的”。第五，不应
导致国内商品价格上涨：每一个拥有专利的新的工业品都必须有“迫切的必
要性和证据的实用性”。因为人们认为，建立工业以替代进口商品不应以牺牲
消费者的利益为代价。实际上很少注意到这一点：价格通常只在成为法律和秩
序问题时才被考虑，就像粮食一样。[52]这种对实用性的尊重严格符合伊丽莎白
时代的政策，这一政策促进了专利制度的发展，这一点适合于伯格利的一位曾 19
经的客户。第六，它不应该是损害贸易的，对科克爵士显然是一个不言而喻的
观点。第七，模糊地说，它不应该是“普遍不方便的”。为了说明这一条款，
科克爵士举了一个可以替代 18 个工人劳动力的缩呢机的例子：这将违反 16 世
纪的一项法令（7 Edw VI，c. 8），该法令规定软帽和便帽的增厚和缩呢应由人
工完成，而不是缩呢机，因为让如此多工人失业会导致麻烦。否则，如果没有
法令阻碍，则由枢密院自行决定“这个麻烦”。[53]

1624 年的法令回顾了伊丽莎白一世统治初期几十年来为促进开明的工业政策而设计专利制度的严格运作，以及普通法的先例。它的重要性在于具体化，给予发明专利的法定认可和法律地位；也许它甚至允许在王室可能对颁布专利失去兴趣的情况下延续其生命。但在这样的法典化过程中，该法令对专利制度的管理几乎没有明显改变，实际上将其管辖权交给了枢密院，直到 1753 年才被保留下来。伊丽莎白时代早期的经验为后人定义了专利制度的“适当”功能，正如 1624 年法令所认可的那样。在这种制度不太适合的经济条件下，需要很长时间和广泛的经验来重新界定其职能，并相应地改造该制度。

第 2 章 斯图亚特王朝后期的专利授权——一种政策工具

20 发明专利在英联邦和受保护地中幸存了下来，并在 1660 年毫发无损地重新出现。[1]正如本章将要讲述的，在王室看来，发明专利仍不过是一种对服务的奖励和分包其业务的工具——他们得以掌管王国的资源之一。但有些事已经发生了变化。针对那些曾动摇查理一世稳定政权的垄断行为的敌意至今仍然存在，并充满威胁。复辟后的国王不能再让它浮出水面了。查理二世在其主政的最初几年里，曾试图秘密地利用专利来获得垄断权，但显然意识到这样做后患无穷。总的来说，针对专利权人滥用垄断权的指控都得到了政府的迅速调查，并在必要的时候采取行动。虽说侍臣和官员们得到了优待，但专利制度并没有经常性地被财政官员利用，也没有得到侍臣们的系统性赞助。没有任何证据表明出现过类似于伯格利提出的产业政策。不过，直到 18 世纪早期，政府仍然是发明专利的利益相关者。

2.1 财政收入

尽管在查理二世统治的前半期，资金长期短缺，而且为了支撑威廉和安妮的欧陆战争，不得不动用重税和赤字财政，但专利制度作为一种财政手段，也只得到了极其有限的利用。每当有一项专利经过由各种令状、印章和登记表组成的复杂程序成功注册时，至少有 70 英镑（或者两倍的金额）进入了王室的金库和官员的口袋。[2]年租金缴纳制度只在 1688 年以前偶尔出现过，工业革命之后就不再有过了。1661 年，当被要求为威廉·查普曼（William Chapman）的制盐专利推荐合理租金时，财务大臣南安普敦（Southampton）报告说："在这种情况下，通常会保留少量租金，因此我建议每年 30 英镑或利润的 1/4，公平起见，如果选择后者，则只上交三年内的利润给陛下。”[3]30 英镑的年租确实非常高了：在这段时期里，其他各种租金的范围都明显落在 66 便士到 5 英 21
镑之间不等。自 1671 年 2 月开始的两年里，几乎所有授予的专利都被要求缴纳少量租金：虽然此时正处于政府财政严重紧缩的时期，但还是很难相信这些钱竟被视为救济政府的必要贡献。[4]1664 年，蒂莫西·富尔索普（Timothy Fulthorpe）的专利被一个相似的在先发明所阻碍，他试图贿赂国务大臣以使自己的专利获得通过。他以 50 枚金币“略表心意”，又支付了 2000 英镑作为担保，以保证一旦事情败露他会说“我是从别人那里发现了这个东西”。他的这一提议没有被接受。[5]当然，这并不足以构成证明贿赂确实存在的决定性证据：也许确实存在，只不过不那么招摇甚至是不自觉的。[6]

在其他一些案例中，专利权人同意王室可以分享其利用专利所获得利润。这已经是涉及从海洋中打捞沉船和宝藏的专利的正规程序。无论王室是否像普通投资者一样对这些项目持乐观态度，他们都要求获得其利润的 1/10 甚至 1/5，并且不承担任何风险。[7]在这个无关既定利益或生计的高度投机的领域之外，王室不主张与结果有任何利害关系。但对于那些潜在利益丰厚的提议，他们也抵挡不了诱惑。1680 年，克莱门特·克莱克（Clement Clerke）爵士就冶金工艺申请了专利，但他的申请被拒了。6 年后，他就一个名义上相同的发明再次申请专利，但是这次则提供了一个“在 6 年后给予国王一半利润的附加条件，如果 6 年后依据议会法延长了专利期限，则给予国王 2/3 的利润”。[8]［克莱克对宗教的同情可能比这一提议对保证其获得专利的作用更大：他的专利合伙人是罗伯特·布伦特（Robert Brent），此人可能是罗马天主教的律师，并因是詹姆斯二世的“选举代理人”而臭名昭著。］[9]此外，为了确保自己的利益，抑或是为了奖励忠诚的支持者而不惜牺牲那些与前政权和宗教关系过于密切的人，新政府在 1689 年以同样的条件将专利转让给了理查德·古特（Richard Coote）勋爵。古特主张基于专利权人无法实施这项发明，而新的授权中又重复了这一发明，以作为剥夺克莱克专利权的正当理由。

> 到目前为止，专利权人……还没有在他们的发明中取得任何重大进展，也不确定他们将在工作场所和其他材料准备好之前取得重大进展，而完成这一切必须花费一大笔费用。[10]

不实施专利通常不构成英国专利无效的理由。

1660 年以后，王室不再试图以牺牲公众利益为代价，通过授予专有权利以增加收入。即使在要求缴纳租金或一定比例利润的案例中，他们也没有以授予垄断权的方式来促进自己和专利权人的利益。王室的政策在这一方面与斯图亚特王朝的前两任君主形成了鲜明的对比，而阿兰·戈姆（Allan Gomme）认为“尽管有垄断法的存在，但查理一世和后来的斯图亚特君主为了攫取利益
22 继续授予公然违反法令规定的垄断权”的观点必须相应地作出调整。[11]

英国王室只从颁布专利的手续费和不定期收入中收取最低限度的利润。这些税费来之不易，因而王室为了避免挥霍，严格控制授权。王室对关税和消费税盯得很紧，消费税更是占了后革命时代财政的主要部分。因此，对于可能影响关税和消费税的发明专利审查都异常严格。有些工业品前期只能进口，因而时人常向王室推荐一些有利于英国本土生产这部分工业品的发明，以“促进贸易平衡”。王室对这类发明施恩，就会对关税收入造成威胁，请求人只好总是尽力向政府保证，征收的关税总比初期损失要多。[12]1687 年，法国丝绸工人保罗·德克劳斯（Paul Decloux）同保罗·克劳德斯利（Paul Clowdesly）和威廉·谢拉德（William Sherard）两位英国合伙人一起申请专利，就“迄今为止只能在法国里昂生产的阿拉莫德丝（alamodes）船帆和光亮绸”要求专利权利。有人就站出来要求财政部专员评估授予这项专利后对进口关税的影响。财政部的专员们听取了请求人和织工行会（Weavers Company）代表的意见，查验了阿拉莫德丝的样本，在 3 个月后建议授予专利，但是要求专利权人每生产一匹不超过 60 埃尔*的丝绸就要缴纳 2 先令（10 英镑），每个季度还要向财政部提交台账，说明织造丝绸的数量和长度、所使用织布机的数量以及全部织工的姓名与住址。财政部的专员计算过：这些收取的费用和进口丝绸坯布的关税加在一起就能抵销王室因批准专利而减少的成品丝关税。[13]

没有证据显示当时的政府以对关税收入产生威胁为由驳回过专利申请，不过消费税就是另一码事了。英国从 17 世纪 90 年代早期就对一大批本土商品开征消费税，税率也稳定上涨。消费税是后革命时代财政的一块基石。威廉和安妮之所以赢下了一系列战争，靠的就是信贷。他们拿着未来数年的税收作抵押，为英格兰银行注资，向政府的其他债权人偿付贷款。消费税是万万动不得的（连这个念头都要不得）。[14]

盐税是一项地位最重要、利润最丰厚的消费税。1698 年，英国政府和新东印度公司（New East India Company）谈判，以盐税为担保，借了一笔 250 万英镑的贷款。之后英国本地盐的消费税翻了一倍，从 20 便士（8 英镑）涨到了 3 先令 4 便士（16 英镑），往后一直如此。[15]此后一切可能影响盐税的发明都
23 经受了严厉的审查。1709 年，萨缪尔·施梅陶（Samuel Schmettau）提出专利申请，说自己发现了一套“耗能更省、成本更低”的煮盐方法，可供出口贸

---

* 埃尔为旧时英制单位，相当于大约 45 英寸或 115 厘米。——译者注

易，以期“削弱法国”。盐政专员（Salt Commissioners）准备受理他的申请，但又担心这些专利权人继续改进工艺，生产出纯度更高的盐，从而“极大地削弱盐税”，因此搁置了。不过办法总是有的：施梅陶同意立约“不以要求权利的发明技术改变成品盐的纯度”，这才使财政大臣满意。这是税收压倒生产力较早的例子。[16]

其他人就没有施梅陶这种运气了。1713 年，爱丁堡商人乔治·坎贝尔（George Campbell）和亚历山大·英格利斯（Alexander Inglis）提出抗辩，认为财政考虑不能凌驾于自己的合法权利之上，因而为一种新的制盐方法第二次申请专利。盐政专员害怕盐的纯度提高之后影响财政收入，以“该技术可能不利于税收，从而引发盐税债权人的担忧”为由，再次驳回了他们的专利申请。[17]1714 年，盐政专员又以类似的理由驳回了托马斯·斯莱福特（Thomas Slyford）的申请。[18]1722 年，威廉·盖伊（William Guy）在为一项新的制盐技术申请专利时反其道而行之，找了五个伦敦商人证明这项技术消耗的原料盐比一般情况下还要多，最后很满意地拿下了专利。[19]

为了王室的税收而损害发明，威廉·考普兰（William Cowpland）就是又一个例证。考普兰是伦敦的一名制皂师，在 1718 年为“一项可生产气味甜蜜、可洗精致的蕾丝、薄纱、亚麻等上好布料，保持其强度和美观，干净洁白的洗涤液的制造技术”申请发明专利。考普兰跟总检察长（Attorney General）亲自保证，自己的发明能够增加税收，不过检察长不以为然，把他的申请转给了消费税专员。消费税专员派了一批人去“检查申请中所称洗涤液的制作过程，不过没有询问洗涤液的成分”，以此确定（可征税的情况下）如何征税。消费税专员承认，他们也实在不知道洗涤液能不能算法令中规定的肥皂。法令中规定对肥皂征税的单位是一磅肥皂，不过特定单位洗涤液中肥皂的含量有没有一磅，取决于洗涤液制作时的浓度，因此很难确定。还有一件更麻烦的事：考普兰想着方便调查专员，制作演示足足花了 12 个小时，结果专员们“觉得根本用不着这么长时间……有同事跟我们说，他们不到 1 小时就能做出这种洗涤液”，使得考普兰有了逃税的嫌疑。也就是说，专利批不批准，发明最重要的优势在于制作过程够不够快。[20]

18 世纪早期，有 3 件蜡烛专利申请案送到了消费税专员手里，也遇到了 24
同样的麻烦。1728 年，尼古拉斯·曼代尔（Nicholas Mandale）的牛油蜡烛专利申请中自称“更加清洁、芬芳，更持久，可与石蜡相媲美”，消费税专员因此觉得这些牛油蜡烛很可能会将石蜡取而代之。考虑到一磅石蜡的消费税是 8 便士（3.2 英镑），而相同重量的牛油蜡烛的消费税只有 1 便士（0.4 英镑），税收当然要受很大影响了。[21]6 个月以后，约翰·刘易斯·米洛特（John Lewis

Milot）承认曼代尔代表自己提交了申请，抗辩称“与其放任制烛人们普遍剽窃生产，还不如授予专利”。消费税专员显然愿意冒这个风险，最后让自己的官员代替专利权人监督制烛工业（再一次打破了1640年之前的惯例）。[22]到了1738年，伦敦药剂师约翰·特洛普（John Thorpe）为鲸油蜡烛申请专利。这一次消费税专员再次陷入了石蜡和油脂蜡烛的问题中，决定除非特洛普按石蜡的标准交相同税，否则就不批准他的专利申请，这遭到了时任总检察长杜德雷·莱德（Dudley Ryder）的反对：第一，国王不能依照石蜡的标准对蜡烛征税；第二，非经法律授权，消费税专员也不能在专利授权里加上这样的条件。此次申请18个月后，特洛普再一次晋见王室，要求落实莱德的意见，不过官僚体制的惰性很快就让他遭受了失败。[23]

直到18世纪60年代末期，英国政府才开始批准蜡烛专利，那时对蜡烛构成威胁的油灯也开始获批专利。1775年之前，其他消费税征税商品的专利情况也很类似：要么凤毛麟角，要么几乎为零。[24]这些专利的出现意味着在有关部门审查专利和技术创新时，税收不再是一票否决的因素了。[25]随着时间推移，对政府债务信用的担忧逐渐淡化，18世纪80年代早期，皮特的财政改革也促进了政策放松。

2.2 赞助与垄断

1660年，查理二世复辟，要求分地许官、赏赐封侯的上表也如雪片般飞来，清一色地大表忠心，往往都说自己为勤王作出了重大的牺牲。为了得到那些英格兰共和国时期任职的人的支持，这部分人的主张需要被平衡。[26]过去王室做生意，往往会与个人和组织合伙经营，这种合伙也往往都是王室特许的。[27]这些特许的商人为了一己私利，干涉贸易和工业品领域的监管，早在英国内战爆发之前就有人激烈反对。查理二世没有特别在意这些反对意见，继续颁发皇家特许状，还恢复了一些长期议会撤销的特许，罗伯特·霍尔顿（Robert Horton）和汉弗莱·巴克纳（Humphery Buckner）的丝绸染色质检生意因此重新开张。[28]

25 如时人所料，查理二世把专利当作给保皇派的赏赐，不过他的专利政策与前两任国王相比发生了重大变化。查理二世复辟之后的头几年，专利政策相对冒险，不过当时英国政府已经注意到了前期的一系列意见和警告，因此实行效果不错。[29]纵观17世纪，朝臣及其门客都是专利政策主要的受益人。不过除了明确的例外和几个灰色地带之外，当时的专利制度并不授予垄断权利。所谓明确的例外，就是第二代白金汉公爵乔治·维利尔斯（George Villiers）的高品质玻璃制品专利，实质上就是一种垄断。[30]这次例外值得关注，因为它意味着王室会尽量避免在表面上让朝臣享受垄断和特权。进一步来说，目前的史料说明，维利尔斯对于玻璃制品经营是很用心的，其盈利也是基于工艺改进，从没有试图损公肥私。

罗伯特·曼塞尔（Robert Mansell）爵士在内战爆发前垄断了英国的玻璃产业，获利颇丰，后来也强烈要求恢复专利权。虽然白金汉公爵从未以自己的名义申请过专利，他手头的专利证书写的也不是自己的名字，不过大家也逐渐发现他就是玻璃行业幕后的控制人。1663 年 6 月，公爵为一项水晶玻璃制造专利申请续期的时候要求加上一条“仅允许专利权人制造水晶窥镜镜盘、马车车窗和其他玻璃盘的规定”。8 月 21 日，布莱恩·雷（Brian Leigh）等人提起专利申请，要求保护一项制造窥镜镜盘和水晶玻璃器的新技术。这项申请交到了总检察长处，不过总检察长签批的意见不实：“国王陛下业已就类似技术授予专利，以此保护白金汉公爵的利益。”[31]目前看来，白金汉公爵的申请书中所提及的专利，是 1662 年 11 月授予马丁·克利福德（Martin Clifford）和托马斯·帕尔顿（Thomas Paulden）的一项制造水晶玻璃的专利；1663 年 8 月 4 日，上述两人放弃了这项专利。之后将这项专利带着白金汉公爵起草的附加条款重新授予了“商人”托马斯·提尔森（Thomas Tilson）。克利福德和帕尔顿都是白金汉公爵的门客，但都不是玻璃匠。1676 年，又有一位公爵的幕僚约翰·贝灵汉姆（John Bellingham）说，提尔森去申请专利，也是白金汉公爵授意的。[32]

毫无疑问，王室把这个当成了一项小小的恩典加以默认了，并且继续为白金汉公爵撑腰。1644 年，玻璃经销行会（Glass Seller Company）的章程中特别规定，提尔森免于公司管理。[34]1664 年 7 月，玻璃经销行会又宣布禁止进口“任何形式的玻璃板，无论是粗制的还是锻造的……”[33]当时玻璃经销行会非常小心，不让白金汉公爵与这项措施发生任何公开联系：请愿书是伦敦玻璃板和眼镜制造商集体提交的，它们也得了好处。直到 1688 年这项专利被撤销的时候人们才发现，最初这些专利是应白金汉公爵的要求授予的，这也跟白金汉公爵接近国王很有关系。[35]当时英国政府命令暂时不准兰贝斯（Lambeth）居民建造玻璃房，不过后来专利委员会发现这座玻璃房是白金汉公爵的房产。禁令立马就撤销了。[36]

时人皆知玻璃产业中有相当的部门是由白金汉公爵掌控的，没有证据显示 26
有人说公爵搞垄断。第一，他手中专利权的授予和行使都符合垄断法令。尽管这部法律的规定相当广泛，但并不是排他性的。与斯图亚特王朝早期的专利制度相比，垄断法令下专利的功能是有限的。根据该法，不得限制任何人制造

“以前曾经以同种方式在英国制造的（玻璃）”。甚至在白金汉公爵的专利过期前三年，还有人获批了玻璃制品专利。[37]这项专利虽然不涉及新的发明专利，但根据传统的法律解释，他的专利符合新颖性要件，因为当时英国还不存在玻璃制造产业。因此，即便曼塞尔早期生产过相同类型的玻璃，公爵的主张也并不因此无效。固然，白金汉公爵的专利依法获批，不过王室也认为出于政治考虑，应该尽量把这件事情压下去。詹姆士一世统治时期，白金汉一世公爵恶名远扬。若是白金汉这个名字又与垄断联系在一起，必然会招来极大的麻烦。

第二，在白金汉公爵垄断时期，英国的玻璃饮器和窗器的质量有所提高，价格也降了下来。当时威尼斯禁止出口玻璃板半成品，为公爵抢占英国国内市场提供了绝佳的机会。为了获得专利，公爵于 1660 年 8 月与文蒂欧的约翰·德·拉·卡姆（John de la Cam）签订了一项在鲁特兰大厦（Rutland House）建立玻璃厂的合同。公爵提供了 6000 英镑的初始资本，卡姆则会向他传授“洛奇水晶（cristall de roach）或威尼斯水晶融化的技术和奥秘”。[38]1671 年，白金汉把贝灵汉姆招入麾下。贝灵汉姆自称是“精通制作玻璃板的技艺和秘法，除我之外英国再无一人知晓”。[39]当时白金汉公爵虽然与这些技术专家合作，但是缺乏资本投入，无法实现类似规模化程度的生产。如今的数据表明，到 17 世纪 70 年代初，白金汉公爵生产的平板玻璃可与威尼斯的玻璃一争高下。如果他的玻璃饮器业务远没有这么成功，但威尼斯大使对其改进也甚为忧惧。[40]这表明，白金汉公爵的垄断并没有给消费者带来什么损失。当然，这类玻璃器皿也不是常见的消费品，更谈不上是必需品。虽然王室给白金汉公爵授予专利，日后又为他的经营撑腰，看上去像是内战前对待朝臣的恩惠，不过这么想是很成问题的。

27 一般而言，王室在专利问题上严格坚持以下原则：发明专利不应赋予与它相关整个行业的垄断权。这个原则在经济和政治上都很有利。科尔内特（Colenett）、霍尔登（Holden）二人以及达洛（Dallowe）先后于 1661 年和 1689 年提出对玻璃和瓶子的尺寸进行标准化，以此换取玻璃制造专利。这两拨人都没有如预期般盈利，没有恢复内战前的垄断权，但确实获得了专利。政府会对专利权人超越或滥用权利作出反应。[41]1662 年，哈拉姆郡的卡特勒公司（Culters Company）曾投诉罗瑟汉姆的查尔斯·塔克（Charles Tucker）称：“有人传谣说，塔克和一位名叫莫罗西（Morrossey）的人已经发明了一种新的炼钢技术。”塔克从克伦威尔获得了“在英国唯一制造钢铁，限制其他所有钢铁制造业者”的专利。但是至少在 40 年前，英国就可以生产至少同等品质的钢铁了。卡特勒公司认为，塔克的目标是“垄断钢铁制造”，从而迫使钢铁价格飞涨。专利委员会因此下令撤销塔克当时拥有的一切专利，之后也不得向塔克颁发新的专利。[42]但是哈拉姆郡钢产业的问题没有因此结束。1667年，他们不得不再次向国王请愿，要求继续限制塔克的垄断。塔克花了100英镑，聘请了约翰·雷斯比（John Reresby）爵士和托马斯·斯特里克兰德（Thomas Strickland）代表自己获取专利。虽然雷斯比当时刚刚走马上任约克郡高级警长，又是白金汉公爵的门客，但还是和斯特里克兰德一道接受了传唤，出席了副检察长会议，最后他们的专利被撤销了。[43]

1675年，托马斯·吉尔伯特（Thomas Gilbert）上尉向查尔斯二世上书，请求支付他过去15年来充任伦敦、威斯敏斯特和米德尔塞克斯宪兵司令的薪水，以及恩赐制造靛蓝粉的专利。不久之后，有四个人提出了抵触申请，声称自己制造靛蓝粉“已逾80年”［原文如此］，恳请国王驳回吉尔伯特的申请，并禁止他进一步骚扰。政府作出了妥协：请求人应继续经营，若是还有骚扰在先权利人的情况，则专利撤销。如果王室系以专利授权代替工资发放，则王室有权出于经济利益撤回授权。[44]最后吉尔伯特拿到了专利，但是没有垄断权利。

专利授权书上说得很清楚，发明的“唯一用途和利益”并不在于禁止采用其他方法生产同样的产品。1670年，有人对菲利普·霍华德（Philip Howard）爵士的专利确权法案提出反对意见时就说：“现有的许多其他法案已经足以达到这一目的。”有人强调，该法案只是限制其他人“按照霍华德爵士的方法生产材料”。[45]不过这条规定不适用于“之前已进口”[46]的新产品，蒸汽机就是一个例子：纽科门发明的蒸汽机虽然没有申请专利，但也能够（而且只能）以“由火力的推动力发电”为由，在萨维里（Savery）宽泛的专利法以及之后一系列法案之下获得保护。[47]

王室在授予殖民地朝臣专利时明显不那么谨慎，因为殖民地的利益群体较 28
少，即便有什么反对的声音，也不会直接影响到王室。大卫·梅尔卡托（David Mercato）发明的“糖厂设计和建造的新方式”的专利权，授予了大法官的儿子劳伦斯·海德（Lawrence Hyde）和巴巴多斯总督法兰西斯·威洛比（Francis Willoughby）勋爵，期限长达21年。这是对垄断法令两项规定的公然违反：其一，没有授予发明者；其二，专利授权超过了法定的14年期限。[48]1687年，新任牙买加总督阿尔伯马尔莱（Albemarle）公爵上书称，由于缺乏锯木厂，许多土地荒芜而未得到改善。他也因此获得专利，授予在美国殖民地和除了新英格兰之外的种植园“垄断建造风力或者水力锯木厂”。在专利授权书上，除了引进一种被认为不为人知的机械之外没有任何授予依据，而且该专利似乎更像是一项进口或许可垄断。[49]

移民的新教徒商人和工匠继续获得重要的专利，不过专利获批量也在逐年减少。[50]其余的专利权人几乎都是朝臣、官吏及其门客。对于王室而言，专利就是一项廉价的赏赐，而且还很讨人喜欢。有些申请人就说，自己是内战时期的保皇派。例如，索内斯·弗兰克（Thorness Franke）大书特书他在皇家军队和詹姆斯一世海军中的服役经历，并解释说由于连年的战事，之前的专利权并没有给他带来什么利益。不过弗兰克的申请也不全然在于跟王室套近乎。他也给出了一些有关发明的细节，附了证明材料，说明自己发明的价值，还提出可以在三年后向王室提供相当于“每年净利润”1/10 的租金。王室授予了他“以本人技术建造炼铁炉”的专有权利。[51]另有一件授予约翰·利雷（John Lillie）的专利，其中既没有提到他发明的价值，也没有提到其新颖性，而是表彰他效忠王室、在战事中光荣负伤。[52]不过勤王也不必然就能获批专利，1660 年达德·达德利（Dud Dudley）以煤熔铁的专利申请就是一例。达德利虽然长年为王室服役，结果他的庄园被查封，自己的钢铁厂也在英联邦期间被毁，他的专利申请也被拒，转而授予了一位普罗格（Proger）上校以及其他三名看起来对炼铁一窍不通的共同申请人。[53]

29 有些专利权人在复辟后发现自己的权利处于危险之中，因为机会主义者搭着詹姆士二世保皇党的便车，向新君主们索要利益。理查德·库特（Richard Coote）勋爵接手克莱门特·克莱克的专利就是一例。[54]库特是热心效忠新政权的议员和军人，克莱克可能一直是天主教徒。[55]1689 年 6 月，约翰·盖斯（John Guise）爵士主张受让詹姆斯·德拉巴迪（James Delabadie）的一项定时休眠引擎专利，理由是“他的妻子曾为伪威尔士亲王做护士，所以才获得了专利”。德拉巴迪“作为一个教皇派，此时无异于公开反抗爱尔兰国王陛下的叛徒”，专利权当即停止。[56]德拉巴迪的专利在 6 个月后撤销，不过与其说是受了盖斯的举报，不如说是因为约翰·奥里奥尔（John Auriol）和彼得·福康尼耶（Peter Fauconnier）两个在先权利人重新出现了。这两个人都是外国商人，其中奥里奥尔的父亲在法国发明了这种发动机，并且是第一个将这种引擎带到英国的人。[57]不过这两位的专利授权书在最终盖章之前被撤回了——因为西蒙·利奇（Simon Leach）爵士等人又跑来说，自己看上了德拉巴迪的专利。[58]

虽然专利制度还不至于全面沦为国王赏给功臣的恩赐，朝臣仍然是申请专利最便利的人。因此，如果在王室里有人，这就是一笔巨大的财富，不过打点的花费同样高昂。安德鲁·亚兰顿（Andrew Yarranton）在伍斯特郡从事锡板制造行业，他的技术是专程去萨克森州学来的。他没有申请过专利，但他名下的企业唤醒了一位“沉睡”的专利权人威廉·张伯伦（William Chamberlain）的注意。张伯伦当时忙着为一项已过期的专利续期，理由是他在内战期间因王室服务所欠债务而遭监禁，从而无法及时办理续期。[59]亚兰顿写信称，这项专利是“伪造的……专利权人背后有一些有权势的人在纵容他”，自己的制造生意之后也被人叫停了：

> 专利就是我们的拦路虎，我们最富有的合作伙伴害怕冒犯那些有权势的人。这帮人天天盯着我们。我们的事情就这么被压了下来。后来制造锡板的不是我们了，不过也不可能是那个专利权人，因为无论是他还是他背后那些人，都造不出哪怕一块合用的锡板。[60]

没有史料表明张伯伦凭借王室的关系在议会中对亚兰顿的企业施加了强大压力。[61]不过除此之外，亚兰顿的企业显然是遭到了王室的忽视。他不仅没能在法院找到能为自己说话的人，而且直到专利颁发，都不知道张伯伦诉请的情况。政府没有调查张伯伦的“发明”的可行性，更没有调查锡板行业的情况。[62]

大多数 17 世纪的专利权人和王室是有一定关系的。肖像雕刻师威廉·舍温（William Sherwin），在 1676 年为在印花棉布上印刷申请了一项专利，他就是阿尔伯马尔莱公爵的姻亲。[64]雅克布·理查德斯（Jacob Richards）和托马斯·菲利普斯（Thomas Philips）都是军械委员会（Board of Ordnance）的军事工程师。[63]还有几位专利权人是皇家学会的院士。[65]萨缪尔·佩皮斯（Samuel Pepys）在海军大臣任上帮着办下了好几项专利。1676 年 6 月，佩皮斯和刘易斯·白利（Lewis Bayly）达成了一项协议。白利发明了一种采砂船，可以从泰晤士河里移除碎石。[66]佩皮斯答应以他的名义申请专利，承担一半的专利申请费用， 30
外加 50 英镑“用于制造和装备机器”，以及每年 62 英镑（10 便士）的机器运营与管理费。他还赢下了压舱物管理办公室（Ballast Office）的一项竞标，负责出售白利采砂船采出来的河砂。[67]后来白利一位之前的专利共同权利人主张白利的机器跟他们的机器一样（他们投资了 3000 英镑），而且告赢了白利。佩皮斯因此非常不悦，尽管“自己个人的利益……一点实质上的改变都没有”。[68]

在 17 世纪 90 年代初的狂热当中，从沉船打捞到玻璃制造，朝臣和新贵阶层都认为这是自己可以豪赌一场的时机。贵族们常常挂名出任特许股份公司的董事长或者副董事长，有些朝臣［臭名昭著的有托马斯·尼尔（Thomas Neale）］则充当了专利经纪人。[69]不过随着国债制度逐步建立起来，风险更低的投资渠道逐渐普及，由于专利沾染被冠以投资经纪人的恶名，逐渐淡出了上流社会的视野，大多数特权失去了吸引力。[70]这种投资策略的变迁要归功于洛瑟家族（Lowther Family）两代人的活动。约翰·洛瑟爵士（1643 ~ 1706 年）“是一个领军人物，在大多数产业中都有业务”：他是矿煤炼铁公司（Company for Making Iron with Pit Coal）的董事长，对盐炒钢技术感兴趣。[71]他的儿子詹姆斯·洛瑟爵士（1673 ~ 1755 年）和他形成了鲜明对比。虽然詹姆斯完全参与了坎布里亚庄园的煤炭开采，并且还有所创新，但他是出了名的吝啬鬼：在他去世时，他在银行和东印度公司投资了 15 万英镑，在南海公司投资了 14 万英镑，还借了 13 万英镑的抵押贷款和债券。[72]

然而，专利并非完全不受 18 世纪政治生活中如此重要组成部分的“影响”。国务大臣助理查尔斯·德拉法耶（Charles Delafaye）就参与了好几家企业，其中有一家公司还在 1722 年开发过雅各布·罗（Jacob Rowe）的潜水机专利。他向当时的驻马德里大使威廉·斯坦霍普（William Stanhope）推荐了这个项目，并向他寻求帮助。[73]布里德沃特的约翰·派恩（John Payne）在申请专利的时候，发现有一位发明人威廉·伍德（William Wood）的制铁技术会对自己的申请构成障碍，于是就给德拉法耶写信求教：“您看我能不能依赖我几位朋友和王室的关系？蒙太古（Montague）公爵、多丁顿大法官和我在城里的几位朋友都答应过我可以帮忙。”[74]1734 年，英国政府授予一位利兹的屠夫塞缪尔·辛普森（Samuel Simpson）专利，这件事情还卷入了选举战之中。约克议员威廉·米尔纳（William Milner）爵士和议长爱德华·汤姆森（Edward Tompson）都给纽卡斯尔（Newcastle）公爵写信，要求抓紧处理这项专利：“我们请求您施惠，尽快争取国王签批同意，若是能把辛普森先生这件事情压下去，能给郡区选举造成一定影响。”[75]当然，这种对专利制度的干涉之后愈发少见了。

2.3 工业政策

伊丽莎白时代的专利政策直到斯图亚特王朝后期仍有迹可循。抛开税收不
31 谈，个人对专利权的要求仍然有服从国家利益的味道。1686 年 2 月，财政大臣罗彻斯特（Rochester）要求关税专员就约翰·芬奇（John Finch）及其合伙人发明的“金属网编织机”作报告，尤其要说明这项发明对王室和公众的价值。关税专员压根儿就想不出来金属网编织机能为王室或者公众创造什么价值，不过既然“这样的发明已经耗资甚巨”，因此还是可以授予专利的。[76]1721 年，总检察长约克（Yorke）在处理布朗（Brown）、怀特（Wright）等人和其他人的专利申请纠纷时，认为前者的专利用处更大（虽然后来被枢密院推翻了）。1717 年，应钟表制造公司（Clockmakers Company）的请求，枢密院审查了克雷（Clay）的专利申请，后来枢密院驳回了这项专利申请，其中一个理由就是这项专利造福公众的可能性不大。[77]同年，议会驳回了一项测量经度的专利申请，理由在于这项技术相当重要，不能交由自营企业，因此改为向发明人发放额外奖励。总检察长据此裁定，出于公共利益，这项发明技术应当给予额

外奖励，还要对外公开，而不能借专利加以垄断。[78]虽然当时个人对知识产权的贡献还没获得完全的承认，“公共利益”也逐渐转入幕后，演变成了一项准入门槛，而不是专利政策的“领航灯”。18 世纪晚期的司法裁判中，公共利益的判决标准再一次出现，并且还引发了争议。[79]

接下来笔者会说明，大多数专利审查其实很草率，相关的专利权利也都是一些传统权利。[80]不过对于有些专利申请背后的技术，政府的兴趣就更大了。从这些案例出发，我们也得以窥见当时英国政府的经济思想。目前没有证据表明，当时英国形成了伯雷（Burghley）式的扶植本土产业、鼓励引进外国科技的协调一致的政策。不过从都铎王朝开始就有观点要求取代进口，此外直到 17 世纪晚期，时人也担心就业和战略供应问题。以杜平和米廉（Dupin & Million）的亚麻生意为例。总检察长乔治·特雷比（George Treby）虽然不看好亚麻产业的前景，但是对这二人生意的潜在利润很感兴趣：

> 要是这个生意能做得尽善尽美，就可以解决成千上万贫民的就业问题，引导他们走出农村；推广种植大量的汉麻和亚麻，提高土地价值。这些产品有一部分可以供给国内市场，还有一部分可以出口赚取高额的利润，从而阻止从法国进口亚麻，阻碍法国的贸易和制造业，解决长期以来英国受倾销影响的问题。[81]

这两人拿自己的亚麻生意保证能满足政府这方面的相关要求。

1680 年，法国移民杜弗兰（Du Fresne）向英国政府自荐，粗略地说自己 32
的发明有助于贸易平衡，英国政府还给他开了听证会。杜弗兰在会上说：“我已发现了一条更明确、简便的制盐方法，纯度更高，产量更人，（和）日前的工艺相比成本更低，问题更少。”因此他能做到“仅凭盐业一项”，就可以进口大量的波罗的海金属和航海用品。贸易委员会对这个项目热情高涨。他们预测这个发明不仅能极大带动腌鱼和腌肉产业，也能“制造足以对冲黄铜贸易的盐，从而促进国王治下与……瑞典等其他北方国家的有利贸易”。当时杜弗兰在制盐业的竞争对手如果想要开听证会，也不会超出这套说辞。[82]这套说辞是很能打动英国政府的：与波罗的海各国的贸易长久以来都明显是“不利己的”，因此他们不愿意放过这些可能实现“贸易平衡”的机会。不过政府最多只会承诺授予专利，剩余的风险都由专利权人承担。

1664 年，英国政府又看上了约翰·加里尔（John Garill）有关“皇家造币厂官铸金银锭浇筑、加工成线”的发现。加里尔强调称，自己这项技术巨大的优势就在于“不熔化金条，而是利用进口的银来参与生产过程，不仅不会导致金条减量，甚至还能增重”。财政大臣南安普敦在加里尔的申请书背面批

注：“……这项技术能够保存甚至增加金条的质量……目前虽然我还不能设想，但是这项技术可能有利于公共利益。”虽然如此，英国政府还是对加里尔的申请开展了严格程度远超平常的审查。政府找了一些伦敦的工匠和商人，测试了生产出来的金银线，报告称产品符合国王和公众的利益，主要原因是“现有工艺需消耗白银12盎司还多，而申请人的工艺只消耗11盎司”。直到目前，加里尔的申请还是一切顺利，但是伦敦金银线工人行会（London Gold and Silver Wire Drawers）害怕加里尔会形成垄断，把他们挤出市场，在最后阶段插了一脚，叫停了专利授予。[83]自然，加里尔专利申请审查的结论也就变成了“有损王室和王国的利益”。这个时候才有人想起要向皇家造币厂征求意见。铸币厂直接向专利审查委员会给出了法律和经济两方面的意见。接下来金匠和金银线工人出来发声，表态说除了弄虚作假，加里尔的技术根本不可能让他获利，从而对加里尔更为不利。[84]这一案例展现出来的不仅是17世纪英国政府对于经济机制的控制式微（1696年重新铸币又是一例），[85]还有政府对金条的迷信。

英国王室也可以应要求介入，以专利授权的形式保护尚在萌芽状态的国内产业。17世纪的专利权人，若是能够提供合理保证，证明自己有能力以低于进口的价格供应相当于国家总需求的产品，还不降低质量的话，那么往往就能
33 得到皇家保护。以查尔斯·希德雅德（Charles Hildeyard）为例。获批垄断生产靛蓝纸（blue paper）的专利3个月后，希德雅德向王室上书，要求禁止靛蓝纸进口，认为他生产的纸“无论是从品质还是日产量来看，都足以支持我的主张”；若是荷兰进口的纸不会“干扰”他的“优质生产”，他的产量或许还有可能增加，造福消费者和许多受雇的穷人。枢密院就品质和价格方面的信息征求了出版业行会（Stationers Company）的意见；希德雅德也保证自己每年至少能生产4000令靛蓝纸（一令合500张），若有需要还可以扩大产能，出版业行会认为这个产量相当于全英国一年的销量（含1/3的进口量，合1000～1500令）。因此王室发布制诰，“国王陛下愿为治下百业兴荣与子民创新提供一切鼓励”，不过希德雅德显然拿不下这么大的好处。制诰颁行之后第一年，也就是1667年，英国靛蓝纸进口量只有189令，不过在1668～1669年，总进口量又攀升到了1026令的水平。[86]后来皇家光亮绸织造公司（Royal Lustring Company）声称国内市场上充斥着大量的走私丝织品，因此自己的专利权利没有得到保护，从而让国家通过了一项私法令（private act），给专利续期，继续延长进口管制。[87]

有的时候如果政府不必支出成本，还会给予其他政策。以1687年白纸制造公司（Company of White Paper Makers）案为例。白纸制造公司报称自己最

好的工人都被法国间谍挖了墙脚，公司里还有一位经理在蓄意破坏自己管理的厂房。政府发了公告，让白纸制造公司享受了皇家保护，以重刑禁止任何人引诱白纸制造公司的员工离职，授权公司在下属各个工厂任命治安官，还禁止出口亚麻布等其他造纸原材料。[88]还有人鼓动王室禁止出口特定机械设备。[89]1700年之后就没有史料显示英国政府出台扶持特定专利权人的政策了。1723 年，伦敦织工托马斯·特怀特斯（Thomas Thwaites）申请了一项旋转纺线机专利之后，尽管有证据表明值得请求“一笔津贴，以供继续生产同款（机器）”，英国政府还是坚决拒绝了特怀特斯的申请。[90]国内外对熟练工人的争抢愈演愈烈，政府也因此尝试管制技师和机械师外流，无论其工业品有没有专利都一视同仁。要求英国政府收紧工人出国的申请纷至沓来，驻外英国使馆的外交官纷纷劝返已经出国的英国劳工。[91]

17 世纪晚期的历届英国政府都没有采取系统的保护本土产业的政策。当时的政府一般是被动等待受理民间的申请，收到申请后若是没有什么明显的反对理由，就按申请要求实施管理。这样一来，当时主管大臣的经济决策考虑就是最模糊的：只要能促进本土工业品取代进口、减少金条外流即可，能够确保税收和一定程度上的消费者与现存的产业利益就行。[92]

2.4 王室与专利权人的伙伴关系

专利制度既不是主要的税收来源，也不是产业政策的工具，但它是王室的一项法定权力，王室可以利用专利做生意，也能同时当作臣属的一点赏赐。总体来看，斯图亚特王朝晚期的专利和技术进步的联系没那么紧密，但是与竞争状况下企业的注册与特许经营权利紧密相连，这会影响其他机构，特别是行会的权利。[93] 34

发明专利经常会和当时的商业发生冲突。很多发明人不会申请专利，他们的利益只在于拿下政府采购合同，要是有比专利更便宜的办法，那就更好了。有的人虽然提出了专利申请，但是只要被海军部或者军械局驳回，就不会再继续下去。与发明权利保护相比，有些申请人更在乎能不能在王室谋得官职、获勋受封，或是取得相当于王室特许的权利。[94] 1662 年，约瑟夫·摩松（Joseph Moxon）凭借新发明的地球仪和航海图，获任御用水文学家；1689 年，菲利普·戴洛伟（Philip Dallowe）请求“在军械局任玻璃匠”；1741 年，御用地理学家约翰·考雷（John Cowley）想靠自己的火炮发明争取海军上尉。[95]有的时候，申请专利无非就是想吸引政府注意自己，不过专利也可以成为巩固王室与专利权人之间商业关系的媒介。

王室的利益主要在于货币，最终都归于陆军和海军的军需供应。皮埃尔·布隆多（Pierre Blondeau）的铸造金银币专利就是一项重大科技创新的突破（虽然严格来讲也算不上是完全的创新）。1650年，布隆多由英联邦引进到英格兰，他用压模机和轧缘机铸造出来的硬币所达到的标准非传统锤击式的造币工艺可及，不仅造型更加美观，重量和硬币边缘也更加标准，非常有利于防伪。[96]恢复皇家造币厂厂长职务之后，亨利·斯灵斯比（Henry Slingsby）说服国王召回布隆多。英国向布隆多授予了专利，准许他“以自己新发明的工艺”铸造全英国的金银货币，“铸币边缘上字样由其与斯灵斯比协议而定”。布隆多和斯灵斯比确定的协议的内容远超出了简单的发明保护：布隆多获任终身的“皇家造币厂工程师”，年俸100英镑，可领21年；应布隆多的要求，他所铸造的货币还会按比例给他分成，他对本人的机械设备还有排他性权利（包括要求他手下的工人宣誓保密）。[97]还有一位在相关领域的伦敦出版商乔治·汤姆林（George Tomlyn），在“一批印着先王名讳的羊皮纸”上损失了200英镑，在复辟之后连续取得了两项专利。第一项专利的内容是“一项在牛皮纸和羊皮纸上黑白印刷的技术”；后来汤姆林起诉了两个提出专利异议的出版商，此后第二项专利的内容更加明确：“以滚筒和压模技术在牛皮纸与羊皮纸上印刷当今国王陛下、陛下之储君和继承人与王后陛下徽号及纹章的垄断权利。”[98]

35 斯图亚特王朝时期，英国政府一直都对导航机器和船坞于内河水道维护等海军和陆军领域的发明保持着相当积极的兴趣。17世纪晚期颁发的专利中，海军与陆军领域的发明是占比最大的（其他领域的相关发明也是为数众多的）。斯图亚特王朝战事频繁，对于军事领域的专利是出了名的着迷，专利权人也认为海军与陆军领域的利润都很丰厚。[99]皇家海军的规模和军费稳步增长，凡是有利于战舰和军械的发明都很可能博得政府的注意，发明人甚至还有机会在不面对商业风险的情况下拿到一笔赏金。即便政府不予奖励，也有商船队兜底。[100]

大多数发明人都把精力贡献给了海军重点关心的有限的几个问题。从改进装帆技术到马拉船桨，再到1736年的蒸汽机，时人为了提高海军战舰移动能力，贡献了无数机械设备。[101]这些设备中绝大多数应王室的要求测试过，而王室的态度与其说是感兴趣，不如说是有疑虑。保护战舰免受“蠕虫”侵蚀的防护层技术则是当时的另一个发明热点。1681~1695年，王室收到了各种沥青防护层的专利申请，最后授予了7项专利。[102]“薄铅片”防护层发明出来的时候，还引起了很大轰动。菲利普·霍华德爵士和弗朗西斯·华生（Francis Watson）二人还为专利权人组建了一家公司。1670年，查尔斯二世要求这家公司为几艘船加上保护层，以供测试。当时的测试报告结果很有利，公司也因此获得王室授予的专利，眼看就能拿下一单潜在利润相当丰厚的合同，不过后来大家发现他们涂装的好几艘船都生了锈，怀疑是受了铅质材料的影响，这些好处就都告吹了。后来为了争取重新审查，这家公司无望地挣扎了整整 20 年。[103]不过这家公司后来参与了海军部的薄铅片战舰排水孔加工竞标，和制管公司（Plumbers Company）分别制作了 30 个模板排水孔，最终赢下了竞标。[104]

英国政府认真考虑了海军和陆军领域里绝大多数听上去有可行性的发明，不过不知道有多少发明最后得以落实，也不清楚有多少发明人受到了奖励。[105]萨弗里不无苦涩地抱怨称，虽然王室批准战舰上可以装配他的机器，但是海军里有一位调查员说这个机器不实用，他的发明也就这么搁浅了。“诚然，机器的造价不高，但是船只持续运转的花销不小”，因此他无力负担进一步的测试
的费用。他转而向商船队求助，许诺向第一个愿意装配他机器的船长免费赠送 36
机器。[106]1694 年，第三代御用工程师雅克布·理查德斯（Jacob Richards）上校获得了一项有关“以数种小型机器防止登船”的专利。12 个月之后，海军想把理查德斯的发明安装到考文垂号（HMS Coventry）上，海军大臣集体向海军委员会（Navy Board）征求意见，询问“付给理查德斯的合适的安装费用”。委员会最后决定让军械局出钱安装，理查德斯的“钱景”看上去就不大妙了。不过他出于经济考虑，同时在好几艘商船上“推销”自己的机器。[107]由此可见，向海军或者军械局争取安装新设备，风险是相当高的。

这些交易耗资甚巨，但是回报颇丰，也因此能吸引大量的发明人，不过绝大多数发明人和他们的发明一样是靠不住的。[108]一般来说，王室不愿意在测试与开发阶段投资（而当今英国政府过半的研发经费都花在了军事领域）。到了 18 世纪，王室投资的意愿就更低了。西班牙王位继承战争期间，军事发明从专利登记簿上消失，然而军械局仍然收到了大量军事发明。[109]1738 年，军械委员会关于查尔斯·平斯通（Charles Pingstone）发明测试与奖励申请的报告就是一项典型案例：“委员会考察了这类发明的各项实验，风险和费用都由申请人自负，无需国王支出。”[110]海军部有整整 12 年的时间没有就任何测试申请作出决定。直到 1752 年，海军部要求对史蒂芬·赫尔斯（Stephen Hales）的通风机进行测试，观察这些设备能不能防止战舰上的木材腐烂，不过船坞专员（Commissioners of the Dockyard）集体报告比较消极，建议“此次测试的费用由赫尔斯博士负担”。[111]1754 年再次测试失败之后，赫尔斯提议将通风机的数量翻倍，海军部则以测试费用过高为由终止了测试。海军的医院、监狱和运奴船在安上通风机后效益显著提升。1756 年 9 月，海军部终于下令“在国王的全部船只上安装通风机”。[112]

对于一切与自身利益直接相关领域的专利，王室的做法很难称得上道德。

这部分的专利既不保证被授予，也不像以往授予专利权人全部权利。[113]1690年英国出台了一项法律，对劣质葡萄酒和烈酒开征消费税，同时为了增加产量，规定该行业所有现存的许可及专利作废，将来也不予批准。[114]“海水淡化”专利纠纷就是一个臭名昭著的案例。1675年，威廉·瓦尔科特（William Walcot）因其发明获得了一项专利，时任总检察长也报告说这项专利“完善后能……对陛下有巨大的帮助”。[115]过了8年，罗伯特·波义耳（Robert Boyle）的外甥理查德·菲茨杰拉德（Richard Fitzgerald）获得了一项类似发明的专利，又向查理二世表示能以优惠的价格为卫戍部队和战舰安装其机器。经菲茨杰拉德及其合伙人请求，瓦尔科特的专利遭撤销。[116]虽然王室最后也没有安装菲茨杰拉德的机器，但是谁能向王室提出更优厚的条件，王室就倾向于谁。此外，菲茨杰拉德在王室有关系，说不定也在这件事上发挥了作用；而瓦尔科特刚好和黑麦房事变（Rye House Plot）中的瓦尔科特上校有亲，或许也因此受了牵连。

37 对于战略关键领域的发明人，王室特别谨慎，不给发明人的活动和工作造成限制。专利授权书上往往会同时规定发明人争取海军和陆军军需供应的自由受王室保护，也不受专利权人的权利限制。[117]1689年，英国在爱尔兰开展军事行动，同年对法国宣战，当年向政府供应硝石的专利申请也随之激增。显然，英国政府不想仅仅依靠一个供货商，也很希望自己发放的每一件专利都能物尽其用。罗伯特·普莱斯（Robert Price）与其合伙人承诺在6个月后就能供应“国王陛下取之不尽、用之不竭”的硝石，也获得了“以其所述的新技术”垄断生产硝石的专利。[118]1691年，总检察长建议批准一些伦敦商人（后来有人说就是这些人买下了普莱斯的专利）合并设立企业的特许状，不过也强调此举不在于禁止其他人生产硝酸钾。[119]威廉·丁达尔（William Tyndall）领导的一家企业联合组织很快就跟进申请与这家企业合并，也强烈声明自己无意将其他人排除在业务之外。虽然如此，英国政府还是给这家新的合并企业定下了严苛的条件：这家公司在开业第一年，必须以每吨70英镑的价格供应200吨品质最佳的硝石，后续供应量则视政府需求而定，前1000吨按每吨70英镑或市价中较低者计。如果这家企业不能立即着手开展制造和提纯工作，或者没能达到政府的要求，则公司特许状被撤销，此外，每年还要向规划中的海军医院捐款1000英镑。[120]

18世纪的专利管理机关采取的基本是自由放任政策，但军务是一个例外。[121]1779年，约翰·威尔金森（John Wilkinson）控告皇家兵工厂侵犯他的大炮钻孔机专利，而后枢密院撤销了他的专利。军械局和其他人的大炮建造价格都是16英镑每吨，威尔金森却要20英镑，因此军械局申请撤销威尔金森的专利，理由是这项专利“危害国王陛下的子民”；若是军械制造“成为垄断”，也会有损国家财政的利益。军械局主张威尔金森的发明早就由荷兰发明家范布鲁根兄弟（Verbruggen brothers）引进到了乌韦奇，因此不具有新颖性。[122]过了几年，议员大卫·哈特雷（David Hartley）向议会提议通过一项法律，保护自己的防火板专利，政府于是起草了一项法案，允许在“不经专利权人同意的情况下”于皇家船坞使用该专利技术。[123]到了 18 世纪 90 年代英法战争时期，政府又新增了一条有关海军发明的专利条款，规定如果专利权人拒绝和海军或者军械局“以合理的方式、价格和条件”就专利产品签订采购合同，则专利失效。[124]

从有关条款和威尔金森案中英国政府这种溯及过往的举措可见，专利制度 38
早就远远偏离了斯图亚特时期的样貌，成为巩固王室合伙生意的工具。从 18 世纪早期开始，商业活动与专利之间是完全分离的。[125]此外，政府对那些认定为有急切、重大公共利益的、不适合垄断或市场化运作的发明给予额外奖励，也促成了专利和政府商业行为的背离。[126]不过当时受理各类专利建议或者申请的机关是议会，而非王室；议会也在 18 世纪通过了好几项法律，给予了发明人可观的货币奖励。[127]议会也给一些完成了重大技术难题攻关的发明人颁奖。第一例是颁给各种精确测量经度方法的发明人。很多人提出了一些技术尝试，拿了一些小奖励，最后在 1773 年，议会把最终的大奖颁给了发明精密计时器的约翰·哈里森（John Harrison）。[128]根据 1713 年法令，政府专员负责审核所有关于经度的申报、实验和改进，并可根据技术的精度批准高达 2 万英镑的奖金。[129]1717 年，约翰·法兰奇（John French）拒绝向专员披露自己的技术方法，专员认为他“不能享受有关利益”，因而驳回了他的申请。检察长诺特雷（Northey）则认为，既然 1713 年法令的目的“在于鼓励人们奋力进取，让发明用于社会，那么所有申请授予权利的发明发现，都应当公之于众，以利于技术优化”，那么授予专利就是有悖于公共利益的。自由放任主义一如既往地在这里体现了它的局限。专利并不意味着绝对的权利。[130]

虽然这个时期的专利制度并非政府主要的财政收入或者税收来源，也不是什么产业政策工具，但也深受政府和官僚集团利益的束缚。17 世纪的专利数量相对较少，而且在政治危机时似乎全部消失。除名危机（Exclusion Crisis）之后，自 1680 年 3 月起，英国有整整 18 个月没有批准一项专利申请；光荣革命之后，1688 年 11 月至 1691 年 2 月，英国只颁发了 4 项专利。至于当时王室有没有什么长远的打算，朝臣是不是不愿意在危机时期启动新项目，这些都只能是猜测了。进入 18 世纪，政府干预逐渐减少，但是专利制度仍然带着与生俱来的皇家特权的印记。1788 年与 1789 年跨年的冬天，乔治三世因病不能理政，因此不能签批必要的专利文件，这是一个很严峻的时刻。1788 年 11 月至

39 1789年3月，英国没有批准过专利。那些害怕自己的商业秘密被人窃取、利用的发明人只能乞求国王平安。[131]笔者会在下一章说明，获得专利不可不谓是一项浩大的工程，对于那些17世纪在王室没有关系的人来说尤为如此。英国政府竭力维护的这套专利制度复杂曲折而又成本高昂，实在称不上对发明人起到了什么鼓励的作用。

第 3 章 1660 ~1800 年专利制度的发展

英国专利制度起初由政府官员根据普通法赋予的职权加以管理，在 1624 40
年之后，则依照垄断法令运行。虽然英国政府在专利事务上的诸多习惯一直保持到了 1852 年法案（15&16 Vict. c. 83）出台，1660 ~1800 年仍称得上是革故鼎新的时代。若是想考察专利制度变革的分水岭，不应当看 1640 ~1660 年，因为这段时间专利制度基本中止，而要去看更平静的 1700 ~1720 年。从行政管理的角度看，专利制度恢复之后也并无新意；虽然专利制度最严重的弊端革除了，但它仍然是王室的玩物。专利制度直到 19 世纪才有所改观。申请专利的热潮逐渐退去；专利申请增加了新的限制，很大程度上是为了防止 1691 ~1694 年和 1717 ~1720 年毁灭性的发明专利经济投机再现。专利不再是朝臣、官员和移民商人的特权，既有上述限制出台的原因，也有新市场力量和机遇成型的因素。专利自身作为本土发明人与企业家保护和竞争工具的独特属性开始明晰，也慢慢开始走出伦敦王城，在英国各地普及开来。

3.1 专利管理与审查

1535 年职员法案（*Clerks Act* 1535）确立了专利申请制度，适用于一切向王室作出的专利申请，其立法目的也如法案序言中所说，在于补贴无俸禄的职员。[1]为了增加职员的收入，职员法案故意把专利申请到专利批准之间的过程设置得漫长且艰难。专利申请总共有 10 道关卡，申请人需要亲自到伦敦的白厅去，自己负责在各个机关之间转递材料。直到 19 世纪早期，职业专利代理人才出现。[2]每个机关都要收一笔费用和服务费。阿兰 · 戈梅（Allan Gomme）对这套曲折的申请流程有所提及，不过为了行文方便，笔者再重述一遍。[3]

41 首先，专利申请人需起草一份上呈王室的申请书，简要概述本人发明的性质、经济或社会效益以及要求的具体权利。而后，专利申请人要将申请书交到一位国务大臣处，由国务大臣背书，转交总检察长或副总检察长。总检察长批准之后，会附上一份报告，同申请书一道发还至背书的国务大臣官署，再由君主和国务大臣共同签发命令，要求总检察长起草专利证书的文稿，定明具体的许可条款后呈交君主和国务大臣御批。专利申请人还要将这份御批文稿交皇家掌印局（Signet Office）存档并登记用印，由掌印局制作官印谕令并盖掌印局印，再持官印谕令交掌玺大臣处，请掌玺大臣向大法官签发掌玺大臣令。走到这一步，申请人终于能看见专利的影子了，不过还得再持掌玺大臣令到大法官处，在羊皮纸上正式制作专利证书，加盖御玺，放进盒子里领受，最后仍需在专利登记簿上抄录，将专利登记簿和掌玺大臣令交大法官法庭存档。到了18世纪早期，专利申请人还要额外在2~4个月内递交一份发明说明书。

英国的专利登记制度在当时属于简单之列。总检察长无须作严格审查，与荷兰和法国的制度形成了鲜明对比。在荷兰共和国，各省领导人会指定一个委员会，审查所有专利申请。16~17世纪，此类委员会为个案性质，一案一换，成员都是各技术领域的专家。进入18世纪，荷兰成立了常设的专利审查委员会，不过委员会也可以将专利申请转交海军部等专门部门审查。除了专利申请书，当时的专利申请人还需要提交一份专利技术全图，附上详细的说明书。委员会还经常就发明原型或者样品做测试。[4]法国科学会（Académie des Sciences）由法国大臣科尔贝特（Colbert）设立后不久，就开始审查技术特权申请。当时的审查务求全面，既要审查发明的技术可行性，也要考察其经济与社会后果（不过也有一些不切实际的发明浑水摸鱼过关了）。1699年，法国正式立法对这种行为进行了规制，1735年开始发布简略说明书的报告，科学会每半年也出版备忘录增刊，记录各项科学发现。[5]

42 而在英国，除非有人提出异议，对专利申请只作形式审查。首先由总检察官等司法官员审查专利是否符合垄断法令。司法官员不关心技术可行性，也不关心实用性，且默认专利具有新颖性。司法官员在审查“是否会导致国内产品价格上涨、损害贸易或造成其他不便，导致违反法律，损害国家利益”一项时，也会考虑发明的潜在经济与社会效益，这时他们相当于专利体系的安全底线。不过枢密院也有权就相同事项撤销专利，司法官员的职权也因此受了削弱。对于可能威胁王室税收或者其他相关利益的事项，司法官员的审查则应更加仔细。[6]

司法官员起草审查报告时，可以遵循惯例。此外，司法官员若认为有必要附加其他条款，也可以写进报告。若是司法官员驳回申请，则不出具报告。[7]

因此，一般情况下无法知道司法官员的审查标准；专利申请终止也有可能是专利申请人自己的决定，因而也无从根据终止的专利申请加以推测。[8]不过在有些争议较激烈的申请当中，审查标准还是可以一窥踪迹的。

王室专利许可中可以包含一项豁免条款，免除专利人向社会公众披露发明性质的义务。[9]18世纪早期虽然引入了专利说明书制度，不过也允许在公开技术细节之前授予专利。证明专利不具备新颖性或者有其他无效情形的举证责任在异议人。在正常情况下，专利审查不会超出听取申请人口头承诺新颖性的范围，1707年前后又补充要求签署宣誓式书面陈述（贵格会教徒则以承诺书代替）。如果政府认为有必要展开全面调查，例如有人对首位发明人提出异议等，那情况就会完全不同。司法官员会在报告中说，已经分别听取过利害关系人的意见，要求有关各方披露各自发明的准确情况。1681年，国务大臣也罕见地对司法官员提出了明确的指示，在机器类专利中重点审查“是否已就同样的机器设备授予过专利”。或许是因为当时太多专利申请是关于抽水机器的，这位大臣也见怪不怪了。[10]有人认为这项指示已经突破了正常程序，1829年约翰·法雷（John Farey）等人有关专利特别委员会的证据也能支持这一观点。[11]正如1776年时人嘲讽的那样，“专利获批就是一门玄学”。[12]

1664年，枢密院对加里尔与金线匠行会金银线专利争议案展开调查，也为我们提供了更多的线索。[13]加里尔在提交第二件专利申请之后6个月，枢密院重启调查。国王传谕枢密院委员会“查清（加里尔）铸造银锭等加工银料的方法，要求其按照枢密院的保密规定披露本人的技术秘密”。加里尔则提出待专利批准后再行披露，若是“最终发现没有新颖性或者存在舞弊情节”将因此撤销专利，他绝不提出异议，不过英国政府最终没有采纳他的方案，他的专利申请也就期满终止，不了了之了。[14]只有在专家建议发生冲突、审查陷入 43
僵局时，英国政府才对加里尔发明的实质作调查，而这也是最后的救济办法了。相对而言，早期阶段的调查更为全面，因为涉及了金条供应的问题。不过在检验金银线成品质量和对王室的效益时，调查就受到限制，其中效益评估环节还出了错。[15]至于具体的制作流程，则从未被审查过。最后加里尔的专利证书上加了一项临时条款：“金和银需按所涉方法制成。”[16]

专利申请人偶尔会主动披露自己专利的信息，例如附上说明图表，或者是进行一次技术展示，在热门领域中尤其普遍，例如水泵或者17世纪90年代的潜水机器。[17]伦敦商人埃德蒙·布拉德（Edmund Blood）申请了一项新布料的专利，其中附上了一段样品以及五位商人的证词，作证在布拉德之前，自己从来没有见过或者听说过这种布料制作工艺。[18]进入18世纪早期，越来越多的专利申请人会随申请递交同行签字的介绍信和证词，有的还会请相关领域的大数学家或者医生出具证明材料，或许是因为这些人大多在王室中没有关系，只好以个人推荐这种方式进行证明。查理二世和詹姆士二世热衷于新奇的发明和新涌现的科学领域，人尽皆知。如果有什么发明得到他们的关注，或者有应用于海军、陆军领域的潜力，这二位国王说不定就会要求展示。查理二世曾要求詹姆斯·沃德（James Ward）带上自己发明的水泵来圣詹姆士公园“测试”；1677 年，托马斯·史密斯（Thomas Smith）“超级水泵”面世的时候，查理二世也清楚情况，认为那是个“蠢货”，直接拒绝了他的专利申请。[19]

如果对某项专利的审查程度较平常严格，最有可能是因为有个人或者组织（通常是特许经营公司或者股份有限公司）担心自己的利益受损，从而要求加大审查力度，钟表制造公司就是其中一个典型。在 17 世纪与 18 世纪之交，钟表制造公司投入了大量的人力财力，阻击了至少三项专利申请和两项专门私人立法。[20]利害关系人阻挠申请的实际情况可能远多于官方记载。以亨利·奥登堡（Henry Oldenburg）的手表发条专利申请为例，皇家学会就提出了异议，但是这件事情只在私人手稿中才有记载。[21]

任何人若是不想让对自己不利的专利在自己不知情的情况下获批，都可以要求司法官员在这种情况下对自己作出“专利预告”（caveat）。一次预告有效期 3 个月，之后可以再付一小笔费用续期。这样，若是有人提交了与他们有利害关系的专利申请，他们都可提前获知消息，还可在专利申请中任何一个环节采取行动，直至加盖国玺之前都可以提出异议。不过他们一般都会选择在司法官员作出报告前提出异议，这样成本也是最低的。专利申请情况并不公布，因此若是司法官员不予预告，除非等到专利已经登记、在伦敦宪报上公示，否则
44 利害关系人几乎不可能知道申请的消息。[22]在 17 世纪中，至少有一起专利异议是通过预告制度，而非另行申请专利解决的。预告制度虽然没那么保险，不过毕竟成本更低。例如，布兰科尼（今林肯郡）绅士托马斯·哈顿（Thomas Hatton）发明了一种抽水机。他在 1676 年就提出申请，要求如果有人以近似技术申请专利，司法官员就要向他的资助人史蒂芬·福克斯（Stephen Fox）爵士作出预告。[23]一个世纪之后，杰里米·边沁（Jeremy Bentham）担心他的弟弟塞缪尔（Samuel）的发明被人发现，特地从俄罗斯给伦敦的一个朋友写信询问：“祈请您告知，司法官员的专利预告是否能够同时起到保护发明财产的作用……我也听说办理一项预告只用花 1 基尼*。”[24]到了这个时候，也许以前不是，预告制度已经成为焦虑的发明人常用的工具。这些发明人要么无钱申请专

* 基尼是英国当时的一种货币名称。——编辑注

利，要么受到了极大的抢先占有压力，否则不愿意申请。[25]

在复辟期间，专利预告制度称得上是一项价值很高的预警制度，因为司法官员往往意识不到手头处理的专利申请背后的利害冲突；跟绝大多数外行人一样，他们也不知道本土产业和技术的情况，更不系统掌握有效专利的登记情况。英国只有一套按批准时间连续排序的专利登记簿，因此专利查询异常困难。伯格利和沃兴汉姆（Walsingham）手头倒是有系统的工业品专利记录，但是他们二人的记录在那个时代也就是孤本了。某些时期也有几份专利授权记录流传，不过似乎是从登记簿上抄下来的。[26]专利书记官（Clerk of Patents）会留存一份所有加盖了御玺的专利证书的登记簿，也起到了一定作用。[27]专利说明书则是分别在三个官署登记的，而这三个官署各自都留存了海量的登记信息，而且不总是整理好的，因此查询起来也很有困难。[28]

总的来说，司法官员个人的能力和选择起到了绝对性作用。1692年2月，内政大臣悉尼（Sydney）向副总检察长约翰·索莫斯（John Somers）爵士递交了一份投诉，能给我们以很大启发：

> 一周前我曾就安东尼·福雷斯特·史密斯（Anthony Forest Smith）的一项酒精加热新发明申请向您写过一封介绍信。目前该专利的新颖性业已审查，如申请人所言属实，望您考虑我的介绍信，发出一份有利的报告，莫再劳神费力另行审查，亦免于让申请人为了这次平常的申请浪费过多的时间。[29]

索莫斯在史密斯的发明案上似乎过分严格，高于垄断法令规定的标准，悉 45
尼明显是觉得这样不同寻常。特别是这一时期，索莫斯收到一位申请人的请求，其声称自己的发明能“促进大量穷苦人的就业”，甚至伯格利已经同意批准了，索莫斯还是决定就此展开调查。[30]（这套说辞属于当时专利申请的套话，虽然可能有人会有疑问，但一般没人认真调查。）约翰·谢尔布洛克（John Sherbrook）和他的合伙人希望以一项纺纱机专利为基础寻求合并。索莫斯想要了解更多的相关情况，尤其关注对于就业和英格兰丝绸行业的影响，因为这项专利看上去会减少用工量。不过捻丝工最后认定，“（那种）丝绸只能用申请中所述机器纺织”。虽然这种丝绸是从意大利进口的，但是如果在英格兰纺织的话，也可以增加本地就业。索莫斯因此批准了专利和公司合并章程，条件是专利权人“绝对禁止捻丝”，也禁止纺织任何土耳其丝绸，以此保护捻丝工和绕丝工。[31]

在其他一些场合，索莫斯和托马斯·特维尔（Thomas Trevor）爵士也会要求面见专利申请人，要求他们更详细地描述自己的发明，以此为基础形成比平时更翔实的报告。特维尔是索莫斯的学生，后来接他的班就任副总检察长。[32]索莫斯在1689年4月至1693年4月担任副总检察长期间，24%的专利申请被终止了。当然，不能说所有这些申请都要算到索莫斯的账上，不过1660～1699年有记录的专利申请终止平均比例是17%，1700～1750年为20%，只有爱德华·诺西（Edward Northey）在第二任总检察长任上（1710～1717年）的比例更高，为36%。索莫斯的态度之所以这么严格，可能跟他早期与安德鲁·雅兰顿（Andrew Yarranton）共事有关，而雅兰顿对专利体制批评很严厉。[33]

通常情况下，只有在涉及权贵的利益，或者在短时间内针对类似发明同时出现了多件专利申请的情况下，司法官员才会要求了解更多情况。例如，白金汉公爵在玻璃产业中的利益人尽皆知，弗朗西斯·诺斯（Francis North）也因此毫不犹豫地对乔治·列文斯考福特（George Ravenscroft）的专利开展了更加严格的审查。[34]诺斯之后在报告中写道："（我）发现申请中所涉及的玻璃制品质量更佳，原材料与英格兰其他玻璃厂商所用的均不同，因此完全可以认为是一项新发明。"[35]1680年，有人提出了一项有关制备胡椒的专利申请，而胡椒是东印度公司的主要商品，吸引克莱斯维尔·列文茨（Creswell Levinz）爵士的关注，也就不足为奇了。列文茨建议"商人群体或许也知道，这项专利对胡椒贸易的不便显而易见"，指示贸易委员会听取所有利害关系人的意见。不过伦敦杂货公司（London Grocers Company）认为这项发明潜在的利益很大，因此贸易委员会驳回了东印度公司的异议（这项异议也并不明确），要求专利权人同意通过诉讼程序解决一切专利异议问题。[36]1692年，特雷比收到托马斯·哈顿（Thomas Hutton）关于一项造纸技术的专利申请时，也充分考虑到了白纸制造公司的权利（1690年专门立法保障的），下令进行调查。哈顿虽然最后获批了专利，不过是有条件的：他名下的工厂只能在白纸制造公司的垄断范围之外生产劣等纸张。[37]

46 在极少情况下，有人对某项专利申请提出了异议，司法官员准备开展广泛的调查，查清楚专利授予是否合法，以及谁是合适的权利人。1723年，安布罗斯·古德弗雷（Ambrose Godfrey）和查尔斯·波维（Charles Povey）就一项灭火器专利产生纠纷，英国政府组织了详尽的调查。古德弗雷第一次公开展示灭火器的时候没能成功，后来有人举报波维趁着这个机会剽窃了他的灭火器设计，还抢先提起了专利申请。时任总检察长罗伯特·雷蒙德（Robert Raymond）传唤了众多的证人，调查古德弗雷那次失败的展示、波维与古德弗雷助理的接触和两件灭火设备之间的差异，最后得出结论：古德弗雷是首先将此类灭火器引入英格兰的人，专利应当授予古德弗雷。[38]

在 1722 年托马斯·福雷斯特（Thomas Forest）对约翰森·布朗（Jonathan Brown）和威廉·怀特（William Wright）的优先权纠纷中，英国政府同时驳回了双方当事人的请求。若不是布朗和怀特等人提出了抗辩，福雷斯特的专利就已经批下来了。在收到抗辩之后，枢密院调查了双方当事人的发明，认为“两位当事人的发明不过是对现有的铁矿石熔炼技术作了一些改进，新颖性均不明显”，因此“按照对垄断法令的严格解释”，[39]决定对双方当事人均不授予专利。虽然当时的副总检察长菲利普·约克（Philip Yorke）为布朗和怀特出具了一份报告，认为其发明的改进程度更大，工艺效率也更高，但还是没起到什么作用。当时受南海泡沫事件的影响，枢密院的审查都异常严格，这些申请人的时机并不好。[40]

除非直接涉及税收，司法官员几乎从不向司法系统之外的人征求意见。复辟之后建立起来的一系列贸易理事会和委员会也只是偶尔受人要求处理申请。[41]不过这些咨询机构的官员顶多只是懂一点制造业的皮毛，平时绝大多数时间花在了处理宏观贸易政策上，根本无暇审查具体的专利申请。这些临时性的建议只是启发性的。1669 年，乔治·哈雷特（George Herriot）声称自己发现了“冷压布料的技术”，总检察长帕默尔（Palmer）认为这项技术对英格兰的主要出口产业大有裨益。帕默尔很快就联系上了枢密院常设的贸易与种植园委员会，这个委员会也已经开始调查布料贸易了。[42]应帕默尔的申请，委员会组织了一批政要、公务员和商人，与哈雷特进行了面谈。哈雷特说自己的冷压技术是从荷兰学来的，比常用技术更有效率；虽然热压技术效率也很好，不过容易损坏布料，在这一层面上冷压技术更胜一筹。枢密院最终建议：

> 诚如申请人所言，这项冷压技术的优势不能完全适用于本国的羊毛制 47
> 造产业，但是至少授予这项专利可以鼓励其他人积极创新，也是对进一步改良现有布料的尝试。这项专利申请也不会影响王国境内现有的其他冷压技术。[43]

委员会对羊毛产业的状况和存在的问题有足够的了解，清楚哈雷特发明的意义所在，不过没有下令对他发明的新工艺流程展开详细的检验，目的也是在于促进他的冷压技术广泛传播。哈雷特当时有机会直接把技术投放市场，让市场来检验，而且他当时根本不可能形成对冷压技术的全面垄断，因此也没人认为有必要加大审查力度。詹姆士一世时期搞得一团糟的科卡因计划（Cockayne Project）就是前车之鉴。[44]哈雷特申请的处理决定显示，在复辟之后，专利越来越与政府利益脱钩。政府的干预减少了，相应地调查力度也减轻了。

1664 年，有人向查理二世提议由皇家学会对所有申请专利的发明进行实质审查；1707 年，英国政府和安妮女王再次向皇家学会提出该建议，很可能是想与法国和荷兰的专利制度接轨。法国政府从 1699 年开始就把所有的专利申请转给科学会办理。不过这两次提议都没能落实。[45]海军部请皇家医师学会推荐医药供应的频率要比找司法官员就医药或者化学专利征求意见的频率高。[46]可以肯定，皇家医师学会看不上 18 世纪中期涌现出来的大部分医药专利，也可以说它通常对专利都很抵触。[47]政府也向伦敦商会征求意见，不过更多是出于保护这些商会的利益，而不是听取它们对于某项发明技术可行性上的专业意见。[48]

上述极少的征求意见本就不寻常，随着时间推移更是愈发少见。政府的专利管理制度越来越倾向于自由放任：认为如果一项专利技术上有缺陷或者盈利能力不足，那么受损失的只有专利权人；如果这项专利和其他人的利益起了冲突，那么利害关系人可以申诉到枢密院或者法院解决。1663 年，财政大臣南安普顿推荐加里尔的发明时，尤其提到了这层兜底的“安全网”，他说“虽然目前难下定论，不过这项发明有促进公共利益的可能性”，“若是之后发现什么纰漏”，枢密院也大可直接取消。[49]这与伯格利时期家长式的专利控制形成了鲜明对比。1681 年，贸易委员会驳回了好几个盐商对杜弗兰专利提起的异议，
48 理由就是这项专利成功之后能够促进王国的利益，即便失败了也无伤大雅。[50]
1672 年，时任副总检察长芬奇建议续展张伯伦的镀锡专利时就说：“申请人本人自愿承担新专利的不利后果。”[51]1721 年，理查德·纽山姆（Richard Newsham）提交的消防车专利遭到异议，时任总检察长雷蒙德就查验了纽山姆和异议人各自消防车的“模型”（有可能是示意图），认为“纽山姆的消防车看上去有差异”“其新颖性和未来的成功都由纽山姆自担风险”，因此推荐了纽山姆的专利。[52]在 1722 年托马斯·比林（Thomas Billin）对霍特（Holt）和伦敦（London，这两个人都持有专利）的陶器专利纠纷案中，雷蒙德也作出了类似的处理。雷蒙德认为，比林制造的瓷杯，造型远比霍特和伦敦的美观，“二者之间存在差异，比林的更胜一筹”，但是雷蒙德也指出，根据垄断法令的规定，比林要对自己瓷杯的新颖性和差异性承担风险，这也是专利批准的基础。[53]

司法官员拒绝为专利承担最终的责任，这一点在当时的报告中都有体现。报告中也会照例写上批准专利合法，可继续进行下一步程序，“因为申请人要以其财力人力对专利的新颖性和预期效益承担全部风险”。这句话首见于 1711 年 9 月，诺西对蒂莫西·柏菲尔德（Timothy Byfield）的专利申请所作的报告。[54]也正是在那个时期，英国政府开始要求专利申请人自行将申请材料从王宫带到法院。申请人需要提交宣誓陈述书，声明自己是发明人，发明的新颖性

没问题。英国政府也越来越多地要求申请人准备更加详尽的专利说明书。

3.2 专利说明书与专利管理

1660 年之后，对专利制度进行的修改都是由司法官员通过专利申请报告完成的，其中有两项修改对专利制度的发展影响非常深远，一是专利说明书制度，二是对专利持股的限制。这两项制度都促进了发明专利的系统化，把专利从朝臣的股掌和股票市场的投机中解放了出来。18 世纪晚期，司法部门在解释和执行司法官员专利条款的时候越来越严格，也开始介入裁判司法官员与枢密院处理模糊的领域，对专利制度的影响也逐渐超过了行政监管部门，其中曼斯菲尔德大法官在各种商事法领域中开创了普通法先例，填补了法定指引缺失的漏洞，功不可没。[55]

专利说明书指的是在专利批准后特定时间内另行上交的一份更加详细的发 49
明描述。起初一般不需要提交专利说明书。[56]在 17 世纪有几个例外。例如，1663 年和 1670 年，英国分别通过了有关确认伍斯特（Worcester）侯爵和霍华德与华生共有专利权的专门法案，要求丝织发明的专利权人在专利到期时提交一份有关其发明详细的书面描述，要求本国的资深丝织工人可以读懂。[57]从 1711 年开始，英国政府要求约翰·内史密斯（John Nasmith）提交关于他本人的蒸馏烈酒技术的详细描述，此时提交专利说明的要求也越来越常见了。在 1734 年之前登记的专利中，有 20% 都需要提交详细报告。1734 年之后，专利说明书已成为标准操作，不过直到那个时期，专利申请上的条款似乎仍然没有提到申请人进一步递交说明书。[58]1723 年，专利证书引入了新的说明书条款，规定如果权利人不在指定时间内登记说明书，则专利作废。[59]1730 年起，这项条款逐渐普及开来，从 1734 年到 1783 年这一条款从常见成为标准，不过在 18 世纪上半叶的实际操作中，专利说明书的法律效果有限（直到 1730 年前后，似乎有两位专利权人选择“以合理方式”向政府披露发明秘密，而不是递交说明书）。[60]在此之后，1732 年法令确立了一项先例。该法令规定向托马斯·隆比奖励 14000 英镑，但也同时要求隆比向伦敦塔缴交一项他发明的丝织机的模型，另附各种机器工作原理的全面说明。[61]

司法机关越来越要求专利申请人提交准确、全面的专利说明书，这项原则也在 1778 年的莱尔德特诉约翰逊（*Liardet v. Johnson*）案中得到了集中体现。在该案中，英国法院认为，专利说明书应当足够翔实，细节应当足够丰富，可以让所有掌握相关发明技术的人理解和应用，而不需要另行进行实验检验。这也是英国政府有史以来第一次将发明披露规定为授予专利的前置条件。[62]这项判决也可以说明当时的技术绘图与描述取得了进步，那个时期的专利说明书中所附的图例也愈发复杂。在本书讨论的绝大多数时期，这种绘图技术称得上是专利申请的基本功。[63]那个时期，技术手册还很罕见，公认的传播技术信息的手段就是私人展览。[64]

当时，人们并不关心提交专利说明书的质量，或许也能由此得到说明，只要专利权人认为合适，专利说明书可以知无不言，也可以搪塞了事。以罗伯特·汉柏林（Robert Hamblin）上校为例。汉柏林在 1730 年 7 月获批了一项有关“辨识船舶导航光源的新方法”的专利。从他的专利说明书里根本看不出他的方法是什么，不过在那个时代也不能算是一项令人惊讶的事情。英国领港公会（Trinity House）看上了汉柏林的专利，4 个月之后提起异议，要求撤销汉柏林的专利。司法官员也作出结论：“从（汉柏林）登记的说明书来看，无法确定该专利所涉技术的具体实施方法。”[65]这也能体现当时主管部门的另一项
50 政策：只在利害关系人提起异议的情况下，才介入专利纠纷。虽然当时英国政府的确越来越重视专利说明书的准确性，但是总的来说，专利说明书敷衍了事的情况也很常见。[66]当时的专利说明书并不随专利授予信息一起登载在伦敦宪报上，这也许是原因所在。专利说明书要递交到小袋子办公处（Petty Bag Office）、档案馆（Rolls Chapel）和专利登记办公室（Enrolment Office）三个官署，利害关系人可以从这些官署调阅说明书副本，申请之后支付一小笔费用即可。直到 18 世纪 90 年代，维亚特以这些官署的记录为基础，出版了《技术详目》（*Repertory of Arts*），专利说明书才开始进入商业出版。[67]1778 年之后，虽然英国政府的管理措施不再严格，但是专利权人为了改变法律上的不利地位，也逐渐把专利说明书做得越来越详尽。不过也有人愿意冒法律风险，交一份不甚详尽的专利说明书。[68]

18 世纪有关专利说明书的行政和司法指引都很匮乏，当时的专利权人对于专利说明书功能和撰写的详细与准确程度有多少了解都是存疑的。专利制度中绝大多数事情都是交给专利权人自行决定的，专利说明书的撰写也一样。专利说明书的翔实程度很大程度上取决于发明的类型。机械发明的说明书一般都很清楚，往往还附有简单的示意图。专利权人因此也会在一些情况下赌上发明很容易被发现的风险。杰德迪亚·斯图鲁特（Jedediah Strutt）就是例子。斯图鲁特发明了德比式罗纹针织机，但是他的第一项专利因为没能及时上交准确的说明书被撤销了，只好再花钱重新申请。[69]化学工艺类发明的说明书则恰好相反，几乎什么都看不出来，这不仅是因为化学发明更难描述，也是因为专利权人可以确信，几乎不可能有人窃取化学类专利的秘密。[70]萨缪尔·阿斯顿（Samuel Ashton）在 1794 年就坦白说：

上述制备方法和比例无须详细说明，是在假定其中提到的各种材料分别具有通常最大浓度或涩味的情况下指定的。但是如果脱离了这种理想情况，棕褐色酒的浓度最终都只能取决于味道。[71]

1829 年一个向专利审查委员会作证的人也表示，“尤其是在化学工艺领域”，专利说明书一般都“写得不完美，目的就是隐瞒工艺”。[72]制药专利的说明书写得最不清楚：“所谓的强药性混合物……就是药性强的混合物，即大量最珍贵的自然产物，并且与其他化工和天然方法制备的萃取物和化合物混合。”还有一种说不清的号称“万金油”的东西是“从一种坚硬的固体萃取的，这种坚硬的固体又可分为好几种，每一种的品质和功效都等同”。谁能想到这是关于精确的用药剂量的说明？[73]按照大卫·德·伊斯车尔尼（David D'Escherny）在 1760 年的说法，这些专利说明书除了自娱自乐之外，[74]还有以下功能：

我原以为如果谁研发了一款“万金油”，那就有义务证明自己发明的 51
功效和安全性。不过我去问副总检察长的时候，他直接哈哈大笑，表示在实践中，谁发明谁负责，因此在专利公布之后 4 个月，专利权人交给政府的只是一份笑话说明书，药物的实际情况早就随着真实的配方隐匿起来了。[75]

那么为什么要引入专利说明书制度？很明显不是为了通过信息披露来普及发明。休姆认为“这是根据建议产生的实践，目的是使专利更加明确”，戴维斯也表示同意。[76]不过从许多专利证书和司法官员报告中的专利说明书条款来看，专利说明书制度是由政府引入的，以便区分表面上相似的发明。[77]按理来说，司法官员在出具报告的时候应当参考专利说明书，不过这就会使专利制度从简单登记走向实质审查。另外，专利说明书明确规定了专利权人和侵权嫌疑人之间纠纷的解决方式，这也有助于把司法官员的责任转移到法院。

17 世纪，对专利说明书的要求意在防止专利权人在利用专利的模糊掩盖下垄断有关的产业、贸易，或者延伸控制在专利登记之后其他人掌握的方法和原料。霍华德在 1670 年提出以专门私人立法巩固自己的专利时，就有议员提出反对意见：“如今发明的内容不明确，若是有谁在之后发现了更好的船舶涂装技术，那都可以算成是霍华德爵士的发明”。之后英国政府要求霍华德在 6 周内提交书面的发明描述。[78]在规定专利说明书之前 20 年间提交的说明书都涉及制备现有产品的新方法，例如 1708 年颁发的“榨取绿油”（可能是亚麻籽油）专利以及 5 年后颁发的“从特定的种子中榨油”的专利。[79]这两项专利的说明书都简单提到了不同的植物，从而同时划定了各自的专属范围。当时人们对垄断的恐惧导致司法官员的工作量持续增加。1727～1728 年，英格兰铜矿公司（Company of Copper Miners of England）分别对本杰明·隆德（Benjamin

Lund）和弗朗西斯·霍克斯比（Francis Hawksbee）的专利申请提出了异议。隆德和霍克斯比都没有提交专利的完整说明，因此不能证明它是一项新发明。两位发明人还找来了经验丰富的精炼技师，证明这两种发明的设计不同，也不属于现有的任何一种发明，“他们就是矿石制备技艺的法官”。进一步地，虽然每位精炼大师“都用同样的技术进行精炼，但是很难说有两件产品的方法和形式就是一样的”。隆德和霍克斯比向英格兰铜矿公司保证，除非在特定的熔炉里制造黄铜，他们不会申请非锅具制造黄铜技术的垄断权，这用的是之前从未使用过的技术。约克在看到关于这两种熔炉的详细书面说明之后，认定申请人实现了新的发明，可以批准专利，并且在证书中加上了专利说明书条款。[80]

52 除非专利正式登记，权利有了保障，申请人都希望能对他们的发明保密，英国政府也表示理解（除非出现了专利权纠纷，此时司法官员会在保密情况下听取各方利害关系人的意见）。[81]18 世纪早期司法官员的报告中经常提到专利权人认为“披露详情不安全”，但还是同意在专利最终获批之后提供一份更详尽的描述。内史密斯的情况就是这样。他显然不愿意提交详情说明，还成功争取把法令规定的1 个月期限延长到了6 个月。[82]副总检察长还在西比拉·马斯特斯（Sybilla Masters）的专利证明里加入了以下条款：

> 鉴于申请人没有描述发明的方法或者其中安装的机器，应当对此作出描述……以使所述专利更确定。

当时马斯特斯已经回了美国，只让丈夫留在英国办手续，所以副总检察长给了马斯特斯一年的期限。[83]1737 年，伦敦商人詹姆斯·佩恩（James Peyn）还争取豁免了专利说明书。他和两个新西兰人合伙，开办了一家螺纹厂，还签了价值两万荷兰盾的互惠协议，承诺保守这两个新西兰人的商业秘密。佩恩还以“国家利益”为由，说要是自己真的交了专利说明书，那么任何外国人“都有可能剽窃这项发明，做出螺纹”，从而威胁英国殖民地的螺纹消费。[84]

法律官员发现自己的职责因有争议的专利申请而负担过重。10 年之后的1734 年，专利说明书成为规范。18 世纪 20 年代的专利系统修修补补、负荷愈重，专利申请量较上一个十年翻了一倍。当时对于专利的观念已经开始从“王室的专利”向人民保护与竞争的工具转变，所以专利申请量也出现了激增。[85]在好几例专利申请中，英国政府都在一批类似的发明当中开展了广泛的调查和研究，以此确定最合适的权利人。[86]专利制度眼看就要走向审查了。约克从 1719 年到 1733 年先后任副总检察长和总检察长，作为专利纠纷的审查官员的任期之长超乎寻常，或许也促进了这项政策的形成。在约克负责的一项炼铁专利纠纷中，布里奇沃特的约翰·派恩就提交了一份自己使用的原材料清单，其中说道：

> 我希望在专利获批之前，这些原材料不要公开，因为虽然这项技术目前还没有在英格兰应用，但我仍然担心会遭人剽窃。[87] 53

派恩声称，他的发明与其他申请者大不相同。司法官员采纳了他的说法，批准了他的专利。但约克并没有到此为止：和 *Lund and Hawksbees* 案一样，他添加了书面说明条款。这项专利涵盖的其他两项发明并不要求说明书。[88]专利的细节因此得以澄清，供将来参考。佩恩不情不愿地担下了他的秘密泄露风险，现在也拿下了发明，有了些许的安慰。

如果专利的有效性在于“专利权人自负责任”，那就一定要采取措施，防止司法官员不作为。专利说明书使专利制度可以自我管制，司法官员也可免于烦琐的调查。在同一时期，出现了好几起专利侵权的棘手案件，进一步强调了搞清楚专利详细情况的价值。[89]1731年，雷丁的机械工罗伯特·巴洛（Robert Barlow）申请延期提交专利说明书，约克也批准了，批文里还带了一点家长式的风格：“关于申请人登记的机器说明书的目的，仅涉及其本人的利益，以确保他的发明更确定。”[90]这并不是说专利权人就是专利说明书制度背后的推手。相反，他们可能不愿意透露任何有关他们发明的信息，但如果有人对他们的专利提出异议，或者他们希望起诉专利侵权，专利说明书的确可以减少他们以后的麻烦。到了1829年，约翰·泰勒（John Taylor）把它描述为英国专利制度的一个“原则”：“专利的风险由专利权人承担，而专利权人为了保护专利必须付出巨大的金钱成本。”[91]他和其他证人强调，如果向总检察长提出了涉及纠纷的申请，他也可能同时批准双方或者多个利害关系人的专利，而不是再花精力进行区分。[92]

专利宣誓制度是那个时代的另一大创新。专利申请者必须向大法官法庭的法官或者治安法官宣誓（如果是贵格会教徒，则改为作出承诺），承诺发明是他本人作出的，而且据他所知，这项发明在英格兰尚未使用。有人引述过1701年沙尔克赛（Shallcrosse）的宣誓，不过在国家公文中可考的最早的是约翰·科尔（John Cole）在1707年8月随一项新的沙发设计专利申请附上的宣誓。[93]约翰·凯（John Kay）曾经提到过他在1745年为制造商约瑟夫·斯泰尔（Joseph Stell）制造的动力织带机申请的专利：“之所以以我的名义申请，是因为斯泰尔先生不能为此宣誓”，这个事例至少能说明当时专利宣誓制度是很严肃的。[94]

同样是在1705~1715年这短短的十年里，发明说明书、宣誓书和“发明 54

人自负责任”的原则愈发多见了，又有人开始要求皇家学会对专利申请进行审查，这些都绝不是巧合。[95]这些制度都是在第一波股票市场投机浪潮之后引入的，在此期间，发明专利遭到了“投机行为”的严重污名化。[96]许多已获得专利的发明和技术规划最后都不过是空想，世人早就司空见惯了。英国政府调整了专利制度的行政管理，借此加强对专利的管理。总的来说，事态发展到这一步，能够反映出政府实际上不愿意（并且缺乏技术能力）直接干预促进发明和工业发展。由于发明专利已经贬值成了朝臣的玩物，王室几乎没有兴趣再把专利授予权牢牢攥在手里。只要守住了底线，可以允许专利制度在贸易中发展。1734 年以后，专利说明书成为规则基础，专利制度的市场化程度更高。在这种情况下，这些新措施可被视为重构奥古斯塔金融制度更一般性的一部分，旨在于第一次股市崩盘后强化赤字财政的结构。[97]正如丹尼尔·迪福（Daniel Defoe）所言，要保持变化无常的信用，“您必须保留所有神圣的基础，并在其上建立规则的结构”。[98]诺西似乎是当时改革的一把手，因为不仅这些创新是在他总检察长任上（1701～1707 年、1710～1717 年）进行的，而且在此期间高涨的专利申请比例也停止了。[99]后来的约克则称得上是诺西志同道合的继任者。

我们还要考虑长期影响。当时司法官员的工作重点从对新兴行业的宏观把握转移到具体产品和工艺的变化上，识别发明的创新性确实更加困难了。17 世纪末期的英国企业家仍然向欧洲大陆征集科研创意以及所需技术。因此，当时人们为了保护自己的产品及全套生产工艺，就会去申请专利，“诺曼底牌”铸造玻璃、马口铁、“阿拉莫德绸和拉绳”等专利均在其中。相比之下，到 18 世纪 30 年代，专利内容更加具体，覆盖了现有产业中的各项改进——新织机以及改进的哨片、车架弹簧、风车调节器等。其中的新产品很大程度上是本国设计的。这种转变的时间因产业而异，但是到了 18 世纪中叶，英国制造业已经克服了许多技术上的劣势，英国也转而成为工业间谍活动的目的地。不再有人呼吁、要求政府鼓励建立新产业，政府也只按照有关各方的要求制定监管法规。专利说明书促进了制造业的发展，并可以追踪产业的进展。如果要对专利
55 技术进行详细说明，就需要对其全过程进行详细描述，这就势必会产生冗长的文本，专利说明书也就应运而生了。有了专利说明书，还可以对已取得专利的特定的技术改进进行检查。

3.3 专利与泡沫法案

司法官员作出的其他重大修改，毫无疑义是为了防止短期投机交易。1720～

1832年，专利证书中一般都会规定，如果将专利权益分配给5个以上的人（1832~1852年扩大到12人），则专利作废。1720年春季末，英国政府希望遏制史称“南海泡沫”（South Sea Bubble）的狂热股市投机浪潮，于是通过议会实施了一系列恐慌性政策。[100]泡沫法案（*Bubble Act*）规定，自1718年6月起，未经王室特许或议会立法批准经营任何项目，均视为妨害公众利益，对资助人将按保护王权法令（*Statute of Praemunire*）处罚。[101]这条法律模棱两可、内容不当，主要作用不过是在19世纪进一步混淆商法的界限。法律通过之后，英国政府针对4个发明项目发起了调查，要求专利权人说明维持专利的理由，不过这4项调查在1722年之后都被停止了。[102]这也影响了发明的专利申请。如果没有此类限制，专利数量有可能像17世纪90年代初期那样迅速增长（当时在两年半的时间内注册的专利甚至高于上个十年的正常水平）。然而，在1720年7月，上议院的大法官在国王缺席的情况下命令司法官员评估在专利证书中加入一条，“以防止非法使用此类专利来增加（证券）认购，违反近期的议会立法”。最后，英国政府将专利权的分配人数统一限制为5人。上议院大法官还是不放心，驳回了所有提交给他们的专利申请，还报告说：“在当今国王缺席时，大量的特许经营权和专利出现滥用，所以驳回了所有属于此类性质的申请书。”[103]他们还命令枢密院召集一个委员会，审议“防止目前购买已作废的旧特许状或专利，并且改头换面、招摇撞骗的对策”。[104]经济泡沫是英国政府采取行动的直接原因，不过政府的行动也加剧了人们对专利滥用的担忧。

司法官员在执行该条款时遇到了很大的麻烦。[105]专利权人偶尔会努力对自己的案件争取上诉，不过以失败告终。1725年，詹姆斯·克里斯托弗·勒布朗（James Christopher Le Blon）辩称，只有有了更多的合作伙伴和大量的库存，他的织锦织布发明才能成功。他希望英国政府能授权他发行1万份股权，集资10万英镑，并遵守政府对资本使用施加的任何限制，以此证明他的意图“并非仅仅将专利作为股票买卖项目”。约克总检察长报告说，在听取勒布朗 56
的意见之后，他认为没有充分的理由接受他的要求，并且怀疑制造商是否真的会要求或支持勒布朗提出的资本存量。约克建议授予勒布朗一项普通专利，并特别规定“可以吸收5个以上的合作伙伴，但仍（建议）限制合作人的数量”。此事持续了18个月，后来有一位副国务大臣给约克写信：

> 推荐勒布朗先生申请专利的呼声过于强烈，我怀疑他是不是必须只能按自己的方式行事。他称自己的发明合作伙伴不能少于100个。我必须请您明示，应不应该完全排除合伙人数方面的限制性条件，还是勒布朗提到的人数是5人，而非100人？

约克的观点在于，只要是提到了专利合伙人数，都可以解释为“通过购买证券，可以拿到相当数量的专利证书”。他强调说，自己倾向于利用一般性的限制条款，规制勒布朗任何违反泡沫法案的行为，因为这类条款能让潜在投资者更加谨慎。事实上，勒布朗似乎已经同意在1727年6月批准的专利中将合伙人的人数限制在5个以内。6年后，他提出了一项合并合伙人并增加股本的章程，但是遭到了拒绝。[106]

1730年，威廉·伍德及其合伙人提出过一项炼铁专利合伙章程，规定以专利为基础，发行1万股，筹集10万英镑。约克和塔尔博特听说了一系列恶意财务交易，怀疑伍德的方法不能创造商业价值，因此建议驳回其申请。他们还讽刺说，如果伍德真的能用他的新方法制造物美价廉的钢铁，那么他能赚得盆满钵满，还要更大的股本做什么？他们引述了专利证书中的合伙条款，认为这个条款不能以章程规避。[107]这究竟是商业上的幼稚，还是对伍德技术能力的明智判断？在1730年约瑟夫·弗亚姆贝（Joseph Foljambe）也提出过申请，表示要在14年的时间里在全国推广他新发明的犁专利，这就要求至少一个郡有一人来管理他的专利。约克同样否决了弗亚姆贝的申请，理由是“看不出为什么要背离设置合伙人数条款的先例”。[108]在对罗伯特·汉柏林的处罚中，专利异议人提出的一项抗辩是：“将自己所谓的羊皮纸（不是书籍）作为投机产品，供多地人们炒买，已经有人在不察之下上钩。这种行径违背了其专利证书规定的限制条件。”[109]汉柏林的专利也因此被撤销了。

专利中的“泡沫”条款所处理的问题，很大程度上与专利制度和发明无关。但是，它补充了其他最近的发展，通过这些发展，司法官员已尽可能摆脱了对专利制度日常监督的责任。“泡沫”条款和常规的说明书均有助于将专利限制在特定的工艺流程和机械设备上，并且排除了大多数不可能实现的项目和
57 计划。这是专利制度最后一次重大的内部改革，这次改革也为接下来130年的专利制度设定了方向。专利制度迅速超越了它原有的功能，不过对专利制度的修正权利最终留给了法院和议会。后世的科技状况愈发复杂，更完善的监管工具也在孕育当中。虽然到了18世纪后期，改革者抱怨不断，司法机构也持续混乱，专利制度仍然可以说在很多方面都表现出了巨大的威力。[110]

第 4 章 司法机关与专利权的实施

虽然专利的申请程序很复杂，不过获得了专利也只是在商业竞争中保护发明的第一步。专利能在多大程度上抵御侵权，取决于它背后的权威，以及它所产生威胁的威力。因此，我们有必要考察法院为专利提供的保护。在理想的情况下，专利权人只要提起诉讼，就足以威慑侵权行为。如果专利权属确实存在争议，也可以提起专利仲裁，其流程简单、处理迅速，费用也低廉。直到 18 世纪中叶，枢密院都可以主持专利仲裁。不过主张损害赔偿就要走另一套程序，专利权人也要承受审理时限、司法成本和衡平法管辖权的不确定性。不难想象，这会损害专利权人阻止侵权的能力。相关的法律程序和专利权人的法外权威这些相关联的问题都是本章的主题。笔者将要重点讨论 1660 ~ 1750 年这段时期。18 世纪后期的主要专利案件相对有名一些。哈利 · 杜顿（Harry Dutton）最近从与笔者相似的角度出发，研究了 1750 ~ 1850 年这段时期的专利司法史。[1]杜顿不仅发现专利司法的管理混乱、司法裁判前后不一致，而且对专利权人抱有相当大的偏见。这种情况一直从 18 世纪晚期持续到 19 世纪 30 年代中期，那个时期，已经有批评家注意到："法官、陪审员和公众的感觉已经成为有利于发明人的决定性转折。"[2]在 18 世纪中叶之前，没有证据表明法官有任何反对专利本身的偏见，但是在司法程序中，混淆和矛盾早已成为常态。 58

4.1 法律框架

发明专利通常要在官报伦敦宪报上公布，专利权人可以借此机会对其发明进行简短的"宣传"，留下联系方式，还可以以起诉来威慑侵权人。威慑从何 59
而来？在 1753 年之前，专利权人可以请求枢密院传唤侵权人，以亵渎皇家特权指控。1669 年，弗朗西斯·华生和菲利普·霍华德爵士就求助了枢密院：国王亲自警告了侵权人粉刷匠染色公司（Painter Stainer Company），要求该公司“不得侵犯或损害其特权”。[3]压花羊皮纸的专利权人乔治·汤姆林（George Tomlyn）试图对两个侵权文具商主张权利时，文具商“不屑一顾地说（他们）觉得专利就是一张废纸，因此不以为然”。1661 年 6 月，枢密院举行了一次听证会，指示总检察长起诉这两个文具商。[4]这很不寻常，因为枢密院通常会将专利案件移交给普通法法院，走民事诉讼程序，任何一方均可直接诉诸普通法解决案件。后来鲜有诉讼见诸史料，大概多是庭外达成了和解。专利权人若是寻求赔偿，除了上述程序之外，通常的首选是向大法官法院依照衡平法起诉，偶尔甚至直接向财政部请求赔偿。[5]

枢密院还听取了销售商和制造商对专利权人的控诉。垄断法令已经形成了一套专利异议制度。枢密院有权撤销一项被证明有害或者不具备新颖性的专利；若有 6 名枢密院官员同意，即达到了法定的撤销决定人数。[6]1687 年，枢密院受理了合作公司（Joiners Company）的投诉，认定约翰·查特（John Chater）的大理石壁炉架专利丧失新颖性，从而将其撤销。[7]1745 年，俗称“英伦油”的制造者、科勒布鲁克山谷人埃德蒙·达尔比（Edmund Darby）和萨缪尔·博登（Samuel Boden）成功向枢密院提起了上诉，要求撤销三年前萨洛普郡人迈克尔·贝顿和托马斯·贝顿（Michael & Thomas Betton）持有的药用油专利。[8]双方对彼此的专利都提出了异议，枢密院也举行了仲裁。[9]

在 18 世纪中叶，专利法出现了明显的突破。这个时期，枢密院终于将专利有效性案件的管辖权移交给了普通法法院。[10]鉴于先前的争议，说来也奇怪，这次权力转移没有丝毫迹象。1752 年，沃尔特·贝克（Walter Baker）对罗伯特·詹姆斯（Robert James）专利的异议构成了一个分水岭。枢密院驳回了贝克的指控，但随后贝克提出了一项前所未有的要求：他早些时候曾经在宣誓书中指控詹姆斯作了伪证，如今他希望允许枢密院书记官在该案中作证。休姆认为，这个诉求意味着“从宪法的角度重新考虑枢密院的管辖权”，“也正是由于本案，枢密院在司法官员的建议下，决定放弃管辖权”。现在专利侵权案件的裁判者只有法院了。专利权人的正常救济程序是首先由普通法法院证明存在侵权事实，然后由衡平法院决定赔偿事宜。[11]不过在起诉之前，专利权人也可以简单地在大法官法院申请禁制令，尝试限制侵权行为。[12]枢密院继续受理针对专利权人的指控，但是如今会转而命令专利权人走普通法程序。如果专利权
60 人不服，枢密院就会威胁撤销专利。[13]如果侵权诉讼失败后，普通法法院也可以审理专利有效性问题，不过此时就会进入专利辩解令状（*writ of scire facias*）程序，此时会推定专利权人“以欺诈手段获得了国王的专利”，专利权人就相

当于刑事诉讼中的被告。[14]不过这种情况相当罕见。侵权诉讼失败之后，专利事实上就归于无效了。[15]

4.2　起诉：一项“不确定和危险”的事业

专利的力量有多大，最终取决于专利权人去法院追究侵权行为的意志力和财务能力有多大。除了法律成本外，依法行使专利权利还有几个重要问题。首先，所有诉讼当事人都要面临法院程序复杂和缓慢的问题。其次，司法机关对工业技术的了解并不深入（这也促使好几位证人在 1829 年提出组建一个专家委员会或者专家裁判庭，专门审理专利案件）；最麻烦的是，除了垄断法令里的只言片语，当时的专利诉讼缺乏可以指导预测诉讼结果的实证法和判例法。

英国大法官法院不光是塞缪尔·巴特勒（Samuel Butler）所著讽刺长诗《休迪布拉斯》（*Hudibras*）的灵感源泉，也是接下来 200 年英国人批判司法制度的普遍对象。[16]掌玺大臣吉尔福德（Guildford）严厉批评“无情和虚伪的对手给诉讼当事人施加了巨大的不公正和不公平的折磨”；他的兄弟罗杰·诺斯（Roger North）也表示，大法官法院无理拖延审理，“常常使当事人半途而废，放弃权利”。[17]例如，专利权人约翰·凯投诉称织布工持续侵犯他的专利：

> （凯）遭到被告没完没了的拖延，一趟一趟地跑法院（明知自己等得无穷无尽，专利也就没了），花光了自己的财产，什么事情都没办下来。他还同时找了几个议员说他的案子，想着要么拿到一笔补偿，放弃发明专利，要么促成议会颁布一项法案，立法保障他的权利，免受大法官法院的诉讼之苦。[18]

约翰·克罗斯比（John Crosbie）也在 1755 年写给一位经纪人的信中，总结了专利权人对于诉讼程序的态度：

> 尽管我们从国王那里已经获得了制造锅炉和珍珠灰的专利，在美洲可以制造锅炉和珍珠灰十四年……我还是建议您不要向任何人透露秘密，因为世界上有些人……胆大妄为，干扰得我们无法开展工作，给我们惹了一大堆麻烦，我们不得不起诉他们，可是连法院都管不了他们。[19]

专利诉讼的成本无疑是非常高昂的。格雷夫诺尔·亨森（Gravenor Henson）曾经提到过好几位针织行业的专利权人，因为穷困而无力起诉侵权行 61
为。亨森把这些专利权人与“莫里斯（Morris）先生”和“海恩斯（Haunes）先生”作了鲜明对比。“从长期的经验来看，莫里斯先生已经是法律界的资深人士，不过他的成功无可避免地受了有罪不罚的侵害”，“海恩斯（Haynes）先生参与了数额甚巨的个人财产事务，深研法律，声誉比这些专利权人高得多”。[20]对于那些最了解专利制度的人来说，司法成本就预示了专利制度的后果。1758 年，杰迪迪亚·斯特鲁特（Jedediah Strutt）向他的合伙人威廉·伍拉特（William Woollat）打了一个报告，提到了有人就他的新发明“德比型罗纹机”给出的建议：

> 我们凭着专利或许能挣到足够的钱，但是那位先生很明智，说我们必然要招惹无数的敌人，也担心我们应付不了。（我认为他说得很有道理。）因此，那位先生认为，如果布拉德沃思（Bloodworth）先生热心参与我们的事情，并如他对我所言一般采取措施，他就能凭自己的人格和财富摆平一切异议。[21]

之后，斯特鲁特的合伙人将侵权人告上法庭，在展示机器之后打赢了官司，大家都心服口服。[22]詹姆斯·瓦特认为詹姆斯·基尔（James Keir）“没钱进不了威斯敏斯特大厦，在那里上帝告诉人们可以获得有价值的专利”，[23]不过，像斯特鲁特和基尔这样的律师也不常有。

法院裁判的任意性加剧了人们对诉讼费用的担忧。[24]若是想成功起诉，需要注意以下两点：其一是事实层面上的，即受专利保护的发明是否已经在英国使用；其二是规范层面上的，即确定所诉称的标的构成了根据垄断法令规定、有权获得专利的“发明”。当时的法律非常模糊。衡平法院很少遵循判例法：

> 当时人们常说我们的衡平法院权力过于专断、令人惊奇，它们的裁决也一定没有什么确定性……打官司本就不是什么愉快的事情，如今还要来衡平法院打官司，更得疑神疑鬼、担惊受怕了。[25]

在专利诉讼方面，普通法法院不一定处理得更好。直到枢密院放弃管辖权的时候，普通法法院才开始形成有关专利的判例法。17 世纪初以来，普通法法院受理的第一起重大专利案件是 1766 年的道隆德（*Dollond*）案，审判人员也直到这时才开始解决“如何妥当认定专利”这个棘手的问题。[26]这是一个缓慢的过程，背后甚至是一连串的艰苦工作。直到 18 世纪末，专利疑难案件打
62 了一起又一起，但是法院并没有建立起一个牢固、智慧的司法裁判基础。1785 年，瓦特的律师亚伯拉罕·韦斯顿（Abraham Weston）提出了以下问题：

> 专利权人之间的纠纷通常是事实问题还是法律问题？还是说，从来就没有一起重要的案件或者审判处理过有关专利的法律问题？法律图书对这个主题保持沉默，没有任何线索，那么问题来了：什么是专利法？[27]

10 年之后，艾尔大法官在博尔顿与瓦特诉布尔（*Boulton and Watt v. Bull*）案中，也发出了同样的疑问。艾尔大法官反对“现行法律没有明确规定专利权利”的说法。[28]审理此案的 4 位法官中，甚至有两位认为不可以凭借工艺流程或制造方法申请专利。艾尔则指出，自 1624 年以来，大多数专利都是颁给工艺流程，而非产品本身的。[29]1829 年，马克・伊萨姆巴德・布鲁瑙（Marc Isambard Brunel）向一个特别委员会陈述说，“我的专利命运如何，全仰仗法官的裁判”，而另一位证人说得更清楚：“离开了法律基础的指导，法官的裁决一日一变”。[30]18 世纪末，司法机关努力运用过时的立法和判例处理当下的问题，希望能借此刺激当时相对落后的经济，以适应工业化背景下新生的技术和竞争条件。对于什么才是构成专利的发明、专利享有特殊保护和特许权利的理由以及专利权利的边界等问题，都无法达成共识。第一篇专门研究专利法的论文直到 1803 年才发表。[31]

其中到处都是针对专利权人的陷阱，詹姆斯・瓦特那个时代的发明人还有很长的路要走。[32]不过，有两项司法裁决对扭转专利权人弱势地位起到了重要作用。曼斯菲尔德法官分别在 1776 年和 1778 年两个案件的判决中认定，对现有工艺进行新的增益或改进，即可以此申请专利，并规定专利说明书需要承担起指导公众了解发明的重任。[33]此前，法院要求专利权人的“发明”不仅是对现有技术的改进，这也成了很多专利权人在法律上致命的短板。“发明”相对于“改进”在定义上有何区别？这就产生了司法上的不确定性。在曼斯菲尔德的判例法之后，“发明”与“改进”之争解决了，不过专利发明书的问题也随之浮出水面：说明书上的谬误或者瑕疵，此时会导致专利比以往任何时候都更加脆弱。正如艾尔在 1795 年所言，“现代的专利案件主要针对专利说明书，即说明书中是否作了公平的专利披露”。[34]

当时人们普遍认为，专利权人有权在专利登记之后、提交说明书之前改进自己的发明。[35]但是，在 1778 年之前，法律上没有明确规定专利的标的是不是仅包括登记或说明书中所描述的发明。1676 年，时任总检察长威廉・琼斯（William Jones）认为没有必要在专利证书中记载发明的情况，专利权人可以按自己的意愿发明，不过专利只保护成形且投入了使用的发明。[36]的确，专利的措辞含糊不清，也很难提炼出琼斯对发明的更严格的定义。罗伯特・詹姆斯在 18 世纪 50 年代直接质疑：

> 在我的专利说明书中，没有提到任何盐，但是我保留根据我的经验和目的选择我想要的盐的权利……我不能肯定哪种盐最符合我的目的，但我知道，在准备自己的粉末时，我有使用任何一种或者几种盐的自由。

63 此外，他还说自己“有利用一切手段改良自己药品的自由，而且也为此付出了巨大的代价”。[37]显然，詹姆斯并不认为他这么说会对自己的专利申请造成什么不良影响。尽管如此，在1741年斯丹弗斯（*Stanyforth*）案和1737年凯（*Kay*）案中，被告也以在专利说明书登记之后改进发明为由提出了抗辩。[38]对于在先使用权，法院的立场似乎也很模糊。有几项专利是在已有在先商业使用的情况下获批的，1698年古鲁（Grew）的专利就是其中之一。[39]不过在斯丹弗斯案中，原告认为涉及专利的犁在20多年前就已被制成并销售，应当获得专利，被告则反驳说“制作该犁仅仅是为了测试产品能否达到授予专利的标准”。[40]

1778年之前，专利说明书则是专利权人面临的一个更加实际的问题。究竟要在说明书里披露多少有关发明的细节？这就是他们的困境。如果专利权人的说明书尽量完整和准确，就相当于有了一份注明日期的法定凭据，能够作为第一项发明的证据，可以更轻松地在法庭上对专利进行抗辩，但也意味着同时向竞争对手提供了更多的信息，而且都是合法的。[41]迈克尔·孟席斯（Michael Menzies）在1750年的策略就是如此。孟席斯自己就是一位律师，写了长达20页的专利说明书，他列举了所有他能想到的煤矿卷扬装置的改进细节：

> （如此）当有人作出了这样或那样的改变时，就无法号称自己发明了新机器。我发明的机器，主要工作原理是利用水位下降抽取固体，那么如果有人对此作了什么改造，也不能说没有使用我的机器。[42]

另一方面，把专利说明书写得神秘一些，也自有其优势。在化学类（而非机械类）发明当中尤其如此：[43]这种写法可以扩大专利权利的范围，也便于进行后续的调整和改进。从这种说明书中，很难想见所有可能的改进，当然，竞争对手对发明的准确情况也自是一无所知。此外，即便专利说明书提交期限届满，这项发明仍然是一个存在的实体，而不只是一个概念，只是在技术细节上不可避免地会模糊一些。约翰·怀亚特和保罗为了给第一台纺纱机申请专利，申请程序花了两年之久，部分原因是缺乏资金，另外则是两人难以把纺纱机完善到可以写出详尽说明书的程度。还有一个更严峻的问题。用怀亚特的话来说：“我们不可能在一纸说明书中穷尽发明的所有改进方式，因为这些工艺改进所需的线轴数量，与将来的成品或者是任何已有机器相比，总是相差很大。”[44]他们最终提交的说明书，正如希尔斯（Hills）所说，“可能在于保护现有的半成品机器，并防止其他人开发类似的机器”；他们还在提交说明书之后作了一系列的改造，是否合法都不得而知。[45]另一种策略是基于工作原理而非特定机器模型申请专利。以1720年的约书亚·哈斯金斯（*Joshua Haskins*）案为例。哈斯金斯申请了一项“仅利用水银抽水”的技术专利。J. T. 德萨谷里尔斯（J. T. Desaguliers）则有力地向哈斯金斯指出，他设想的原理是利用水银减少摩擦，而这种技术思路已经可以通过好几种方法加以实现了。[46]众所周知，这也是瓦特在 1769 年为冷凝器另行申请专利时的做法。1778 年，专利制度越来越严格，法院经常因专利说明书不正确或不充分而撤销专利，当时人们也就瓦特专利申请的合法性进行了很多讨论。[47]

4.3　1693～1698 年的德怀特（*Dwight*）案

我们接下来考察 1750 年以前衡平法院对两项相对有据可查的侵权诉讼进行的详细审查，借此说明专利诉讼双方的一些共同困难。这两个案件都涉及发明与改进的区分，而当时专利发明的确切性质和现有技术都处于模糊地带。这些案件充分说明，在判例法和严格专利说明书制度缺位的情况下法律的黑暗被充分体现，专利权人并不愿意去法院打官司维护权利，不过与此同时，一次成功的专利诉讼就有可能激励人们坚决追究侵权人的责任。德怀特案就是一个典型。 64

在该案的当事人约翰·德怀特（John Dwight）看来，专利代表着一种进攻性的武器，可以助他对抗制造盐釉陶器和新型陶器的商业竞争。这也不完全是巧合，这位专利权人于 1671 年在富勒姆做陶器制造生意之前当过律师，他提起的专利诉讼很多。[48]德怀特到达首都后不久，就获批了一项“有关制造中国与波斯式仿瓷陶器和科隆式仿瓷石器的奥秘”的专利。[49]他的瓷质陶器在商业上并不可行，而后他把资源集中在石器和雕像上，很快就声名远播。[50]德怀特像玻璃专利权人雷文斯克罗夫特（Ravenscroft）一样，与伦敦玻璃销售公司签订了专属协议，由伦敦玻璃销售公司承诺阻止进口石器，以此进一步保护自己的权利。[51]1684 年，在德怀特的第一项专利还有两年就将到期之际，他获得了第二项专利，将保护范围扩大到了从 1672 年以来开始生产的商品。[52]兰贝斯的陶匠约翰·斯泰恩（John Stearne）后来称自己本要在肯特郡做石头生意，就是这项专利搅黄了他的好事。斯泰恩还说，德怀特跟他传过话，表示第二项专利就是为了应对斯泰恩的威胁申请的，还花了他 100 英镑。[53]然而，陶器业内普遍认为德怀特的第二项专利是无效的，很多人也生产了类似的商品。1685 年，石制陶器的数量增加到 3 种，1690 年增加到了 13 种；到了 1695 年，又增加到了 17 种。[54]

不过在整整 9 年的时间里，德怀特并未对这些陶匠采取任何行动，或许是因为取证困难，[55]也有可能是害怕他人提起专利异议。德怀特可能认为，当时

的市场足以容纳他开展竞争，只是到了 17 世纪 90 年代早期，生产石制陶器的
65 人的数量越来越多，加之战时贸易中断，才促使他重新考虑。[56]1693 年，他首先在大法官法院成功出击，对诺丁汉的詹姆斯·莫利（James Morley）申请了禁止令，随后普通民事法院也维持了这项禁止令。德怀特大受鼓舞，也开始对其他人提起诉讼，此时他的专利眼看就要到期了。[57]当时的判决已经佚失了，不过其他证据表明，德怀特在法院内外都取得了不同程度的成功。据 1698 年的一则报道，韦奇伍德（Wedgwood）家族的一位成员说：

> （德怀特）最近已经借专利侵权起诉了很多人，现在还在打官司，其中就有我的兄弟。因为这些人按照德先生的形制制造或者仿制了普通的釉面茶壶。他还进一步说，一家荷兰人开的公司得到他的许可，在斯塔福德郡生产他精妙的茶壶。[58]

韦奇伍德家族的活动实际上是否受到德怀特的限制，目前仍不清楚，但这个家族面对他们认为不合理的限制时，的确是束手无策了。德怀特的确在 1693 年起诉了埃勒斯（Elers）兄弟（韦奇伍德家族所称的“荷兰人”），向他们主张专利权使用费。这对兄弟声称自己在科隆发现了石器和未上釉的红色陶器的技术。[59]即便是那些赢了官司的人，也往往已破产。卢克·塔尔伯特（Luke Talbot）和马修·加纳（Matthew Garner）破产之后，都归结于大法官法院的诉讼以及“德怀特恐吓店主、阻止其出售商品”所带来的“巨大经济损失和交易时间上的浪费”。[60]

在德怀特于大法官法院提起的诉讼中，最引人注目的是陶瓷等类似行业专利保有量的不足。在这些行业中，“发明”的定义相较一般情况更为武断，在很大程度上都得归结于设计改造的问题（形制、黏土材质和釉料等）。德怀特的专利主题是陶器和瓷器。[61]这些器皿的原材料都是黏土，烧造温度比陶器的烧造温度高出 127℃，从而表现出与众不同的特征，器皿加工方法与制陶工艺没有实质差异。[62]早期的石器通常都上盐釉，与通常的金属氧化物上釉方法明显不同。如今我们认为，德怀特是第一个在英格兰实现盐釉器商业化生产的人。不过在当时，几位被告对此提出了抗辩，主张该技术先前已由格劳伯（Glauber）在《新炼炉哲学介绍》（*A Description of New Philosophical Furnaces*）中概述过，也早于 1651 年就译成英文了。[63]

最棘手的法律问题在于：辩方主张他们生产的陶器外观不过是出于巧合，与德怀特的瓷器“撞车”了。他们通常会从商贸权利与特权出发寻找法律依据，而不是在“发明”的概念上下功夫。德怀特则认为这种“模仿”在他的专利权利范围之内。1694 年，他投诉塔尔博特、怀特（Wright）和摩西·约翰

逊（Moses Johnson）的理由就是，他们的商品“图样、外观和（我方）所称的完全相同，尽管其内在价值和质量远不如我方的产品。如果其中存在对商品外观的任何更改或变型，则仅仅是对我方发明进行的增减”。[64]

塔尔博特对此义愤填膺，只承认制造了些许与德怀特“相似”的陶器， 66
并且这些陶器“在本案所涉及的交易中，是用黏土制成的，并用我方和其他人过去和现在所用的材料着色”；即便他的某些陶器确实与德怀特的相似，也不应当阻碍他的买卖。[65]针对莫利（*Morley*）案的判例，塔尔博特还暗示，由于莫利是烧砖工，而不是陶艺家，因此该判例既不适用于自己的情况，也不适用于其他共同被告人。摩西·约翰逊则从自己的资历开始辩护：他从学徒工开始做起，干了 14 年陶艺。他往往按照石器甚至瓷器的形制仿制陶器，无论自己或者顾客有多么天马行空的创意，都可以变为现实，若是顾客要求，款式“既可做最常见、最合用的，也可以做最流行、最时尚的”。虽说他做的一些陶罐可能与德怀特的相似，“形状、制式和风格一样”，但绝不是德怀特的仿制品，更不是仿冒品，成品也谈不上以低价出售。他不过就是在做自己的生意而已。[66]他们主张自己的交易权不受阻碍，3 位韦奇伍德家族的陶艺家出面，领导一群斯塔福德郡陶艺家表达了支持，还于 1695 年向枢密院请愿，要求限制“德怀特以专利为掩护的干涉交易的行径”。[67]

除了德怀特案，其他一些案件的被告人也遵循了这一原则。在约翰·福克（*John Ffowke*）案中，福克说自己分别做过 7 年的管工和机器制造工，在业内长期摸爬滚打，而专利权人理查德·纽山姆则是做扣子的。正是纽山姆对行业的无知，才让他误以为自己的救火车是一项新发明。[68]兰开夏郡的织布工和梭织工则反对约翰·凯试图“妨碍甚至阻止许多人从事养于斯、教于斯的行当”。[69]但是，业内抵抗的主流也失去了力量，尤其是随着学徒制的衰落。与伯格利或科克不同，18 世纪的大法官和基层法院法官如果认为工业行会妨碍了创新增效，就很少支持行会、公会的团结或对传统工作方式的保护。[70]1766 年，有被告人对莫里斯的框架式纺织机专利权利主张提出抗辩，认为这是一项有关国家利益的主要工业品，因此不应限制其使用；不过这项抗辩也是无用的。[71]

许多争论的核心问题在于，当时既缺乏对“发明”的明确定义，也不存在识别仪器、机械或工艺新颖性的机制。在像陶瓷这样的行业中，最主要的变化在于设计，因此上述争议也最激烈。大多数陶艺家都尊重这一点，也会去申 67
请专利。德怀特和拉尔夫·肖（Ralph Shaw）等人都在主张专利权利的时候深陷复杂的诉讼之中。[72]与此同时，我们也可以看到，在另一起案件中，总检察长允许两项类似的专利立案，其依据无非出于审美。[73]直到引入外观设计版权和注册，这些问题才得到了解决。1753 年的霍加斯法案（*Hogarth's Act*）中规定了对艺术家和版画家的保护措施，1787 年版权法也同样保护棉纺织印刷机，但直到 1839 年，外观设计保护制度才扩展到陶瓷和工业品，外观设计注册与保护体系才趋于全面。[74]1774 年，W. 凯里克（W. Kenrick）在提请注意供不同类型知识产权保护程度的差异时就指出："陶艺家对自己劳动成果的版权知之甚少，甚至假装自己的制作不属于新发明，视其他艺术家的专利权为无物。"[75]

4.4 1741 年的斯丹弗斯（*Stanyforth*）案

即使在不涉及艺术设计的领域，发明的概念也面临着模糊不清的问题，斯丹弗斯案就能说明这一点。玛丽是迪斯尼·斯丹弗斯（Disney Stanyforth）的遗孀，而斯丹弗斯是罗瑟汉姆犁发明人约瑟夫·福尔贾姆（Joseph Foljambe）的合伙人，也是这项发明专利的受让人。1741 年，玛丽对威廉和约翰·巴什福斯（John Bashforth）提起诉讼，控告他们仿冒她的专利。[76]过了一年，她又起诉 16 名农民使用"仿冒"犁，[77]不过败诉了，还要支付诉讼费。[78]显然，斯丹弗斯对这些侵权人不置可否，每年只收取一笔耕犁使用费，费用也不算多（一名被告说是 8 先令，相当于 40 英镑），大概也只是想从授权许可中收取一些补贴。[79]尽管存在侵权行为，但自获得专利以来的 12 年中，他的犁耙生意蓬勃发展。在为斯丹弗斯作证的约克郡耕犁制造商中，有一个声称自己在上一年度里制作了不下 50 台耕犁，另一个则说已经做了"数百台耕犁，并向英格兰好几个郡的匠人传授了制作方法"，另有 1/3 的制造商"在全国各地教人制作和使用这项专利产品"。[80]给出这番证词的证人也是当时出庭的最后一位证人。据这位证人估算，"除去申请专利的花费"，他们推广产品，花掉了 2300 英镑；玛丽·斯丹弗斯还抱怨说，为了规避专利权利，他们还多花了 5000 英镑。[81]或许是在丧偶与专利到期的双重夹击下，她才选择在这个时候采取法律行动，尝试弥补部分损失。

68 被告方以先前著名的博考特（*Bircot*）案的判例为自己辩护。他们认为，凡能正常使用的犁，形制上都是大体一致的，所谓获批专利的犁，本质上是一种改造后的产品；因此巴什福斯的犁固然与现有的犁在形制上类似，但也属于改进后的产品。有些反对者还作证说，专利犁的效率甚至不如传统犁。[82]当然，原告的证人认为这两种产品存在实质性差异，可使专利犁的效率比其他犁高 1/3。后来打第二场官司的时候，他们都承认可以利用某些特种模具实现高级功能。还有一个人证明，除了原专利权人福尔贾姆以外，再无人造得出尺寸和制式完全一样的模具。从表面上看，这就是案件的转折点：专利犁"不是绝对意义上的新发明，而是对旧发明的微小的附加改进，与许多畜牧业农具上常见的改造别无二致”。[83]这一判决不仅让专利权人不满，过去 13 年一直支付特权使用费的耕犁制造商和农民也是不服的。

4.5　恫吓和反恫吓

德怀特和斯丹弗斯两人容忍了大部分他们认为构成专利侵权的行为。看来起诉对威慑侵权行为没有充分起到作用，至于最后他们诉诸法律的原因，只能留待我们猜想了。博尔顿和瓦特的情况和他们类似。这两位在 1784 年权衡了起诉的风险：“与其在诉讼中倾家荡产，不如忍耐一时；但是，如果我们不维护自己的权利，我们就有丧失一切权利的风险。”[84]他们忍受了 11 年的侵权行为，直到最后，“有一些侵权人和他们背后强大的团伙实在是太猖狂了，这两人不得不起诉”。[85]专利权人不愿诉诸诉讼也就不足为奇了。不过实际上有多少人选择了司法程序？侵权人能否指望这些例子中专利权人的最初犹豫比最终诉诸法律更常见呢？是否有必要提起诉讼，或者一般的威胁已经足够？

很遗憾，有关记录查找起来难度很大。在 1815 年之前，尤其是在 1770 年之前，任何法院的起诉记录都不多见。在 1614 ~ 1766 年的各类判例汇编中，除了 1691 年的 *Edgebury v. Stephens* 案简报，大多数对专利只字不提；[86]大法官法院和财政部的记录也屈指可数。大法官法院的判例索引做得非常糟糕，因此他们的判例法检索起来非常困难，难免有一些漏网之鱼。考虑到两位法官在 1684 年的讲话，这种制度安排虽然令人不悦，但还是特别有必要的。首席法官杰弗里斯（Jeffreys）谈到“新发明的专利权人早在赫尔（Hale）法官时期就根据反垄断法频频起诉，如今他们还是一样健讼”；维辛斯（Withins）法官 69
则说“专利权人日复一日针对新专利提起诉讼”。[87]这些纠纷最后大多可能都没有立案。然而，在此期间授予的专利极少，人们因此对两条评论产生怀疑。一个世纪后，曼斯菲尔德勋爵在 1778 年的 *Liardet v. Johnson* 案中总结说，自己的确审理过几起专利纠纷案件，但总的来说不多。根据达顿的统计，18 世纪下半叶伦敦高等法院仅审理了 22 起专利案件，涉及的专利不足该时期专利授予量的 1%。[88]

如果我们仅仅从表面上观察的话，专利案件的匮乏就可以说明这两种矛盾的情况，或者说，在不同的时间和情况下，两种矛盾的情况都有。一方面，该制度可能在实践中起到了与理论上相同的作用：仅仅是威胁要起诉，通常就足以威慑侵权人了。这些案件最终也不会走到诉讼阶段。另一方面，专利权利可能没有充分发挥作用：专利权人很难发现侵权，或者与其贸然起诉，不如顺其自然。两种情况都有史料支持，不过它们之间的平衡也支持了我们在德怀特和斯丹弗斯案中所看到的情况——起诉的威胁几乎不足以遏制侵权行为。

植物学家兼医生、皇家学会会员尼希米亚·格鲁（Nehemiah Grew）的案件则能说明专利权利在执行中存在的问题。格鲁发现了一种利用温泉水生产泻盐（硫酸镁）的工艺，在1679年向皇家学会作了展示，并于1693年投入商业化生产。[89]不过很快麻烦就找上门了。市面上出现了大量的仿冒泻盐，“有些质量欠佳的，甚至还退回给了国外的卖家，行径极其卑劣”，既搅黄了他的生意，又毁了他的职业声誉。格鲁向全国的医师发出建议，采取“我目前能想到的唯一有效的方法”来免受仿冒的侵害，直接从他本人的监管人——“一名善良和诚实的公民”那里购买泻盐。[90]最后，在1698年7月，他终于诉诸专利。[91]不过麻烦还没有结束。格鲁的主要侵权人是伦敦金融城的化学家乔治和弗朗西斯·莫尔特（Francis Moult）。格鲁指责他们试图贿赂自己的工人，窃取制造工艺。格鲁首次报道制盐工艺的论文是用拉丁文写的，莫尔特则把它翻译成了英文（而且还有错译），还大胆声称他的意图是防止泻盐滥用。[92]在咨询过法律意见后，格鲁对侵权人出示了专利证书，“并向他们展示了要求尊重专利王权的条款”，侵权人则不以为然。莫尔特在伦敦的4家报纸上刊登了一个广告，称他经过多年的潜心研究，“研发出了苦泻盐”“不管尼希米亚·格鲁
70 医生有什么权利或授权，我仍会继续研究”。接下来，格鲁向约翰·萨默斯（John Somers）大法官征求意见。约翰·萨默斯认为该广告“非常无礼又狡猾”，并向莫尔特和4个广告商发出谴责，把广告压了下去。他建议格鲁起诉，不过格鲁倾向于庭外和解。莫尔特等人进退两难，最终，“为了平息事端”，格鲁提出向他们出售自己的专利权。之后双方的谈判再度破裂，格鲁就把专利卖给了乔赛亚·彼得（Josiah Peter），彼得则开始为格鲁撰写详细的辩护词，不仅要保卫这项专利，还要为他的人格与学术声誉正名。彼得没有说明格鲁为何选择不起诉，或许是因为他不能确定专利的效力。彼得还两次提到了萨默斯的意见，即专利并不因矿物盐的实验室制备而归于无效。[93]此外，格鲁作为医师和皇家学会会员，可能会因持有专利和工艺秘密而感到尴尬。[94]彼得在对抗竞争方面，没有什么做得比格鲁更出色的地方，只是提到了莫尔特等人每周生产150~200磅盐，还提到了其他侵权人。最终的证词见于1723年一份向皇家学会提交的报告中。该报告中一方面认定了最先尝试制造涉案泻盐的是格鲁，另一方面也提到了“那两位天才的化学家，乔治和弗朗西斯·莫尔特先生”，他们在肯特郡射手山（Shooters Hill）每周都能生产超过200磅盐，这还是1700年前后的数据。[95]

纽山姆在威胁起诉福克之后，福克似乎的确因此在接下来4年间减少了侵

犯其救火车专利的行为。福克一直明目张胆地窃用纽山姆的成功赚钱，只是在1725年5月被迫与纽山姆达成协议。但到了1729年1月，纽山姆认为有必要在大法官法院起诉福克，因为福克“仿冒的机器数量太多了”，“而且还放出话来，说虽然他已经注意到了我本人专利，但仍不会停产”。[96]1747年，纽山姆最终败下阵来，毕竟“我们两个大救火车制造商之间就无数的发明和改进斗了许多年”。[97]

1764年，35名伦敦眼镜商和仪器制造商联合向枢密院请愿，要求撤销1758年授予约翰·多伦德（John Dollond）的消色差镜片专利。[98]5年来，该专利一直处于休眠状态，老多伦德也已去世，但是这位已故专利权人的儿子彼得·多伦德（Peter Dollond）最近起诉了一名前合伙人，说他制造使用这款消色差镜片的望远镜，还向其他一些没能按相同标准支付专利使用费的人发出了威胁。这些眼镜商则辩称真正的发明人不是多伦德，而是30多年前制造出消色差透镜的大律师切斯特·摩尔·霍尔（Chester Moor Hall）。因为老多伦德也明知这一点，所以允许这些眼镜商“与自己共享利益，免得起什么争端”。[99]老多伦德或许的确对他的专利的合法性存有严重怀疑，也可能是不愿意损害与其他仪器制造商之间的交情。[100]小多伦德倒是把这起官司打赢了——法院最终认定涉案镜片的在先生产仅处于实验室阶段，因此不影响专利效力。他的竞争对手们也都服输了，这场诉讼是很关键的。

几年后，韦奇伍德和一位侵害了他两年前获批的“彩釉花瓶”专利的陶 71
艺家勉强达成了协议，以免卷入共同诉讼，同时保护专利免受他人侵权。韦奇伍德下定决心，再也不蹚专利的浑水了。[101]埃德蒙·卡特莱特（Edmund Cartwright）据称也在“1793年因紧急事情而被迫放弃诉讼，并与另一个专利权人达成了妥协，不过这个人的专利并不是有效的专利，而是对卡特莱特的侵权”。[102]

专利权人在提起诉讼之前就成功威慑侵权人的史料很少。根据斯泰恩的证词，他和他的合伙人慑于德怀特的专利权，不再谋求建立粗陶作坊。[103]然而到了1695年，市面上还有16种其他陶器，说明德怀特的措施并没有对其他陶艺家产生多少影响。德怀特最终提起了法律诉讼。1673年，雅兰顿推迟授予张伯伦镀锡的专利授权，张伯伦认为这样很不合理。[104]1757年，有人威胁要到大法官法院起诉印刷商约翰·巴斯克维尔（John Baskerville）侵权，巴斯克维尔果然收手。[105]不过印刷专利的主题明确，与发明专利相比，更便于主张权利。1785年，伯明翰人约翰·斯特德曼（John Stedman）刊登广告，说要起诉侵权人，以此公开威慑，不过是否成功则不得而知了。[106]博尔顿和瓦特似乎向乔纳森·霍恩布洛尔（Jonathan Hornblower）施压，要求霍恩布洛尔向他们支付专利使用费，不过他们也不得不把其他侵权人告上法庭，也有很多人只能是不情愿地忍一忍。[107]

采取法律诉讼不是唯一的办法。专利权人的威胁也可能会造成灾难性的错误。除非手中有证据，有财力，也能争取到司法机关的同情，不然明智的专利权人不会提出什么过分的要求。波斯兰陶瓷匠拉尔夫·肖获批了一项陶器装饰专利，不过这项专利显然只不过把厚实的燧石和白黏土浆拼凑在了一起。虽然把这两样东西结合起来也许是具有新颖性的，不过它的组成成分并不是，因此很可能造成大范围的侵权。[108]

> 肖……既不遵循商业习惯，也不愿意参与竞争……一直反对一切哪怕是微不足道的改进，以此保护自己的专利权，以衡平法诉讼威胁他的同行，无非就是保护他自己的权利。1736 年，肖在斯塔福德因专利效力纠纷起诉了约翰·米切尔（John Mitchell）。到了最后，大家为了自保，不得不行动起来，为米切尔提供诉讼费用。[109]

辩方举证说，有一位阿斯特伯里（Astbury）先前已经利用过燧石进行发明，因此斯塔福德陪审团裁决肖败诉。[110]1781 年，马修·布尔顿（Matthew Boulton）还作过推测，如果阿克莱特（Arkwright）“保持沉默，他应该能继续做生意；凭借着现有的成果，一年就能赚 4 万英镑，哪怕是有一些人实施侵权也不例外”。但是阿克莱特激怒了纺织工人，导致这些工人决定掏钱打官司，
72 证明他的发明专利非法。[111]达顿也讨论了帕克（Parker）与阿甘德（Argand）的台灯专利纠纷案。帕克使用了阿甘德的专利，而阿甘德同样打输了官司。[112]事实上，达顿的结论是，在 1830 年之前的大约半个世纪中，普通法法官在很大程度上对专利是持敌对态度的。到了 18 世纪下半叶，他考察的案件中，有 61% 的判决结果是对专利权人不利的。[113]

专利权人成功威慑侵权人的例子相对较少，可能只是执法过程中司空见惯的事情。杰弗里·托基（Geoffrey Tookey）在谈到当时的专利时指出：

> 我们永远要记住，在专利或专利申请中，最终走司法程序的比例极小，也往往是疑难案件……这就跟为了判断一个国家民众的总体健康状况，不能只看医院的情况是一个道理。[114]

另外，当时很多研究都指出，过去的专利权人普遍极易遭受侵权之害。以理查德·霍尔特（Richard Holt）为例。霍尔特名下有一项装饰石膏的专利，他称其为“人造石”。霍尔特还声称，某位“冒牌的建筑师”威胁要和他开展竞争：

我对天发誓……专利根本不能保护我的权利免受他的侵害，因为他对规避专利了如指掌。在一个像英国这样自由的国家里，突破专利的限制易如反掌，只要敢造假仿冒，甚至同样的东西改个名字就行。[115]

17 世纪 90 年代初期泡沫出现时，人们也提出了类似的批评：

倘若谁都能通过一项快乐而有用的发明大获成功，就会立即有大量的资源投入进去。这样的话，有的人虽然没有专利，但也能仿造抄袭一份，几乎不用作什么改动，就能写出白纸黑字的申报书，邀功请赏去了。[116]

在乔治·西尔瓦努斯（*George Sylvanus*）案中，西尔瓦努斯既申请了专利，还注册了“鹰矛”商标（Falcon and spear），都不足以制止猖獗的仿冒竞争。在专利获批 6 个月后，他在霍顿的《集录》（*Collections*）中刊登了一个广告，表示他深受假冒产品的伤害，并悬赏追查仿冒人。[117]1756 年，还有人提出认为企业的失败就在于专利保护做得不到位：

专利权人担心国王的专利证书也不能保证他们的权利不受侵害……国王御赐的专利也经常遭到滥用，其猖狂程度甚至足以让专利权人放弃主张权利。[118]

诚然，这可能是为商业失败所作的一番辩解，但是它也足以说明当时人们普遍认为专利对抵御侵权几无作用，因此这套说辞也不是没有道理的。

一些发明人转而向议会要权力，这也凸显了专利的弱点。议会的私人法案 73
为发明人提供了更长的专利保护期，并规定了侵权的特定罚则，可以在任何有权判处罚款和刑罚的法院中执行。威廉·沃尔科特（William Walcot）在 1695 年就获得了私人法案的保护，可以在 31 年的时间内垄断使用自己的海水淡化炉和海水淡化工艺，并且进行改进。任何人未经沃尔科特许可，不得使用任何“基本相同”的产品，若有违反，则要没收设备、缴纳高额的罚金。[119]托马斯·萨弗里也争取议会在 1699 年通过一项法令，把自己的专利期限延长到 31 年。萨弗里的法案涵盖了一切有关“火力动力”的使用，因此打击面特别广。[120]约翰·哈钦森（John Hutchinson）在 1712 年向议会请愿时就明确批评说：

专利从来不描述发明的关键部分，也不描述其改进，因此在这一点上专利是有缺陷的。而且，由于主管机关一般不愿意科处罚款，提起诉讼追回损失也就没什么意义了。人们无从识别制造商或者销售商，就可以私下里制造和运输（钟表），拿到海上去消费了。[121]

哈钦森还要争取在法定的 14 年期限外，再延长自己专利的有效期，方便他收回他认为异常高昂的研发成本。毫无疑问，钟表商公会嫉妒自己的成员还能在外面自由营业，从而活动起来，要求废除这项法案，最后也成功了。实际上，此类法案大多在议会中都会遇上反垄断的阻碍，很大程度上是由人们对既得利益的担忧所致。在18世纪，除了延长其保护期外，专利法几乎没有新增什么专利权利。包括詹姆士·瓦特在内的4名专利权人在1775~1777年通过私人法案规定为专利作了续期，在1785~1795年又获得了4项专利权，其中也有霍恩布洛尔和布拉马（Bramah）两名专利权人在情况不好的时候撤回了他们的申请。1829年，有人说这种专利续期“极难取得、花费甚巨”。[122]

专利权人是害怕打官司的：司法成本极高，结果没有可预测性，并且往往取决于一些技术问题。毫无疑问，这是专利制度的一项严重缺陷。它实质上是在惩罚那些作出真正有价值的发明的人，因为在这套制度下，他们必须冒很大的风险，付出沉重的代价，才能抑制非法复制行为。当时人们了解这套制度的弊病，因此专利的力量也被随之削弱了，诉诸法律的威胁很少能遏制侵权。到了18世纪末，专利只有经受住了诉讼的考验，才能称得上具有商业价值，事实上已然成为一条铁律。[123]另外，专利执法的不确定性也对其行政管理上的懈怠作了补充。当时的专利审批很少关注专利的新颖性和可行性，诉讼上的困难为那些可能受到欺诈性专利权人骚扰的人提供了某种保护。当时人们需要的是一种廉价的仲裁系统。直到1753年，这种系统在一定程度上是由枢密院供给
74 的。固然，枢密院在技术问题上并不专业，但也不至于比法院更不专业。一旦枢密院退出了专利纠纷解决的舞台，无论是专利权人还是异议人都无法诉诸诉讼，抑或达成妥协。专利权人和制造商之间的竞争日益激烈，在18世纪末期，专利诉讼变成了一个无底洞，针对专利权人的诉讼积案如山。

也许有人会提出这样一个问题：既然专利权利执行如此困难，发明人为何还要继续申请专利。专利权人的算盘打得很复杂，后面的章节也会说明这一点。对许多专利权人来说，排他性的权利并非他们主要的关注点。他们要求的是赋权，而非垄断；他们的目的在于防御，而非侵犯；他们希冀的是荣誉，而非控制。倘若对发明的控制更加重要，而保密发明并不可行，那么即便专利的保护再微弱，也是专利权人的唯一一道防线。

第 5 章 专利决策

我们已清楚地看到，许多发明是没有获得专利的。相反，许多专利之所以遭到撤销，要么是因为明显不可行，要么是因为重要性甚微。那么究竟是出于什么原因，有的发明人决定为他们的发明申请专利，而有的则没有？有的专利权人为一些意义不显著、不具备新颖性或技术上不具备可行性的装置申请了专利，他们都做了什么？除了直接保护发明创造外，我们还要证明专利具有多种功能，能为肯花钱购买专利的人提供多种服务。专利作为特权之物，能为企业增添声誉。它还在一定程度上免受手工业行会和其他公会机构的管制。随着公会在 18 世纪逐渐衰落、解体，业界竞争也随之加剧，而前者利益的增长，是以后者为代价的。专利制度的重心也开始向已有商人与制造商转移。在 18 世纪末的几十年中，在职业发明人和随之而来的“发明产业”出现之前，专利制度为制造业内部人员提供的保护，是高于对周边产业的保护的。防御性专利的增长强化了这一趋势。专利制度在很大程度上创造了自己的市场：人们对专利制度的认知越来越普遍，发明人和制造商不仅更愿意利用专利制度，而且他们也更害怕不诉诸专利制度的后果。这一章要集中分析的是：这些潜在的专利权人面临作决定时影响个人动机的因素。接下来的 3 章会从产业分析出发，展开更广泛的讨论，而后为专利增长的现象提供解释。无论是时间还是空间的变迁，这些线索最终都将融合在一起。 75

5.1 申请专利的阻碍因素

不过我们首先要考虑的是一些常见的不申请专利的原因。无论专利在设想中有什么妙用，不是所有的发明都适合申请专利。根据发明所属行业的不同，有关情况的差异很大，但行业内部的区别也很明显。[1]我们假设上述因素已经 76

不在专利申请人的考虑范围之内。不管是对还是错，我们的申请人如今已经认定，其发明适合申请专利。

申请专利的主要阻碍是费用问题。购买专利既耗时又费钱，这一点在1660~1852年几乎都没什么变化。官方的手续费和印花税（1694年开征）总额约为70英镑，但申请人还要给从门卫到高官的所有相关人员打点，通常还要再多花1英镑到30英镑。[2]1829年，有人向专门委员会作证说，在英格兰申请专利，花上120英镑属于正常费用；苏格兰和爱尔兰实行地方保护措施，专利申请费高达约350英镑。[3]曼彻斯特人塞缪尔·泰勒（Samuel Taylor）的日记为我们生动地展示了专利申请的昂贵之处。他逐项列出了从1722年到1723年之间的6个月内，他为自己发明绕线机申请专利的费用。政府的手续费、律师的佣金、住宿的费用，以及给国务大臣、副检察长和大法官家仆人的酬劳，上述几项相继花费了泰勒及其合伙人近130英镑。这还是他到伦敦递交专利申请书之后3个月产生的开销。泰勒想办法拿到授权，还去见了总检察长几次，但都没有成功。他的运气不好，因为当地的竞争对手提起了专利申请预告，还试图阻击专利申请，不过最后也没成功。[4]

从提起申请到专利正式登记，一般要花一两个月。不过即便是对于那些通常不在伦敦居住的人来说，这也是很沉重的时间成本。（戴维斯认为，“申请时间的漫长……对专利权人的阻碍比巨额的专利申请费还要大”。）[5]专利申请需要申请人本人到场。发明人可能会雇用律师，或是请一位已经熟悉专利流程的申请人帮忙。泰勒就提到自己会见了一位伊顿医生［可能是医药专利权人罗伯特·伊顿（Robert Eaton）］，这位伊顿医生为他引见了一位律师。[6]专利申请程序复杂，申请人必须本人到场，再加上王室与各级官员的盘剥，确实妨碍了许多发明人获得专利。[7]1723年，约翰·狄肯斯（John Dickens）终于给自己的水泵申请到了专利，他也为我们提供了一些参考。狄肯斯之前两次申请专利，皆因为他的财产处在抵押人的控制下，“不能为专利申请支付必要费用”。[8]18世纪初的英国至少有两项提议，要帮助贫穷的发明人支付专利费用。[9]早期一些写给皇家学会的书信中也见证了这些可怜的发明人所经历的困难。例如，安东尼·古德（Anthony Goude）于1756年写信，要求皇家学会“为自己的项目提供补贴，以使他能为其申请专利”。[10]

77 确实，专利申请费比实验、建造和测试的总花费都要高。有几位专利权人特别强调了专利申请费之高昂，以此主张专利权。伦敦皮匠约翰·沃特林顿（John Watlington）就说，自己为了发明皮毛切割机，耗资1000英镑。[11]理查德·斯蒂尔（Richard Steele）爵士在计算自己发明“钓鱼单桅帆船”的支出时，也得出了类似的数据。[12]这笔钱在当时看来就是天文数字。即使是70英镑的基本专利申请费，大多数工匠发明人也是无力负担的。[13]1685年，威廉·詹纳斯（William Jennens）爵士出资150英镑，“为了促进专利申请，减轻专利权人的负担……”，“给专利申请人报销费用”。[14]50年后，乔纳森·赫尔斯（Jonathan Hulls）从一位乡绅处借得160英镑，以资为他的汽船申请专利、开展研发。[15]如此高昂的支出，给专利权人带来了沉重的负担。托马斯·本森（Thomas Benson）将碎石机引入了陶器产业，功勋卓著，但据说“他举债改良和保护其专利，因此破产”，死时穷困潦倒。[16]如果要将发明投入商业生产，需要的资金更多。然而，一旦获得了专利，发明人更好的做法是将发明出售给制造商或吸引合作伙伴。有些人无力支付专利费用，也不愿意承担自己的发明被仿冒的风险，于是干脆放弃了发明，也有些人总能取得一些成果。专利是一项沉重的投资，不可任性地申请。

当时许多发明人对专利制度仍然没什么了解，有些人可能认为专利是朝臣的玩物，与他们的利益无关。直至1834年，亨利·贝塞默尔（Henry Bessemer）还说，自己在伦敦居住了3年，还是“对专利或专利法一无所知”，因此以微薄的价格出售了名下早期没有申请过专利保护的发明。[17]专利是一个新鲜事物，全国推行也是极其缓慢。发明人或者制造商之所以申请专利，往往是因为竞争对手申请了专利，或者是自己卷入了商业竞争。直到1749年之前，德比郡无人获批专利，之后的两年内获批了3项专利。这些专利全部来自贝克韦尔镇：前两项由漂白匠和织袜工约翰·贝克（John Baker）取得；石匠和雕刻工亨利·沃森（Henry Watson），在贝克获得第二项专利后，仅3个月内就递交了申请书，拿下了第三项专利。[18]贝克有时会到曼彻斯特做生意，在利物浦有一位商人专利合伙人，在伦敦也有代理商。他和沃森正是通过走这条“大都会路线”了解了专利制度。[19]萨福克郡也在1749年有了第一项专利。萨福克郡的第一位专利权人是丹尼尔·裘斯（Daniel Jewes），是圣埃德蒙兹伯里的建筑商，乡绅威廉·洛奇（William Lodge）的合伙人。当时洛奇从布里斯托尔（Bristol）搬到镇上不久，而布里斯托尔是除伦敦以外专利权人最集中的城市。[20]专利显示出明显的地理集中性，这也为专利信息在各郡之间偶然的传播起了一定作用。一个地方若是与伦敦之间的商业联系越紧密，其居民对专利制度的了解就必然越多。[21]

对实施专利权利的难度和成本的焦虑也是妨碍专利权人申请的一个因素。 78
据说1792年，小詹姆士·瓦特（James Watt jun.）就曾劝威廉·默多克（William Murdoch）不要为自己的煤气灯申请专利。老瓦特的蒸汽机专利一直遭到侵权，因此小瓦特对专利不以为然。[22]不过对于还没取得过专利的人来说，这种考虑未免有些太长远了。在打了7年官司最终成功之后，小瓦特向默多克的提议就完全相反了。[23]那些专利权人败诉的著名案件——甚至是1785年阿克莱特和阿甘德接连败诉的案件——似乎并没有抑制对专利的需求。当然，1785～1786年的专利申请量已经很高了，我们也不知道如果没有这些案例，申请量会不会进一步攀升。1829年有人向专门委员会作证时则认为，“专利和专利说明书的申请与登记程序存在困难和不确定性，这也是政府没有从中获得至少3倍乃至4倍收益的原因”。[24]我们能否从这其中三四十年间的历史出发来理解这一推测？这是一个很大的问题，因为在这30多年里，无论是普通法法院还是衡平法院，专利权人的败诉率都特别高。[25]

5.2　专利与专利权人的分类

这段时期的专利权人可以分出三类，每一类专利权人都有自己辉煌的时候。这三类人中，对于商业世界而言，两类包括“局外人”，一类则包括“局内人”。第一类是业余发明人，完全的“局外人”。对于他来说，机械或化学不过是一种有趣的爱好，或许有一天会打开一个有利可图的副业。对于其中某些人来说，专利可能不过是承认和确立优先权的标志。对于其他人来说，他们要么把专利投入商用，要么加以包装，以此保护自己的财产。这些人很少有一项以上的专利，而且他们的发明往往很有野心，杜克雷斯特（Ducrest）的纸壳屋、纸桥或斯坦霍普（Stanhope）勋爵的汽船就是例证。[26]专利制度复兴期间，皇家学会就是这些人的活动场所。1754年后成立的皇家艺术学会地位更高。理查德·洛威尔·埃奇沃思（Richard Lovell Edgeworth）就是一个典型。埃奇沃思是伯克郡的乡绅，热心政治和公益，是伯明翰月光社的活跃成员，还从事机械发明，堪称多才多艺。在他笔下，“我对机械很感兴趣”。他的发明有的贴近生活（例如切萝卜机），有的充满投机（例如播报赛况的电报系统），有的古古怪怪（例如有一人大小的运输桶），其中大多数提交给了皇家艺术学
79 会。[27]没有任何迹象表明，他会在1770年以一种履带牵引机获得专利，也是唯一的一项专利。瓦特和韦奇伍德都是他在月光社的同仁，都是同时期专利意识很强的制造商。如果他发现发明中有一点商机，就不会采取任何行动。[28]另一位学会会员威廉·斯莫尔（William Small）博士也于1773年获得了一项专利，并向瓦特报告说：“我的钟表和手表专利已被撤销，也看不到投入商用的前景。”[29]业余发明人的名字在此期间的专利登记中经常出现，但在18世纪中叶之后就基本被“商业专利权人”取代了。显然，不是所有的乡绅专利权人都属于这一类人的：以邓唐纳德（Dundonald）勋爵为例，他在1781～1798年获得了6项专利，都和他兴办实业、复兴家族财富的努力直接相关。[30]

第二类包括业余爱好者的翻版，即职业发明人，但这些人还是商业领域的“局外人”。对这些人来说，发明不是爱好，而是谋生的手段。一般情况下，这些人在各行各业都会有大量的专利，目的在于把手里的发明卖给制造商。哈里·达顿就充分记录了这类人的活动。不过我要在这里指出的是，直到 19 世纪初期，职业发明人（以及其所创造的“发明产业”）的鼎盛时期才拉开大幕。[31]以 18 世纪下半叶的布莱恩·希金斯（Bryan Higgins）为例：希金斯拥有 4 项不同的专利，并且在外讲课，分析化学样品，还销售化学与药物制剂，靠着技术和科学爱好谋生。[32]

第三类是商人，即工匠、制造商、机械制造工或者安装工。这个群体于 18 世纪 60 年代之后登上专利的历史舞台，并在 18 世纪下半叶占据主导地位。它与前两类人有明显的区别，因为包括准备从事制造或商贸的业内人士。[33]这些人既希望保护他们可能设计（或向发明人购买）的新颖产品或工艺，也希望能通过专利提高商誉。尽管有时他们获得了不止一项专利，但这些专利通常仅与自己的一项业务相关。德怀特、斯特鲁特、布拉马和瓦特都属于这一类。并非所有的专利权人都完全可以用上述三分法归类，上流社会的企业家就是最难分类的，邓唐纳德、白金汉公爵和 17 世纪末的发明人托马斯·尼尔就是这样的人。或许第三种分类应该加以扩展，把这些人囊括进来，因为他们尽管不是严格意义上的“商人”，但他们的专利均是为了保护商业而获得的；白金汉公爵和尼尔甚至不都是发明家。

专利权人彼此之间差异极大，专利的用途自然也是各种各样。对于某些专 80
利用途而言，我们现在并不认为它们是合法或者普遍接受的，不过在区分所谓专利的正统与非正统的用途之前，首先应该充分认识上述区分的时代性。法律规范和舆论力量排除了某些滥用专利的情况。除此之外，不能说一种用途比另一种用途更有效。垄断法令的规制和王室对专利制度的管理宽松，也为发明人和其他人等留下了很大的回旋余地。尽管如此，这里还是保留了这种区别，以便我们着重考察那些使 17 世纪、18 世纪的专利制度与 19 世纪中发展了的专利制度几乎难以相提并论的差异。

在此期间，专利制度的功能不断发展。如我们所见，1690～1720 年的 30 年，是一段专利权从朝臣的赏赐发展到工业竞争手段之间的过渡时期。[34] 1660～1690 年是第一阶段。在这个阶段中，专利总体而言是御赐的权利工具，功能在于规避或推翻商业和制造业的垄断法规。第二个阶段则以王室和法院对专利介入减少和专利开始出现新功能为特征。在 17 世纪 90 年代，企业家可以凭借专利为其项目增光添彩，以吸引投资者和客户。第三阶段始于 1720 年，当时的泡沫法案大幅削弱了专利在股票市场上的潜力。不过专利的价值和对买家的吸引力在整个18世纪持续存在，这也是人们申请专利的主要原因：“专利”实际上已经成为许多产品的品牌。工匠和制造商放开手脚，尝试利用专利开展商业竞争，以试图摆脱生产和销售领域的有限垄断。专利产品和技术之间的新颖性差异则很大。此时，专利制度自身的逻辑逐渐明晰起来：专利保护规范化，因此优先权的威胁越来越难以忽视。发明人申请专利的压力愈发增加，对工匠和制造商为自身产品申请专利、对抗商业竞争的压力也开始增加。希波拉（Cipolla）指出，当时的英国钟表从业者逐渐产生了这样的心理：钟表对社会的影响越深，那些不能精确计时的人就越会觉得不利，甚至会遭到排斥。[35]

此处概述的专利的几种功能并不局限于专利制度发展的特定阶段。所谓正统和非正统的专利用途共存，甚至有时可在一项专利中并存。在这种情况中，我们几乎不可能确定发明人的何种动机对其专利决策起到了主要作用。我们也必须假定发明人并非总是为了自身最大利益而行事的理性主体。当时的整体经济发展情况也对专利制度发展的情势有很大影响：旧的工业组织形式正在衰落，新的工业组织方兴未艾。一项专利可能使发明人相对于其商业竞争对手处
81 于无懈可击的地位，也有可能百无一用，使发明人大失所望。

5.3 专利的非正统用途：广告与侵权

17世纪的专利制度通常会与政府业务分包、授权潜在争议的活动以及保护发明联系在一起。[36]1660～1700年，抽水机是获批专利数量第二多的发明类型。其中有几种只适用于特定的供水情况或河流，例如尼尔的就只适用于沙德威尔湖盆（Shadwell），詹姆斯·范·达伦（James Van Daalen）的适用于埃克塞河（Exe）；托马斯·波维（Thomas Povey）的只能用于疏浚诺福克的欧斯河（Ouse River）。[37]一般来说，架设抽水设备，就要占用公共道路、穿越私人土地，还可能产生噪声，甚至阻断河道。在这种情况下，御赐的专利证书就相当于“通行证”。1663年授予弗朗西斯·威廉姆森（Francis Williamson）和拉尔夫·韦恩（Ralph Wayne）的专利证书中就规定他们可以将水运往皮卡迪利及其周边地区。10年后，韦恩和他的新合伙人拉尔夫·巴克纳尔（Ralph Bucknall）又申请将供水地从“某些泉眼”改为“泰晤士河”。时任皇家总测量师克里斯托弗·雷恩（Christopher Wren）勘察了场地和机器，并与专利权人签订了伦敦斯特兰德约克大厦的租约，期限99年。1684年，伦敦自来水厂发生大火，后来人们发现水厂“并未按照由承建人第一次提议、御前测量师批准的方案建造机器”。国王随之下令，新建的自来水厂既不安装链泵，也不

安装风车，以免噪声进一步搅扰居民，也会根据“双方商定的型号颁布专利”，该型号应包含在专利中。[38]纵观整个事件，各方的兴趣几乎不在抽水方法上，而更关注各自利益之间的平衡。

发明专利还是王室授予特许经营权利的一种手段。另一个例子是17世纪90年代初期潜水发动机的专利。当时新出现的潜水钟或套装通常不过“就是个摆设”，目的在于安抚投资者，并且为真正的专利打下基础，而这种专利有什么价值，也完全取决于它被分配的海床。1689年，弗朗西斯·斯马特富特（Francis Smartfoot，名字起得很妙）获批了一项专利，此外还有权在除北福兰与利兹西边之间英国沿海的所有地区捕鱼或者打捞沉船。[39]1714年，沉船打捞机器专利权人安德鲁·贝克尔（Andrew Becker）要求英国政府重新制定专利条款，允许他在美洲殖民地沿海作业，因为“这是在下所能及的唯一可能有沉船残骸之处”。[40]有一些路灯专利持有人对他们的经营范围提出了异议。安德鲁·韦纳蒂（Andrew Vernatty）指责竞争对手爱德华·温杜斯（Edward Wyndus）以“自从获得灯塔、船灯和矿灯以来的权利为名”架设路灯，逾越了自己的专利权利范围。[41]伦敦市场饱和之后，几名企业主在17世纪90年代初 82
期申请在都柏林安装“新发明的路灯”。在接下来的10年时间里，英国政府授予了这些人两项专利，包括专门禁止他们在伦敦行使专利的条款。有了这个条款，凸面灯公司（Convex Lights Company）根据有争议性的1694年法案，从这几名企业主租借了该公司的专有权。[42]直到18世纪中叶，英国政府还会以专利的形式向各种持有发明的企业授予特殊的营业执照，无论这些企业是否新成立，其发明并不是技术，其营业范围包括银行、保险、彩票、航海辅助技术、捕鲸和渔业等。[43]

除非反对过于激烈，在推行限制性立法时，专利也能减缓其中的阻力。我认为这也是发明人约瑟夫·培根（Joseph Bacon）所期待的一项利好。培根尝试引入一种法律禁止的起绒机，但遭到了本地制衣工的抵制。[44]查尔斯·霍华德（Charles Howard）取得了一项鞣制不含树皮皮革的专利，可能也与皮革产业立法密集的情况有关。[45]在1689年人权法案最终取消了王室凌驾于成文法上的特权之后，这种专利激励就消失了。[46]1794年，因为当时的法律限制，有人对萨缪尔·阿什顿制革用皮革专利权的有效性提出异议时，阿什顿要求议会专门通过下列法律：“任何先前的法令均不得妨碍阿什顿的专利权。”[47]

专利制度恢复之后的20年，几乎所有专利权人都以某种方式为王室效劳，无论是履行还是承诺。[48]从1675年前后开始，来自比利时、荷兰、卢森堡和法国等国的工匠和商人不断涌入英国。1685年，南特（Nantes）敕令颁布，胡格诺教徒的难民潮达到高峰。[49]1675～1700年，有31位移民申请了专利，其中22

人成功。[50]当然，此时专利发挥的还是传统的作用，不过也是最后的辉煌了。1730 年，总检察长约克在关于两名移民织工专利申请的不置可否的报告中清楚地写出这种衰落：“在我看来，这种专利仅适用于新近带入英格兰且既未在我处生产也从未过境的工业品。”[51]

移民和法院被提名人经常与商业界中既存的团体和个人发生利益上的冲突，而专利可以缓解他们的困境。迈克尔·沃克（Michael Walker）的最新研究表明，专利制度复兴后 30 年，行会的控制也重新建立起来了。那些在商业市镇中沉浮的局外人对“不自由的”工匠仍然抱有敌意，也倍感焦虑。[52]其中一些人申请专利，并因此得到了王室的保护。不过英国政府也必须谨慎行事，因为它不敢惹上行会。1670 年，托马斯·瓦汉（Thomas Vahan）申请了一项“普通烤箱”的专利，在当地供应烘烤炊具，并承诺不对任何公司的特权承担
83 任何责任。总检察长亨内奇·芬奇（Heneage Finch）对此表示反对，因为拥有面包房特许经营权的面包师和庄园主一定会对专利提出异议，而瓦汉自己本人从未做过面包师傅的学徒，因此会遭起诉。此外，“无论是创新烘焙技术，还是降低现有技术的成本，都不能视作新发明，从而以专利形式取得特许权利。”瓦汉则回应说，他并不寻求压制任何人的特权，而是因为自己是“外地人”，所以为了“更好地自保”，只求像他人一样取得一项从事烘焙营生的许可。[53]

1669 年，弗朗西斯·华生发布了一份声明，其中可窥见行业问题的敏感之处。华生指控画家、染色家行会（Painter Stainers Company）的成员侵犯了其专利，在不完全掌握自己专利技术的情况下使用了他的专利清漆，生产了伪劣品。他提议和这些人签订协议，许可他们使用专利技术，“因为他们是合适的人选”，不过这些人继续偷偷摸摸地仿冒。华生最终告到了枢密院，赢得了此案，还在自己的公司大厅内放置了一份“行政命令的副本，禁止画家参与上漆业务”。[54]约翰·格林（John Greene）和当时许多士绅一样，希望改进马车，也希望能让自己的创意投入商用。要不是格林在 1692 年获得了一项专利，马车制造商行会（Coachmakers Company）可能就会在商业竞争中赢过格林的企业。有了专利，格林就可以做广告，告诉大家能在威斯敏斯特大厦里参观这辆专利马车，“马车制造商可以向我申请许可，加以投产或改造，也可以合理的条件驾驶和使用哈克尼马车与长途马车”。[55]我们不应过分强调规避行会控制在专利决策中的作用，但是对于业余发明人、朝臣和移民商人来说，这样显然是不无好处的。

毫无疑问，行会不信任发明专利，因为发明专利就相当于在它们的产业里创造了真空，它们对产业标准的控制也会因此松动。专利还动摇了行会自由会

员之间交流商业秘密而无限制的道德观念。[56]当然，这种道德观念只是一种理想应然，毕竟大多数行会会员和普通的专利权人一样从事创新活动，也有自己的商业秘密，不过它毕竟有利于巩固行会内部的团结，这也是行会的权威所系。从织工行会在引入高级丝织品“阿拉莫德丝和羽绒线”一事中所采取的立场出发，我们也能一窥当时的行会对产业控制的关注。1684 年，织工行会还自行向一位胡格诺教徒授予了“专利”，表示“（行会的）管理层……愿为……引进本国从未使用过的产品……给予合理的鼓励”，还同意了约 6 周的实验期。在一起阿拉莫德丝生产纠纷案件中，法院以聘请英国织工制作新丝至少一年为条件，承认尼姆的让·拉尔吉耶（Jean Larguier）自由工艺大师的地位。[57]4 年后，胡格诺教徒保罗·德克劳斯和他的同事获得了另一项御准的专利。织工行会对此密切关注，还花费了大约 250 英镑，以保护自己的权益。[58]行会宣布自己没有对专利提出异议，理由是这项专利仅限于黑风帽和围巾，有关生产商也处于行会监管之下。1688 年 7 月，织工行会向国王请愿说，行会 84
发现这项专利包括对于真丝的“改进”，因此担心“将包括编织所有花式、花状、条纹状和斑点状的丝绸”，对行会会员的生意产生了极大的威胁。在听取双方意见之后，总检察长正式删除了这一条款。此外，英国政府还规定，所有在伦敦方圆 20 英里内编织丝绸的人，都必须具有学徒经历，并加入织工行会。[59]

在 1726 年之前，从事特定行业的专利权人通常也会开拓新业务。例如，有 4 家布料商在 1661 年和 1731 年之间申请了专利，分别涉及缩绒机、铁螺栓、大理石纹纸和复写机，其中只有缩绒机能和他们的行当勉强扯上关系。[60]行会会员若是有什么突破行会限制的举动时，似乎也已获得了王室的保护。这些人也格外引人憎恶。丹尼尔·奎尔（Daniel Quare）申请便携式气压计专利时，钟表匠行会不仅提出异议，还在异议程序第一阶段失败时宣布支持所有会员提出异议。[61]当时对气压计的需求很高，奎尔甚至想到雇用非熟练劳动力从事生产工作。[62]1716 年，伦敦参事议政厅受理了威廉·哈丁（William Harding）的申诉。哈丁是一名铁匠，虽然“从事涉及新发明机器的制造，在国内雇用计时工无法满足要求”，但是行会还是不准其聘用“外国”技工。无怪乎 1717 年 1 月的时候，哈丁申请了制糖机的专利。或许他和铁匠行会达成了什么临时协定，但是在 1721 年，他再次申请专利，并且获批。[63]直到 18 世纪 20 年代，伦敦的行会在伦敦和外省城市的大多数行业中一直有强大的权威。虽然有一些重要的行会例外保持控制行业直到 18 世纪末期，1720 ~ 1740 年，制造手工业行会的会员人数出现了普遍的下降。[64]

其他监管机构也眼红行会的权力。英国政府曾经两次撤销灯塔建造相关的专利，因此影响了领港公会的垄断地位，从而引发了强烈的抗议。此外，英国政府还在发给贾斯汀·安吉尔（Justinian Angell）的专利证书里授权他“如领港公会的主人一般……”对每艘经过他计划在亨伯河口建造的灯塔的载货船按每吨货物0.1英镑的价格收费，这其中显然不包括任何发明。[65]罗伯特·汉柏林凭借着一项区分灯光方法的专利权，着手建立自己的路灯，以此收取过路费。[66]18世纪时，复方药物专利突然激增，这可能是因为专利权人要规避皇家内科医师学院的监管，也可能是要为自己的药物谋求与该学院在《伦敦药典》中所记载药物同等的法律地位，而专利药物与药典药物的成分通常是完全一致的。[67]

85 当然，专利权人不仅要向传统的权威机构寻求保护。从17世纪90年代开始，专利作为竞争工具的功能愈发强大，可以保护发明人免受商业竞争对手的侵害，并以专利的名声为自己赢得竞争上的优势。专利制度早期类似于我们今天的商标注册制度——注册一个特定的品牌，使之成为原始、真实和受保护的最佳品牌。专利商品首先是在行会控制和保护范围之外的商品。（商标的强制实施是手工业行会的功能之一，主要目的是确保不合格商品的可追溯性，从而维持工艺水准。商标也可充当公司的品牌名称。）[68]

虽然专利名称滥觞于专利药品，不过在其他产品领域中也有所应用。例如，1709年的“记录墨粉”商标条款中规定：任何其他人都不得仿冒或者变造该名称。1693年的皮制“德国球”也有此规定。[69]这些专利产品的专利权人发现专利本身并不能抵御商标仿冒。[70]1726年，南沃克药剂师、专利权人理查德·斯托顿（Richard Stoughton）死后，他的亲戚们就在《伦敦日报》（*London Journal*）广告栏中争抢，人人都自称要出售所谓真正的长生不老药，其中有一位苏珊娜·威尔金森（Susannah Wilkinson）更是大言不惭：“就我而言，我不是暴发户，而是威廉·威尔金森（William Wilkison）的遗孀。威廉制备长生不老药已有数年，只是后来遭已故的大法官打压了”。[71]早在1721年前，斯托顿就告赢过威尔金森。他似乎不担心威尔金森取得他的配方，但害怕威尔金森抄袭他的宣传材料。当时威尔金森就在南沃克附近租下了一间仓库，外面甚至还挂着一个与斯托顿的商标高度近似的标志。[72]同样，在某些设计版权或者注册商标权制度贯彻得更加严格的管区中，也会因此产生一系列专利问题。[73]

1711年，都柏林内科医师学会会士、医学博士蒂莫西·拜菲尔德（Timothy Byfield）为“油性挥发盐”（Sal Oleum Volatile，绝不是新产品）申请了专利，并且出版了一本自吹自擂的宣传册。[74]6个月后，斯托顿也给自己的“长生甘露”（Great Cordial Elixir）申请了专利，还宣称这种甘露业已生产、畅销20年之久。斯托顿属于最早使用形状独特的瓶子罐装药物的一批人，也定期在《旁观者》（*Spectator*）上刊登广告。[75]媒体把这些专利权人看成了宣传的流量，恰到好处。专利出现这种新用途的同时，商业广告规模空前扩大，背后则是地方报的兴起和伦敦城内日报的诞生。专利药品占据了主要的广告份额，广告自身又很快挤占了新闻的版面。[76]专利意味着声誉与权威，进而帮助 86
消费者在众多待售药品中直接作出选择。（也可以挑选皇室成员、皇家学会或者内科医师学会成员认可的药品。）1744～1800 年，巴斯当地的报纸上为 10 种专利药物总计刊登了 160 余则广告，其中有 5 种属于专利药物。由于专利药物与无专利药物的比率大致为 1∶6，因此可以推知为药物申请专利的人，往往是更有宣传意识的一批人。[77]

这些宣传单和报纸广告往往都以“国王御赐专利……”开头，印上标签，盖上大印，环绕瓶子一圈，还要展示英王的徽章，暗喻王室的保证。[78]大卫·D. 埃舍尼（David D'Eschery）对专利的好处很不以为然：

> 各类宣传眼花缭乱，人们因此上当受骗，我们不该表示怜悯吗？专利如今也与大学学位或者医师资格一样，拿着它就能给人开方治病了。[79]

在沃尔特·贝克（*Walter Baker*）案中，贝克除了给药石申请专利，还附带着给一种风马牛不相及的“液体壳”（Liquid Shell）申请了专利，权当兜底。它的“优越性主要在于，而且我认为，几乎只在于给专利权人兜底了”。[80]贝克本人对罗伯特·詹姆斯的退烧粉专利提出了异议。按照他的投诉，詹姆斯的退烧粉专利严重损害了他经营“施万贝格万金粉”（未获专利）的商业利益。经万金粉原生产商的遗孀兼贝克的合伙人玛丽·施万伯格（Mary Schwanberg）证实，“市场上对我家粉末的需求出现锐减……完全是因为詹姆斯的专利权”。[81]若是医生或者药剂师成功研发专利药物，通常就给自己未来的事业打下了很好的基础，不过他们的成就若是越大，在同行中的风评一般就越差。[82]

一项专利往往能撑起各种短命的小微企业。这些企业不在行会的控制范围之内，自然也不享受行会的尊荣，当时人们更可能将其与街头小贩见不得光的营生相提并论。从当时的广告当中，我们可以一窥这些小微企业的运作模式：这些企业可以通过咖啡馆或小旅店与专利权人联系，也可在仓库检查它们的商品。曾有“制造和缠绕鞭子新机器”的专利权人集体宣布，诸经销商与商店主可以在伦敦上莫尔菲尔德斯的一个仓库、之后在埃克塞特以及其他主要展览会上取得他们生产的鞭子。[83]有人还兼营服务业。例如 1695 年，菲利普·伯蒂（Philip Bertie）及其合伙人在伦敦泰晤士街开设了一家公司，说自己手头有一台专利机器，“可以代替人力，干燥各类物品”，并可清洗、擦净并干燥各种衣服、长袜和棉被，“效率合理，价格公道”。听上去不过是洗衣服而已。[84]爱德华·赫德（Edward Hurd）也如法炮制，提供上漆服务。[85]威廉姆·萨顿（William Sutton）开展了防水业务。[86]其他人则直接向公众出售专利产品。1723年，一位来英国游历的瑞典人报道了一种新发明的“游泳机器”，大概是本杰明·哈巴库克·杰克逊（Benjamin Habakkuk Jackson）于1722年获得专利的机
87 器。这是一件由薄铁缸制成的救生衣，形制笨拙，在一次公开展览上可以以1基尼购得。[87]当今的邮购生意则往往在报纸上刊登小广告，小广告里又夸大其词。由此观之，这类专利称得上是它们的祖师爷了。

城市商人群体也很重视专利的宣传价值。当时行会的保护大行其道，他们越来越感到竞争的寒风。18世纪20年代，我们之前提及的第三类专利权人，也就是生意场上的“局内人”大量出现，1760年后达到顶峰，并开始为名下库存商品的改进申请专利。[88]虽然这类专利中有一部分涵盖了实质上的技术改进，甚至是重大的发明创造，但其余的大多仅是在外观设计上作了改变。新品推出之后一两年内，类似的商品往往就会扎堆出现，由此可见商人并不希望自己的竞争对手垄断有关商品的声誉。[89]专利广泛用于广告宣传。在一块刻着机器模型的盘子上，印有“比瑟姆御赐专利洗涤机”的字样和国王的徽章，还有购买信息。[90]也有人强烈要求在产品说明书上加盖“御赐专利”的字样，或许是因为多了这个盖章，价格就能大涨吧。[91]

那个时代的人对这类广告专利是再了解不过了。1776年的《专利诗》（*The patent*，*a poem*）在讽刺政府当中的“专利官僚”和专利腐败时尚且克制，不过在诗行的注释里对伦敦各类商人就开足了火力：

> 专利万岁！
> 有了专利，从对折纸到加热锅都能贩卖。
> 辘轳转得快一倍。
> 专利万岁！连欧文商店里的葡萄干都成了美味。

讽刺作家在这里巧妙地批评了18世纪后期专利数量减少和内容荒谬的问题。其中的葡萄干说的是一位叫欧文的商人在伯克利广场经营的甜食配方。这里的问题在于：“专利就是个笑话。”[92]首席大法官肯扬（Kenyon）勋爵对有关专利的衡平法是有保留意见的。根据报道，肯扬认为“今日的报纸上充斥着专利广告”。不过这篇匿名报道的作者——其对专利是有偏爱的，可能本人就是专利权人——也随后评论说，“有那么多琐碎的东西都取得了专利，的确令人吃惊”。[93]职业的工匠对这些专利已经见怪不怪了，对它们的本质也看得一清二楚。这些专利几乎不涉及什么重要的发明，也打不起什么专利官司。

1690～1720 年，人们发现专利的声誉不只是主要招揽顾客，也有助于吸 88
引投资者。1695 年，《盎格鲁的守卫者》（*Angliae tutamen*）一书的作者就写道："专利既能为公司长脸，还能招来朋友"，以此批评当时的发明狂热。[94]在他看来，过去几年中专利滥用的情况空前严重，甚至已经成了股票投机的大本营。专利的声誉在 17 世纪 90 年代末期出现下降，总体上是受了专利项目投机的影响，某些时期内甚至还不如不持有专利。然而，到了 18 世纪二三十年代，对专利的批判逐渐淡去，人们再度为各种项目投资，专利似乎成为这些项目中权威的背书。[95]后来泡沫法案禁止专利投资，要求专利权人和投资者之间保持更清醒的关系，[96]这些投资也很快就失败了。

5.4　专利的正统用途：保护发明

1725～1750 年，循规蹈矩地利用发明保护个人财产，与活用专利投机取巧同等重要。专利申请人也有自己的隐忧。例如 1709 年，理查德·巴德利（Richard Baddeley）希望为他的顶针制作机器申请专利时就说，"至少等我公开专利之后，如果有人仿冒，我还能获得赔偿"。布里奇沃特的派恩则说自己备受工业间谍和潜在合伙人的骚扰。他认为，许多发明人的工作成果，"别人不费吹灰之力就剽窃了"。[97]亚伦·希尔（Aaron Hill）在 1715 年向自己的潜在投资人保证说："我的专利能让其权利人享尽山毛榉油的全部利益，而苹果酒的贸易市场是开放的，有成千上万的人参与竞争，利润也就摊薄了。"[98]有的人指出，发明创造必须投入资金，因此如果得不到保护，还不如不搞发明，"要不然到了最后，人们的投资就都打了水漂"。[99]

诚然，早期有些专利权人离开行会能发展得更好，但是行会外的竞争野蛮生长，行会鞭长莫及，也越来越促使人们申请专利。保护发明和荣誉都是申请专利的直接原因，在这一时期内也很难区分彼此。17 世纪后期，平板玻璃制造领域发生了专利争夺战，而当时的伦敦玻璃制造业从未组织过行会，竞争异常激烈，加之曼塞尔和白金汉公爵先后通过专利实施产业垄断，彼此之间都不是没有关系的。[100]18 世纪下半叶的贸易竞争刺激了专利申请，产业封闭、竞争不受监管的领域尤其如此，诺丁汉的袜业，伯明翰的金属制品行业以及伦敦的
钟表、仪器和马车制造等产业都是例子。[101]一般来说，只有在直接受到竞争威 89
胁，或者发明遭到剽窃的时候，发明人才会申请专利。这种压力在 18 世纪随着时间推移不断加剧。曾有两个"小人"把约翰·怀亚特的纽扣车床项目出卖给了他的竞争对手，在这种情况下"绝对有必要以最快的速度申请专利"。[102]怀亚特在 1741 年发明了一台梳棉机，不过直到 1748 年，才与合伙人刘易斯·

保罗（Lewis Paul）凑齐了申请专利的费用，申请专利时还推迟了7个月，大概是因为莱姆斯特的丹尼尔·伯恩（Daniel Bourn，纺纱机专利授权人之一）也申请了专利。他们觉得受到伯恩专利的威胁，甚至还要给他600英镑，以暂时取消对他的授权。[103]

越来越多的人担心申请专利之后，不仅不能事先制约竞争者，反而还会让人家搭了便车。据说阿克莱特之前一直渴望为自己的水力纺纱机申请专利，因为他“害怕海斯（Hayes）摸清了自己的底细，再找朋友抢先向政府申请专利”。[104]1798年，约翰·达尔林普（John Dalrymple）爵士向下议院的一个委员会表示，“因为没有对个人的计划做好保密，我担心我们的专利会遭人窃取，用于垄断，乃至妨害政府”，所以才火急火燎地来申请专利。[105]对于那些担心被人抢先的人来说，专利申请预告在短期内是更经济的选择。詹姆斯·基尔就在1771年花钱作了申请预告，保护自己发现的一项碱合成技术；1787年，博尔顿和瓦特的氯漂白工艺也是如法炮制。基尔从前还曾对瓦特表示过焦虑：

> 我担心有人可能会阻止我们获得专利。尤其是发现您和布莱克（Black）医生都没有作过申请预告之后，若是觉得必要，我们一般都会要求对所有涉及海盐碱提纯技术的专利申请作出预告的。[106]

诚如达顿所言，专利申请预告制度是发明人之间竞争白热化的征兆。[107]一部分原因在于人们对抢先申请的危机感越来越强，也是因为发明人愿意申请一系列专利，确保后期有机会改进发明，所以他们可能会拿出一个比较粗糙的产品抢占专利，以免丧失了先机。[108]

除了垄断新产品或新方法，专利还带来了多种发明利用的方式。专利自身就是一项可转让的财产。虽然根据垄断法令，专利仅授予首位发明人，但嗣后也可以购买、出售、继承和按份共有。[109]专利权人可以通过出售专利权利来规避投产风险，既可一次性转售，也可向多位制造商作出专利授权，全凭专利权人自己决定。专利权人也可以决定承担一部分风险，进入制造产业，那就可以利用一项专利甚至是专利申请吸引出资人或合伙人。[110]对于那些已经处在制造业的发明人来说，专利的吸引力较小，但是专利制度自身特性以及国内市场的不断扩大也会给这类发明人带来申请专利的压力。[111]

若想从经济角度出发强迫发明人工作，就一定要给这位发明人找合伙人。约翰·霍顿（John Houghton）认为“不少好事都因为没钱泡了汤”，他见证了在17世纪90年代，掀起第一波股份公司投机的浪潮。[112]随着证券交易所的出现，发明人不用再找直接的资助人，但是泡沫法案将合伙人的人数限定在5人以内。合伙人制度以及合伙人责任的法律朝令夕改，规定不善。[113]发明人自己手头的资源越多，在商业秘密泄露之前申请专利保护权利的机会就越大。另外，如果发明人可以在研发早期就吸引他人的兴趣，那么日后研发的经济负担分配就更加平衡。在这种情况下，申请专利也有巩固合伙关系、确保合伙投资的意蕴。约翰·罗巴克（John Roebuck）是瓦特初期的资助人，条件是受让蒸汽机专利 2/3 的份额。1773 年罗巴克破产后，博尔顿接手了他的专利份额；两年之后，博尔顿争取议会立法，延长了他的专利有效期，他与瓦特的合伙也随之终止。[114]怀亚特留下来的手稿里，字里行间都是失去发明和筹集研发资金双重夹击之下的焦虑。他和所有债权人签订的协议都离不开形形色色的保密条款。1733 年，怀亚特写信给他的搭档保罗倾诉忧虑。他害怕在和潜在投资者进行谈判的过程中，（自己纺纱机的）商业秘密会泄露。“除了具体的工艺流程”，他什么都说了。最后他哀叹：“不如咱们咬咬牙，拿下一项属于自己的专利吧。”不过直到 1738 年，两人才终于在大量的外部协助之下获批了一项专利。[115]怀亚特的大部分发明从未申请过专利，他也因此蒙受了损失。[116]

对于那些无意或者无力成立商业公司的发明人来说，出售专利授权也是一个办法。专利授权为利用发明开辟了一条专业公司难以企及的财路。有的人会把专利授权和生产型企业结合在一起。例如，怀亚特和保罗就许可他们的债权人等人使用大量的专利纺纱锭，帮助他们建立自己的纺纱厂。[117]查尔斯·特南特（Charles Tennant）发明了一种漂白液，后来发现漂白液的运输方式难以实现集中化生产，于是就转而进行生产授权。[118]他还提出自己可以为客户组织培训，按照相当于该客户将传统的灰质漂白物换成自己漂白液后可节约成本的一半收取费用。[119]斯丹弗斯和福尔贾姆授权制犁匠和农民制作自己的专利犁，自己的生意也因此红红火火。他们聘请了许多熟练的工匠，在全国各地组织宣 91
传，还向制犁匠传授制犁的技术，[120]因此得以将创新的利益牢牢掌握在自己手里。无独有偶，18 世纪三四十年代的曼彻斯特木工与织布工掌握了枝条织机的建造和操作技术（没有申请专利），后来也在技术推广中获益。[121]在另一起专利案件中，瓦特惊恐地向有关当局报告，伦敦一家化学公司雇了一个人在全国范围内组织培训贝托莱（Berthollet）氯漂白工艺，每到一处漂白场，就要收 10 基尼的培训费。在瓦特看来，“这样的话大家都对技术了如指掌，比专利还要糟糕十倍”。[122]

与选择生产垄断工业品的专利权人不同，决定出售许可的专利权人无法借助保密强化专利权。他们的成功部分取决于自身利用专利的能力，其余则取决于潜在被授权人的商业需求和他们的财务资源。就这两个方面而言，蒸汽机制造商都是幸运的。萨弗里蒸汽机的专利已经得到了全面的完善，还得到了议会的批准，他们也以此为基础开发纽科门的空气发动机。蒸汽机这项发明的辨识度非常高，几乎没什么秘密可言；蒸汽机的客户是富裕的矿主，哪怕对价格不满意，也付得起高额的授权费，往往还对矿区抽水技术有极强烈的需求。[123]专利所有权人约翰·梅雷斯（John Meres）和他在约克的合伙人，都没有从事任何生产工作。他们的角色就是代理，机器零件由分包商供应。[124]寥寥几个授权工程师安装了100多台蒸汽机，彼此之间还有竞争，之后在伦敦所有权人的遥控下逐渐归于平静。斯通尼尔·帕罗特（Stonier Parrott）是当时最早的一批蒸汽工程师之一，为东北煤矿主威廉·科特斯沃斯（William Cotesworth）和乔治·利德尔（George Liddell）工作，但是没能跟所有权人达成协议。1725年，帕罗特向两位煤矿主提议，应该向国会请愿废除1699年消防车法，第一个理由是萨弗里法案并不包括他们正在建造的纽科门蒸汽机（“以及其他数不胜数的蒸汽机”），第二个理由则是所有权人在专利管理上并不平等。帕罗特的这些理由也能说明专利授权业务是很有“钱途”的：

> 坚持每年收取高昂的400英镑授权费……让某些蒸汽机专利根本收不上钱……考虑各方意见，授予独家许可，以免因伦敦或者威斯敏斯特之外某些地区（约克大厦除外）新建造蒸汽机而蒙受损失。[125]

92 1722年，瑞典工程师马丁·特里瓦尔德（Marten Triewald）获得了“某种空气蒸汽机的专利，只需少量成本就能从一切矿山和煤矿中抽水”，还达成了一项与3家蒸汽机制造商分红25%的利润、共同制造机器的协议（不过后期只生产了一台专利机器）。1723年后，这些人的股息一直低于1721年的预期30英镑，只在1728年和1730年分别报收过40英镑和30英镑，因此他们之间出现了一定的分歧，可能会损害所有权人的生意。不过直到1738年，虽然数额不大，这些人一直还在盈利，此时专利已经到期5年之久了。[126]

在那些授权更模糊、发明重要性更低、消费者更贫困的情况下，专利权人的麻烦更大，涉及产业去集中化程度更高的情况下尤其如此。凯之前授权奔宁山谷（Pennine Valleys）的织布工使用自己的飞梭，在收取授权费的时候就遇到了很大的困难。他的飞梭上的缠绕结构作了细微的改动，而在打官司的时候，凯无法证明这项改动属于他独特的发明，而不是普遍使用的改进。这在当时是一项标准的抗辩。官司都打到了这个份儿上，专利权人已经没什么可说的。[127]威尔特郡织布工理查德·布鲁克斯（Richard Brooks）发明了一种可以将经纱均匀地插入织机的装置，但是后来发现自己的潜在客户都过于贫穷，连合理的授权费都承担不起。他征集了威尔特郡148位工艺大师和自由织布工的签名，在《格洛斯特杂志》（*Gloucester Journal*）上发表了一项提案，请求关心羊毛产业发展的人们考虑为他负担研发的成本。[128]蜂箱专利人约翰·格德斯

(John Geddes) 和他的合伙人也遇到了类似的问题。有人向他们推荐了布里奇沃特的理发师约翰·豪 (John Howe) 作为当地的代理商，但这位理发师吃不准他们这款蜂箱在布里奇沃特的市场接受度，因此不愿意支付现款。他认为，蜂箱只在"中低层人群"中才有巨大的市场，这群人的授权费承受能力不超过2先令6便士 (12.5英镑)，肯定付不起10先令 (50英镑)，还要加上一套技术培训手册的价格。豪建议这几位专利权人可以把手头高质量的蜂箱卖给富人，"既可服务大众，也能为自己创造更多的利润"。[129]

如果授权条件合理，或可有助于消解大众对专利的反对情绪。詹姆士·洛瑟 (James Lowther) 爵士手下有一位采矿工程师想申请专利，当时爵士就建议这些人设法"把授权条件定得合理一些，不至于引发其他煤矿主反对，否则这个专利批下来了也没有什么意思"。[130]不过市场承受力并不是那么好判断的。博尔顿认为，阿克莱特之所以失去了专利，就是因为他把自己逼得太狠了。专利的申请费用本就高昂，私下仿冒层出不穷，即便是后期再去打官司、申请防御性专利，也都是值得的。[131]

有的时候，发明人会选择一次性将专利权出售给制造商，彻底避免商业生产的风险，这对于专业发明人而言不失为一项合理的策略。[132]一般情况下，这 93
也可能是急需收益的发明人的唯一选择。格林的织布工贾伯兹·史蒂芬森 (Jabez Stephenson) 就把自己编织花样丝的工艺卖给了他的合伙人约翰·巴彻勒 (John Batchelor)，这位巴彻勒可能就是巴彻勒、汉姆 (Ham) 和佩雷加尔 (Peregal) 合伙中的高级合伙人。[133]这项专利也可以作为一项防止仿冒的有限的保护措施。其他很多发明买主会选择更严格的安全措施，保护自己的专利。查普曼认为，这是18世纪初诺丁汉郡制袜商建造"安全箱"工厂时的惯常做法。[134]

如果涉及大笔的资金成本，即便没有合作伙伴，也没有涉及发明的授权或者销售问题，专利也是一项明智的预防措施。如果没有专利，发明人越是努力收回自己在研发方面的投资时，竞争对手就越能从中渔利。布里斯托的威廉·钱皮恩 (William Champion) 的故事就是如此。经过6年的艰苦奋斗，钱皮恩在1738年"克服了主要困难"，获批了一项专利，并且着手建造厂房，以生产金属锌。为了建厂和开发专利，钱皮恩投资了7000英镑，远高于专利的成本。最终钱皮恩破产了，并非陷于竞争的制造商之手，而是因为进口商降低了价格，宁愿亏本买卖，极大损害了钱皮恩的利益。[135]托马斯·隆比的情况也是如此。1732年，国会得知隆比在生产时出现了一系列问题，其中就包括"他在获得专利3年后才有可能完成机器的建造"。[136]

5.5 生产线上的发明人

在18世纪中叶之前，已有的制造业人士极少将专利视作一项比较好的投资。对于那些既发明又生产，能够在没有外部协助的情况下使用发明，并且希望保守商业秘密的人而言尤为如此。伍斯特的约翰·韦特（John Wayt）的案例就能说明以下两点：其一，制造商可以采取多种措施来改进产品或削减成本，而不受专利的烦扰；其二，发明人必须要么设法把自己的发明投产，要么转卖。韦特发现了一种节省燃料的制盐工艺，并且这项工艺投产已有14年。1726年，煤价上涨，伍斯特的商业竞争对手开始刺探他的工艺秘密。韦特不愿和他人分享自己的发现，以免摊薄了自己的商业优势，还得不到补偿，因此直到最后关头才申请专利。据史料记载，韦特表示除非自己的发明权利受到专利保护，否则将“拒绝将其秘密透露给请求者，以免他们从中获得的巨大利益”，后来有12位本地的盐业主支持他申请专利。[137]同样地，塞缪尔·克朗普顿（Samuel Crompton）在记录纺棉机发明的时候说，“我为自己纺出劣质纱线而伤心”，而在发明成功后，“便在经纱和纬线上旋转好的纱线”。克朗普顿似
94 乎从来就没有想过专利的问题，直到自己的创意被当时的制造商大肆剽窃。瓦特发明了复印机的时候，首先是只供自用的，但博尔顿坚持要好好开发一下复印机的商业潜力，敦促瓦特申请专利。1771年，有人向约西亚·韦奇伍德（Josiah Wedgewood）介绍了一种装饰陶器的新工艺，但“他发现伯迪特先生并不真的想向我们透露他的工艺，也不希望获得奖励……”[138]约克的钟表匠亨利·辛德利（Henry Hindley）发明了许多东西，但从未申请过专利。他把这些发明都融入了自己的钟表和乐器中，工艺之精湛广受赞誉。他造出的每一款钟表都是绝无仅有的，这也是他的乐趣所在。[139]可以想见，他们绝不是唯一不给自己的发明申请专利的制造商和商人。

所谓的“员工型发明人”也不大可能申请专利。1750年，朗斯代尔（Lonsdale）子爵名下亚麻厂的监工威廉·布兰威尔（William Branwell）为了解决纱线长期不足的问题，改进了纺车的纺纱轮，“工人们一次性只需要引两根线，就可以纺出更多的丝，产量远高于寻常机型”。布兰威尔是帮自己的雇主解决具体问题的：他的目标在于扩大工厂的盈利空间，而不是把这台盈利的机器投入商用。[140]此外，还有矿井管家卡利斯列·斯派定（Carlisle Spedding）的案例。斯派定的工作任务是帮助洛瑟爵士提升采煤生产效率和安全性。在发明戴维（Davy）灯之前，斯派定的“钢厂照明技术”或“火石和钢照明技术”就算称不上是最成功的井下爆炸解决方案，也是当时最佳的，至少比使用烛光

更安全。这两样东西既有新颖性，市场潜力也很大，拿来申请专利是很理想的。但是斯派定可能不愿意借安全装置给个人牟利，他的兴趣主要在于为矿主解决问题。[141]上面这两位工人都没有寻求专利。同样，詹姆斯·梅克尔（James Meikle）早在 17 世纪就从荷兰引进了风选机，全国各地的木匠都制造这种机械，据说是每一个男人必备的工具。梅克尔一直受到自己雇主的限制："不得利用这种机械牟利，也不准将自己学到的手艺传授给其他任何人。"[142]

申请了专利之后，能不能保持保密性和排他性？这是专利权人申请专利决策中的主要考虑因素。独立的制造业发明人想要保守商业秘密，一般不会有什么困难。有好几位著名发明家和几十位名气稍逊的发明家都不同程度地打败了工业间谍，保护了自己的商业秘密。本杰明·亨茨曼（Benjamin Huntsman）就是其中的一位典范，他的大名几乎可成为保护商业秘密的代名词。据斯迈尔斯的说法，亨茨曼保证他的工人都能享有"不可侵犯的秘密"，外人不得参与生产工作，厂里研发的新炼炉只在晚上使用。[143]他的同事托马斯·博尔索夫（Thomas Bolsover）在 1742 年研发出了制作纽扣的"谢菲尔德盘"，没有申请专利，并且瞒了足足差不多 10 年。[144]利物浦印刷工约翰·萨德勒（John Sadler） 95
发明了一项转印釉技术，不过他也没有申请专利。[145]在系统化保护方面，贝塞默尔的青铜粉在工业秘密当中称得上是数一数二的。贝塞默尔认为，"如果我们申请专利，交了蓝本，披露了工艺的全部细节，大家只用花 6 便士就能买到我的技术，那我的价格底线就守不住了"，因而这项技术在 19 世纪早期足足保密了 35 年。[146]

在 18 世纪的大部分时间中，专利都占据经济的前沿领域。如果有人必须出售一项发明，或者某位企业家打算进军新的制造领域，专利就是香饽饽。大多数早期专利权人在某种程度上都是商业领域的局外人。因此，钱皮恩和隆比都是商人。威廉·舍温起初是一位雕刻师，后来开了一家印花印刷厂，在 1696 年雇了至少 200 名工人。纽山姆刚开始生产救火车的时候，还在做珍珠纽扣。约翰·巴斯克维尔在做涂漆生意之前是水平很高的抄书手和墓碑石匠。[147]算上那些 17 世纪就取得了专利的朝臣和移民，这些例子不胜枚举。从某种意义上说，专利就是这些局外人的特许状、业内的入场券，或者是御赐的背书。专利是制造业新人最大的帮助，是投机分子和士绅们压榨的玩物，也能为发明人吸引合伙人，但又避免自己的发明遭到剽窃或向制造商出售发明，是那些怀才不遇的行会会员的知音；是想要推广发明的制造商的另一条发财之路。专利是那些不能或者无力为自己发明保密的人的利器。他们是那个时代的规划师。[148]

然而，随着这个世纪逐渐流逝，有经验的工匠和制造商加入了竞争，逐渐占了上风。专利权人们感到压力重重，无法与竞争对手相抗衡。专利制度开始产生积极的反响，那个时代的产业结构不断变化，专利制度的集中化与等级化程度也越来越高，都加剧了这种压力。机器制造商、技工和其他生产资料生产商的数量不断增加，所谓的局内人也越来越人多势众。[149]职业发明人诞生之前的 18 世纪最后三四十年相当于一个间隔期，其间局内人从专利中获得的利益要比局外人更多。

然而对于许多企业而言，专利是更理想的投资，因此专利的优势蒙蔽了许多浪费了至少 70 英镑专利申请费的人，权利的实施与实现问题则遭到了忽略。专利是经不起详细计算的，不总是能满足专利权人的预期，甚至还会超出他们的设想。虽然专利无力打击仿冒，但是对于债权人、合伙人或者客户而言，毕
96 竟意味着商誉与议价能力的提高。不过我们也能清楚地看到，专利对特定行业和地区造成的压力更大。如果我们忽视了这些差异，就无法充分解释专利制度的发展，更不能理解专利注册数量的增长。

第 6 章
专利制度外的发明

如果说专利制度外还有发明，这也没什么新奇。不过笔者要在这里指出的 97
是：专利制度外的发明不是随机发生的。对于某些特定行业和产业部门的发
明，游离于专利制度之外的情况更多。大多数行业的经济地位和业内专利保有
量之间严重不匹配。1750～1800 年，人们发现在经济地位重要的产业中，只
有纺织品（包括袜子和蕾丝）和金属加工（包括电镀和枪支制造）——每一
项产业的专利量都占专利总数的 14%——很难解释这种格局和它们在经济中
的重要地位。[1]农业在 1800 年仍然吸收了超过 1/3 的劳动力，专利量只有 4%。
皮革、建筑和食品及饮料行业是仅次于纺织业的三大就业部门，专利量各占
4%；重工业中采矿和冶金两项合计占比不到 4%。运输业有 9% 的专利量，不
过其中 2/3 是道路运输方面的（绝大多数为马车和客车），只有 1/3 与工业意
义更为重要的航运和运河货运有关。对工业化至关重要的机器制造业专利量占
11%；然而，就机器制造就业人数或者作为财富生产者所带来的直接经济效益
而言，其专利量占比未免过大了。[2]与产业经济重要性不成比例的还有专利药
品和手术辅助器械（6%）、钟表和科学仪器（5%）和乐器（2%）。

专利记录或许可以准确反映不同产业中的发明活动，当然，这和产业规模
没有必要的联系。我们也可以提出很多怀疑的理由。首先，某些产业的自身结
构就决定了专利在其中不能得到有效利用。在某些国家，技术变革的关键不在
于专利制度的基础建设，而在于资源的重新分配，在于材料管理的严谨性与系
统性，在于利用聪明才智和历史经验解决新问题，要么也得学到只可直接演示
的技术诀窍。这样的创新成果不容易转化成专利，执行过程中也不容易出现专 98
利失灵的问题。在集约化程度较高、资本高度集中和地理位置集中的产业里，
专利实施一般更便捷，利润空间也更大。有些产业窝里斗成风，另一些产业则
受国家控制，都不适合专利申请。在这段时期内，这些影响发生了变化，在某

些情况下甚至是相当大的变化，这也是专利申请倾向上升的一个因素，笔者将在第 8 章中为大家回顾这一点。

6.1 主要部门：农业与矿业

1780 年之前，农业领域是英格兰最大的未工业化经济部门，但是农业专利的占比相比之下微不足道，似乎不足以驱动英格兰广泛的农业创新，养不活不断增加的人口，在 18 世纪前半叶成为粮食出口国就更不可能了。琼·瑟斯克（Joan Thirsk）评论说："……1640 ~ 1750 年，（创新）的速率与这段时期前后一样高。"[3]当时的创新主要包括新的作物轮作与牧场管理制度，以及选择性饲养和存栏技术。这些东西很少能申请专利。在专利制度恢复时期，某些"新"经济作物的种植技术获得了专利，但专利权人似乎只走小规模经营路线，也没有推广专利。[4]1721 年之后，有 3 项肥料专利和 1 项猪饲料专利获批，同样难以想象专利权人打算怎么利用它们，因为当时这些东西都是在农场自产的，远没有商业化。当时的专利权人托马斯·莱温宁斯（Thomas Liveings）发现自己的专利没有利润，就干脆决定拿它作公益，以换取议会的奖励。[5]

杰斯洛·图尔（Jethro Tull）没有为自己的新耕作技术申请专利，而是出版了《马力中耕农法》（*The Horse - hoing Husbandry*），从而以版权的形式为自己的技术赢得了 14 年的保障。[6]图尔理论基础在于空气的营养特性，技术要点在于锄地，要求精确播种（的确节省种子）。播种机和马锄等"大件"金属农具反而是次要的。图尔自己也说，他开发这套技术，是为了帮助固执的劳动者克服甚至不愿亲自播种的毛病。[7]他当然可以为自己的技术申请专利，但也并非只掌握着一种技术，如果能被其他人应用，又何尝不是一件好事呢？1797 年，布里斯托尔种子商查尔斯·贝克（Charles Baker）也借助有限版权的方式推广他的"小麦黑穗病预防方法"，一本手册 1 基尼；他还悬赏 30 基尼，欢迎任何人举报没有购买小册子就使用技术的情况。[8]

99 农业工具比农业技术更适合申请专利，然而在 18 世纪 80 年代之前，获得专利的农具屈指可数，不过只有 2 种犁和 3 种谷仓机器（1 种脱粒扬子机、1 种清理三叶草种子的机器，还有 1 种草菇装袋机）。罗瑟勒姆（Rotherham）的犁遭到了广泛的仿制，最后它的专利也被撤销，理由是只构成改进而非发明。[9]不过这犁还是很赚钱的。作为农作物轮作、作物固氮和牧场播种等伟大创新的一个小小的象征，种子清洗机也引起了本地民众的愤怒。它的发明人理查德·海恩斯（Richard Haines）可能试图申请专利进行许可，不过似乎也没有打开他居住的苏塞克斯郡以外的市场。[10]其他人也不过是五十步笑百步。[11]当时设计新型播种机、犁具和其他农具风靡一时，并取得了不同程度的成功，但是直到 1780 年之后，这些农具才开始出现在专利登记簿上。[12]从 17 世纪 70 年代的沃尔利奇（Worlidge）到 18 世纪 80 年代的斯莫尔（Small）和福布斯（Forbes），一系列农机发明人都选择在农牧类书籍中宣传自己的工具，他们没有在专利和版权中获利。[13]

在某种程度上，农具专利的出现代表了农具发明真正的高峰。1750 年之后，谷物价格回升，人们对玉米种植和草业等传统农业产生了兴趣，圈地运动和少数农场整合也放大了资本设备投资的成本效益。苏格兰低地和英格兰北部劳动力日益短缺则是进一步的诱因。[14]皇家艺术学会以及苏格兰、爱尔兰和其他地区分会对改良犁、播种机和其他设备给予奖励，也刺激了农具发明，这是我们不应该忽视的。[15]当时有“几位贵族和绅士”不大满意脱粒机的出价，就找到了伦敦机器制造商威廉·温劳（William Winlaw）定做了一台脱粒机，随后温劳申请了专利。[16]

这种产业趋势对农具的改进和专业化产生了新需求，从而促进了农具生产的根本变化，反过来又刺激了有关的专利申请。农业属于最早一批发展专门生产资料部门的产业。当时的农具是由本地的铁匠、车匠或木匠按照农民的要求生产的，一般遵循流传下来的制式，也可能包含农民或工匠自己发明的一些新特征。创新往往始于这种新特征，不过也经常浅尝辄止。有的时候可能会出现一些产业先锋，能把当地的农民组织起来。不过 18 世纪下半叶出现了几家专门的农具制造商（通常是从铁匠铺或者铸铁厂起家的），例如 60 年代贝里克郡的詹姆斯·斯莫尔（James Small）、70 年代伦敦的詹姆斯·夏普（James Sharp），以及七八十年代先后在萨福克郡涌现出来的加勒特（Garrett）和兰桑姆（Ransome）。[17]他们的公司希望在本地乃至全国范围内销售产品，生产的专 100
业工具范围不断扩大，还有标准化的替换部件。这些公司不仅打价格牌，还改进农机质量、开发新技术，以此竞争顾客。他们为创新注入了制度化的动力。对于这些专业人士来说，专利既是一种保护，同时也是一种宣传，展示了他们的竞争优势。[18]这些企业也为独立发明人提供了生产和销售的渠道，其规模足以使他们获批专利。例如，加勒特公司就生产了鲍尔（Ball）的专利脱粒机，而斯塔福德郡机器制造商约瑟夫·康弗思（Joseph Cornforth）制造了约克郡一位专利权人的专利钻头。[19]1785 年，诺维奇铸铁工罗伯特·兰桑姆（Robert Ransome）获批了一项犁头专利之后，就打广告称诺维奇的所有铁制品经销商和东盎格利亚地区大约 50 家经销店都可以买到他的犁头。詹姆斯·库克（James Cooke）牧师发明的钻头被公认是质量最好的，他似乎已经从兰开夏郡搬到了伦敦，脱下了僧袍，开始做生意，制造并销售名下的 3 种专利产品。[20]

然而，即使在18世纪晚期，专利也绝不是自动产生的。威廉·马歇尔（William Marshall）就报道了一个案例。沃里克郡有一位名叫布什（Bush）的车匠，在1770年前后发明了一种犁，不过没有获得专利；到了1786年，这种犁卖得风生水起，布什仍然是主要的制造者，然而该地区所有主要的车匠也都在生产这种犁。[21]不过布什的经济状况应该没有安德鲁·梅克尔（Andrew Meikle）那么差，毕竟梅克尔在1788年并不能实施他的脱粒机专利权。[22]斯莫尔等人则选择把犁的制作方法出版。斯莫尔为了制犁做了大量的实验，因此出版的决定似乎仍然是受到开放交流伦理的启发。[23]萨福克郡的亨利·鲍德温（Henry Baldwin）对库克的谷物条播机作了改进，不过受到亚瑟·杨（Arthur Young）一个手下的劝阻，也没有申请专利。“鲍德温认为，如果对有用的机器实施垄断，那势必伤害普通人的利益，好的农场主也就不会再去关注农场了。”[24]皇家艺术学会仍在努力为业余发明人谋求另一条出路。[25]虽然如此，在18世纪八九十年代，农具专利仍然达到了51项，其中专利量最高的类别依次是播种机（11项）、犁具（11项）和脱粒机（9项）。相比之下，1750年之前只有4项农具专利，到1780年也只有13项，这个增长还是很迅猛的。

矿业作为另一个增长迅猛的主要产业，在专利记录上的表现也并不好。它也是一个过于分散、强调经验的行业，不能为专利申请提供太多空间。

> *采矿是一门手艺活，不同的矿区就要有不同的管理方法，因此必须亲身实践，要积累经验，也讲究拜师学艺。书本上的技术要点虽然没什么错，但也必须根据不同情况的需要，适当修正，灵活运用。*[26]

煤炭和矿石的开采技术并没有受到什么重视。在1760年以前，凿岩工具或爆破技术专利申请量为0项，到了1800年也只有3项。通风、瓦斯爆炸等
101 问题夺取了很多矿工的生命，引发了广泛的问题，皇家学会也反复调查。[27]这段时间只有3项相关的专利获批，还有2项申请未成功，几乎不能反映当时社会对井下安全问题的关注。与此同时，新技术提高了矿工的工作效率，拓宽了井下作业的范围。18世纪时，长壁采煤法增大了产出，在英格兰中部、兰开夏郡和苏格兰的许多煤矿都有应用。[28]火药逐渐不再用于开采，转而用于凿井，并且当时的人们还设计出了更有效的井筒内衬方法。为了解决运输问题，人们还开发了矿车。[29]有些煤矿工程师提出了一些通风问题的解决方案，例如斯派定发明了“钢铁厂方法”，可以开凿竖井，并且安装隔板以促进空气流动，还敷设了排气管道。在1760年前后，东北的煤田也开始采用这种方法。[30]

采矿机器的专利前景很好，也是1750年矿业专利申请的主流。这些发明完全是机械产品，一直伸出地面，能辅助矿工开采。爱丁堡律师迈克尔·孟席

斯（Michael Menzies）发明了一款卷扬机，推广到了各大煤场。[31]在 1763 年到 1799 年之间，又有 14 项卷扬机专利问世。到了 18 世纪 90 年代，矿业成为制绳专利权人的主要资助人（当时共有 16 项制绳专利，有 6 项来自诺森伯兰和达勒姆）。1750 年后，只有 2 位专利权人不是矿区居民，有 9 位是机器制造商、磨坊主或煤炭勘探师。约翰·柯尔（John Curr）在谢菲尔德附近的诺福克公爵的煤矿做勘探，获得了 3 项卷扬机和制绳的专利，为他提供了独立的收入。不过柯尔不是斯派定那样的员工，而是另立门户，成立一家铸造厂，生产铸铁铁轨和自己新的卷扬机的部件。[32]

在 1775 年之前的专利记录中，农业和矿业的主要代表专利都是抽水装置，皆具有卷绕机器的专利特性。探矿最大的技术难题就是排水问题，许多发明人也都慕名而至。1660～1750 年，有 118 项专利和有效专利申请的申请人声称其主要功能为抽水，其中 25 项专利把排水列为其唯一或主要用途，另外 40 项专利把排水并列为几项功能之一。农业对排水机器的需求虽然很大，但在专利申请上并不是那么迫切。仅有 5 项申请是主攻土地排水的，另有 27 项专利在土地排水外还包括了别的内容，还有 8 项专利是涉及灌溉的。当时的蒸汽机往往是专为矿井排水研发的。1750 年，萨弗里蒸汽机发明之前获批的 7 项专利中，有 5 项将排水作为主要功能。在 1800 年之前，新增了总计 9 项排水专利，其中有 7 项使用矿用水泵，2 项为风力驱动（主要是在贫煤的德文郡和康沃尔郡）。这也能向我们揭示纽科门蒸汽机等一系列蒸汽机的实际应用情况。如果 102
考虑到蒸汽机的成本效益比和与其他使用机械作业相关的矿井规模时，这个用途是不足为奇的。纽科门蒸汽机代表了"煤炭工业技术革命的最新进展"。瓦特蒸汽机在煤田中普及得比较慢。虽然瓦特蒸汽机省燃料，不过煤矿主的兴趣也不在这一点上。[33]

6.2　纺织行业

上文讨论了一些初级产业，这些产业与纺织业这一规模最大的制造业部门之间有一定的相似之处：第一是地域分散，只要是在国内的组织，纺织业中就能产生少量与其重要性相关的专利；第二是专利申请都相对较晚；第三是产业内的专利申请同样系由制造纺织机械的专业生产资料行业驱动的。纺织业的专利量相当多，创新规模看似与产业规模成比例，但这掩盖了一种不平衡。在 1725 年之前，纺织专利主要集中在饰面技术上，而不涉及织造，也不在于丝绸和棉花等新原料部门，而是新的纤维混合物和不同类型的布料（其中许多是卖给荷兰移民和胡格诺教徒的）。1720 年以后，梳棉、纺纱和织布等领域的新机械和工具专利方兴未艾，但在1770年以前总体仍然比较零散，申请也很少获批。[34]凯、布鲁克斯和后来的哈格里夫斯（Hargreaves）在利用自己专利的时候经历了一系列的困难，就是纺织业专利情况典型的写照。[35]英国国内很多纺织公司都搞不出创新，谈何申请专利？纺织业劳动密集的组织形态自身就是一项降低了成本的重大创新，只要劳动力供应充足、工资低廉，雇主何来投资技术创新的动力？[36]此外，纺织业的生产高度分散，厂房通常都彼此独立，专利就更难执行了。

英国国内织造业若有创新，要么规模极大，由移民来的新教难民进口的新型混合丝织品或更好的技术驱动，要么就是在技术或工具制式上作微小的改动，价格低廉、工作简单，足以让工人们自行操作。前者例如17世纪70年代威尔特郡北部荷兰移民的创新。这些移民认为，如果要改善细羊毛布生产，就要用更好的色卡和饰边，也降低了约40%的成本。据约翰·奥布里（John Aubrey）说，1685年的威尔特郡“纺织的技术在过去40年内日新月异、百花
103 齐放，一磅羊毛的产布量相当于内战之前的两倍”。[37]再来看后一种类型。有一位织工对凯的专利提起过异议。假设这位织工的话可信，那么这里的创新就是一项对缠线梭子的改进。[38]并不是所有的发明都能获批专利，饰面技术发明也不例外。沃兹沃斯（Wadsworth）和曼恩（Mann）认为，饰面工艺中最重要的进步是热压延机。在1750年引进热压延机之前，每一种羊毛织品都有自己的特殊工艺，热压延机的类型也很繁多，但是在1788～1790年，只有3项工艺获得了专利。[39]

纺织业集中化程度较高的部门往往拥有更多的专利。因此，在1770年以前，丝绸部门和所有部门的饰面工艺都有数量可观的专利记录。这些产业不仅更加集中化，而且需要新的染料、饰面和图案，受到时尚直接影响的程度更深。[40]然而，在18世纪的最后25年，纺织机械专利出现了快速增长，反映的不仅是制造商努力在廉价布料的巨大新需求中获利，而且是更热心于有关的发明创造。这也是纺织生产日益集中和专业化纺织机械制造业的产物。[41]阿克莱特的水力纺织机是在工厂生产的背景下，为了能源集约开发的。这款机器基于工厂生产的特性，很适合申请专利。一名工人就曾控诉说，穷人只用得起珍妮机，专利织机尽归了富贵人家。[42]为什么哈格里夫斯和阿克莱特两位同行的命运会如此迥异？他们那个时代的专利发明分别面向国内的产业体系和工厂本身。阿克莱特试图通过他的两项专利对棉花行业的纺纱和制备过程部门施加控制，不仅刺激其他制造商在法律上提出了专利异议，也导致那些试图规避专利的人获批了大量的专利。[43]发明人可以直接在棉纺工和机器制造商中寻找客户。这些客户以他们和阿克莱特打交道的经验，往往对申请专利的收益（以及不

申请专利的风险）是非常敏感的。

6.3 工程业与机床制造

土木工程是另一个技术成就迅猛发展的领域，不过在专利登记簿上也几乎是难寻踪迹。[44]从某种程度上说，这也没什么奇怪的，因为工程知识的积累不同于发明创造，没有专利也是情有可原的。不过换个角度来看这个问题。我们所说的“工业革命”，尤其是交通领域的“工业革命”，在很大程度上是工程技术进步的产物。已知的活动有在城市供水和土地排水计划中使用的专利泵装置，净化河流、港口和后来的运河疏浚设备。[45]18 世纪 90 年代也是“运河热”的鼎盛时期。当时专利的大量出现，解决了运河工程师雄心勃勃计划中的问题。[46]但是这些专利很少授予土木工程师，也没有证据能够充分证明土木工程 104
师在建造码头、桥梁、运河或河流改善等领域作出了什么工程上的创举。当时工程上的成就在于深厚的建筑材料学和水文学的积淀，既源于生产经验，也是在约翰·斯米顿（John Smeaton）和约翰·雷尼（John Rennie）等人的实验和理论研究中逐渐积累起来的。[47]

不过工程领域专利量低还有其他原因。即使许多工程师在工作中设计出什么机器，解决了特定的问题，通常也不会选择申请专利。例如，查尔斯·拉贝尔（Charles Labeyle）在建造威斯敏斯特大桥桥墩时发明了一种沉箱，还发明了一种水下断桩的机器，但是他都没有申请专利。[48]与此同时，詹姆斯·瓦卢埃（James Valoué）发明的一种打桩机却获得了专利。[49]值得注意的是，瓦卢埃和潘廷（Pantin）两位专利权人在自报职业的时候，说的分别是钟表匠和金匠，且说自己并不经商，因此需要出售机器赚钱。专业工程师倾向于只以自己的副业申请专利。乔治·索洛科尔德（George Sorocold）申请了扭鞭子机和机械锯的专利，但他在建造城市供水系统和作为技工在德比的科罗切特（Crotchet）和隆比的工厂制造方面的成就在专利登记簿上没有留下任何痕迹。[50]这种趋势从 18 世纪一直持续到 19 世纪。在那些伟大的运河、桥梁和码头工程师中，布林德利（Brindley）在 1758 年获得了蒸汽机的专利，此时他还没入行；1787 年，斯米顿也拿到了一项榨油机专利，当时他的职业生涯即将结束；而雷尼名下的专利数为 0 项，甚至连他声名远播的挖泥机也没有。不过这些人都是机械领域著名的高产发明家。[51]

这些早期的工程师为什么要避开专利制度？以下只是猜测。工程师的声誉在于成功解决建筑方面的新问题，而不在于对特定机器的垄断。瓦特和雷尼各自的观点就能体现出机械工程师和土木工程师在商业秘密和专利方面不同的行事风格。在建造阿尔比恩工厂时，瓦特就被雷尼打的广告吓坏了。当时的雷尼急于炫耀他的建筑能力，不过他的广告远没有像瓦特担心的那样毁掉他的事业，反而奠定了名声，还挣来了大量的佣金。虽然雷尼成立了一家机器制造厂，不过他本人主要作为顾问，在幕后运作。[52] J. T. 德萨谷里尔斯也暗示，技术娴熟、信誉良好的工程师们以其成就闻名，而那些雇用廉价的“手艺人”、管道工或技工等“给工程师打下手”的人（无论这些人有没有专利），都是在
105 制造虚假经济：“所以很多人有病先去找药剂师，免得劳烦医生。”[53]申请专利甚至可能会受到一种尚处于萌芽阶段的禁止分享和发表经验的职业精神所排斥，19 世纪备受推崇的内史密斯（Nasmyth）就是一个例证。[54]有许多迹象表明，一流的土木工程师之间往往都是相互尊重、商量着来的。根据约翰·菲利普斯（John Phillips）的说法，布林德利“心无邪念，不需要签什么合同，也不嫉恨自己的对手。他不隐瞒自己的手艺，也没有为他发明并公开的机器申请专利，从而将其垄断”。[55]

专利的另一个大的“盲区”在于机床制造。当然，作为一个产业而论，机床制造在 18 世纪后期处于蹒跚学步的阶段，不过机床领域的先驱们长期忽略了专利制度，即便他们为自己在其他领域的发明申请专利也不例外。[56]例如，约瑟夫·布拉马（Joseph Bramah）在 1778～1814 年申请了 18 项专利，其中大部分是机械设备。1784 年，他和手下的雇员亨利·莫德斯累（Henry Maudslay）发明了一种“更精确、更快速”的机械工具，不过并没有获得专利。[57]根据工程师约翰·法雷的记载：

> （布拉马的）秘密工作室……里面有几台稀奇古怪的机器，用来制造锁的零部件，工艺系统完善，未见于同时代的机械技术领域……布拉马先生说自己之所以造得出好锁，都要归功于这些机器。比起锁的发明，这些机器的创造花费了他更多的心血。[58]

正如 H. W. 迪金森（H. W. Dickinson）所言，“这些工具在制造业标准化历史上的重要性怎么估计都不过分”。如果我们将说明书中的图纸与实际销售的锁具相比较，就可以发现锁具是重新设计过的，就是为了适应制造方法。[59]

18 世纪有些专利涉及机床，但主要还是集中在机床制造的最终产品上。1760 年，约伯（Job）和威廉·怀亚特（William Wyatt）为“一种切割通称为木螺钉的铁螺钉的更优方法”申请了专利。专利说明书显示，他们有“两种非常先进的专用车床”，以锻造刀片为原料，只需三步操作就能生产成品螺丝。不过怀亚特关心的是螺丝制造，而不是自己的车床。[60]过了两年，南安普敦的寡妇伊丽莎白·泰勒（Elizabeth Taylor）在丧夫后不久为“成套机器，工

具，仪器以及其他用于制造［船体］分段、艉和销的设备”申请了专利。这些都是由她的亡夫和儿子发明的［父子俩都叫沃尔特·泰勒（Walter Taylor）］。海军看上了他们的发明，随后就跟泰勒一家签了供销合同，直到18世纪末马克·伊萨姆巴德·布鲁内尔（Marc Isambard Brunel）发明出更好的机器时才告终止。[61]铁器大师约翰·威尔金森发明的大炮钻孔机的情况也很类似。[62]

1791年，塞缪尔·边沁（Samuel Bentham）特别申请了一项刨床专利，并在1793年申请了多种机床专利，不过这些都是例外，只能说明边沁在行业中处于边缘地位。[63]1805～1824年，莫德斯累获批了6项专利，但都与他已成名的精密工艺无关。[64]利兹的马修·穆雷（Matthew Murray）是与莫德斯累同时代 106
的机床制造商，名下有6项专利，其中也没有一项是与机床相关的。据他的一位老员工说，穆雷曾经为制造D形滑阀发明过一台刨床，后来这种滑阀也引入了他的专利蒸汽机设计。

> 这只滑阀没有专利，而且跟当时很多发明一样，老板对它是严格保密的。当时这只滑阀就锁在一个小房间里，房间里就只有这一样东西，普通工人根本无法接近。[65]

约瑟夫·克莱门特（Joseph Clement）、詹姆斯·福克斯（James Fox）、内史密斯和理查德·罗伯茨（Richard Roberts）（1847年前）也是这么做的。内史密斯曾列举过自己在1825～1862年的30多项“更杰出的”发明。至于那些未获专利的发明，要么是改善工人安全的发明（原则上他会尽可能推广），要么就是机床类的发明。[66]只有约瑟夫·惠特沃斯（Joseph Whitworth）一反常规。他在1834～1849年获得了13项专利，其中包括6项螺纹切削、镗孔和车床的专利。惠特沃斯本人的公司和这些前辈们的公司在专利申请实践上的区别很可能在于公司结构上的不同。虽然这些前辈们很为自己的灵活和通用性而自豪，惠特沃斯“专攻工程机床，规模前所未有”。[67]

机床专利的缺位表明，即使在19世纪，专利仍然是具有高度选择性的。为什么这一技术上至关重要的领域在专利登记簿上基本没有出现呢？可能是专利的制度化偏见所导致的。这一套制度青睐最终的产品，并经常对制造工艺充满疑惑。[68]或者对它们的制造者而言，虽然这些车床、刨边机、切削机和镗床的复杂性和准确性都是前所未有的，但也不过就是“工作的工具”［罗特（Rolt）的原话］——在产品中实现精度和优良工艺的手段罢了。[69]另外，他们可能也有保密上的考虑。我们也能从惠特沃斯的案例中推知，只有当机床本身成为一个生产资料门类时，机床的专利才开始大量出现。

6.4 “化学”工业

在制造业中，拥有机械和化学类发明的企业采用不同的专利策略是很合理的。在1829年，甚至有人建议对这两类专利适用不同的规定。[70]背后的理由在于，化学工艺是很容易保密的。特别是其中有诀窍，或者添加一些隐蔽而非粗劣的成分，那保密的可能性就更高了。酿酒等历史悠久、依赖经验的工艺比合
107 成碱等新出现的“基于科学的”工艺更容易受到工业间谍活动的影响。[71]分析化学在当时是一门基础科学，其中的定性分析方法可以揭示物质的多种成分，但人们无法确定是否穷尽了物质的所有组分，各组分的占比也不得而知。詹姆斯医生1747年的专利退烧粉直到19世纪早期对分析化学家而言仍是一个难题。白铅制造商们很长一段时间都搞不懂，为什么两个锅炉看上去一模一样，一个能产出优质白铅片，另一个只能产出劣质的，或者什么都没有。[72]即便没有专利保护，化学工艺通常也是安全的。不过，搞清楚一台机器或工具的构造相对就容易一些了。如果肉眼不能充分检查，竞争对手甚至会干脆买一台回去，直接拆开观察。机械专利权人因此才要提交专利说明书，据此主张优先权。[73]

这种偏见在专利记录上早有所反映。1660~1800年，大约20%的专利与时称的“化学”工业有关，染色、漂白、酿造和蒸馏、冶金不一而足，但其中至少有一半是涉及机械的，研磨机、熔炉、染缸或蒸馏器都在此列。配方或工艺主要（但不全部）是由那些“非正统发明人”申请并获得专利的。例如，专利药物和油性水泥就可以通过改变比例、添加不必要的成分，从而规避以前的专利。[74]1775年，理查德·钱皮恩（Richard Champion）要求议会延长库克沃西（Cookworthy）的瓷土专利，虽然胜了，但是代价很大。韦奇伍德争取议会通过了一项修正案，除了按照钱皮恩的说明书中规定的精确组合和比例使用之外，任何人都可以自由使用产自康沃尔郡的材料，一下子打开了这个领域。[75]染料、“水泥石”和瓷土等新型材料都是具有新颖性的，足以正常申请专利，请求保护。不过涉及化学工艺专利唯一的正统功能即是防御性的，除非其中涉及多种成分的化学反应能够得到准确的描述。这些专利可能会多次出现，也许是一种异常的反应。

化学领域中的许多发明带有经验性质，因而不适合申请专利。这些发明之所以成功，可能就取决于其中特定原料的化学性质——例如，冶炼时使用的煤的含硫量或铁的含磷量，或者酿造时麦芽的黑度。制造商的材料不纯，通常缺乏精确的温度或密度测量仪，只能依靠多年经验获得的技能来确定工质的比例

和反应时间，其成功多来自谨慎的经验。以冶金工业为例，如果想要在生产力上实现重大改进，可以改变炉的配料，向高炉的波纹管增加供水，调整锅炉设计，也可以通过观察火焰的颜色，精准判断引入炼炉铁水的时机。[76]18 世纪晚期的染色行业虽然没有什么惊人的发明，但广泛的分析和实验使人们对染色工艺有了更深刻的理解，从而促使行业规范化。[77]企业的财力或者产品的声誉可 108
能就是在此基础上发展起来的。如果某位企业家想要筹集资金，或者是吸引债权人，甚至是暂时躲债，可能就要去申请专利，[78]不过专利也不属于商业竞争对手愿意花钱了解的事情。技术上的改进与其说是一项发明，不如说是一种“窍门”，因此为什么不直接“挖人”呢？挖对方一个懂技术的工人来，不仅成本更低，效益还更好。相应地，除防御措施之外，专利的潜在价值也因此减少了。[79]曾经有人向韦奇伍德推荐过一种新的雕刻技术，不过韦奇伍德最后决定不向该工艺的发明人购买专利，因为“在我看来，这和我虽然卖出了捻丝、车削或执手等全套的技术的秘密，也给了买家说明书，但买家还得花好几年实际操作，才能做出产品是一个道理”。[80]

酿酒业也许是重大技术进步与专利制度分离程度最高的行业。酿酒产业规模庞大，本地化程度高，市场也很稳定。在市场环境适宜的地方，比如伦敦等大城市，“相比于大多数当代制造业企业，啤酒厂可能更适合大规模生产”。[81]“波特”黑啤酒发明之后，迅速得到伦敦市场的青睐，成为实现这种大规模生产潜力的关键因素。与其他啤酒不同的是，波特黑啤使用的麦芽要在窑上稍微烤焦，干燥程度更高。当时赫特福德郡的棕色麦芽酒已经很出名了，而波特黑啤可能是赫特福德郡一位酒庄主疏忽之下的产物。1722 年，肖尔迪奇的贝尔啤酒厂的合伙人拉尔夫·哈伍德（Ralph Harwood）首次酿造了波特黑啤，但没有把握好机会。虽然酿制波特啤酒的技术与其他啤酒基本相同，不过人们逐渐进行了优化，既提高了酿酒质量，又使生产更加经济。酿酒师们发现，波特酒如果再窖藏至少一年，品质就会有显著的提高。1740 年以后，波特酒从原来的散装储存改为贮存于大型酒桶当中窖藏，后来证明窖藏技术还能减少微生物感染，控制漏风的威胁。干燥度调高后，可以使用质量稍次、价格较低的麦芽，而且波特酒在酿造过程中也能够承受较高的温度，因此它更容易大规模生产，酿造季节也比较长。那些资金充裕的酿酒商迅速把握住了机会。大多数波特酒酿酒师都富裕了起来，也有拉尔夫·塞尔（Ralph Thrale）、本杰明·杜鲁门（Benjamin Truman）和塞缪尔·惠特布莱德（Samuel Whitbread）等少数人发家致富。从 18 世纪中期开始，波特酿酒业开始采用温度计和“糖度计”（其中一两个已获得专利），使生产更加规范，进一步节省了大量资本。

酿酒业当然并不缺乏专利，但在 18 世纪 80 年代之前，相较行业的规模而 109

言，这些专利的数量未免太少。行业成员几乎不申请专利，酿酒过程专利也很罕见。这个行业的中心化、集约化和资本化程度都不足以申请专利。酿酒更是一个很难进入的行业。酿酒学徒人数很少，而且要付高昂的学费，需要大量的资金。酿酒行业凭借这些限制进行自我监管，业内也不打价格战和品牌战，不做攻击性的广告。酿酒的竞争在于质量，而质量取决于原料和制造的细节，以及所有者和制造商的保密力度。[82]有一些专利权人希望有人能提供各类资本设备，给酿酒师配备蒸煮大桶，为啤酒商砌起窑炉、铺设发芽床，这其中包括一名钟表匠、一位化学家和一名医生，还有几位乡绅。他们选择专利许可和自由职业顾问，开展自由经营。[83]专利权人选择了模式化的新兴且快速发展的烈酒制造业。法国白兰地是一种成熟的进口替代品，用各种软水果生产烈酒的技术也已经拿下了好几项专利。不过在 18 世纪 50 年代后期之前，似乎没有人对杜松子酒感兴趣。1660 ~ 1750 年，这些蒸馏专利总共只有 6 项，无论是从数量还是类型来看，都不能反映出麦芽蒸馏贸易的增长。据说在 1747 年，“某家酿酒厂在半个世纪内取得了惊人的发展……麦芽酿酒厂……与传统酿酒厂争夺营收和利润，这对于绝大多数厂家来说，的确是非常大的问题”。[84]

然而，从 18 世纪 80 年代后期开始，与酿造和蒸馏直接相关的专利出现了显著的增加。1787 ~ 1798 年，这两项技术上共注册了 25 项专利，其中 17 项是在 1795 ~ 1798 年短短的 4 年内涌现出来的。这个时期的专利权人专注于两项重要的机械发展：“温度调节”和机械化碎料，在新的资本设备上也均有体现。1790 年，约翰·朗（John Long）首次申请温度调节设备专利，内容为通过铜盘管循环水来调节碎料和发酵过程中的温度。这项技术可以将啤酒酿造期延长至夏季。朗还保证可以减少微生物污染造成的损失。当时大麦价格和燃料成本急剧上涨，啤酒酿造商和酿酒师可能也更愿意接受这种新奇的东西。碎料机主要用于节省人力，1787 年由约翰·沃克（John Walker）首次申请专利。这种机器似乎是 18 世纪 80 年代中期安装旋转式蒸汽机的副产品，当时的酿酒师和蒸馏师也在积极寻找最广的、最经济的投资渠道。总的来说，当时生产成本不断上涨，特别是劳动力成本节节攀升，也让碎料机愈发引人注目。当时的专利权人既有业内的同行，也有技工、机器制造商和镀金匠等上游资本设备的生产者。[85]在这方面，酿酒业算是赶上了大趋势。

在盐业和制糖业，专利记录更全面地描述了技术变革的过程和阶段。因为当时这两个产业的创新主要包括引进各种改进的机械装置或设备，更合适申请专利。在制盐方面，先是铁锅取代铅锅，后来铁锅口径稳步扩大，都有助于提高生产力。[86]

110 专利权人反复承诺会引入新的锅具和安装方式，希望能节省燃料，不过威廉·布朗里格（William Brownrigg）说："虽说有好几项关于新制盐技术的专利获批了……但最方便的还是煮盐的古法。"[87]制糖业也是如此。碾碎甘蔗的滚筒、煮甘蔗的铜锅和炉灶都获得了专利。在18世纪70年代早期，制糖厂持有大量的专利。1770～1776年的6项制糖专利中，有5项批给了曾经的牙买加、多巴哥和格林纳达的居民。这些人在申请书上说，他们的首要利益在于提高操作的可靠性和生产效率。考虑到制糖业的特殊情况，这两方面都至关重要。1774～1775年，这些岛屿的产糖量纷纷创下了历史新高。[88]这些专利背后折射出了人们对工业效率兴趣的陡增，也是18世纪60年代引进蒸汽动力甘蔗榨汁的结果，还可能是对牙买加议会1770年授予约翰·斯图尔特（John Stewart）建立蒸汽动力工厂的垄断权利的一种防御反应。[89]与制盐业一样，制糖业也是资本密集和厂房集中的行业。不过与酿酒不同的是，制盐与制糖涉及的工艺没有什么商业秘密可言，行业成员之间即便有"君子协定"，也不会调和业内的竞争程度。

虽然没有什么专利记录，不过直到1720年陶瓷行业伴随着渐进的技术变革一直在快速发展。但在接下来的20年间，仅有瓷器这一新领域实现了增长（德怀特在17世纪晚期获得了专利）。18世纪40年代，这个行业的情况出现反转，这也要归功于精细陶器和瓷器等新行业的兴起。[90]虽说"陶器的制作方式没有根本上的不连续性"，然而在这些新的领域，技术变化持续存在。工具和技术逐步改进，陶器产业也逐渐细化，新的设计也分化出来了。[91]根据洛娜·韦瑟里尔（Lorna Weatherill）对斯塔福德郡北部陶器匠遗嘱的研究，1760年之前，陶器匠生产设备的变迁远远超出了人们的想象。[92]铸型和模压也在当时发展起来，器具形制也更丰富了。正如萨德勒和格林在18世纪50年代中期发明的移印技术，这是迈向大规模生产的重要一步。[93]不过陶瓷行业无论是从国内组织还是从经验程度来看，都不利于专利申请。[94]更重要的因素在于，陶艺家的成功依赖于艺术设计和实施，陶瓷产品也都是高度专业化的，带有极强的个人风格。18世纪90年代，一位美国观察家在斯塔福德郡为我们描述了陶瓷的专业化程度：

> 现在参与制陶的约有150户，每户通常都只做特定制式的器具，兼营周边用品。内销的、供殖民地的和向欧洲出口的瓷器千差万别，没有一家可以包打天下。[95]

在这样的情况下，专利仅仅具有边际效用。

从18世纪中期开始，英国的许多制造中心都制造了软瓷，其中只有博伊 111
的一家制造商获得了专利。[96]这种格局巩固了一种合伙关系，保护了博伊高级市政官乔治·阿诺德（George Arnold）的资本，这对其成为大型软瓷企业发展至关重要。当时的切尔西也是一个软瓷中心，不过博伊的资本较切尔西雄厚。另外，博伊有一位软瓷专利权人弗莱（Frye），他获得的第二项专利涉及骨灰制瓷，在当时是新颖的重要成分。[97]同理，库克沃西的专利也涵盖了他首先发现的制作硬瓷的材料。[98]韦奇伍德在技术和设计上作出了许多进步，但只获得了一项专利。当时他也碰到了侵权，但起诉维权成本令人却步，韦奇伍德很是寒心，似乎下定决心，宁愿在作出创新成果后秘而不宣。[99]18世纪晚期的陶制品专利涵盖了各种各样的陶器，包括工业坩埚、陶瓷纽扣和滤水器。在这些产品上，陶工们无法凭借艺术设计开展竞争。不过在韦奇伍德、斯波德（Spode）和明顿（Minton）等人的支持下，陶瓷行业另辟蹊径，蓬勃发展，在技术和艺术装饰标准上冠绝欧洲。

18世纪末，氯漂白和合成碱两个新化学工业的出现改变了原有的专利申请模式。两者都是化学科学发现在工业应用上的标志，并以原有的经验式化工手艺所不具备的方式，开辟了申请专利的范围。然而，此时的化学还称不上是一门足够严谨的科学，人们仍然无法精准描述化学过程，从而开展严格的生产控制。此外，由于贝托莱（Berthollet）拒绝为自己发现的氯漂白工艺申请专利，许多含氯的工艺流程都是开放的，只要英国制造商愿意换一种物质或者技术接着实验，就不可能形成垄断。为什么当时的人们在合成碱专利上犹犹豫豫呢？这种现象解释不通，但也可能暴露化学专利传统思维方式的残余。

在这两种情况下，考虑到高昂的申请费用和诉讼维权成本，人们似乎都避免申请专利。在有关工艺首次被发现后的10年左右，一旦有人打破了行业的默契，人们就开始感到恐慌了。瓦特及其同行在手稿中纷纷表示，自己对这两个领域的优先专利感到紧张，但也不知道要不要花钱申请专利，这与他们在机械发明方面的风格不同。瓦特敦促贝托莱为氯漂白申请专利，但这位法国科学家对商业开发不感兴趣，还把他的发现告诉了所有感兴趣的人。在这种情况下，瓦特似乎很为难。是要继续保守这个秘密，只告诉在格拉斯哥做漂白生意的岳父，还是要将秘密公开，以防其他人抢先申请专利？[100]在这种情况下，博尼尔（Boneuil）试图让议会通过一项法案，垄断这一工艺，但是被纺织和漂
112 白行业以在先使用为由击败了。后来，人们发现博尼尔的专利只涵盖了这一项工艺，与其他人使用的工艺存在区别，也没有什么更出色的地方。事实上，这就是一个典型的18世纪的“化学”专利。[101]10年后，特南特试图实施自己的专利，以此改善这一工艺，但遭到了业界的阻击，并在法庭上败诉。大多数漂白剂制造商制备氯漂白剂，是仅供自用的。对它们来说，专利只具有防御的价值。博内尔和特南特则反其道而行之，他们的目标都是外销，而且专利还能保

护他们的垄断地位。[102]

18 世纪 70 年代，普通食盐制备苏打的技术问世，每一种都代表着对传统碱生产行业潜在的利润突破。在 1781 ~ 1783 年的专利热潮之前，人们对有机碱的技术和商业可行性普遍怀疑，没人申请专利。后来美国独立战争爆发，有机碱价格疯涨。然而，当亚历山大·福代斯（Alexander Fordyce）与同行决裂，向议会请愿时，情况发生了变化。福代斯首先向议会申请减免盐税，并随后申请了专利。有迹象表明，他当时计划做碱供应生意。[103]也有人纷纷创办制碱工厂，申请专利，不过只是保护自己为了制造肥皂或者玻璃期间而生产苏打的特殊工艺罢了。[104]18 世纪 90 年代中期，邓唐纳德勋爵申请了一项制碱专利，理由更加清晰——他是泰恩赛德公司的合作伙伴，而这家公司建议向肥皂和玻璃制造商批发碱。[105]化学工业中生产资料门类的发展，加上化学科学的进步，人们可以准确描述化学过程，工艺专利也成为更可行的选择。

6.5　行会与消费税下的贸易

在一切行业中，任何全新的产品都比旧产品的改进有优势，因为在 1776 年以前，社会普遍对“改进”持否定态度，并不利于当时制造业的发展。就改进而言，还存在进一步的阻碍。首先，有时政府对改进的态度是不赞成甚至不同意的。无论是出于政府的政治考量，还是各界行会的残余影响力，都反对给可能干扰必需品供应或者影响工匠生计的项目颁发专利。重要的是，大多数食品和饮料的专利内容都属于奢侈品，例如咖啡、巧克力、糖果甚至游戏，无一属于必需品。[106]伦敦各行会曾多次对此干预，特别是在 17 世纪晚期，甚至阻挠与行会相关的专利申请。钟表匠也特别警惕。1688 ~ 1718 年，他们斥资 500 多英镑，阻击了 3 项专利和 2 项法案。[107]1687 年，细木工和油漆工行会（The 113
Joiners and Painter Stainers Companies）成立了一个联合委员会，反对约翰·查特近期申请的大理石壁炉台专利。[108]早在 1673 年，假发匠的头发漂白剂专利被宣告终止，托马斯·赫尔（Thomas Hale）也在 1691 年控诉造船行会和水管行会对自己实施了骚扰。[109]直到 1741 年，约翰·特洛普为红色染料申请专利，染料行会（Dyers Company）还出来阻击。[110]18 世纪下半叶，行会权威下降，英国政府愈发自由放任，有关限制都出现了放松。1760 ~ 1800 年，各行各业的工匠开始在贸易中为他们的产品申请专利。

当然，行会扼杀创新恶名昭著，对自己的会员也不放过。行会这么做多大程度上是合理的？这个问题悬而未决。1751 年，还有人对下议院的一个委员会说，根据工匠法（*Statute of Artificiers*），被告的多是“那些凭借自己的天赋，在自己的行业中出类拔萃的佼佼者，而不是那些连自己的本业都搞不明白的人，这是……对工业及其进步的一大障碍”。[111]当然，在例如皮革和建筑等行业中，很少有什么技术革新的史料，它们也是当时英国规模最大的两个行业。直到18世纪中期，行会的势力一直相当强大。[112]这两个行业在1760年后也都迎来了专利的井喷时期。

钟表制造、仪器制造和锡腊贸易则为我们提供了印象深刻的反面案例，这几个行业在1760年之前的发明创造基本都是和专利制度对着干的。至少到1725年，钟表匠和眼镜制造商行会对自己的会员都有积极的控制，其中就包括对专利根深蒂固的反对。[113]与此同时，它们的会员仍在不断通过技术积累和创造力提高自己产品的标准，还与科研人员这些最苛刻的客户开展合作。他们发明了新型显微镜，改进了天文观测和测量仪器，精度标准达到了新高度；开发了各式各样的科学仪器，温度计和气压计是其中的典范。英国的钟表名噪一时。就连坎贝尔（Campbell）也不得不承认，自己在欧洲大陆上既不占优势，也没作出什么贡献。[114]18世纪中叶后，钟表匠和眼镜制造商行会终于放松了自己的控制，钟表和仪器制造商开始广泛利用专利制度。[115]17世纪晚期的锡腊贸易的成功名声更小一些。胡格诺教徒的移民詹姆斯·陶丁（James Taudin）生产了一种新的合金，即所谓的“硬金属”锡腊，起初引起了锡腊公司的不满。在17世纪90年代复辟之后，锡腊产量达到顶峰，价格同时下跌了近30%（不能归因于技术变革）。这也是“英国锡腊在设计和工艺方面的鼎盛时期”。[116]

114 专利的另一个限制因素是消费税。如前文所述，有些专利申请驳回的理由就是可能影响消费税的税收。[117]我们几乎可以肯定，这种情况比专利记录中更频繁，因为当时申请驳回的可能性太高，吓得发明人连申请都不敢。当然，我们也关注那些被征消费税的贸易项目。17世纪之后，英国政府新增了消费税项目，加重了税负，这个时期也就没什么专利了。烟草产品、酒精饮料、纸张、[118]肥皂、蜡烛、玻璃和陶器等行业的专利量非常少，直到1775年后才有所改观。这不能完全归咎于消费税。上文已经探讨了这些行业中专利申请的其他限制。不过也要关注1780年瓦特的说法。当时瓦特和布莱克、罗巴克与基尔一起研究碱工艺。据瓦特说，他们之所以没有申请专利，因为制碱所需的主要原料盐的关税上涨，还有“消费税务官开出的条件非常苛刻，加之进口的美国碱盐价格也走高了”。[119]出于同样的原因，瓦特和基尔虽然开发了一项玻璃制造的技术，但也决定把它雪藏了。[120]1780年之后，小皮特的经济改革政策可能缓解了这种情况，这些行业的专利数量也重新增加了。

虽然专利制度之外的英国产业创新不少，但其中获批专利的比例是无法量化的。不过人们可以察觉到专利实践中的趋势和潮流，发现某些行业的发明多于其他行业，并且据此推断其原因。主要产业的专利记录与它们的规模或重要性根本不相称。并不是说所有的专利都与新兴或小规模的行业有关，这也显然不符合事实。但如果它们确实与已成规模的产业有关，也往往发生在技术辅助领域、上游资本设备或者原材料供应等领域；或有一个局外人，发现了什么常规从业者不感兴趣的机会。产业规模本身并不足以构成申请专利的充分理由（酿酒业就是例子），只是一套复杂决策模型中的一个因素。我们勉强可以说，这套决策模型中包括产业的竞争强度、集中化程度、财务风险和保密能力。因此笔者得出结论：机械发明比化学发明更可能申请专利，因为它属于一个高度集中化和资本化的领域，竞争较一般情况更为激烈。在 18 世纪中期前，申请机械发明专利的通常是制造业普通从业人员之外的人；1760 ~ 1800 年，制造业从业人员也加入了申请专利的队伍。

第 7 章 资本主义经济中的专利

115 分析至此，发明专利制度显然不只是表面上那么简单。专利作为技术变革的可靠证据被质疑，我们发现还有王室特权和税收保护的干扰。专利制度总体缺乏审查，成本极高，还有一系列非正统的功能。现有制造商和独立发明人可能并不在乎专利，或者决定不为他们的发明和改进申请专利，发明的性质和与之相关的行业类型也会深刻影响专利决策。进一步的原因在于，我们不仅需要意识到立法的变化，比如 1852 年的专利法修正案，以及制度政策的转变，[1]也要注意到专利不同用途开发之后引起的更为微妙的变动与发展。专利机构管理如此松散，很容易受到外部经济环境的影响。

我们接下来分析专利权人的职业、居住地和发明类型，这将进一步说明专利制度应当置于更宏大的经济框架下整体理解。这种分析揭示了在 18 世纪出现的两种主要的专利背景。其一扎根于伦敦的商业和制造业群体，主要是一些上流社会的匠人；其二在西米德兰兹郡和西北部的制造业区。这两种背景都处于高度竞争的环境之中，资本化程度都异乎寻常，看上去也是都有专业设备、维修车间和工厂的机器制造商。1750 ~ 1800 年，这些领域的专利占专利总量的 3/4 以上，其余的专利则散落在大不列颠岛和爱尔兰各处，还有少数来自欧洲和美国的专利。

7.1 数据分析

116 在进一步考察工业革命期间的发明专利图景之前，有必要针对有关的统计数据提出一些注意事项。复辟时期的申请人非常注意保护自己的个人信息，只有 27% 申请人提到了职业或者居住地。大多数人可能认为王室已经有许多人知道自己，提供这些信息没有必要。其中很多人甚至进了《国家人物大辞典》

（*Dictionary of National Biography*），经查证发现这些人经常自诩为“士绅”，但缺乏其他职业的信息。18 世纪的发明人不大可能列传（说明王室对专利的兴趣正在减弱），也更愿意登记个人信息。1700 ~ 1749 年，登记个人职业和居住地等信息的比例上升到了 83%，并在接下来的 50 年中达到了 99%。

除了信息不足之外，我们的统计数据里还有三个主要的不确定性。第一，我们很难确定专利登记簿上的专利权人是真正的发明人，还是仅仅是发明的资方甚至是买方。又比如专利登记簿上同时有好几个专利权人，姑且假设发明人也在其中，我们又该如何确定究竟谁才是发明人呢？[2]我们接下来简单地忽略发明人的识别问题，只介绍专利权人。为了便于分析，有必要将每项专利单独命名。当时在专利登记簿中加入资方的姓名相当随意，我们也不应该过度分析甚至扭曲这些专利记录。不过我们也需要认识到一点：资方就在许多专利权人背后。如果共同申请人的职业和居住地点不一样，那么英国政府就会根据这些人的职业决定专利权人：声明了所属行业的人比只说了个人社会地位、职业或者商业描述的优先；专利权人在与发明相关的行业比与发明无关的行业优先。如果申请人分别是伦敦居民和具有类似职业的地方居民，而且这些人是合伙人，假定后者无过失，那么基于地方发明人更有可能寻求伦敦合伙人这一单向的假定，往往会确定该地方居民为主专利权人，反之亦然。

第二，专利登记簿上大量的申请人流行留伦敦的地址。这就产生了一个疑问：一些专利权人只提供了他们来伦敦申请专利时暂住的地址，而不是他们在地方上的经常居住地？很遗憾，这一时期的地址名录并不完整，这一时期的前半段尤其如此。1805 年以前的伦敦地址名录仅限于伦敦、威斯敏斯特和萨瑟克区，绝大多数集中在金融和批发地区。[3]不过令人欣慰的是，大多数把地址登记在这些地方的专利权人都是有据可查的。对于这个时期的商人群体来说，居住地往往与其职业和自我定位一样，是一项严肃的事情，因此不大可能用暂住的地址。此外，的确有专利权人会同时申报自己的原住地和一个在伦敦的暂住地址，我们尝试推测他们可能属于规则的例外情况。不揣冒昧地说，这些人很可能都是有身份的人，因此才愿意留一个伦敦的地址，而不是乡村别墅的住址。可能也有人是因为其他原因在伦敦暂住，例如出席议会会议等，那么可以 117
推测，他们的伦敦之行对他们申请专利是有重要意义的。此外，伦敦的“士绅专利权人”比例也并不很高。18 世纪下半叶，有 58% 的士绅专利权人声称自己的住所地在伦敦，其他专利权人中则有 54% 的人声称自己住在伦敦。[4]

第三，有很多人提交专利时冒称自己是“士绅”（gentleman）和“绅士”（esquire）。虽然在 17 世纪晚期的记录中士绅或者绅士都很常见，且有关记录一般都很准确，不过到了 18 世纪，大约有 1/5 的专利权人登记这些头衔了，而且都各有理由。他们中的一些人，比如“铁匠大师”的艾萨克·威尔金森（Isaac Wilkinson）和采矿工程师科尔，可以看作特定行业的手艺人，有关记录也更正过来了。然而，由于缺乏其他史料，我们只能继续按地位而非职业对大多数人进行分类。这其中就包括像邓唐纳德勋爵这样后来下海经商的真正士绅。18世纪时，士绅和绅士在各个阶层都是普遍的尊称，这表明在理想情况下，很显然这两个阶层专利权人的稳定比例应当在每十年就出现下降。[5]不过这种精神上称谓的调整不能量化，因此只好把这个问题留待读者自行斟酌了。当我们提到“职业群体”时，意在包括所有登记了自己的职业而非社会地位的人，即不包括士绅、绅士与贵族的。

笔者在根据职业分类统计数据的时候，在确定分类的基础和正确统计职业类别这两个方面都出现了困难。如果只从这一个口径出发，那么职业可以记载成一系列的职业活动（批发、零售、生产，有的时候还会身兼多职），也可以写成雇主和雇员，这种分类最不受欢迎，因为太模糊了，无从进一步查证，不过我们可以假定这其中并不包括熟练工人，因为这些人通常没钱申请专利。一些排除了特定社会群体的伦敦地址名录都可以支持这个结论。例如，有些专利权人自称是“织布工”和“捻线工”。生产一线的工人往往是首先受到专利制度歧视的群体。在“职业群体”中，专业人士、海外商人和金融家、纯粹经销人员和运输人员都不被视作生产一线人员。在18世纪地址名录和通知登记簿的指导下，笔者试图排除那些一般需要明确生产方向的职业，例如“袜商”“衣商”或“五金商”等。药剂师和外科医生怎么分类都不合适，所以归于“专业人士”。尽管这些人参加行会，并且比律师或海军军官更多地参与药品和仪器的生产，不过还是将他们视作“准医生”更为妥当。[6]

118 在那些或多或少从事生产的人中，笔者主要根据产业结构，把他们划分为四个主要的类别。[7]在这个问题上，笔者尝试把那些受到冲击的工匠分离出来，从而突出资本主义特征更明显的、等级明显的行业。那些仍然需要学徒和熟练工的辅助，或者与建筑行业成员协作后生产零售商品的工匠可以划分成一个群体，例如裁缝、铁匠、管工和木匠均属此列。精通这些手艺的人，经营成本一般在50~100英镑，很少超过500英镑。[8]第二类是机械制造，包括技工、机械制造商、框架匠等。虽然第二类的组织与第一类相似，不过他们作为资本设备生产者的职能日益专业化，所以单独分为一列。笔者也试着将那些从事资本主义经营的，也就是主要从事后期加工的或者经营规模更集中的制造商分别归为第三类和第四类。后期加工（第三类）同时包括了袜商、衣商、纽扣制造商等乡村行业，也包括了钟表和仪器制造、家具木工和车辆制造工等城市行业，其中劳动分工程度逐渐增高，由工匠大师带领，他几乎什么都不干，只需要将名字贴在商品上卖给顾客。[9]这些行业往往需要大量的投资。除了纽扣、搭扣和针具生产外，起步资本不少于 100 英镑，通常要有 500 ~ 1000 英镑，有时可高达 5000 英镑。第四类是集中制造业，投资甚巨，往往以雇用劳工代替熟练工人，例如酿造、蒸馏、煮皂和制革产业。

7.2　伦敦的专利权人

专利地理分布的最显著特征在于：首都伦敦一直占主导地位。[10]王室在 17 世纪对专利的控制导致 1660 ~ 1699 年的大多数专利权人都是伦敦居民，这也不足为奇。这可能被低估了，因为朝臣们都是出了名的，他们从来不提供个人的地址。如表 7.1 所示，伦敦在 18 世纪贡献了专利总量的大约一半，非常引人注目。显然，伦敦 18 世纪的专利数量占比远远超过了它的人口占比（11%）。虽然伦敦是英国领先的制造业中心，但它在专利数量中的占比是其工业生产所占份额的两倍。[11]这个占比也并不比其同期的国家财富总量占比、城市人口占比以及破产率占比高多少，这些数据中每一项都值得我们注意。伦敦居民相对于其他人还有一个明显的优势，就是靠近专利管理机关。伦敦人首先赢在了专利申请这场障碍赛和追逐赛的起跑线上。他们找官员办手续的时候 119
方便得多，也不用像外地人一样耗时费钱出差。他们对专利制度的了解也更多。

在伦敦，泰晤士河以北的地区既是人口密集区，也是专利的主导区。不过这种分布在 18 世纪中出现了一定的变迁，因为 1720 年前，专利权人都不会明确自己住在伦敦的什么具体区域。人口与专利的西迁在当时浩浩荡荡，不可阻挡，人们纷纷搬离伦敦金融城和东边的米德尔塞克斯诸教区，涌入威斯敏斯特及其北部周边地区（参见表 7.1 和表 7.2）。1740 ~ 1750 年，人口比例再次发生变动。截至 1759 年末，伦敦金融城人口所占比例降至 8%（如果算上城外的教区，则为 15%）。从 18 世纪 70 年代开始，米德尔塞克斯诸教区产出了伦敦首都圈 60% 以上的专利，其中威斯敏斯特占了五成以上。直到 18 世纪 90 年代，北部一些教区（主要是圣玛丽勒邦、圣潘克拉斯、圣吉尔斯乡和圣安德 120
鲁霍尔本）后来居上，如表 7.2 所示。18 世纪八九十年代，泰晤士河南部也出现了对专利的新兴趣，迅速扩大的朗伯斯、萨瑟克和柏蒙德西教区尤其如此。在某种程度上，这些变化只是反映了伦敦人口的扩张以及伦敦金融城外地区居住人口密度的增加。然而，这些数据也表明了其他一些趋势，需要更仔细的研究。伦敦的专利权人分布足以反映伦敦的经济地理情况，特别是财富分布。

表 7.1　1720～1799 年伦敦各地区的专利对比

地区		专利数量							
		1720～1729 年	1730～1739 年	1740～1749 年	1750～1759 年	1760～1769 年	1770～1779 年	1780～1789 年	1790～1799 年
伦敦市	数量/项	12	13	9	14	28	29	33	25
	占比/%	38.7	54.2	22.0	26.9	25.0	18.0	13.5	8.1
金融城外	数量/项	3	0	2	5	8	15	19	21
	占比/%	9.7	0	4.9	9.6	7.1	9.3	7.8	6.8
米德尔塞克斯	数量/项	7	6	22	29	65	101	156	202
	占比/%	22.6	25.0	53.7	55.8	58.0	62.8	63.9	65.8
萨里	数量/项	4	2	3	4	7	11	25	45
	占比/%	12.9	8.3	7.3	7.7	6.3	6.8	10.2	14.6
肯特	数量/项	0	1	2	0	2	2	1	8
	占比/%	0	4.2	4.9	0	1.8	1.2	0.4	2.6
艾塞克斯	数量/项	0	1	2	0	0	1	0	4
	占比/%	0	4.2	4.9	0	0	0.6	0	1.3
其他	数量/项	5	1	1	0	2	2	10	2
	占比/%	16.1	4.2	2.4	0	1.8	1.2	4.1	0.7
总计	数量/项	31	24	41	52	112	161	244	307
	占比/%	100.0	100.0	100.0	100.0	100.0	100.0	100.0	100.0
伦敦占全国总量的比例（已知居住地）	%	55.4	48.0	50.0	59.8	60.0	58.7	54.5	51.2

注：1. 根据大多数专利权人提供的地址，圣安德鲁霍尔本大教区被划为米德尔塞克斯和“无墙市区”，该教区已被纳入米德尔塞克斯的总教区。

2. 这里只包括米德尔塞克斯、萨里、肯特和艾塞克斯的市区（离怀特霍尔半径 2～5 英里）。

表 7.2　1750～1799 年米德尔塞克斯专利数量

地区		专利数量					
		1750～1759 年	1760～1769 年	1770～1779 年	1780～1789 年	1790～1799 年	总计
威斯敏斯特	数量/项	10	37	58	90	73	268
	占比/%	34.5	56.9	57.4	57.7	36.1	48.5
霍尔本（北部）	数量/项	8	14	21	31	72	146
	占比/%	27.6	21.5	20.8	19.9	35.7	26.4
肯辛顿（西部）	数量/项	1	2	3	2	13	21
	占比/%	3.4	3.1	3.0	1.3	6.4	3.8

续表

地区		专利数量					
		1750～1759 年	1760～1769 年	1770～1779 年	1780～1789 年	1790～1799 年	总计
芬斯伯里（东北部）	数量/项	6	5	9	18	29	67
	占比/%	20.7	7.7	8.9	11.5	14.4	12.1
伦敦塔（东部）	数量/项	4	7	7	13	12	43
	占比/%	13.8	10.8	6.9	8.3	5.9	7.8
其他	数量/项	0	0	3	2	3	8
	占比/%	0	0	3.0	1.3	1.5	1.4
总计	数量/项	29	65	101	156	202	553
	占比/%	100.0	100.0	100.0	100.0	100.0	100.0

从 17 世纪中期开始，伦敦金融城内外的人口绝对值逐渐下降。从比例上看，其人口下降速度快于专利数量的下降。1680 年，伦敦金融城的人口仅占首都人口的 24%，而一个世纪后，专利占比才下降到这个水平。[12]金融城 73% 的专利权人居住在中部教区。与泰晤士河或伦敦城附近的教区相比，中部教区往往小而富庶。即使把大型的城外教区包括在内，这些中央教区仍占了 50%。[13]事实上，汉诺威王国的伦敦可以画出一个专利轴心，沿着城市的东西向主干道，从阿尔盖特经家禽街和齐普赛德到路德盖特山，而后沿舰队街入威斯敏斯特，最后走斯特兰德到查令十字街。1750～1800 年，平均有 9 % 的伦敦专利权人地址登记在这几条路线上，18 世纪 70 年代达到了 14%，80 年代也有 11%，轴心也更加明显了。这几十年是奢侈品和豪华品专利的巅峰时期。[14] 121
当然，我们画出来的也是一条宽敞的购物街。虽然较好的商店迁往伦敦西区的趋势愈演愈烈，但是直到 19 世纪 30 年代，人们仍称舰队街是富人购物的“大货场”。[15]直到 18 世纪 80 年代，伦敦城的绅士、专业人士和商人中拥有专利的人数也往往超过那些一线生产工人。然而，这些“不事生产”的专利权人的地址越来越往米德尔塞克斯集中，可能表明富人逐渐搬离金融城地区。[16]

威斯敏斯特则情况完全不同，它主导了米德尔塞克斯整个都会圈。如表 7.3 所示，专利权人中虽然士绅群体占多数，但也有工人和手工业者。北部地区在 18 世纪 90 年代逐渐开发起来之后，也在专利登记簿上占据了一席之地，表明专利密集群体也逐渐扩散，此外没有什么根本性的变化。1700 年时，威斯敏斯特已然是当时英国的时尚之都，不仅吸引了英国最顶端的 5% 人口（这些人的居住有季节性特征），而且产业也都是围绕着满足这些人的需求和口味来布局。有裁缝和家具厂商装点门户，乐器和科学仪器制造商陶

122

表 7.3　1750～1799 年伦敦专利数量依职业和地位分布

地区		不同类型专利权人的专利数量									
		绅士	专业人士	商人	技工	英格兰制造者	外包工	集中制造者	零售/服务	乡村职业	其他	合计
伦敦市	数量/项	13	12	34	18	2	33	10	1	0	6	129
	占比/%	7.7	13.9	44.7	10.8	3.3	15.9	13.7	16.7	0	22.2	14.7
金融城外	数量/项	12	6	6	13	1	26	2	1	0	1	68
	占比/%	7.1	7.0	7.9	7.7	1.7	12.6	2.7	16.7	0	3.7	7.8
米德尔塞克斯威斯敏斯特	数量/项	61	25	12	65	14	78	4	3	0	6	268
	占比/%	36.1	29.1	15.8	38.9	23.3	37.7	5.5	50.0	0	22.2	30.6
霍尔本（北部）	数量/项	34	22	9	24	10	33	10	1	0	3	146
	占比/%	20.2	25.6	11.9	14.4	16.7	15.9	13.7	16.7	0	11.1	16.7
肯辛顿（西部）	数量/项	6	3	0	3	0	5	5	0	0	0	21
	占比/%	3.5	3.5	0	1.2	0	2.4	6.8	0	0	0	2.4
芬斯伯里（东北部）	数量/项	6	5	2	18	5	17	11	0	0	3	67
	占比/%	3.5	5.8	2.6	10.8	8.3	8.2	15.1	0	0	11.1	7.6
伦敦塔（东部）	数量/项	9	3	2	8	3	4	7	0	1	6	43
	占比/%	5.3	3.5	2.6	4.8	5.0	2.0	9.6	0	20.0	22.2	4.9
其他	数量/项	2	1	2	0	0	3	0	0	0	0	8
	占比/%	1.2	1.2	2.6	0	0	1.4	0	0	0	0	0.9
艾塞克斯	数量/项	2	1	0	0	0	0	2	0	0	0	5
	占比/%	1.2	1.2	0	0	0	0	2.7	0	0	0	0.6
肯特	数量/项	2	2	4	3	1	0	1	0	0	0	13
	占比/%	1.2	2.3	5.3	1.8	1.7	0	1.4	0	0	0	1.5
萨里（S.）	数量/项	15	4	3	15	20	5	20	0	4	1	87
	占比/%	8.9	4.6	3.9	9.0	33.3	2.4	27.4	0	80.0	3.7	9.9
萨里（S－W.）	数量/项	3	0	0	0	0	1	1	0	0	0	5
	占比/%	1.8	0	0	0	0	0.5	1.4	0	0	0	0.6
其他	数量/项	4	2	2	1	4	2	0	0	0	1	16
	占比/%	2.3	2.3	2.6	0.6	6.7	1.0	0	0	0	3.7	1.8
合计	数量/项	169	86	76	167	60	207	73	6	5	27	876
	占比/%	100.0	100.0	100.0	100.0	100.0	100.0	100.0	100.0	100.0	100.0	100.0

123

治情操，有造车厂服务差旅，还有律师、药剂师、医生和化学家随时待命。[17]威斯敏斯特的圣马丁（部分原因是它下辖斯特兰德和查令十字街）和圣詹姆斯两个教区在专利申请上占主导地位。18世纪下半叶，这两个地方的专利总量达140项，占了伦敦专利总数的16%。以威斯敏斯特的标准来看，它们的绅士群体专利相对较少，只占了16%，但是有大量的手艺人，不论是技工还是外包工（圣詹姆斯的匠人占比为47%，圣马丁乡的匠人占比为64%）。莉莉安·佩雷兹（Liliane Perez）认为，这些人的专利涉及个人和家庭用品，涵盖了衣服、家具、乐器、手表、药品和医疗器械，其中马车专利非常突出（仅仅圣马丁长亩街道的马车制造商就获批了13项专利）。[18]有58%的手艺人属于资本主义组织已高度发达的行业。整体而言，威斯敏斯特的集中化产业的专利权人相对较少，工业品的专利也是如此，主要都分布在市郊，后来泰晤士河南岸、沃克斯豪尔和罗瑟希特之间的弧形地带专利权人也越来越多。[19]

伦敦通勤区的情况与沿泰晤士河对岸的两个主要中心又有所不同。这些地方的专利权人数量不多，来自各行各业，不过集中化制造业专利的占比相对较高，符合该地区的经济状况。这些地方土地廉价，水源充足，逐渐吸引了制革厂、玻璃厂、酿酒厂、蒸馏厂、食醋制造商、胶水制造商和肥皂制造商等，许多是从人口稠密地区赶出来的“有害行业”，航运和粮食产业也在此安家落户。[20]

伦敦南部同样以机器制造商和技工为代表，在18世纪90年代产生了14 124
位专利权人，其中10位来自南沃克，占了伦敦专利总数的41%，若不是高产的约瑟夫·布拉马一人贡献了5项专利，这个比例还会更平均一些。威斯敏斯特总共有10项专利。相应地，伦敦南部居民的发明类型与威斯敏斯特和伦敦金融城的发明类型区别很大。不过伦敦南部的情况与伦敦东北部（从克勒肯维尔到斯特普尼一带）相似。他们的利益在于向工业和贸易提供水泵、蒸汽机、绳索、船体分段等资本货物，以及皮革、金属或者建材等半成品；他们与那个泰晤士河对岸的消费市场几乎没有联系。[21]

7.3 地方专利

如表7.4所示，在1720年以前，专利登记簿中伦敦以外各地的地址非常少。不过这种地域分布很早就形成了：兰开夏郡、约克郡和沃里克郡在18世纪上半叶很突出，而且一直如此；布里斯托是伦敦以外专利数量最多的地区，在1700~1749年有15项专利，总共有33项专利。它所在的格洛斯特郡在

1750～1799年的各郡专利排名中一直保持第四，布里斯托功不可没。1660～1749年，西南地区一些老工业郡很有代表性，在18世纪下半叶还能继续贡献超过1/6的地方专利。虽然纺织业是这些郡的传统支柱产业，但是它们产出的专利很少与纺织业相关。东安格利亚的情况体现不出该地区的传统工业活动，反而更接近于米德兰东部和南部那些没什么专利的农业郡。在专利登记簿上，西北地区几乎没有出现。不过在1750～1799年，与伦敦联系更密切的东北地区登记的专利在地方专利中占6%，其中诺森伯兰郡取代了达拉谟郡，在与伦敦的联系中占据了主导地位。不过这个地区南接伯明翰，东北接唐卡斯特，西北处就是利物浦，以斯托克城为中心大约50英里的半径范围。这一带囊括了伯明翰、斯塔福德郡、谢菲尔德金属制品制造业斯托克城，曼彻斯特棉花区、诺丁汉郡的袜业和什罗普郡的钢铁工业。在18世纪50年代贡献了1/3的地方专利，到70年代占比跃升为1/2。[22]

126 **表7.4　1660～1799年英国专利地域分布**

郡/市	1660～1699年	英格兰和威尔士占比/%	1700～1749年	英格兰和威尔士占比/%	郡占比/%	1750～1799年	英格兰和威尔士占比/%	郡占比/%
伦敦	31	59.6	112	51.8	n/a	876	54.9	n/a
东南地区								
贝德福德郡	0	0	0	0	0	5	0.3	0.7
伯克郡	0	0	3	1.4	2.9	6	0.4	0.8
白金汉郡	0	0	2	0.9	1.9	4	0.2	0.6
汉普郡	0	0	1	0.5	1.0	20	1.3	2.8
赫特福德郡	0	0	2	0.9	1.9	1	0.1	0.1
肯特	0	0	5	2.3	4.8	18	1.1	2.5
米德尔塞克斯	1	1.9	4	1.8	3.8	7	0.4	1.0
萨里	0	0	1	0.5	1.0	6	0.4	0.8
苏塞克斯	3	5.8	0	0	0	8	0.5	1.1
东安格利亚地区								
剑桥	0	0	1	0.5	1.0	1	0.1	0.1
艾塞克斯	2	3.8	0	0	0	4	0.2	0.6
亨廷顿	0	0	2	0.9	1.9	0	0	0
诺福克	1	1.9	2	0.9	1.9	14	0.9	1.9
萨福克	0	0	1	0.5	1.0	1	0.1	0.1

续表

郡/市	1660～1699年	英格兰和威尔士占比/%	1700～1749年	英格兰和威尔士占比/%	郡占比/%	1750～1799年	英格兰和威尔士占比/%	郡占比/%
东米德兰地区								
德北郡	0	0	1	0.5	1.0	26	1.6	3.6
莱斯特	0	0	0	0	0	6	0.4	0.8
林肯郡	1	1.9	1	0.5	1.0	4	0.2	0.6
北安普敦郡	0	0	0	0	0	4	0.2	0.6
诺丁汉郡	0	0	0	0	0	44	2.8	6.1
西米德兰地区								
郝里福德郡	0	0	1	0.5	1.0	4	0.2	0.6
牛津郡	1	1.9	0	0	0	10	0.6	1.4
赛洛普郡	0	0	2	0.9	1.9	26	1.6	3.6
斯塔福德郡	0	0	3	1.4	2.9	32	2.0	4.4
沃里克郡	0	0	7	3.2	6.7	99	6.2	13.8
乌斯特郡	2	3.8	3	1.4	2.9	7	0.4	1.0
威尔斯和蒙默斯郡	0	0	1	0.5	1.0	10	0.6	1.4
西南地区								
康沃尔郡	1	1.9	2	0.9	1.9	21	1.3	2.9
德文郡	3	5.8	4	1.8	3.8	19	1.2	2.6
多塞特郡	0	0	1	0.5	1.0	3	0.2	0.4
格洛斯特郡	0	0	18	8.3	17.3	49	3.1	6.8
萨默塞特郡	0	0	3	1.4	2.9	24	1.5	3.3
威尔特郡	1	1.9	3	1.4	2.9	15	0.9	2.1
西北地区								
柴郡	2	3.8	2	0.9	1.9	13	0.8	1.8
坎伯兰郡	0	0	0	0	0	2	0.1	0.3
兰开夏郡	1	1.9	11	5.1	10.5	74	4.6	10.3
威斯特摩兰郡	0	0	0	0	0	2	0.1	0.3
东北地区								
杜伦	0	0	6	2.8	5.8	11	0.7	1.51
诺森伯兰	0	0	2	0.9	1.9	30	1.9	4.2
约克郡	2	3.8	9	4.2	8.6	90	5.6	12.5

127

续表

郡/市	1660～1699年	英格兰和威尔士占比/%	1700～1749年	英格兰和威尔士占比/%	郡占比/%	1750～1799年	英格兰和威尔士占比/%	郡占比/%
英格兰和威尔士	52	100.0	216	100.0	100.0	1596	100.0	100.0
苏格兰	1		3			56		
爱尔兰	1		3			56		
美洲和西印度	0		4			18		
欧洲	8		1			12		
其他	180		162			21		
合计	242		387			1712		

注：1. 伦敦包括了艾塞克斯・肯特・米德尔塞克斯和萨里的市区。

无论首都圈内部产生了什么积极影响，在伦敦周围各郡的城区之外，与伦敦相邻并不是一个因素。1660～1799年，威斯特摩兰郡和坎伯兰郡一共只有4项专利，但距离同样遥远的诺森伯兰郡获得了32项专利，康沃尔郡获得了24项，甚至还有60名苏格兰人不辞辛劳专门去英格兰申请专利。同时，这四个
125 离伦敦最近的郡的郊区，总共只登记了47项专利。除非一个人住在首都，否则如果要申请专利，必然会长时间地、频繁放下家和工作。如果一个人就住在伦敦，不管市内通勤需要耗费多长时间，阻碍也小得多。在伦敦以外的地区，专利申请分布无法与我们所知的财富地理分布联系起来，也是不足为奇的，因为财富主要是根据土地收入来评估的。所有拥有大量专利的郡，尤其是兰开夏郡，在18世纪都显示了显著的财富增长，不过专利量较低的莱斯特郡和伍斯特郡也是如此。这不过是工业化的区域性影响所形成的财富再分配。坎伯兰郡和莱斯特郡的专利记录表明，工业化是高专利量的必要而非充分条件，不过直到1811年，这两个地方的农业就业人口还不到总人口的40%。[23]

值得注意的是，专利申请和破产案件数量之间有密切的对应关系。尽管在18世纪期间略有下降（全国破产案件数量的比例从1740～1760年的42%降至1780～1800年的37%），伦敦在专利量和破产案件数量上一直遥遥领先。虽然排位不同，不过伦敦首都圈与沃里克郡、约克郡、兰开夏郡和格洛斯特郡等专利申请数量最多的4个郡加在一起，也是破产数量最多的5个地区。[24]同样，专利数量较少的郡也没什么破产案件。朱利安・霍普比（Julian Hoppit）认为，破产率高更多表明经济快速增长而非衰退，[25]因为那些过度投入资本而导致破产的冒险行为，很可能与在同样环境下驱使其他人改进产品或工艺，以此申请

专利而寻求优势的竞争力同时存在。

决定伦敦领先的最重要因素是它的“都市化”规模以及日益资本化的庞大的制造业。1700年，59%的英国城市人口居住在伦敦，1750年下降到49%；即便是到了1800年，仍占35%。[26]如果说伦敦的专利占比在18世纪50年代至90年代下降了近19%（参见表7.1），那么这些数据主要表明，城市人口和地方人口持有的专利数量都出现了巨大的增长。因为伦敦的人口在18世纪下半叶增加了25万人，其专利总数也在接下来的10年中增加了600%。地方专利在很大程度上也是一种城市化的现象。如果我们要考察沃里克郡，就应该看看伯明翰（专利占比84%），以及诺丁汉郡中的诺丁汉（专利占比57%）、格洛斯特郡中的布里斯托（专利占比67%）、诺森伯兰郡的纽卡斯尔（专利占比57%），还有程度没那么明显的兰开夏郡下辖的曼彻斯特和利物浦（专利占比53%）、约克郡的谢菲尔德（专利占比30%），甚至还有萨默塞特
郡的巴斯（25%）。[27]除这些占主导地位的区域中心外，专利权人绝大多数是城 128
市居民。西瑞丁83%的专利权人来自下辖的7个城镇（尽管即使到了1811年，城市人口也只占其总人口的25%）；肯特的非城区中，有89%的专利权人来自下辖的8个城镇。斯塔福德郡的32项专利中，有一半来自沃尔索尔和伍尔弗汉普顿等金属加工中心，有1/3的专利来自纽卡斯尔、伯斯勒姆和斯托克的其他城镇，其余的来自利奇菲尔德和特伦特河畔的伯顿。什罗普郡的26名专利权人中，有一半来自什鲁斯伯里－布里奇诺斯－煤溪谷的炼铁三角区；康沃尔郡的21名专利权人中，有一半住在4座锡城。同样，我们也可以对这些人的地址登记提出质疑。这个时期的地址名录虽然总体上条目不多、记载不稳定，但在1768～1780年的伯明翰地址名录中，可以找到登记了伯明翰地址的22名专利权人中的16名。[28]

专利制度快速发展的部分原因可能在于城市化。考虑到大多数专利权人都是城镇居民，这个推论是有一定合理性的。随着城市人口绝对值增加、占比逐渐加大（从1700年总人口的19%到1750年的23%，再到1800年的35%），专利申请量增长的速度也会比总人口增长速度要快。那么为什么城市化会带来这样的影响？一个可能的因素是这些地区的城镇居民与伦敦的联系更加密切了，即使只是通过马车或者航运联系，甚至只是通过新闻传播媒介传播消息也是如此。更重要的是城市中的竞争程度更加激烈，当然或许也只是因为城市人口比农村人口更有创造力。不过还有另一个反映竞争力的因素，那就是城市商人获得与贸易有关专利的比例明显高于乡村商人，而大城镇的专利登记数量多于小城镇。例如，1750～1799年，凡是可以查考其行业的伦敦居民获得的专利中，有83%与本业有关，相比之下，在伦敦周边各郡的郊区，这一占比为

68%；谢菲尔德占比为85%，约克郡的其他城镇占比79%，乡村占比为62%；普利茅斯和埃克塞特的占比均为86%，而德文郡其他地方占比为60%。[29]当然也有例外情况，就是那些采矿、冶金和金属加工的主要郡，其中斯塔福德郡、什罗普郡和康沃尔有大量的工业中心，85%～90%的专利与这些行业有关。这些专利的主题多为巧妙的创新，而非技术上的突破。从伦敦的钟表和仪器，到伯明翰的纽扣和带扣，再到谢菲尔德的镰刀和诺丁汉的纬编专利，这些专利绝大多数是细微的设计或技术变化，有些许的独创性，可以帮助商人赚钱，但称不上是技术的巨大飞跃。

129 在有高专利量城镇的郡的乡村地区，其专利产出也往往比其他乡村地区要高。我们这里主要拿北部和西部的老工业区和以农业为主的南部和东部地区作比较，结果也并不出人意料。似乎制造业和采矿业对乡村工匠、乡绅发明人或者农民的激励远比农村社区的问题要大；埃奇沃斯与“黑乡月光社”里的商人之间的联系不过是一个极端的例子。[30]即便是有关农业的专利，也主要来自伦敦和英格兰西部与北部老工业区。相较于农民，金属工人为农具申请专利的概率更大。不过我们还是要谨慎，最好分析得更仔细些。我们只是简单认为那些工业化程度更高的郡对专利制度更热情，皇家艺术学会和类似机构的记载情况完全就是另一回事。

不过城市化充其量只是专利繁荣的一项必要条件。为什么专利垂青于诺丁汉而不是莱斯特；为什么是谢菲尔德或曼彻斯特，而不是利兹？为什么是伯明翰，而不是考文垂？为什么布里斯托可以遥遥领先，但诺里奇落后于人？伦敦为什么一直雄踞榜首？人口规模的差异只能起一小部分作用。我们还发现一些更重要的因素，例如地区竞争力、行会监管程度、当地产业结构以及与伦敦的联系情况。

专利统计表上领先的地区中心主要是金属加工或纺织工业占主导的城镇。无论是伯明翰的“玩具”制造、诺丁汉的织袜还是曼彻斯特的布料制作和印染行业，这些地方的制造业主要掌握在资产阶级手中。伯明翰78%的专利涉及所谓的“伯明翰产业”（金属加工、电镀、镀金、涂漆、纽扣和带扣制造）以及冶金和机器制造；谢菲尔德63%的专利集中在金属加工和炼钢产业，另有11%来自矿业；曼彻斯特71%的专利集中在纺织业，主要是印染业；诺丁汉92%的专利集中于袜子和蕾丝产业。

布里斯托和利物浦是两个例外。这两座城市都是英国主要的港口城市，产业部门丰富。这两个城市很相似，它们的专利多集中在加工业（例如制碱或制糖）、冶金、发动机和机器制造三大类。自复辟以来，港口城市申请专利的倾向普遍大于内陆城市，不过它们申请专利的内容很少与自身的海口城市角色有什么直接联系。布里斯托在专利数量上远远超过了与之规模相当的内陆城市诺里奇。1750年前，在约克郡的13项专利中，赫尔占了3项（之后只有2项)；1750～1799年，在汉普郡的20项专利中，南安普顿占了12项；肯特郡几乎所有的专利都源于港口城市。或许是因为这些城市与伦敦的交通相对便利，也可能是因为适合制造业集中的地方，同样也适合风险资本和商业谋略的地方。

在为“玩具”贸易设计新产品和研发玩具制造新机器或新工具等方面，130
伯明翰独树一帜。威廉·赫顿（William Hutton）评论了“伯明翰贸易”的多样性和短暂性的特点，“有些贸易如帝国的太阳般永不落下，有些贸易则一月一变，但是发明永远在发挥作用”。[31]到了1800年，伯明翰居民已经获批了90项专利，其中1/3是在18世纪80年代获批的，这一批专利里近一半涉及纽扣和皮带扣。理查德·普罗塞（Richard Prosser）的判断也很恰当：“有的发明实属微不足道，不过也不失为发明人带来财源。”[32]罗兰兹（Rowlands）认为，1710～1730年是“引入新行业的决定性时期”，然而这个时期只有一位伯明翰居民获得了专利。专利是一种现象，而非1760年之后出现的少数控制各阶段生产的垄断产业、取代传统家庭营业五金生意的“伟大制造商”的现象。[33]

皮带扣曾经风靡18世纪80年代，但在1791年就过时了。到1800年，皮带扣贸易“几乎绝迹”。1779～1790年，英国政府颁发了27项皮带扣专利，其中10项是伯明翰居民获得的。1770年的地址名录中列出了58个伯明翰的皮带扣制造商，不过沃尔索尔有127个，伍尔弗汉普顿多达283个，这两个城镇当时却没有一个皮带扣专利。[34]为什么会存在这种差异？我们可能发现了商业在不同层面的影响。伯明翰的皮带扣制造大师人数相对较少，与其市场的规模无关，而是因为整个行业的资本集中在少数人手中。例如在1762年，博福公司（Boulton & Fothergill）雇用了600名工人，斥资4000英镑生产皮带扣、纽扣和钢制首饰；过了8年，博尔顿的投资预计已经超过了1万英镑。[35]伯明翰大部分产业发展的背后，财富的两极分化如影随形。[36]激烈的竞争也是如此。伦敦一家零售商向博福公司透露，“泰勒（Taylor）、金伯利（Gimblett）、沃德（Ward）和拉斯伯恩（Rathbone）这些伯明翰的制造商为了订单像狼一样一直跟着我。只要一点小恩惠，他们就心甘情愿地和我做生意。”[37]他们还面临着伦敦珠宝商对时尚行业牢牢的控制。申请专利是伯明翰制造商应对竞争的法宝，产品的新颖性和自身的营销技术在其中起了主要作用。[38]最高产的伯明翰专利权人是亨利·克莱（Henry Clay），在1772～1798年申请了7项专利，其中包括3项纽扣专利和2项上漆工艺专利。克莱也得到了王室的册封，尊称“御用上漆大师”。1790年，他从经商中获得财富后，依照惯例转身投入政界，当上了沃里克郡的治安官。[39]

131 谢菲尔德的专利记录同样以五金行业为主。1779～1799年的27项专利中有17项涉及冲压、镀银、镰刀、刀锯和炼钢，都属于男性从事相关职业。到1710年，五金行业吸收了超过50%的城镇劳动力。[40]不过谢菲尔德不像伯明翰那样享有“自由企业区”的美誉。自17世纪早期以来，谢菲尔德的五金贸易一直由海莱姆（Hallam Shire）的刀具行会控制，直到1779年才取得第一项专利；直到1785年从美国独立战争中恢复之后，当地居民才开始广泛诉诸专利，这可能也与刀具行会衰落、资本主义制造商崛起有关。在此之前，谢菲尔德的刀具行业并没有出现不景气的情况。18世纪上半叶，业内学徒工的数量翻了4倍；40年代早期，托马斯·博尔索弗（Thomas Bolsover）发明了镀银技术，尽显谢菲尔德刀具行业的聪明才智。后来约瑟夫·汉考克（Joseph Hancock）发展了博尔索弗的技术，亨茨曼还研发了坩埚钢，不过他们三人没有一个获得过专利。当行会的控制和保护减弱之后，[41]谢菲尔德的金属工人开始申请专利，贸易资本化程度更高了。有相当多的证据表明，早在18世纪最后25年，这种趋势就已经出现了。1769年，亚瑟·杨发现刀具行会居然违反行会章程，雇用妇女儿童；行会对商标的监管也不充分，甚至在1791年，许多工艺大师不得不创立一个独立的协会起诉侵权行为；同年，一项新的自由化法案通过，导致大量的自由人涌入，并允许自由人“在从事新发明时雇用非自由人”。[42]贸易结构日趋两极分化。[43]据亨特（Hunter）的记载，在18世纪60年代：

> 发生了非常重要的变化……有些人的父亲曾是制造商，他们自己也变成商人，给谢菲尔德生产的一系列商品当总经销商。他们利用大量资金，并立即与欧洲大陆和美洲的消费者建立了广泛的联络……与大都市形成了稳定而迅速的联系。[44]

镀银业生根于工厂生产。到1765年，已经有6家公司生产镀银产品。谢菲尔德最多产的专利权人之一塞缪尔·罗伯茨（Samuel Roberts）同时也是谢菲尔德最大的一家镀银厂的工厂主。[45]

诺丁汉及其纬编行业的情况也比较类似。虽然诺丁汉各个产业在很大程度上仍然是分散的，但是资本和劳动力都集中在诺丁汉城区。从18世纪60年代中期到80年代后期，诺丁汉专利有了惊人的增长，使得郡专利量居各地区专利量排名第三位。在这段时期，诺丁汉郡的纬编匠、编织匠和袜匠总共获得了17项专利，生产包括蕾丝在内的新网眼编织纬编的各种附件。还有7项涉及主要原料，即纺纱机的主要原料棉花。诺丁汉效仿邻市德比的斯图鲁特，其凭借德比织机在1758年获批业内的首个专利。斯图鲁特为何能打破传统仍不得而知，或许是在拿着自己的圆袜去伦敦参加展销会的时候，他第一次得知专利，或许也是因为跟袜商讨价还价的时候异常艰难。[46]

斯图鲁特其实本业是造车匠，是试图进入袜业的外行。德比郡和莱斯特郡的针织品行业都没有仿效他的做法。那么为什么诺丁汉会这么做? 132

这可能与诺丁汉独特的商业和竞争程度有关。虽然纬编行会正式停业是在1753 年，但早在几十年前，它对米德兰编织产业的控制就日渐衰落，备受挑战。诺丁汉郡的 17 项袜子专利中，有 15 个来自城镇而非乡村工业。与德比和莱斯特相比，诺丁汉是有影响力的商人的聚集地。这些商人为伦敦时尚市场生产新颖款式的袜子，在竞争激烈的贸易中脱颖而出。在 18 世纪 40 年代到 70 年代之间，这些有影响力的商人增加了一倍，达到 100 多人，不过贸易变得（社会意义上）更加排外，则迅速与资本靠拢。尽管还是非机械化的，这些商人把主要生产步骤都集中在模具厂。[47]他们手头的专利则是由“一个小的商人互助小组”从有发明创造的纬编匠和织工那里购买的，也会代表这些人在别处购买专利。这些袜商为保护垄断特定生产线，无情地起诉仿制者，而竞争对手则试图在他们的周边领域从事发明创造，有时还会申请专利。第一批诺丁汉专利权人托马斯（Thomas）和约翰·莫里斯（John Morris）热衷于诉讼，臭名昭著，无疑是始作俑者。[48]德比和莱斯特两地主要生产丝绸和精纺毛织品，和以棉花产业为主的诺丁汉工业没什么关系。[49]此外，18 世纪下半叶，诺丁汉的框架建筑业蓬勃发展，专业化程度与日俱增。查普曼说“这要归功于袜商对工业领袖的资助所赐……技术发展的急先锋”。[50]有了一项专利，框架匠和他的袜业赞助人就能在商业竞争中占据很大优势，也能让框架匠从织袜产业中赚取丰厚的份额。

18 世纪曼彻斯特的 18 项纺织专利主要涉及印花和染色的饰面工艺，和这 133
座城市在蒸汽动力纺纱引入前在纺织工业中的角色相称。据伯格（Berg）说，曼彻斯特的小件织工和质检织工“早在 18 世纪 50 年代，就形成了组织良好的行业社团”。这些人是织工大师，个体经营，“按件工作，供客挑选”。[51]这些织工在 18 世纪三四十年代就已经内部交流了三角织布机的制作工艺和使用技术，专利对此没有发挥什么作用，也没有形成任何阻碍。1739 年，虽然看上去只有一项专利，但时人都认为曼彻斯特纺织商“总能设计和发明一系列新东西，改进或出售他们的产品”。[52]18 世纪 60 年代开始，曼彻斯特专利权人数量井喷，其中以商人、小贩、制造商和印染工居多，与兰开夏郡的其他纺织品专利权人几乎没有什么不同。不过印染工是个例外。这些人一开始就参与了曼彻斯特的集中化纺织业生产中，是分工制中的资本家。虽然他们的业务主要依赖于国内的织布工，但他们的专利也涵盖了集中化饰面工艺；随着纺纱生产工厂化程度的提高，纺纱专利也越来越多了。[53]

纺织机械专利集中在棉产区兰开夏郡，并不是对棉花在发明领域占领先地位的简单体现。在约克郡的毛纺织业中，像利兹的戈特（Gott）贝恩英格工厂（Bean Inge Factory）这种高度集中的大型生产企业是例外，机械化的规模其实要小得多，主要的商人也大多被排除在制造业之外。[54]这些人几乎没有什么专利，反而是在米德兰产袜区，精纺针织专利的数量更多。[55]在兰开夏郡和诺丁汉郡棉花工业中，大型工厂更为常见，商人和织袜工也以投资的方式参与到制造业当中。[56]虽然兰开夏的棉花制造商和商人经常号称反对专利，不过这个地区还是拥有 17 项纺织制造工艺专利，表现突出。[57]利兹最终还是上了专利登记簿，不过不是因为羊毛或精纺毛织物，而是亚麻纺纱和梳棉机，来自约翰·马歇尔（John Marshall）的高度资本化的工厂。就像工厂里的棉纺工一样，马歇尔也是付过专利授权费之后才知道专利制度的。[58]毛纺和精纺制造商并没有因为阿克莱特的专利官司受到什么影响，因为当精纺毛纺机械成功投产时，有关的法律纠纷已经了结了。他们与伦敦的联系还不如与棉花贸易那样紧密，当时的棉花贸易更渴望得到资本的青睐。[59]

约克郡毛纺工业中的手工业结构也常见于考文垂的丝织业和诺里奇的精纺业中。和利兹一样，这两个城市都没什么专利记录。考文垂的制造业行会在 1725 年后趋于衰落，而建筑行业的行会也在 1750 年后衰落。[60]虽然伯明翰的人口增长超过了考文垂，不过 1794 年时，人们还是把考文垂视作一座“贸易繁荣”的制造业城镇。考文垂周围都是公共土地，限制了城市发展，而考文垂的丝织工有在这一公共土地上生活的权利，他们就是在这样的限制下发展起来的。[61]1768 年，考文垂的两名丝织工共同取得了一项新的丝绸织布专利，不过该市其他纺织品的专利都是在 1799 年获得的，而且都批给了一位自称是棉花加工商的人。1687 年，诺里奇的一名织工获批了一项织布机的专利，之后再无专利。18 世纪晚期，诺里奇的 6 项专利里没有一项属于精纺业。

134 专利需要商业资本的投入，这是一笔巨大的投资，专利只有在集中化的或者严格控制的生产中才能变得有价值。令人惊讶的是，在 18 世纪，专利权人中最多的是城镇和城市的居民，要么是大型港口城市的居民，因为它有足够多的商人，或者是查普曼提到的那些早期经历过“商业演进的地方上的农民……这些人开始承担了那些传统上由伦敦、伯明翰、谢菲尔德、曼彻斯特和诺丁汉等主要区域中心中商人所承担的职能”。[62]在这一过程中，商人的资金支持和与伦敦的定期联系都发挥了作用。不过这些地方的商业竞争意识往往更强，随之就会诞生这样一种观念：发明是一项潜在的有价值的财产，个人应当加以保护。这种观念上的重要性可能更显著。那些“走在前面的”自由城镇有发明创造和创业人才，注定要和那些停滞不前被合并的城镇分道扬镳。[63]自由城镇的居民比被合并的城镇更倾向于申请专利，背后的原因更多是其制造业中的资本主义结构与行会控制的薄弱或者缺位，这些都对城镇的专利登记情况有着至关重要的影响。不管有没有行会，手工业的结构都不太有利于申请专利，利兹、考文垂和诺威奇就是这种情况。

7.4 专利权人的职业分布

复辟后的一个世纪内，专利制度就像变色龙一样多变。这从专利权人的职业背景千变万化，各个群体都能各取所需就能看出来。除了朝臣对专利的兴趣下降有据可查外，[64]在 17 世纪和 18 世纪之间，最显著的变化是“工业生产者”取代了商人和批发商，成为专利权人中最大的职业群体。如表 7.5 所示，商人和批发商的比例从 1660 ~ 1699 年的 57.7%（不包括士绅群体等）下降到 18 世纪上半叶的 18.9%；工业生产者则从 28.8% 上升到 61.0%。工匠的占比从 13.5% 上升到 30.8%，增长幅度最大，位居所有职业类别之首，而这些工匠中有 2/3 的人居住在伦敦。专利权人的职业领域在专利统计数据中更加突出，几乎全拜药剂师、外科医生和获得专利药品的“医生”所赐。这一类别在 18 世纪 50 年代达到顶峰，占当时全部专利的 25%，之后逐步在 18 世纪末期下降到了 8%。

在 18 世纪上半叶和下半叶，上述趋势在总体上进一步放大。商人和批发商的比例进一步下降，降至职业群体的 10%；[65]而“工业生产者”的比例则上升到了 76.1 %。从长期来看，这就是专利制度“工业化”的体现，以及制造商以牺牲商业领域“局外人”为代价对专利进行的殖民化，不过在“准职业发明人”出现以后，这一趋势就被扭转了。[66]

表 7.5 1660 ~ 1799 年英格兰和威尔士专利权人的职业分布

职业	1660 ~ 1699 年		1700 ~ 1749 年		1750 ~ 1799 年	
	数量/项	占比/%	数量/项	占比/%	数量/项	占比/%
专业人士	7	13.5	26	16.4	145	11.5
商人/批发商	30	57.7	30	18.9	126	10.0
零售商/服务商	0	0	1	0.6	12	0.9
乡村职业	0	0	5	3.1	19	1.5
工业生产者						
工匠	7	13.5	49	30.8	271	21.4
机器制造者	3	5.7	13	8.2	132	10.4

续表

职业	1660～1699 年		1700～1749 年		1750～1799 年	
	数量/项	占比/%	数量/项	占比/%	数量/项	占比/%
外包工/组装行业	4	7.7	18	11.3	340	26.9
集中制造商	1	1.9	17	10.7	220	17.4
工业生产者合计	15	28.8	97	61.0	963	76.1
总计	52	100.0	159	100.0	1265	100.0
占英格兰和威尔士（包括绅士和未指明职业和居住地）专利总数的百分比	22.4		57.2		78.2	

135

1770～1800 年，上述 4 种工业类别的专利权人数量平均占专利权人总数的 63%——考虑到制造商普遍会滥用“绅士”和“士绅”等头衔，实际可能会更高。

不过通过分析这 4 种类别专利权人在伦敦和各地方的情况，我们也能发现一些具有指导意义的变化。如表 7.6 和表 7.7 所示，18 世纪下半叶，工匠继续占职业专利人数的 21%，这些人在伦敦仍是主流，而谢菲尔德金属贸易当时的职业专利权人数量大得可疑。[67]从 18 世纪 70 年代开始，各地方的工匠们就被外包行业和集中化产业中的制造商所取代；到了 18 世纪 90 年代，又被机械制造商取而代之。诺丁汉的袜商、伯明翰的“玩具”制造商、曼彻斯特的棉花加工商和印花布织工，以及首都装配行业的大师们如今占据了专利舞台的中心。18 世纪早期工匠专利权人的激增意味着人们试图规避行会的监管，或者以寻求专利保护代替日渐式微的行会保护，不过也为 18 世纪晚期高度资本化的行业后来居上铺了路，进一步强化了专利地理分布的观念。商业竞争与资本主义制度就是专利茁壮成长的土壤。

137 虽然伦敦的专利业态和英国其他大多数地区略有不同，不过足以说明这些影响因素。当时的伦敦是一座竞争激烈的大熔炉，不仅要满足英国本土的个人和家庭需求，而且是国内外商品的来源地。时至 1790 年，伦敦仍然处理英国近 2/3 的海外贸易。[68]这些工业中虽然没有发生重大的技术变革，不过越来越多地采用了资本主义结构和劳动分工。专利制度的发展正在由这些工业主导。1792 年，一本伦敦的地址名录上列出了首都圈内 492 种不同的行业。[69]不过在 1750～1799 年伦敦“工业”从业人员获得的专利中，有 20% 被 5 个行业垄断了，其中钟表制造商有 30 项，科学仪器制造商有 14 项，眼镜制造商有 15 项，乐器制造商有 26 项，马车制造商有 23 项。[70]这 5 个行业加上 12 个类似的子行业在1750~1799年获得了207项专利；相比之下，有56个仍以手工生产方式为主的行业成员只获得了167项专利。[71]在18世纪专利制度发展的进程中，上述5个专利产业在很大程度上都变成了装配业。它们雇用了大量专业的熟练工人，每个人只为上面的工匠大师生产特定类型的部件，而工匠大师们更多是负责组装和销售。国内市场和一些国外市场的奢侈品和大多数精密产品的经营都掌控在它们手中。这些产业都高度集中在首都圈内威斯敏斯特及其北部地区的方寸之地，生产方式也从接单逐渐转向了自产自销。我们可以发现，这几个产业的规模和组织形态相当于伦敦的一座单一工业城镇或生产区，在郡层面的专利申请方面非常突出。伦敦的上述产业蜚声海内外，最晚的也是18世纪初期兴起的（乐器制造除外）。它们的基础在于稳步的技术进步，但是在1760年以前没什么专利。18世纪中叶之后，专利的普及，可能是由于竞争的加剧，随着行会控制的衰落，这些行业变得更加资本化和等级化。专利虽然保护了很小的技术改进，但自身也是一项技术宣传。商业竞争极其紧迫，一旦这种技术改进足够重要且不可规避，专利权人也希望从竞争对手那里赚到许可费。[72]

第四类产业也有自己的故事。在属于这一类别的专利权人中，自称的职业往往有"机械制造商""技工""框架匠"等；到了18世纪90年代，"机器制造商"也加入了队伍，就是那些为制造商、矿主和农民制造机器的工匠。其中有些人是各行各业的流动工人，例如技工，这些人的行业已经存在很久。其他人的行业也已高度专业化，框架匠和制梭工都属此类。这些人一起促进形成了新兴的资本货物行业。当时对机械需求的日益增长，使这种专业化成为可能。笔者认为，这一类别应当包括木匠、细木工、车床工、铸造工和铁匠，尤其是钟表匠，这些都是原来按订单制作工具和机械的行当，后来也进入了专业化的队伍。[73]

1750~1799年，这些行业的成员获得了30项能源、采矿设备和生产机械的 139
专利。在18世纪中叶之前，有4名钟表匠获得了水力发动机的专利。不过即便撇开这些人的贡献，情况也很清楚。在17世纪晚期，专业化的工程行业获得了6%的职业专利，1700~1749年占8%，1750~1799年占10%。最大的变化发生在18世纪八九十年代，当时英国职业专利的平均比例从8%上升到16%（参见表7.6和表7.7）。这些人无疑是专利方面的专家，1750~1799年有88%的成本投入了资本货物当中，无论是原动机、生产机械或采矿设备都照单全收。18世纪下半叶，自称为"机器制造商"的人登记的住址中有一半在伦敦；不过到了18世纪90年代，各郡的制造业和矿业地区的人后来居上，兰开夏郡、斯塔福德郡、什罗普郡、约克郡和康沃尔等地尤其如此。伦敦南部机器制造者的专利占比日益增长。这可能与其资本化程度更高有关。虽然大多数伦敦工程公司的项目都在泰晤士河以北，但早期的大公司都倾向于在南岸开工。[74]

表 7.6　1750～1799 年各郡专利权人的职业或地位分布

职业或地位	1750～1759 年		1760～1769 年		1770～1779 年		1780～1789 年		1790～1799 年		合计	
	数量/项	占比/%	数量/项	占比/%	数量/项	占比/%	数量/项	占比/%	数量/项	占比/%	数量/项	占比/%
绅士	4	11.4	14	18.7	17	15.0	33	16.2	55	18.8	123	17.1
		n/a		n/a		n/a		n/a		n/a		n/a
专业人士	7	20.0	9	12.0	6	5.3	17	8.3	20	6.8	59	8.2
		22.6		15.3		6.4		10.3		8.5		10.1
商人/批发商	4	11.4	7	9.3	5	4.4	14	6.9	20	6.8	50	6.9
		12.9		11.9		5.4		8.4		8.5		8.6
零售商/服务商	0	0	2	2.7	1	0.9	1	0.5	2	0.7	6	0.8
		0		3.4		1.1		0.6		0.8		1.0
乡村职业	1	2.9	0	0	0	0	6	2.9	7	2.4	14	1.9
		3.2		0		0		3.6		3.0		2.4
工业制造者												
工匠	6	17.1	11	14.6	17	15.0	30	14.7	40	13.7	104	14.5
		19.3		18.6		18.3		18.1		16.9		17.8
机器制造者	3	8.6	6	8.0	9	8.0	12	5.9	42	14.3	75	10.0
		9.7		10.2		9.7		7.2		17.8		12.3
外包工/组装行业	3	8.6	14	18.7	27	23.9	42	20.6	47	16.0	133	18.5
		9.7		23.7		29.0		25.3		19.9		22.7
集中制造商	7	20.0	10	13.3	28	24.8	44	21.6	58	19.8	147	20.4
		22.6		16.9		30.1		26.5		24.6		25.1
其他	0	0	2	2.7	3	2.7	5	2.4	2	0.7	12	1.7
		n/a		n/a		n/a		n/a		n/a		n/a
合计	35	100.0	75	100.0	113	100.0	204	100.0	293	100.0	720	100.0
		100.0		100.0		100.0		100.0		100.0		100.0

注释：占比指占合计减去绅士和未指明的百分比。

表 7.7　1750～1799 年伦敦专利权人的职业或地位分布

职业或地位	1750～1759 年		1760～1769 年		1770～1779 年		1780～1789 年		1790～1799 年		合计	
	数量/项	占比/%	数量/项	占比/%	数量/项	占比/%	数量/项	占比/%	数量/项	占比/%	数量/项	占比/%
绅士	13	25.0	16	14.3	32	19.9	48	19.7	60	19.5	169	19.3
		n/a		n/a		n/a		n/a		n/a		n/a
专业人士	15	28.8	12	10.7	16	9.9	10	4.1	33	10.8	86	9.8
		39.5		13.5		13.0		5.3		13.7		12.6
商人/批发商	3	5.8	21	18.8	20	12.4	15	6.1	17	5.5	76	8.7
		7.9		23.6		16.2		7.9		7.1		11.1
零售商/服务商	0	0	0	0	2	1.2	3	1.2	1	0.3	6	0.7
		0		0		1.6		1.6		0.4		0.9
乡村职业	0	0	1	0.9	0	0	3	1.2	1	0.3	5	0.6
		0		1.1		0		1.6		0.4		0.7
工业生产者												
工匠	9	17.3	20	17.9	29	18.0	50	20.5	59	19.2	167	19.1
		23.7		22.5		23.6		26.3		24.6		24.5
机器制造者	0	0	4	3.6	6	3.7	16	6.6	34	11.1	60	6.8
		0		4.5		4.9		8.4		14.2		8.8
外包工/组装行业	7	13.5	20	17.9	43	26.7	76	31.1	61	19.9	207	23.6
		18.4		22.5		35.0		40.0		25.4		30.4
集中的制造商	4	7.7	11	9.8	7	4.4	17	7.0	34	11.1	73	8.3
		10.5		12.3		5.7		8.9		14.2		10.7
其他	1	1.9	7	6.2	6	3.7	6	2.5	7	2.3	27	3.1
		n/a		n/a		n/a		n/a		n/a		n/a
合计	52	100.0	112	100.0	161	100.0	244	100.0	307	100.0	876	100.0
		100.0		100.0		100.0		100.0		100.0		100.0

注释：占比是指占合计减去绅士和未指明的百分比。

英国经济中一个重要的新阶层正在孕育之中。对他们来说，专利可能是一种有价值的资产。如果说土木工程师的工作内容中没有多少适合申请专利的东西，那么机械工程师堪称不二人选。[75]一旦市场规模成长到足以支持专业化和标准化的产品，车间生产逐渐取代工坊制造，专利对机械制造者和技工的价值也就水涨船高了。

7.5 “准职业”发明人

我们已经看到了制造商专利权人在专利申请方面迅速占据优势。还有两种类型的专利人，即业余发明人和职业发明人。[76]可以看一看近期达顿对所谓“发明产业”（invention industry）的描述。在达顿的发明产业里，“准职业”发明人（quasi - professional inventor）指的是“持有数项或很多专利的发明人”。这种发明人占了主要角色。达顿提出了4个标准。如果一个市场能够满足这些标准，就可以说“相当数量的发明人实际上是从事发明产业的经济人”。这4个标准分别是：（1）“大部分发明人”应为他们的发明申请专利；（2）“相当大比例的专利发明应由准职业发明人取得”；（3）“准职业发明人……发明的东西各式各样，高度多元化”，以及（4）“专利发明交易高度繁
141 荣”。[77]笔者不反对把发明人或专利权人说成经济人。但是笔者想说，所谓“发明产业”在19世纪上半叶比在18世纪下半叶要强大得多，达顿自己的数据也确实说明了这一点。前文说过，在18世纪有大量的发明活动游离在专利制度之外。然而，这与大量可专利发明获得专利的情况是一致的：如果我们把自己限制在机械设备等单一的类别上，那么至少达顿的第一个标准就很难被反驳。至于第四条标准，用达顿自己的数据来说，则并不适用于18世纪后期的情况。达顿选取了一些有争议的专利作为样本，进而发现在1770～1799年，只有7%的专利上市交易，而在1800～1829年，这个比例为18%；1830～1839年和1840～1849年比例均为22%。[78]笔者在这里重点讨论第二个和第三个标准。

达顿关注的是多个专利权人共有的专利占所有专利的比例，而不是持有多个专利的专利权人占所有专利权人的比例，因此职业发明人的重要性就不可避免地被夸大了。1750～1799年，38%的专利属于多人共有，而只有22%的专利权人持有一项以上专利。如表7.8所示，其中14.7%的人拥有2项专利，2.5%的人拥有3项专利，5%的人拥有4项或更多；只有16人持有8项以上的专利，属于达顿所称的“真正的发明英雄”，占全部统计专利权人的1.2%。达顿认为，1781～1831年是这些发明英雄的巅峰时代，“其专利持有量始终占专利总数的1/5”。不过到了18世纪80年代，就只有6名发明英雄拿下了他们

表 7.8 1750～1799 年专利权人的专利分布

专利数量/项	拥有一项或多项专利的专利权人数量											
	1750～1759 年	占比/%	1760～1769 年	占比/%	1770～1779 年	占比/%	1780～1789 年	占比/%	1790～1799 年	占比/%	合计	占比/%
1	67	82.7	131	76.2	187	77.9	294	81.0	356	75.0	1035	77.8
2	10	12.4	28	16.2	34	14.2	51	14.0	73	15.4	196	14.7
3	1	1.2	6	3.5	8	3.4	2	0.6	16	3.4	33	2.5
4	2	2.5	4	2.3	2	0.8	8	2.2	11	2.3	27	2.0
5	0	0	1	0.6	2	0.8	1	0.3	7	1.5	11	0.8
6	1	1.2	2	1.2	3	1.3	1	0.3	4	0.8	11	0.8
7	0	0	0	0	1	0.4	0	0	1	0.2	2	0.2
8～12	0	0	0	0	1	0.4	6	1.6	5	1.0	12	0.9
13～18	0	0	0	0	2	0.8	0	0	2	0.4	4	0.3
多项专利总计	14	17.3	41	23.8	53	22.1	69	19.0	119	25.0	296	22.2
合计	81	100.0	172	100.0	240	100.0	363	100.0	475	100.0	1331	100.0

的第一项专利，而18世纪90年代只有7名，占所有专利权人的比例均不足2%。虽然达顿的数据能够说明18世纪后期专利申请有所增加，不过仍然掩盖了一件事实，那就是当时绝大多数的专利权人只持有一项专利。[79]

如果深究这些专利所涵盖的发明类型，这些“准职业”发明人的重要性未免要进一步降低了。达顿的第三条标准似乎也是“准职业”发明人定义的一部分，即应该将发明组合多样化，在多个行业进行发明创造。在检验该条标准时，笔者重新给达顿的专利下个定义，以考察持有多项专利的专利权人持有本行业发明专利的比例。接下来笔者引入“行业相关性”（trade - related）的概念。如果我们说一位专利权人具有行业相关性，那么其名下至少50%的专利要与其所属行业相关。这类人不算是“准职业”发明人。从某种意义上说，这个要求更加严格，因为如果专利权人主要甚至完全在非本行业内发明专利，就不符合上述条件了，当然也就把那些没有自报职业的专利权人排除掉了。另外，这个口径也把那些名下专利不少于4项，且一半专利在本行业内、一半在
142 本行业外的专利权人囊括进来了。笔者在这里也放宽了标准，假设那些“技工”或“机器制造商”的所指其实相当宽泛，并不脱离其字面上单一的本行业，假设没有证据表明他们出售的是专利而不是依据专利生产的产品，和对“准职业”发明人的期望相反。那些获得2~7项专利的专利权人的行业相关性，始终比只获得1项专利的专利权人更高（65%：55%）。即使那些拥有8项或9项专利的人，也有很强的行业相关性。不过总体来说，在拥有8项以上专利的16人当中，只有7人具有行业相关性（44%）。

下面讲一些数据背后的实例吧，首先看看那些少数确实严格符合“准职业”发明人定义的发明家。其中布鲁瑙、罗伯特·萨蒙（Robert Salmon）、威廉·邦迪（William Bundy）和沙巴内侯爵（Marquis de Chabannes）4人在18世纪90年代晚期都只获得了1项专利。他们在19世纪都取得了大量的专利，因此18世纪的数据可以忽略不计。这样的话，还剩下14位相当典型的“准职业”发明人——拥有4项或更多专利，其中大多数人呈现出行业相关性，而非个人性。其中9个人给出了社会地位或者职业；14人中有4人拥有8项以上专利。其中最高产的是A. G. 埃克哈特（A. G. Eckhardt），他在1771~1809年获批了15项专利。在大多数专利申请中，他都自称是“伦敦绅士”，不过在18世纪90年代也当过一回“制造商”。他名下的专利涉及水泵、纺织印花、桌子、椅套、炉栅和节拍器。第二位是大名鼎鼎的卡特莱特。他从乡村牧师转身成为动力织布机的发明人的故事脍炙人口。卡特莱特的前4项专利都在1785~1788年获批，涉及动力织布机的原型；接下来3项专利在1789~1790年取得，涉及羊毛梳理机械；在18世纪90年代，卡特莱特又投身于防火砖和蒸汽机的

发明工作当中。起初，卡特莱特想在自己位于唐卡斯特的纺纱厂里使用动力织布机。不过到了 18 世纪 90 年代末，有人建议他效仿职业发明人，出售他名下发明的有关权利。美国著名的蒸汽船发明人罗伯特·富尔顿（Robert Fulton）向卡特莱特建议说：

> 如果您能把这项发明（防火砖）卖个合理的价钱，我认为是明智的。当然，在您这儿可能就是灵光一现，不过我对这些东西的许多想法，就是把它们变现。即便我没有合伙人，也会坚定不移地支持您的一些更重要的发明，比如您的蒸汽机，还有您的蒸汽船，或者拉纤船。[80]

另外，两个拥有 8 项或更多专利的发明人在这一时期就开始出现了，这可能是一个少数案例。邓唐纳德的伯爵阿奇博尔德·科克伦（Archibald Cochrane）获得了与焦炭蒸馏有关的各种化学工艺的专利。他就不属于一个“准职业”发明人，因为他的专利产品绝大多数情况下都是自用的。另一位是伦敦五金商詹姆斯·塔特（James Tate），他拥有多个行业的专利，但都是金属制品，因此有行业相关性。其余的人，如伯沙姆的约翰·威尔金森和采矿工程师约翰·柯尔，都没有在自己的本行业之外获得过专利。持有 4 项以上专利的大多数专利权人也是如此，其中 8 位是机器制造商，7 位各自拥有 4～6 项专利，而布拉马则遥遥领先，在 1778～1814 年获批了 18 项专利。布拉玛的专利种类繁多，但都是他自己制造销售的产品，锁具、抽水马桶、消防车或液压机等不一而足。[81]为数不少的具有行业相关性的专利权人来自其他几个专利相关性不大明显的行业：4 人来自马车制造业，4 人来自金属加工和电镀业，3 人来自织袜业，3 人在制绳业，还有 2 人在科学仪器和乐器制造产业。 143

准职业发明人已经上场了，不过当时仍然只是走个过场。制造业在 18 世纪下半叶占据了社会的中心地位。他们中的一些人拥有多项专利，体现的主要是专利的防御功能，这是随着专利制度知识的传播而形成的。他们经过计算认为，不为产品或工艺的连续改进申请专利的风险，超过了重复申请专利的经济成本。具有等级化、竞争性和资本密集结构的国家和经济行业，就越重视专利。虽然伦敦是英国主要的制造业中心，不过，它的专利占比是其生产占比的两倍。伦敦居民不仅离专利审批机关更近，而且伦敦市场的竞争程度也很高，产业密集，手工业正在崩溃。在白厅一到两英里的半径范围内，伦敦专利权人的数量是半径 50 英里内下一个专利“中心”的两倍。在米德兰地区，从伯明翰的金属制造到曼彻斯特的棉花产业，再到诺丁汉的织袜产业，一小撮资本主义企业分散在许多城市和原始的工业中心之间。不过这些城镇与伦敦的情况类似，都面临着经济压力，促使越来越多的制造商购买专利，以保障自己在技术和设计以及工厂和设备方面的财产。

第 8 章 专利的长期增长

144 1816 年，专利登记办公室兼专利代理人约翰·戴维斯（John Davies）发表了一篇专利的论文，对专利在过去 30 年间惊人的增长作出了评论：

> 这个时代专利数量井喷，是因为发明增加了吗？还是因为我们这一代人更会思考了吗？还是出于其他什么原因？这不是我们需要操心的问题。[1]

虽然戴维斯这么说了，笔者还是要把前三章的观点结合在一起，试图为 18 世纪晚期专利总数的上升提供一个解释。在戴维斯这篇文章问世 50 年前，年度专利统计数据就已经开始呈指数增长：1766 年获批的专利史无前例地达到了 31 项；50 年之后，戴维斯和他的同事一年就审批了 118 项专利申请。

从实证主义出发解释专利数量的增加以及发明发现技术人才的激增是永远行不通的。虽然实证主义路径可以部分解释 18 世纪后期的一系列著名发明（在一定程度也是归功于 18 世纪上半叶萨弗里、纽科门、怀亚特和保罗等人），但为什么发生在那个时代？为什么是在英国？这就不是一个实证主义问题了。从科学革命的影响到社会心理学的解释，历史学家大可继续推测，有些人则诉诸发明时间的“随机性”。[2]值得我们考虑的是，专利总数的增加能不能体现背后专利制度和整个经济的发展，而不仅仅是发明活动的简单激增。克拉夫茨对生产率变化的新估计已经动摇了实证主义者的案例，“表明 18 世纪的前半段在生产力增长速率方面与 1760～1800 年的速率相匹配”。[3]在 18 世纪初，农业是生产力增长的主要推手。不过统计数据仍然显示，1760～1800 年每年的生产率增长缓慢，只有 0.2%，其中可能还有一半是
145 棉花产业贡献的。[4]尽管纺织品整体在专利记录中占有显著的地位，但在这一时期的占比也从未超过 11%。[5]另一个主要的“革命性”产业——炼铁，占比

不到 2%。我们可以说有高达 90% 的专利属于技术创新很少的行业。

18 世纪晚期的英国社会敏锐地意识到了前所未见的技术变革带来的经济潜力，当时发明还有奖金鼓励。[6]其结果也许不仅是试验创新的积极性提高，而且是人们提高了自我意识，开始把自己的活动概念化为“发明”。因此在个人层面上，人们相较以前更有可能主动把自己的活动归类为发明。在笔者看来，他们也更愿意为其成果申请专利。这不仅是因为专利制度越来越深入人心，而且也不全是因为失去专利优先权的商业风险增大，也是经济结构变化的结果。在这种变化当中，最重要的是全国市场增长和资本货物部门日益分化，或许还有“消费社会”（consumer society）的发展。这些因素对发明人、制造商和手工艺者的专利施加了长期的压力。我们也必须考虑专利统计数字的短期波动。正如图 8.1 所示，专利数据并非稳步上升，而是波动起伏的。

146

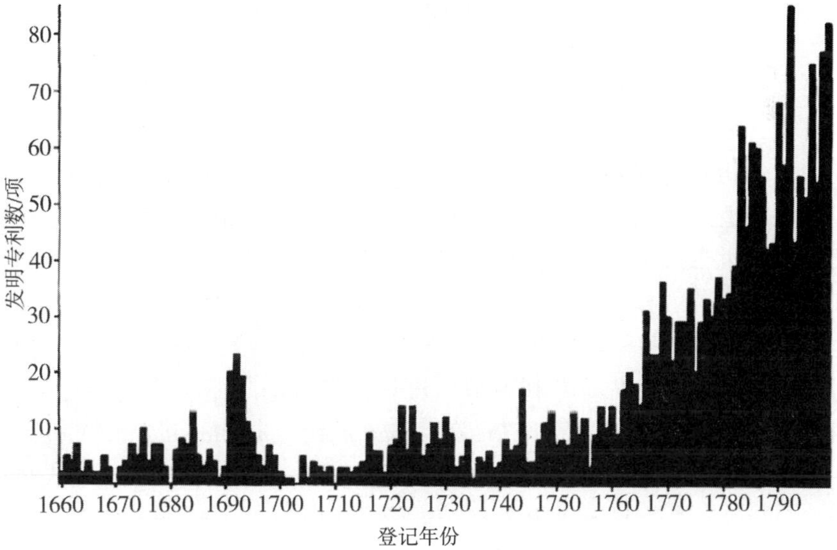

图 8.1　每年专利登记总数，1660～1799 年

资料来源：班纳特·伍德克罗夫特（编辑）《发明专利年表索引（1854）》（*Chrono logical Didex of Patents of inventions*（1854））

8.1　专利的新压力

1624～1835 年的法律修改没有对专利制度造成任何影响。虽然在 1660～1766 年的判例法也是如此，不过 18 世纪中期以后，普通法法官重新关注专利案件，这对专利实践有没有产生什么影响？如果有的话，法官和陪审团据称是敌视专利的；当时的司法部门越来越强调专利说明书的作用，甚至准备专门制定有关细则，那么专利总量在 1775 ~ 1800 年岂不是应该遭遇急刹车？或许司法机关的确抑制了专利的增长。[7]1831 年，格雷文诺 · 亨森指出 1776 年曼斯菲尔德法官在 *Morris v. Branson* 案中的判例法起到了特别的作用。“这个著名的判例法引入了新的法律规则，从此以后基于增补和改进获得的专利也是有效的”，因此他得出结论，“自此专利申请量翻了三倍多”。[8]不过笔者很难相信这个判例法能有如此大的影响。如果法官没有这么判呢？这就相当于强化了 *Bircot* 案的判决，和曼斯菲尔德一样权威，之后的专利数量很可能会应声而落。然而，几乎没有迹象表明专利权人在 *Morris v Branson* 案判决之前就不谋求专利的保护了。1741 年，斯坦尼福斯（Stanyforth）起诉了财政部，法院判决她败诉，理由是她的专利仅仅涵盖了一项改进，不过这次判决也没有成为判例法。[9]当然，亨森可能还会说，曼斯菲尔德的判例能让专利制度看起来更“友好”一些。

更重要的是专利制度越来越被接受，笔者将从几个方面出发讨论这个问题。首先，尽管专利仍然非常昂贵，不过受通货膨胀影响，到了 18 世纪末，专利的成本相较初期要低一些，富裕阶层中也有更多的人负担得起。[10]其次，随着英国的道路运输越来越快捷，越来越有秩序，到伦敦申请专利也越来越方便了。这也带来了第三个因素，即专利知识的传播。当时人们主要是从杂志和报纸上刊载的授予专利公告以及专利法律案件报告中了解专利，专利权人也会自己打广告和写书加以宣传。更专业的期刊则要到 18 世纪晚期才出现，相对比较迟，也没有推动专利申请的激增，但有助于维持专利制度的普及。1794 年，《技术与制造名录》（*The Repertory of Arts and Manufactures*）出版，旨在“为公众了解发明发现、实用技艺与工业品创造渠道”，其中用了大量的版
147 面刊载专利说明书。鉴于“读者关心专利的产出情况”，该名录还列出了 1797 年以来授予新专利的完整清单，[11]《专利年度登记簿》（*Annual Register*）也提供这项服务。1798 年，《哲学杂志》（*The Philosophical Magazine*）也刊登文章，对新近获批专利的发明进行简短评论。第一卷猛烈抨击了塞缪尔 · 边沁在 1795 年获得的“在真空中进行各种工业操作”的专利。编辑认为“我们对公众负有责任，这就要求我们指出专利发明的优点和不足”，[12]这本身就是专利更核心作用的表现。18 世纪的专利地理分布渐趋广泛，从 50 年代的 19 个郡扩张到 90 年代的 38 个郡，足见专利宣传越来越广泛。

专利的易得性、专利制度的知识，有时还有申请专利时的麻烦，这三者在专利制度中建立起了一种正反馈机制：申请专利的人越多，就会有越来越多的人申请专利，因为人们发现自己承担不起不给自己的发明、设计或简单产品申

请专利的代价。专利制度形成了自己的逻辑，并鼓励了一种“先发制人”的心态。很难说专利申请量何时达到统计学意义上的“临界点”，不过我们可以从人们对抢先申请专利的恐惧心理中窥见一二。例如在 1782 年，瓦特就敦促布尔顿说：

> （用）申请专利，激励一下哈德利（Hadley）先生。与此同时，我们也要询问一下，还有哪些新专利正在审批，因为我认为在这个不断进步的时代里，我们一天也不能休息。一个人还没来得及开口说话，他的思想似乎就被人偷走了。[13]

由于剽窃发明的现象十分普遍，埃尔登（Eldon）勋爵建议发明人在“专利证书盖上国玺生效”之前，甚至不要把秘密透露给亲兄弟。[14]那些财力不足、惴惴不安或对自己发明可行性没什么信心的人可以办理专利预告，正如 1771 年基尔所做的那样，以防止其他人抢注专利，从而可能阻止他和他的伙伴。[15]

发明人和专利权人之间的竞争愈发激烈，也是这个时期英国商业生活中大多数领域的缩影。全国市场增长、行会解体以及相应对会员控制的弱化，都有助于促进专利申请。无论申请的初衷是为了保护一项重要的发明或者设计上的一个小变化，还是一项成熟的重大商业项目，在市场扩大和客观化的背景下，专利都能承担起更大的商业价值。专利不仅有助于提高预期销售额，而且一旦发明、设计或产品遭遇盗版，也有助于降低损失。很难确定竞争对手和消费者更依赖于声誉和广告，而不是通过个人接触获得知识。

这也能说明为什么一些从前几乎没有什么专利的行业纷纷在 18 世纪后期开始申请专利了。[16]我们可以说这是一次彻底的转向，永久地加深了他们申请专利的倾向。

资本设备的较高支出和集中生产特别具有影响力。在这方面，我们需要进一步关注专门资本货物部门的出现。从表 8.1 中可以看出，资本货物的专利数量在整个时期都在上升，但在 17 世纪中期尤为明显。当然，资本货物是一个广泛的类别，从船舶到生铁无所不包，有些行业在这个过程中几乎没有变化，例如冶金、采矿和建筑设备的专利，造船专利在 18 世纪下半叶相对有所下降。更具体地说，从 18 世纪 80 年代早期以来，出现增长的是生产机械和设备的专利，特别是纺织、农业机械和发动机建造（原动机和泵机）；18 世纪 80 年代后期，酿酒和蒸馏设备相关专利也出现了增长。这 4 个资本设备加在一起，占了 18 世纪 80 年代所有专利授权的 20%，在 90 年代则超过 1/4。

表 8.1　1750～1799 年资本货物专利

单位：项

148

发明类型	专利数量					
	1750～1759 年	1760～1769 年	1770～1779 年	1780～1789 年	1790～1799 年	合计
动力源/泵	10	21	17	47	74	169
纺织机械	5	6	19	23	53	106
农业机械	1	3	5	22	27	58
酿酒/蒸馏设备	0	1	2	4	17	24
小计	16	31	43	96	171	357
机械工具	1	4	1	2	3	11
制盐设备	2	3	2	1	2	10
制糖设备	0	1	7	1	1	10
一般化工设备	0	3	2	9	9	23
建筑工具和机械	1	2	4	2	5	14
采矿机械	1	5	3	7	5	21
冶金设备	6	9	11	18	19	63
造船/对接/制绳	4	14	7	17	37	79
运河和道路建设	2	1	1	2	24	30
其他工业机械	1	5	11	13	18	48
合计	34	78	92	168	294	666
占所有专利的百分比/%	37.0	38.0	31.3	35.2	45.2	38.3

这个门类的发明非常适合申请专利，因而有各种各样的因素促进发明活动。使用这些设备的工业规模都在扩张，这就是一个例证。人们可能会把这种数量的增加看作消费品工业迅速发展和人口增长需求的进一步证明，不过实情不止于此。因为，1790～1830 年，即使不是更早，市场投资转向了更高固定资本比率的行业。棉花一路领先，也是唯一固定资本占投资一半以上的行业；
149 其他纺织行业则纷纷跟上。[17]在 18 世纪下半叶，无论固定资本与流动资本的比率如何，前者的上升甚至波动都体现在生产机械和设备上。这一过程或可增加创新的机会，特别是容易获得专利的发明。以瓦特的蒸汽机为例，它广泛应用于许多产业，给发明活动和专利活动带来了双重动力：首先人们会尝试规避瓦特法案（*Watt's Act*），制造更多周边发明；其次，人们还可以依靠新能源或者作出新改进，发明新的机器，并且申请专利。[18]

伴随着资本设备投资的增长，一个独立、专门的资本货物门类出现了。许多早期纺织厂都会设置细木工、木匠、铁匠和钟表匠等固定岗位生产和维护机器，酿酒师也通常会雇用专属的铜匠和技工，不过独立承包商仍然有很大的经营空间。[19]后来专家们开始大量生产机器以满足新的生产需求，自己也在固定设备上投资，专利保护的价值随之上升。这些人越来越多地参与到专利制度中，自称是发动机制造者、技工或者机器制造者，占专利总数的比例从 18 世纪 50 年代的 3% 上升到 80 年代的 6%，到 90 年代则飙升到 13%。冶金工和矿主更倾向于使用自己工人生产设备（蒸汽机除外），这可能是他们的行业在资本设备专利中表现不突出的重要原因。[20]

可支配收入的增加是另一个值得我们考虑的经济因素。在下一节讨论"消费者"专利时，这个因素会更重要。英国的消费者协会究竟始于何时？这个问题众说纷纭，分歧很大，有 16 世纪中期、18 世纪早期和 1750～1780 年等各种说法。如表 8.2 所示，因此，如果笔者在这里断言 18 世纪下半叶专利的激增就能代表"消费社会的诞生"，未免是不明智的。然而，所有这些假说都认为，消费社会最迟在 1750～1775 年就已经诞生了，第三个假说则强调消费社会在这一时期的波动和增长。虽然英国的人均消费可能在 18 世纪七八十年代有所下滑，但个人总消费水平似乎持续增长。[21]更重要的是，无论实际工资总体上发生了什么变化，只要有能力定期支付"体面品"（decency，甚至偶尔是奢侈品）社会群体的增长速度至少与总体人口的增长速度保持一致，就可以确保专利权人的国内市场不断扩大，因为他们的产品瞄准的就是这些"中等阶层"。艾弗斯利（Eversley）的估计表明，这些群体的增长速度甚至更快。他指出，在 18 世纪 70 年代，英国的国内生产其实是在加速增长的。克拉夫茨的数据还表明，在那个年代，国内总支出也在上升（集中在资本家、地主和房东），麦肯德里克（Mckendrick）则认为这是那个世纪最后 20 年持续的炫耀性消费。[22]

表 8.2 1660～1799 年登记的年度专利数量 单位：项

年份	数量	年份	数量	年份	数量
1660	2	1710	0	1760	14
1661	5	1711	3	1761	9
1662	4	1712	3	1762	17
1663	7	1713	2	1763	20
1664	2	1714	3	1764	18
1665	4	1715	4	1765	14
1666	2	1716	9	1766	31

续表

	年份	数量	年份	数量	年份	数量
	1667	2	1717	6	1767	23
	1668	5	1718	6	1768	23
	1669	3	1719	2	1769	36
	小计	36	小计	38	小计	205
	1670	0	1720	7	1770	30
	1671	3	1721	8	1771	22
	1672	4	1722	14	1772	29
	1673	7	1723	6	1773	29
	1674	5	1724	14	1774	35
	1675	10	1725	9	1775	20
	1676	4	1726	5	1776	29
	1677	7	1727	7	1777	33
	1678	7	1728	11	1778	30
150	1679	3	1729	8	1779	37
	小计	50	小计	89	小计	294
	1680	0	1730	12	1780	33
	1681	6	1731	9	1781	34
	1682	8	1732	3	1782	39
	1683	7	1733	5	1783	67
	1684	13	1734	8	1784	46
	1685	5	1735	1	1785	61
	1686	3	1736	5	1786	60
	1687	6	1737	4	1787	55
	1688	4	1738	6	1788	42
	1689	1	1739	3	1789	43
	小计	53	小计	56	小计	477
	1690	3	1740	4	1790	68
	1691	20	1741	8	1791	57
	1692	23	1742	6	1792	85
	1693	19	1743	7	1793	43
	1694	11	1744	17	1794	55
	1695	9	1745	4	1795	51

续表

年份	数量	年份	数量	年份	数量
1696	5	1746	4	1796	75
1697	3	1747	8	1797	54
1698	7	1748	11	1798	77
1699	5	1749	13	1799	82
小计	105	小计	82	小计	647
1700	2	1750	7		
1701	1	1751	8		
1702	1	1752	7		
1703	0	1753	13		
1704	5	1754	9		
1705	1	1755	12		
1706	4	1756	3		
1707	3	1757	9		
1708	2	1758	14		
1709	3	1759	10		
小计	22	小计	92		

资料来源：班纳特·伍德克罗夫特（编辑）《发明专利年表索引（1854）》（*Chronological index of inventions*（*1854*））更正与修正（见第 224 页，第 31 条）。

8.2　短期因素

我们上文讨论了专利制度中新生、持续和普遍的压力，但也有短期、重叠和巧合的现象，而这些现象同样促使人们申请专利：始于某个行业或行业的成员，然后逐渐扩散。在 18 世纪上半叶，一般不会出现专利总数达到两位数的情况。不过在 1766 年，专利获批总量达到了史无前例的 31 项，之后 18 世纪 70 年代的年平均数字再也没有低于这个水准。1783 年，年专利授予量跃升至 64 项，相当于 90 年代的年平均水平。每当年度专利授予总量下降时，并不会低于前一个时期的峰值，之后也会出现回升。笔者很难解读造成这种棘轮式趋势的长期和短期波动之间的关系。短期专利申请量可能只是因为混进了投机分子，是金融乐观主义浪潮带来的泡沫，不过也可能在长期增长中发挥了作用，因为专利申请量走高之后能够进一步在公众中普及专利制度，发明人和制造商也会随之申请防御专利。T. S. 阿斯顿（T. S. Ashton）评论道：“事实是，繁荣 151

时期的专利就多，萧条时期则专利亦难幸免”，达顿认为，1788年后的专利统计数据就显示出“主要（贸易）周期中的一般波动”和专利登记数量之间存在密切关联。[23]不奇怪的是，在常规贸易周期出现之前，18世纪的模式并不完全符合笔者的预期。就像专利一样，危机可分为多种类型。市场的涨跌原因多种多样，我们当然有道理说不同类别的专利持有人的决定会受到不同原因的影响。[24]有些人两只眼睛都盯着股市，有的人还会盯着竞争对手。我们有必要作一次分类统计，以确定不同类别的专利所有人都对何种外部市场的刺激因素作出了反应。

专利数量的第一次激增发生在17世纪90年代早期，之后就开启了专利年度增长的大潮。当时威廉三世在爱尔兰和法国发动战争，对国际贸易和金融市场施加限制，直接刺激了某些行业的增长，也间接对其他行业产生了影响，从而造成了一波牛市，一批股份公司也赶着成立了。[25]到了1694年年初，专利的高潮轰然退去。当时股市一片大跌，而专利与股票的关系过于密切，不可能不受影响。当时失望笼罩着市场，始终没有出现大额的创收，一起又一起欺诈、经营不善和“恶意”的股票投机案纷纷被揭露，终于戳破了金融泡沫，人们再一次对各种冒进的商业规划产生了怀疑。专利不仅名声扫地，更糟糕的是还被人当成了股票交易的幌子。无论是在新成立的股份公司内部还是外部，专利
152 权人都受到牵连，当然，其中也有实属活该的。专利的污名挥之不去，在接下来的20年里，专利权人反复喊冤，说自己“做的不是什么新项目”，不应当承受这众多责骂。[26]此外，投资者们对所谓的“疯狂规划人”感到厌倦，在1694年春天转向规模更大也更安全的新筹资渠道，那就是国债。起初是英格兰银行和百万彩票（Million Lottery）搭台，后来新东印度公司和南海公司接着唱戏，它们发行的长期年金和彩票投机抽空了资本，甚至海外贸易公司都喘不过气了。[27]

专利继续表现出对金融环境的敏感性。在1704年年末的金融危机爆发、冲击伦敦货币市场之后，1705年的专利申请量为0项；1709年8月之后的两年多时间里，也没有人申请专利。那是一个出现了“严重金融恐慌”、庄稼欠收、政治危机此起彼伏的灾年。[28]在安妮女王统治的最后三年里，经济信心逐渐恢复，每年的专利总数缓慢上升，在1716年利率下降后上升到9项，之后趋于稳定，1719年熊市后再次下跌。大批无知无畏的英格兰投机分子蜂拥而至，把股市炒至高温，在南海泡沫中登峰造极，并带来了大量的专利。若不是大法官们迅速行动、严厉打击，可能专利总量还要再上涨。[29]18世纪公共财政的大部分危机都是由年度专利申请量的下降引起的。在霍普比看来，上一次纯粹的公共财政危机发生在1761年，那时专利数量还没有开始“井喷”。1772

年和 1788 年发生在私营部门的危机都没有导致专利数量下跌，1763 年和 1778 年的危机同样没有同时影响到这两个部门（也都是相对较小的事件）；然而，专利制度在 1793 年和 1797 年两次危机后终于支撑不住了。[30]1769 年、1774 年和 1783 年的专利总数也折射出投机行为的激增。然而，在不考虑金融市场总体状况的情况下，18 世纪的专利权人对特定的刺激也有反应。在 1760 年之后的 30 年里，这些应激反应出现了几个互不关联的高峰，最明显的分别在 1766 年、1779 年和 1787 年出现高峰。

下面讲 4 个案例来说明某些专利权人如何应对特定商品价格变动所提供的商机。这 4 个案例涉及不同类型的专利权人，有些对特定行业有兴趣，有些兴趣相当宽泛，不过后者是占少数的，涉及的技术相对简单时尤其如此。在 1713 ~ 1721 年的 9 年间，有些专利权人建议用一系列不同的种子来榨油，这些人可能已经盯上了在 1717 年达到顶峰繁荣的毛制品产业。[31]其中一位名叫亚伦·希尔的人曾派出代理考察羊毛区对油料的需求。他对潜在投资者表示，自己收到了好几份有关油料价格上涨的报告，写的都非常乐观。他的康沃尔郡代理人说，自己遇见了一群梳羊毛的人，看到这么好的油都喜出望外。他们一直缺乏橄榄油，生意也深受其害。[32]1742 ~ 1751 年，英国与西班牙开战，橄榄油供应减少，其价格也从每加仑 26 英镑涨到 60 英镑，导致 1743 年英国西部地区爆发了广泛的抗议，重新点燃了人们对种子油的兴趣，有 4 项专利由此而生。[33]

虽然之后出台了专利份额不得分割为 5 份以上的禁令，不过 18 世纪 20 年 153
代又燃起新的兴趣，1721 ~ 1730 年颁发了 94 项专利。人们发现，投机性较强的领域普遍预期较好，建筑业和运输业尤其乐观。[34]1724 年的 14 项专利中有 8 项建筑业和运输业专利，1725 年的 9 项水泵专利中有 3 项属于这两个行业。在这 9 项专利中，4 项属于城市供水专用，3 项（包括纽山姆的）是消防车专利，还有 2 项水管专利，此外还有 1 项化学灭火器专利。这种专利申请趋势与同时期的建筑活动相吻合，尤其符合伦敦的情况。1716 ~ 1720 年，英国由于战时中断了瑞典铁进口，导致铁价格上涨，此时出现一大批矿物燃料冶炼生铁的专利申请，并一直持续到 18 世纪 20 年代。[35]1721 年，专利申请人布朗和怀特承认自己的发明并不具有新颖性。他们早在 20 年前就用煤冶炼铁矿石了，但当时并不认为值得申请专利，原因就在于当时木材价格低廉，也有许多进口钢铁，卖得都很便宜。[36]

1751 年，英国珍珠灰（一种较精细的碳酸钾衍生物，应用于多个行业）的价格在 10 年内上涨了 50%。议会认为形势非常严峻，应当取消从美国殖民地进口珍珠灰的关税。[37]自 1718 年以来，珍珠灰领域就没有获得过专利；如今

2 年内就有 3 项有关珍珠灰的专利获批，其中 1 项还是专门针对美洲珍珠灰的。可惜光景并不长久，珍珠灰的价格在 1753 年进一步上涨至每吨 34 英镑（相当于 1740 年价格的两倍），又在两年后回落至 28 英镑。有些总部位于德比郡的“美洲”专利权人发现，他们无法与更优质的地中海产品竞争。[38]从食盐中提取碱与当时制珍珠灰的成本相似，因此各种食盐制碱法十余年来没有一项获得专利。[39]

现在我们来关注一下 1783 年和 1792 年这两个 18 世纪晚期最大的专利高峰。最突出的一点在于，它们虽然在强度上有所不同，但在性质上皆异于当时周围的“大环境”。这两次高峰之间细微的差异只是年代问题：1783 年专利高峰以消费品为主，而 1792 年专利高峰包含了更多的资本货物。不过这两次高峰都归功于制造商的稳定贡献，以及对特定刺激作出反应的规划者的专利。正是前一个因素维持了专利数量潜在的上升趋势；1750 ~ 1760 年的年平均专利总量大约在 60 项，与 1783 年专利高峰也是存在区别的。不过这种上升趋势在
154 很大程度上是连续而间歇性的。1783 年和 1792 年，在市场不断扩大、行会监管崩溃的大背景下，制造商和工匠一边寻找商业机会，一边监视竞争对手。他们的反应也是有波动性的，正是这种偶然的巧合造就了专利总量的几次峰值。

18 世纪的专利制度受到了一小部分消费品专利连续集中的冲击。这些产品大多面向中产阶级市场。第一波冲击来源于万能药。在 1740 ~ 1760 年授予的所有专利中，有 22% 涉及了万能药。在 1760 年后，医药专利的数量保持稳定，相对份额却在下降。那段时期医药产业主宰了专利制度，其程度空前绝后。18 世纪 70 年代，诺丁汉郡乌泱泱的袜子和蕾丝制造商从药剂师手中接过指挥棒，占据了英格兰专利制度的榜首；到了 80 年代，伯明翰和伦敦的纽扣和带扣制造商后来居上。截至 18 世纪 70 年代，这些行业总共拥有 26 项专利（占 9%），80 年代为 48 项（10%），90 年代回落至 19 项（3%）。[40]

在中产阶级的消费品背后，也有专利的暗流涌动，其中大多数是由相关行业的业内人士获得的。个人用品专利在 18 世纪 80 年代最为耀眼：鞋子、木屐、靴子、溜冰鞋、手套、外套、马裤、背带、雨伞、假发、剃须材料、桁架、眼镜和假牙在 18 世纪 70 年代总共产生了 6 项专利（2%），80 年代飙升到 25 项（5%），90 年代也获批了 17 项（3%）。从壁炉到火警器，从洗衣机到抽水马桶，再从烛台到炊具，这些家居用品也占了可观的比例。[41]在 18 世纪 70 年代，上述用品的专利占了 35 项（12%），80 年代获批 76 项（16%），90 年代共有 77 项（12%）。[42]即便是那些实用性相对较弱的家具，也表现出了类似的情况：乐器在过去的 30 年里专利分别有 9 项（3%）、13 项（3%）和 14 项（2%）；钟表和科学仪器分别有 16 项（5%）、18 项（4%）和 22 项

（3%）。[43]总的来说，家居和个人消费品（药品、食品和建筑除外）在 18 世纪 70 年代总计有 92 项专利（31%），在 80 年代有 176 项专利（37%），到了 90 年代则有 140 项专利（22%）。而在 18 世纪 50 年代和 60 年代，相关统计分别为 7 项（8%）和 48 项（18%）。消费品专利在 18 世纪 70 年代和 80 年代迎来了两波高峰，而 80 年代是设计类专利数量的“黄金十年”：有 50 项（10%）发明专利只有设计或外观变化，而在 1750～1799 年获批的所有此类专利中，有 61% 都是在 80 年代授予的。

专利药品绝大多数归于医疗职业人员和业内人士。他们更关心供应商之间的竞争，对外部刺激的反应相对较弱。无论是传染病流行还是战争爆发，都没有导致专利药品激增，它们往往是在流行病之后才井喷的（例如 1740～1741 年）。流行病消退之后，对专利的称赞催生了一大批江湖医生和万能药。致命 155
传染病大流行时期，慢性和轻微疼痛往往没那么重要，如今瘟疫退去，是时候重新在这些领域竞争了。专利药品可能是第一种通过协同广告产生持续需求的商品，踩着街头小报一步步走上神坛。18 世纪的头几年，地方报纸开始出现；到 1740 年有 31 份，1745 年后期最多，达到 41 份。[44]

这些消费品的大多数其他专利也由业内人士取得。专利的种子一旦种下，怎么可能不在激烈的竞争对手中扩散开来？[45]那些郎埃克大街上的伦敦马车制造商就是一个很好的例子。毫无疑问，当时客车服务和私人购车都出现了增加，行业预期普遍乐观。然而，他们对 18 世纪 50 年代早期的一系列公路收费法案并没有作出特别的反应。进入 18 世纪 60 年代，1765 年通过了一般公路收费法（*General Turnpike Act of* 1765），马车专利申请数量才开始井喷并持续走高。相反，马车制造商关心问题的角度非常特别。1750～1772 年，他们重点关注弹簧，当时 22 项与马车有关的专利中就有 13 项弹簧专利。同一时期只有 4 项专利涉及轮轴，到了 80 年代就有 12 项，弹簧专利的数量反而为 0 项。这两组专利（即轮轴与弹簧）绝大多数都是由马车制造者和弹簧制造者，以及铁匠、车床工和家具工等其他一些相关行业的工匠获得的，其中 3/4 的人住在伦敦。这是 18 世纪后期大多数专利的典型特征：工匠发现潜在的改进可能会影响消费者对各个竞争供应商的选择。专利自身的价值则在于商誉和日后的许可费。上述发明都非常相似，但没有引发法律诉讼。

最明显的例外是一种洗衣机，一种相对较新的家居用品。洗衣机“不属于”任何行业。有 13 项洗衣机专利都集中在 1780～1793 年：1789～1793 年的 5 年间就产生了 10 项洗衣机专利。当时也是一个专利高度繁荣的时期，这 10 项洗衣机专利的权利人分别有木匠、科学仪器制造商、金匠、客栈老板、印刷工、绅士、建筑师、钟表匠和印染工，除了后 3 位之外，其余的都是伦敦人。[16]与此同时，在18世纪70年代早期和80年代中期，也出现了类似的专利热潮，分别涉及油灯和抽水马桶，以及逃生梯和报警器。这些都是家居奢侈品，绅士和中产阶级的购买力可能足以撑起对其专利权人有利的规模。当时完全可以改进一台钢琴或者望远镜，发明出新的商品，而不需要任何专门的知识和技能。士绅发明人和商人可能会借此扩大其产品范围。他们还特意盯上了打
156 击城市犯罪的领域，并且试图营利，尤其关心扒窃和入室盗窃。1775～1800年，英国政府授予了28项反犯罪装置专利，主要是锁具、防盗警报器和反扒窃装置；还有一位专利权人在1796年设计了一款防盗尸棺材。[17]诚如普罗塞所言，“恐慌、时尚和大众的热潮，通常都会在专利登记簿上留下印记”。[18]

1792年出现的专利高峰，在很大程度上是低利率背景下市场信心膨胀的产物。自18世纪80年代中期以来，已经低位运行的利率仍然在稳步下降。这波高峰中有大量工农业机械、机器以及运河建设的专利，这些经济领域都受惠于相对廉价的资本 。工农业机械作为英国经济向较高固定资本投资率长期转变的一部分，笔者已经对它进行了分析。毫无疑问，农业对利率的短期变动也很敏感。资本货物生产商都是臭名昭著的贸易周期观察家，观察好时机就去申请专利，造成了专利数量的低谷和高峰。这些人长期占主导地位可能也要对1788年后专利总量和贸易周期的密切挂钩负有一定的责任。在18世纪90年代早期，一项典型的“规划者专利”涉及运河船闸、船闸替代品、疏浚设备和驳船；到了1791～1796年运河热时期，有12项这类规划专利。这类专利的投机性质进一步表明，虽然专利权人自称“绅士”或“乡绅”的比例高达50%，不过正常情况下应该约为18%。在18世纪90年代之前，专利还与建筑业周期存在投机性联系，而1794年开始的大萧条在很大程度上被史家忽略了。在1785～1794年这繁荣的10年里，有23种建筑材料、工具和设计获得了专利，之后5年里又有18项，其中大约一半是由建筑业从业者取得的。

在上述看似简单明了的18世纪专利统计数据背后，隐藏着各种各样的产业、专利权人类型以及申请动机。如果说纺织业和金属加工等主要制造业在专利上有很好的代表性，那么专利药品和江湖医生的骗术也溜进了专利的大雅之堂。某些专利涉及重大发明，大多数只是小改进、小装置或设计上的小改变。无论是为了收取许可费还是给自己的产品打广告，绝大多数人申请专利都是出于经济上的考量，抢占申请专利也是如此。这些专利与发明创造的关系不大，但与新兴资本主义有很深的渊源。这个时期的专利数量经常随利率涨跌发生短期性波动，无法据此判断有关发明的趋势，因为申请专利往往和发明创造不相关，其间还要间隔数个月到数年不等。

1775 ~ 1800 年专利的井喷表面上似乎验证了工业革命是一场“腾飞”的观点。这种观点认为，工业革命是从 1780 年前后一个突然和根本性的历史断层那里“一飞冲天”、一蹴而就的产物。不过如果我们认识到这一时期的专利和技术革命之间的关系相当无常的话，这种“一飞冲天”就很值得商榷了。笔者认为专利与 17 世纪晚期开始的英国经济结构调整之间的关系更加密切。如果我们认为专利现象背后可以体现什么东西的话，那主要还是专利制度越来越深入人心，以及人们对专利采取的态度是防御主义或者机会主义的。从外部因素来讲，这本身就是通信进步，特别是伦敦和地方之间通信的表征，也意味着英国全国统一市场的巩固。其次，如果我们对专利进行分类，就能得出一个粗略的经济指数，反映出资本主义化的背景下，各个经济竞争中心的情况，还能揭示出一个新的经济部门，即专门资本货物行业。此外，只有经历了这样的分析，我们才能对 18 世纪英国人的技术焦点与关切一探究竟。 157

第 9 章 发明的目标

158 笔者在第 6 ~8 章得出一个结论，专利登记不能准确反映当时技术变革的方向，也没有证明发明时机和节奏的价值。但是我们不能因此就仅仅把专利登记簿当作对于专利的记录而束之高阁。虽然专利肯定不能囊括所有的发明，不同的产业之间专利分布也不均匀，但是专利的确能在部分程度上反映发明活动的状况。某些类型的发明很流行，这也能反映出对应经济领域中存在的压力和机会，我们可以小心地解释有关现象。不过我们不应该假设自己就能由此出发窥得全貌。到目前为止，笔者已经透过统计数据，看到专利发明的类型、所属的行业以及专利申请人的有关信息。仅凭这些信息，我们仍然不能了解发明人当时面临的技术难题与出路，不过不妨看看专利权人自己的说法。我们还能从中发现一些有关这一时期技术在英国经济中发挥作用的更普遍也更基本的假设，以及这些假设在一段时期之内的变化。节约劳动力还是节省资本，孰轻孰重？人们搞技术创新，是因为劳动力要偷懒，还是更多地因为当时失业率极高？当时的英国社会是否存在一种长期以来的资源短缺，所以才倒逼对新能源的探索与发现？

仅从专利权人的自我解释出发，就希望解决如此宏大的问题，实属盲人摸象。回答这些问题，不能从专利权人的自我解释出发，当然也不会止步于此。接下来，笔者打算通过比较文献证据，补充我们的信息来源，并且回应方法论上的难题。首先，我们在前文引出了一个明显的反对意见，即专利与发明不可混为一谈。其次，大多数专利权人并没有给出自己解释。最后，即便有人解释了自己申请专利的前因后果，我们也不确定这些就是真实的。他们说的有没有可能只是官方想让表达的；而他们没说的是否就是一些“显而易见的事情”，
159 只是作了一些间接的解释？因此必须强调一点，本章的研究结果对于研究当时的发明人和制造商所面临的技术问题和解决方案只能提供盖然性的证据，而不

是决定性的证据。不过因为在其他情况下，发明人很少为自己的发明活动提供理由，因此专利申请人的自述仍不失为一项罕见的直接研究的途径。这些自述能为我们提供另一种观察问题的视角，可以借此从正在申请专利的发明类型以及存在于经济中的资源不平衡现象（例如木材短缺或纺纱织布产能不均衡）出发，推导出这些人申请专利的动机。

9.1　节约劳动力

尽管半个多世纪以来，经济学家准备承认技术进步并不总是由劳动力节约型发明所主导，[1]这个说法似乎并没有得到普遍的认同。人们普遍认为，技术变革的主要目标在于节约劳动力。不过我们有必要说，这个论断未免太过绝对了。塞缪尔·斯迈尔斯认识到了他那个时期的变化。根据他的评论，在 1800 年前后，“人们并不像现在这样重视劳动力的节约问题”。[2]在 1720 年以前，很少有专利权人或评论家把节约劳动力作为什么值得个人或国家追求的目标，不过在 18 世纪以来，人们对提高劳动生产效率越来越乐观，关心劳动力节约问题的人也越来越多了。

为什么当时的英国人会这么想？用 1760 年皇家艺术学会的一位匿名联系人的话来说，“技术和制造业一切改进的最大目标就在于寻找一种能让我们在任何给定时间用最少的人力完成最多工作的方法”，[3]而在此期间，专利权人对提高产品质量和节约资本的兴趣一直更大。如表 9.1 所示，即使有的专利权人自称发明目标在于“节省时间”（最广义的节约劳动力的表述），节约资本仍然具有压倒性的优势。[4]当然，对于这些他们所宣称的动机，也不可尽信，毕竟一项新技术能在多大程度上节约劳动力，无论是过去还是现在都是很有争议的问题。有的专利权人可能认为，如果只有少数乐天派觉得节约劳动力之后还能扩大就业，那就不得不留心自己的发明对地区就业可能造成的影响，因为济贫法（*Poor Law*）规定每个堂区都有责任管控失业。1814 年《爱尔兰农民杂志》（*Irish Farmer's Journal*）刊文总结说：“赚来的钱经常要用于维持因失业陷入贫困的人群。”[5]如今失业问题是由国家税收统筹解决的，但是在当时，这种负担就会影响专利权人的决策。

因而纳税人和工人对待新技术时都是既谨慎，又忧虑。不过，虽然专利制度中包括那些实际上可能节约劳力的专利（无论其声称的目的），在统计数据 161
上产生了一种平衡，节约资本的倾向仍然存在。

160

表 9.1 1660～1799 年专利权人声称的发明目标

目标		专利数量									
		1660～1719 年	1720～1729 年	1730～1739 年	1740～1749 年	1750～1759 年	1760～1769 年	1770～1779 年	1780～1789 年	1790～1799 年	合计
创造就业	数量/项	22	8	4	4	3	1	1	0	0	43
	占比/%	7.3	9.1	7.1	5.0	3.3	0.5	0.3	0	0	1.9
改进工作条件	数量/项	5	3	1	0	1	4	5	3	9	31
	占比/%	1.7	3.4	1.8	0	1.1	2.0	1.7	0.6	1.4	1.4
节约劳动力	数量/项	3	3	2	2	4	9	10	13	47	93
	占比/%	1.0	3.4	3.6	2.5	4.3	4.4	3.4	2.7	7.2	4.2
节约时间	数量/项	11	4	2	2	2	7	21	24	43	116
	占比/%	3.6	4.5	3.6	2.5	2.2	3.5	7.1	5.1	6.6	5.2
节约资本	数量/项	89	51	23	26	36	51	65	135	214	690
	占比/%	29.5	57.9	41.1	32.5	39.1	25.1	22.0	28.3	33.1	30.8
降低对消费者的价格	数量/项	22	5	4	4	3	7	15	7	15	82
	占比/%	7.3	5.7	7.1	5.0	3.3	3.5	5.1	1.5	2.3	3.7
改进质量	数量/项	43	17	13	16	20	63	114	170	201	657
	占比/%	14.2	19.3	23.2	20.0	21.7	31.0	38.7	35.6	31.1	29.3
进口替代品	数量/项	38	4	5	10	6	9	3	4	2	81
	占比/%	12.6	4.5	8.9	12.5	6.5	4.4	1.0	0.8	0.3	3.6
政府收入	数量/项	7	3	2	5	2	1	0	2	0	22
	占比/%	2.3	3.4	3.6	6.3	2.2	0.5	0	0.4	0	1.0

续表

目标		专利数量									
		1660～1719年	1720～1729年	1730～1739年	1740～1749年	1750～1759年	1760～1769年	1770～1779年	1780～1789年	1790～1799年	合计
其他政府收益	数量/项	25	11	2	4	0	0	2	2	1	47
	占比/%	8.3	12.5	3.6	5.0	0	0	0.7	0.4	0.2	2.1
其他	数量/项	339	67	51	87	107	254	354	594	762	2618
	占比/%	112.2	76.1	96.4	108.7	116.3	125.1	120.7	124.6	117.8	116.8
合计	数量/项	6.4	176	112	160	184	406	590	954	1294	4480
（%÷2）	占比/%	100.0	100.0	100.0	100.0	100.0	100.0	100.0	100.0	100.0	100.0

注：1. 每项专利最多计两个目标。因此所示情况是已授权专利数量的两倍。然而，百分比说明了涉及特定目标的专利比例。在此基础上，“节约资本”被略微高估了，因为当专利权人两个动机都涉及节约资本（例如节省燃料和固定资本）时，单独一项专利被计算了2次。

2. 当专利权人提出一个目标时，“其他”已被登记一次。在他未提出目标时，“其他”已被登记两次。

科克在垄断法令的评论中认为，如果实施一项发明专利会导致工人的失业，就属于“不便授予专利”的情形。[6]“为成千上万穷苦人解决就业”类似的承诺，仍然是专利申请人向政府申请专利时的普遍说辞。1660～1750年，38位专利获得者（以及另外7位正在审批的申请人）明确表示，他们的发明能够创造就业。相反，只有7位申请人声称他们的发明将节约劳动力，此外还有6位申请人提到“同时节约劳动力和成本”等，作为一种专利的次要用途。1698～1721年，最先提出的3项节约劳动力的专利申请，最终都没有获批。[7]1696年，伦敦手套匠人乔治·卡普斯塔克（George Capstack）获批了一项滚筒榨油专利，“相较目前英格兰的作坊和机器，可以以更少的人力和财力碾磨和压榨更多的油料种子”。[8]由于卡普斯塔克只是改进了滚筒的效率，所以他的发明并不是一项技术替代，也没有构成什么重大威胁。一般来说，以机械取代手工或者半手工劳动的专利受到的阻力更大。虽然有几项专利看上去会节约劳动力，但是申请人都保证实际可以增加就业。约翰·沃特灵顿就强调说，使用了他的新型毛皮切割机器，在准备和清洗毛皮的环节中仍然会雇用和以前一样多的人手。[9]

不过没有史料表明这个时期的英国政府只会以威胁就业为由驳回专利申请或者撤销专利，只有索莫斯等谨慎的司法官员才调查过一项可能会造成失业问题的专利申请。[10]有些利害关系人显然认为应该加大控制力度。1733年，科尔切斯特的织布工和织羊毛工对凯的羊毛制衣机和梭机专利表达过不满。凯自己则声称这两台机器分别可以取代4个人和2个人的工作。[11]这种实际上的宽容与科克的严格规定之间形成了鲜明的对比，或许能很好地向我们展现17世纪时期英国政府对国内经济环境和相关需求看法的变迁。当时的人口压力缓解，市场扩大，经济体系在1665～1667年接连两个灾年中都很有韧性。正如瑟斯克所言：“对100万名饥民的恐惧，不再像幽灵一样萦绕在人们心头。这些饥民如今都成了能干的劳动力。”[12]不过直到18世纪，才有一小部分人得出结论，认为机械辅助劳动有益。

162 在18世纪中期前后，在创造就业与节约劳动力之间的政策考量开始显著转向。最后一项提到可以创造就业的专利是1777年威廉·贝茨（William Betts）发明的织袜机的配件。不过讽刺的是，要不是贝茨收官，这个名号本来要落到阿克莱特的水力织机专利上。不过在短短8年前，这项专利还是当时就业标准的体现。阿克莱特还说自己那些明显节约劳动力的机器可以“给穷苦人创造大量的就业岗位”。当然，他这么说没有什么错，这二者间也不存在必然的矛盾。不过这些矛盾在纺织工人和纺纱工人经历了几十年痛苦的下岗和转业之后才终于调和了起来。[13]当时英国社会并非不再关注创造岗位和维持就业，也不再需要完全受制于此。18 世纪 90 年代，当就业重新成为核心问题时，当时的重点完全放在了节约劳动力的问题上。有 47 名专利权人声称自己的专利能节省人工，比 17 世纪前几十年的总和还多。当然，这一转向值得研究，不过从客观上看，这类专利只占 7%，还有 93% 的专利并未说明有节约劳动力的潜力。

人们对节约劳动力的技术有着根深蒂固的偏见，认为这种技术既闲置人力资源，又会造成社会混乱。这些反对者一般心里也都清楚，机械取代人力是大势所趋，不过也有例外。在经济与人性发生冲突的时候，大家一般都赞成把人踹开，给经济让路，也总有一点反对的声音。纺织工人反对引入新机器时承诺：

> 机械可以作为人类劳动的辅助，把理性的人类从那些认为卑贱的职业中解脱出来，或者从奴役和烦恼中解放出来，也能摆脱人力劳动自身的枷锁。但是如今羊毛产业中的机器数量太多了，机器开始凌驾于人之上。[14]

最明显的例外就是船上的抽水机。船只是沉没还是获救，就取决于生死时刻用功的多少。矿井的排水机器也差不多，经常有好几百名男女劳工像囚犯一样不眠不休地抽水。[15]迪恩·塔克（Dean Tucker）在纺织业对机械的抵制与矿山和金属加工行业对机械的广泛采用之间进行了对比研究。[16]当时萨弗里发明蒸汽机是为了解决采矿的两个主要问题，一是井下致命的毒气问题，二是“不值得浪费大量的马匹或劳动力”的排水问题。用了他的蒸汽机，可以让矿产量在几年内翻两番甚至三番。[17]1732 年，在约克大厦（*York Building*）案中惹下恶名的比林斯里（Billingsley）进一步称他的抽水机可以解决其他机器都解决不了的矿洞抽水问题，从而让成千上万期盼天气潮湿矿机失灵的矿工继续工作。[18]这就是从节约劳动力到创造工作巧妙且合理的转变。如果没有蒸汽机和更有效的抽水装置，许多矿井就要闲置了。 163

有些发明人不仅伪装以慈善为名提出要节约劳动力，还很关心纳税人的利益。机器既不需要手工也不费力气，能为那些虚弱、年幼或老迈而不能工作的人提供就业机会。1677 年，理查德·海恩斯出版的一本小册子就是一个很好的例子。海恩斯发明了一台纺纱机，第二年就以此申请专利，这本小册子还介绍了他发明背后的想法。[19]海恩斯建议在每个郡都设立贫民工厂，让穷人生产亚麻布料，既能减少贫困人口，还能降低亚麻进口，可谓一举两得。[20]海恩斯认为，最大的障碍可能在于这些贫民员工工作能力不足，不能保质保量完成生产任务，所以他发明了一种机器：

> 一个人就可以转动 50 台纺车，满足 100 人同时纺纱，这样纺织工除

> 了从线杆抽线之外就没什么需要动手的了。同样，50 个人用一台机器一天就能打出 100 个人耗时 2 天打出来的麻布。[21]

这样看来，海恩斯为他的新技术预测了极高的经济效益，但应用范围也非常有限。这种技术治标不治本，除了那些陈词滥调，根本无力实现他预想的那些经济目标。他天真地打算只把这些机器投放到慈善机构，“这样就可以全力奉献于慈善，而不致使私人滥用这些机器，损害我们虔诚而必要的设计”。[22]也许这就是他申请专利的目的。1704 年，迪福严厉抨击了这种目光短浅的贫民工厂项目。迪福认为，除非找到额外的市场，否则让穷人在已有的制造产业中工作，就像是“从艾塞克斯穷人的口中夺食，喂给米德尔塞克斯的穷人”。[23]同样至少另有 3 项节约劳力的纺织机器专利申请引述了海恩斯的理由。[24]在英国，机械锯属于受到的抵制最强烈的发明之一。1683 年，商人约翰·布思（John Booth）突然灵光一现，声称能让退伍士兵获得真正的能力来养家糊口。[25]

一般情况下，我们不好确定专利权人使用“节约劳动力”一词究竟是指
164 提高劳动生产率，还是减轻或节约劳动力。总有一小部分专利权人申请的时候会用这类模棱两可的术语。毫无疑问，肯定有人是怜悯劳动者工作的辛苦，害怕他们遭受危险的，不过这种家长式的关心总是因一定程度的经济需要而有所缓和。例如，塞缪尔·泰勒就在 1723 年说，他的缝纫机“提高了工人的速度，进一步保障了他们的安全，从而节省了很多成本，节约了大量的劳动力”。[26]虽然泰勒说得比较人道，不过这背后是残酷的经济事实。当时市场对纺织品的需求增加，制衣商付给工人的工资也必然是水涨船高。[27]在那些明显危害工人健康、严重阻碍就业的产业当中，就更有必要关注劳动保护问题。陶瓷业的本森发明了一种在水下研磨燧石的设备，降低了工人感染尘肺风险，以此降低招工困难。[28]伯明翰的纽扣制造商威廉·柯林斯（William Collins）推广了他发明的新镀金工艺，以期减少工人与汞的接触。[29]18 世纪 90 年代，人们再次关注劳动保护问题。有 3 位专利权人分别致力于将陶器、玻璃和白铅业内工人铅中毒的风险降到最低；有一位要维护海员健康；还有一位研究麦芽工人的劳动保护。测量员丹尼尔·戴维斯（Daniel Davies）发明了一种打扫烟囱兼灭火的机械装置，从根源上解决了工人在烟囱内作业的安全问题。[30]

1725 ~ 1750 年，专利权人对攻克机械难题的兴致更高了。1727 年，彼得（Peter）和艾萨克·布兰查德（Isaac Blanchard）公开宣布，用他们制造的织布机生产丝绸，一人一天的生产量与 20 个人的日产量一样高。1730 年，凯宣布自己的捻线机可以在 1 日内完成 3 日的工作。[31]1736 年，约翰·怀亚特（John Wyatt）和刘易斯·保罗准备一起为一款纺纱机申请专利，为此专门写

道："我们担心有些人害怕自己丢掉饭碗，所以才会反对我们的专利。"[32]他起草了一份冗长而细致的说明，对可能替代的劳动力人口以及这些人员的再就业速度进行了复杂的计算。按照他的说法，一家有100名员工的制衣商可能会辞退30名"最能干的员工"，但是与此同时能够解决10名儿童或残疾人的就业问题，那么这家制衣商可以多取得35%的利润，所属的堂区能获得5英镑扶贫资金，而"国家也能获得30个能干的劳动力"。由此可见，怀亚特并没有回到所谓"搞慈善"的陈腔滥调里，而是试图直接解决现实问题。"现在我们仍然要解决这30人的就业问题，我也要肩负起在全国各地推广机器的使命，削减不必要的工作岗位"，不过如果这些机器是逐步推广的话，以年轻女性为主的纺织工人也有时间干农活。机械化也会产生动态效应：制衣商的利润会刺激其扩大贸易，创造就业机会，尤其要扩大机械化纺织部门，从而重新吸收部分下岗工人。怀亚特发现工人们可能一时间难以认同这些在他看来"不言而 165
喻"的论点，从而建议制衣商不要只拘泥于经济学上的推理，而应该给纺织工人一些物质激励，引导他们接受机械化。[33]时任总检察长莱德对怀亚特的说法深表认同。莱德在专利审查报告中认为，虽然表面上怀亚特的机器会减少就业，"但是考虑到它给羊毛制造产业带来的利益远大于其弊端，初期的就业问题也就可以忽略不计了"；怀亚特的机器能给英国带来很好的商机，英国制成的衣服可以比法国货卖得更便宜，"那些现在看上去毫无用处的人将因此造福大众"。[34]我们可以看到莱德报告关心的问题发生了重大的转变。在成千上万工人的生计面前，英国的总检察长认为羊毛制造商的利润可以和制衣工人与堂区纳税人的利益息息相关。

莱德也算是顺应了时代潮流。他的论调并不新鲜，但是如今可以登堂入室，公开传播，而不会像17世纪那样有遭到谴责的风险。17世纪那些支持劳动力节约型设备的人认为，纵使机械化会得罪人，但是在外国竞争面前，我们别无他法，只能革新，墨守成规就是近乎疯狂的短视。用他们的话来说，既然可以印刷，为什么还要抄写？既然可以用犁，难不成还要用手刨土吗？[35]不过到了17世纪与18世纪之交，少数人开始认为，使用节约劳力的机器是百利而无一害的事情，因为机械制造业扩张之后，也能维持充分的就业。[36]这种乐观的看法是建立在当时新涌现出来对市场韧性的信念之上的。尽管在接下来的半个世纪里，这一观点没有在经济学文献中得到普遍反映，但也是相关各方争论的焦点，怀亚特的辩护就是一个明显的例证。当然，人们在推行机械化的时候一定会有顾虑，因为工人们抵制一切把他们的手工技艺异化成机械劳动的创新、管理与规训他们工作模式的创新，那些除非他们以壮士断腕的决心适应前两种异化，否则最终就要把他们送进济贫院的创新。[37]1780年12月，《伯明翰公报》（*Birmingham Gazette*）就掷地有声地阐述了工人群体的观点：

> 如今有一项发明已经取代了辛苦手打钉子的匠人，它会给这一重要的制造业多大影响（原文如此）？这是很值得大家深思的。难道我们就能看着它颠覆这一伟大的营生吗？难道4万名有用劳工的幸福，还比不上40个人的吗？[38]

这种观点能迅速被广大的英国工人认同，是不无道理的。[39]

然而在18世纪30年代，统治阶级似乎接受了这些节约劳动力的机器。怀亚特不是唯一倡导机械化的人。1736年，马丁·特里瓦尔德写信给皇家学会，
166 鼓励他们“发明各类机器，取代仅靠蛮力就能实现的产业”。[40]1737年，另一位眼镜商提出要设计一款镜片磨制机器。他认为镜片商很快就会采用这台机器，因为“有了这台机器，他们花更少的钱，雇普通的工人，就能在一天里造出熟练镜片工耗时两天才能手工打磨的镜片”。[41]在这之后出版的《迪福游记》（*Tour*）各版本中，都记载了人们考察隆比缫丝厂节约人力时觉得理应如此的情节。[42]虽然仍有些怀疑，不过律师约翰·史密斯（John Smith）在1747年还热情赞美了一款节约劳动力的亚麻布织机。[43]10年后，戴尔（Dyer）还专门赋诗称赞怀亚特和保罗的纺纱机在节约劳动力上取得的成就：

> 看它抽线并纺丝，
> 省却了不必要的辛苦劳作。[44]

当时的英国高层有些摇摆不定，不过机械化是大势所趋。塔克认为，“当时有很多人，甚至还有一些大名鼎鼎的人物”认为“节约劳动力”与“扩大就业”之间存在“一个可怕的悖论”。[45]原先英国在地方上实行粮食统购统销的家长式维护，当时正值向倡导建设不受约束的全国市场转变，以自由市场保障粮食供应，这与机械化也有异曲同工之妙。[46]二者都需要对市场的自我调节效率保持信心。越来越多的政治家准备迈出历史性的一大步。1732年，议会表彰了隆比的丝绸织机，因为它纺出了更多的丝绸，而且“靠着更少的人手，能纺出比任何现有的机器更好的丝绸”。[47]捻丝公司发现隆比织机具有创造就业的潜力：“如果我们可以自由制造和使用这台织机”，下属的织工规模可以扩张到隆比织工的10倍。[48]1738年，下议院就一项由丝绸和马海毛纽扣手工工人提出的法案展开了辩论，以期决定是否维持一项1722年通过的禁止以织布机编织镶边者入行的一项法案。有人在为手工工人辩护时说：

> 后来的确有人在织布机中织造丝绸和马海毛，用于制作纽扣和纽扣孔，但是解决的就业岗位远少于一针一线养家糊口的人数。[49]

沃里克市议员、执业律师亨利·阿彻（Henry Archer）则反驳说，这恰好是反对该法案的一个绝佳的理由：

> 我们不就能因此以更少的人力实现同样的效果了吗？相比于其他手工业和制造业，缝缝补补的人太多了，为什么不让他们去做更好的工作呢？[50]

阿彻主张把这些裁掉的织工分流到劳动力高度短缺的行业，嘲讽那些反对劳动力节约型发明的人。他还提出了一个总的论断：

> 不可否认的是，每一种改进，即通过减少劳动力数量来降低商品价格 167
> 的改进，都应当得到议会的鼓励。[51]

阿彻接下来还证明了廉价织机织造的镶边更受欢迎，最后还提醒下议院，如果法案获得通过，“我们应该做一件我相信本院每位先生都愿意避免的事”：

> 先生们，我们是在侵犯我们同胞的私有财产。我们剥夺了他们在自由国家里应该享有的以诚实和合法的方式谋求出路的自然权利。不仅如此，先生们，我们也完全否决了将来对手工业和制造业的任何改进。[52]

阿彻为制造商的自由呼吁，最终赢得了胜利：该法案以 85 票对 111 票被否决。

1772 年版的雅各布《新法律词典》（*New Law Dictionary*）中讲，如果专利导致了“技术上的劳动力替代”，仍有可能因为“不便生效”而宣告作废。值得注意的是，它是在“垄断”的背景下讨论的专利，这本身就表明法律在很大程度上落后于专利实践。30 年后，第一篇专门论述专利法的论文扫除了这一障碍：劳动力的替代不再成为专利无效的理由。

> 人们发现，保护和改善这个国家的贸易，在很大程度上，依赖于机械的应用以节省人力。这个明确的目的，就是专利的主要目标。[53]

不过法官对这一原则的看法并不如科利尔（Collier）那般确定。1855 年有评论说，最近对节约劳动力型机器的偏见“在法院建立起了最顽固的据点”。[54]如果说司法部门对机械化还有一些疑虑，那么议会显然就没什么顾忌了。据卡特莱特讲，他在发明羊毛梳毛机之后引发了业内的恐慌，议会收到了 40 多份有关的请愿书，还有人给下议院提交了一份立法案要求加以限制，“不过被大多数否决了”。[55]

18 世纪 90 年代，专利权人终于可以放开手脚，宣传自己的发明可以节约劳动力了。如前所述，这类专利权人增加到了 47 人，还宣称自己对劳动生产率很感兴趣。1750~1770 年，他们工作的重心几乎完全放在了对矿场、轮船和码头业中难以由手工完成的工作进行机械化改造的问题上。他们关心的是速度，而不是降低劳动力成本。泰恩赛德造船工人詹姆斯·斯托里（James Story）提出，只要使用他的发明，一个人就能“从任何船、矿井或矿坑里抽
168 出尽可能多的水……取代 30 人的工作，有效预防事故发生”。[56]早在 17 世纪 70 年代和 80 年代，已有少数人慢慢开始关注劳动生产率问题。当时获批的 23 项专利中，有 14 项提到了“减少劳动力”，其中金属加工行业占 5 项，其次是农业和纺织业（各 2 项）。伦敦金匠德鲁·德鲁里（Dru Drury）明确表示：用他的方法制造刀叉，“只用相当于之前 1/4 的时间就能完成，而且由于节省了大量劳动力，价格也降低了很多，甚至可以打二五折”。[57]这种宣传在 18 世纪 90 年代非常常见，当时 47 项专利中只有 1 项不说自己与提高劳动生产率有关。纺织业、金属业和皮革业都很突出，农业、制绳、码头和酿造等产业也不甘落后。1790~1796 年，有 3 种制钉机获批了专利。斯塔福德郡铁厂厂长威廉·芬奇（William Finch）还拿出了一大堆理由，鼓动大家购买他的产品：既能节约劳动力，还能节省煤与铁；操控机器不费什么体力，所以可以雇用儿童；集中机械化生产之后，工人可以安排在一起生活，“如果没有我的新机器，工人们一下班就各回各家，住得相隔好几里地，根本看不住”；此外他的机器还有很好的劳动保护效果，工人们不至于在入行后七到十年内就瘸腿，“成为贫济院的负担”。[58]1798~1799 年，也有 3 位专利权人声称，机械化生产能让妇女儿童取代成年男性工人。这是当时很多人抵制机械化的理由。敢公开这么说话，胆子实属不小。[59]另外 2 位专利权人大踏步向以非熟练劳动力代替熟练工这一敏感领域进军。塞缪尔·边沁发明的木工工具“精度极高”，有效节约了劳动力；“其本质……就在于把目前所需的技巧和注意力从这种操作中剥离出来，这样就可以雇用生手了”。[60]塞缪尔·米勒（Samuel Miller）发明软木塞机器的“真正目的”就是“防止因为劳动力不能持续专注而跟不上导致浪费时间”。[61]

专利权人开始对劳动生产率感兴趣，这种现象能在多大程度上直接反映当时英国劳动力市场的状况？这个问题值得我们思考。劳动力短缺在英国工业中可谓是司空见惯，特别是兰开夏郡的纺织工业，长期缺少居家手纺纱工，后期甚至连愿意来纺织厂上班的纺纱工都不容易招到。在 18 世纪 90 年代，劳动力短缺的情况更加严重，也更加普遍。棉花业、钢铁业和煤炭业迅速发展，这些产业对劳动力的需求都在增加，特别是英国北部，同时使用这些机器也需要新的技能，远至伦敦的机械都要由他们供应。[62]当时英国很多地方因为在“运河狂热”（canal mania）中大量使用劳动力，劳动力供应已经趋于饱和，后期又动员这些劳力参加法国大革命。[63]1822 年，据约瑟夫·洛韦（Joseph Lowe）估

计，到18世纪90年代末，成年男性劳动力中有1/10的人在服兵役，最近还有人认为这个比例可能要高达1/8。[64]兰贝斯人约翰·米德尔顿（John 169
Middleton）在宣传自己发明的一种割草机时解释说："在人工价格高企，需求又不得满足的时候，我就想着研发这个东西了。"[65]罗伯特·欧文（Robert Own）把新的节约劳动力的发明直接归因于这种劳动力的损失：

> 当时我们既缺人手也没有原料，加上陆军和海军的大笔军费开支，催生了发明新机器和化学发现的需求，并鼓励它们取代体力劳动，供应战争物资。[66]

欧文的思路未免走得太远了。不过在他的时代，对劳动力供应挤压的认识即便没有直接引发旨在节约特定生产因素的技术变革，那么也至少促进了对节约劳动力发明的普及与接受。[67]

因此我们也可以从一个新的角度出发，考察专利权人不自称发明目的的问题。通常来说，我们只需要阅读专利说明书，就能判断一项发明是否可以有效节约劳动力，以及专利权人有没有提及这方面的内容。当然，专利说明书的主观色彩比较强烈，不过如果我们能够使用统一标准分析说明书文本的话，至少可以在几十年的时间跨度之内给出相当准确的比较。[68]这种分析显示，在18世纪90年代，节约劳动力型专利的总数在绝对数量还是占所有专利比例上都有所增加，而且专利权人作出相关陈述的积极性也明显更高了。如表9.2所示，未作陈述的和作了陈述的比例在18世纪90年代下降到了2∶1。（在这之前的20年里，由于18世纪70年代后期，纺织地区爆发了大规模的反机械化骚乱，这个数字可谓高得反常。）把这些统计数据按行业分类来看，纺织发明、脱粒机和玉米切割机的专利权人似乎就特别不愿意说自己的专利有助于节约劳动力了。这些都是最具争议性的行业，因此这种沉默也不足为奇。还有少部分机械锯床专利权人从未承认他们的发明有节约劳动力的潜力。相对而言，那些金属加工发明的专利权人更愿意承认自己的发明有助于节约劳动力，这也要感谢塔克的评论。[69]同样地，18世纪90年代的纺织和农业机械专利权人比以前更加愿意宣传自己的发明有节省人力的效果。当时的劳动力市场明显趋紧，事实上可能已经消灭了一部分节约劳力型发明和不受欢迎的机械所带来的威胁。在史料分析中，我们还得考虑这种可能性：纺纱机、动力织机和脱粒机显然就是能节约劳动力的，专利权人可能觉得无须赘述，因而也就没有写进专利说明书。

170 **表 9.2 1660～1799 年用于节约劳动力的发明专利**

目标	专利数量/项								
	1660～1719 年	1720～1729 年	1730～1739 年	1740～1749 年	1750～1759 年	1760～1769 年	1770～1779 年	1780～1789 年	1790～1799 年
(a) 陈述了节约劳动力的专利	3	3	2	2	4	9	10	13	47
(b) 有效地节约劳动力的专利	19	7	7	7	10	22	41	63	93
节约劳动力专利总计	22	10	9	9	14	31	51	76	140
节约劳动力专利占所有专利百分比/%	7.3	11.4	16.1	11.3	15.2	15.3	17.3	15.9	21.6
(b) 与 (a) 的比率	6.3	2.3	3.5	3.5	2.5	2.4	4.1	4.8	2.0

诺丁汉郡羊毛加工商威廉·托普里斯（William Toplis）就是这样一位惜墨如金的人。他在 1793 年 6 月获得的专利证书中，并没有提到这件“新发明的
171 精梳和准备羊毛的机器”有什么节约劳动力的潜质。[70]不过他在 9 个月后向议会提交了一份请愿书，回应羊毛工人要求管制机器的要求时，就表明了他的想法：

> 梳羊毛工人数量不足，但是羊毛市场又很繁荣，这些人结党营私，给我们带来了极大的不便…… ［我］ 发明了一种水力驱动的梳羊毛的机器……可以减少精纺毛织品制造过程中的劳动力，制造商也因此能够以较低的价格将毛织品推向市场，并以低于外国的价格出售。[71]

托普里斯不仅明确表达了自己对提高生产率的兴趣，也对雇用工人们控制自己工作条件、维持议价能力的努力表达了同等的关切，正是这种（资本家的）关切为 19 世纪的诸多创新注入了动力。[72]但他还对工人们休息表示抱怨，这在原始工业化时期的雇主中也很普遍。羊毛贸易繁荣时，羊毛匠就会组织社团，限制招收学徒工；“如果他们每天都工作”，一礼拜可以挣 28 先令，不过因为“他们拒绝继续劳动”，到手的平均工资只有 10 先令。[73]

即使是在 18 世纪 90 年代，事实上也只有 1/5 的专利权人关心节省或控制劳动力的问题，包括那些并未作出实际明确陈述的专利权人。当时大部分专利涉及的是产品发明，或许可以解释一二，但即使我们只考察工艺发明，节省资本的目的也高于节约劳动力的目的。到 18 世纪 90 年代，节省资本型和节约劳

动力型发明获批专利的比例约为3：2。最近的研究表明，同有关工业革命的传统理论相比，这个数字更能准确反映18世纪晚期对各经济因素的主流偏见。据查尔斯·费因斯坦（Charles Feinstein）测算，"1760～1830年，资本和劳动力的增长大致同步，这意味着人均资本实际上没有变化"。[74]克拉夫茨也证实说，1820年前住房投资的增长仅能维持当时资本与劳动力的比例。[75]在这种情况下，制造商节省资本的热情并不亚于节约劳动力。由于当时英国的资本和劳动力成本处于均衡状态，虽然特定的产业和地方可能会面临一些特殊问题，不过从全国范围来看，自然也没必要在这二者间作出什么取舍。对于同时代的人来说，劳动力供应投入军需是更明显的事情，因而更可能促使人们研发那些节约劳力、超额满足制造需求的发明。而且因为投资向军事领域转移，别说劳动力了，资本成本都在走高。即便公正的经济学观察者没有发表什么评论，制造商也是能直接感受到要过紧日子的。[76]关于1660～1799年用于节约资本的专利参见表9.3。

降低劳动力成本只是资本家短期内完成生产过程时要考虑的问题之一，而资本家的流动资本需求总体上会降低。[77]约翰·卡里（John Cary）曾经写过一篇关于提高生产率的文章，当时声名大噪，其中的一个主要内容就是节约经营资本。经常有人误读卡里的这篇文章，认为不过是纯粹在描述节约劳动力领域的创新。其实卡里文中举的几个例子都能说明，在糖精炼、蒸馏或玻璃制造等新兴的生产节奏更快的产业当中，劳动力只占成本的一小部分。[78]一个世纪后，约瑟夫·瓦茨（Joseph Watts）就推荐了一种与卡里相似的皮革处理工业流程： 173

> 用这种新流程处理皮革时间只相当于旧工艺的1/5，因此制造商需要的资金成本就少得多。而且，每100张皮子可以省下5先令的工资支出，以及相应的石灰、麦麸、盐和煤等原料成本。除此之外，还可以留下几百英镑来建造石灰坑、水沟和烘炉。[79]

在许多行业，节约役畜可能比节约人力更为重要，因为役畜的更换和饲养往往耗资甚巨。1709年，威沙姆（Weishammer）为自己的糖厂申请了专利。当时他关心的是每家糖厂每年可以因此节约20～30头牛的工作量。1740年，尤金（Eugene）则宣称用他的机器生产，一匹马可以完成20头牛的工作。[80]1750～1790年，只有3项专利与节约役畜相关。不过开战之后，很快就造成马匹短缺和饲料价格上涨，[81]在1796～1799年的短短4年间，就涌现出了5项役畜节约型专利。[82]

172

表 9.3　1660～1799 年用于节约资本的专利

目标		专利数量/项									
		1660～1719 年	1720～1729 年	1730～1739 年	1740～1749 年	1750～1759 年	1760～1769 年	1770～1779 年	1780～1789 年	1790～1799 年	合计
节约时间		7	2	1	4	3	8	5	9	26	65
	占比/%	7.9	3.9	4.4	15.4	8.3	15.7	7.7	6.6	12.1	9.4
节约燃料		10	6	2	7	5	9	8	20	35	102
	占比/%	11.2	11.8	8.7	27.0	13.9	17.6	12.3	14.8	16.4	14.8
节约原材料		3	1	0	2	5	5	6	12	9	43
	占比/%	3.4	1.9	0	7.7	13.9	9.8	9.2	8.9	4.2	6.2
增加产出		12	6	4	1	3	3	8	16	15	68
	占比/%	13.5	11.8	17.4	3.8	8.3	5.9	12.3	11.9	7.0	9.8
增加动力		12	5	3	5	1	4	9	15	26	80
	占比/%	13.5	9.8	13.0	19.2	2.8	7.8	13.8	11.1	12.2	11.6
设备可靠性		7	3	0	2	4	6	10	16	18	66
	占比/%	7.9	5.9	0	7.7	11.1	11.8	15.4	11.9	8.4	9.6
产品标准		1	6	3	2	4	8	4	16	22	66
	占比/%	1.1	11.8	13.0	7.7	11.1	15.7	6.2	11.9	10.3	9.6
总体节约		28	16	7	2	6	8	11	28	43	149
运营成本	占比/%	31.4	31.3	30.5	7.7	16.7	15.7	16.9	20.7	20.1	21.6
合计：节约		80	45	20	25	31	51	61	132	194	639
劳动力资本	占比/%	89.9	88.2	87.0	96.2	86.1	100.0	93.8	97.8	90.7	92.6
节约固定资本		9	6	3	1	5	0	4	3	20	51
	占比/%	10.1	11.8	13.0	3.8	13.9	0	6.2	3.2	9.3	7.4
合计：节约		89	51	23	26	36	51	65	135	214	690
资本情况	占比/%	100.0	100.0	100.0	100.0	100.0	100.0	100.0	100.0	100.0	100.0

9.2 节约资本

节约资本的方法多种多样，表9.3列出了专利权人陈述中各种理由的细目，这些理由或多或少可以节约资本，或增加一定数额的资本投资产出。有些理由写得比较明确，例如“节约燃料”；所谓“节约运营成本”则是一个包罗万象的术语，要是专利权人不清楚自己究竟想要说明哪种具体的节约流动资金的方法，就可以都这样表述。然而最引人注目的是，当时的专利权人相对并不关心节约固定资本投资的问题。即使在利率相对较高的18世纪90年代，[83]有20位专利权人说自己的专利产品可以节约固定资本，这个数字还不到节约资本型专利权人的10%。在这20项专利中，4项专利提供降低运河的建造成本，4项涉及蒸汽机和其他原动机的成本，3项与纺织机械制造和装配的支出有关。[84]1760～1780年和1780～1800年，工业机械、设备和建筑上的投资可能增加了三四倍，但仍然只占国民收入的一小部分。[85]

运营资本经济可能更引人注目。企业可以从快速的资本周转中得到很多好处，尤其是可以减少对债权人的利息支付，而它们的债权人通常也是原材料供应商。[86]表9.3中“节约时间”一项，仅包括很少或根本不可能节约劳动力的情况。我们可以大概讲讲表9.1“节约时间”一项中的几个例子，从而更好地了解专利权人对于“提高工作速度”节省运营成本的关切。[87]氯漂白技术就是一大创新，可以有效缩短生产时间，降低成本。18世纪中期，人们用硫酸取代了脱脂乳当作漂白剂，已经有效缩短了原来在阳光下把衣服放到酸性和碱性溶液中浸泡漂白的时间。[88]但18世纪80年代引入氯之后，漂白时间更是从几个月缩短到几个小时。漂白工不仅可以提高工作效率，省去了租借场地的费用，还可以突破季节的限制全年工作。1789～1799年，有7位专利权人就以这样的理由推荐了他们的漂白剂发明，特南就是一个典型。他还进一步开发了漂白粉以方便运输。[89]酿酒和蒸馏工业也明显对缩短工时有兴趣，[90]制革厂也是如此。18世纪90年代，对法战争刺激了皮革需求的增长，让囤货居奇的人好不悲伤。在18世纪90年代的10项鞣革专利中，有8项是在1794～1799年获得的。这些专利都试图缩短加工时长，还被记录在《技术名录》（*The Repertory of Arts*）中，关于加快工艺的赞许是这样写的：“商品周转如此缓慢，除非拥有大量资本的人，否则交易永远不会有利可图。”[91] 174

加快生产速度的一种方法就是减少机器和设备故障。如果机器故障、维修养护不便或者供电不稳定，都可能耽搁生产，造成巨大的损失。在机器恢复正常之前，原材料可能会腐烂，商机也会转瞬而逝。1720年，威廉·哈丁的制糖机专利就是一个生动的例子，但是考虑到牙买加的环境过于极端，其中也有夸大之处。哈丁提出用铁轴代替木轴，因为“木头轴承必须选用特定的木材，由专门的熟练工匠制造，在牙买加都不好找，因此有的时候我只好停工数日，眼看着甘蔗腐烂。”

而炼铁厂的工人在四五个小时内就能修好铁轴承，而成本只有原来的
175 1/8。[92]艾萨克·威尔金森也认为，1738 年发明的铁圆柱波纹管“可以一直用上一百年，几乎不需要修理；即便出了故障，任何雇工都可以在 15 分钟内修好它们”。[93]约翰·帕斯曼（John Passman）为纺纱机设计的新机器还引发了人们广泛的讨论，其中一个焦点和优点就是灵活性：

> （这种机器）不容易发生故障，对所有的工厂都是福音，可以彻底摆脱烦人的修理成本，省掉了经常发生故障的皮带和升降机的成本，这些故障导致工厂的生产量和纺纱的质量都不稳定。[94]

此外，当时还有很多人推广各式各样不出故障、维护方便的水泵。[95]机器的使用寿命和耐磨损程度更强，就能在一定程度上节约固定资本，不过运营成本似乎才是专利权人最关心的问题。

当时最重要的是对于新能源的探索。人类早就试图摆脱自然能源的限制了，一直痴迷于“永动机”的狂热就是例证。18 世纪上半叶就有几台永动机获批了专利，还有几台神秘的机器，我们只知道它们自称不用风、水、火或动物外，至于究竟采用什么动力就不得而知了。[96]1660～1663 年，有一项适用于玉米加工、制糖和水泵的“弹簧”发明引起了强烈的争议。[97]这项发明据说在玉米磨粉机和风箱里都安装了砝码和平衡补偿装置，装配了两个“可移动的发动机”，另外还有两个用于炼铁。[98]不过在发明空气发动机之后，人类首次可以控制力作用的时间、强度和方向了。1698 年，萨弗里为他的水泵申请了专利，一年后议会通过法案予以确认，纽科门的发动机就是根据这部法案获得了专利，特里瓦尔德也在 1722 年为一种空气发动机申请了专利。[99]1729～1736 年，有 3 个改进蒸汽锅炉面世。[100]这些机器有效降低了燃料成本，特别是在康沃尔地区延缓了纽科门发动机的推广。[101]1740 年有一项传递旋转动能发动机的机械装置获得了专利，而早在 1736 年，赫尔斯就取得了蒸汽船专利。[102]赫尔斯的专利标志着 1750 年前航运领域取代风力驱动技术的顶峰。如果单纯依靠风力的话，这种不可靠性既是海战中的战略性灾难，也会严重延误航贸商机。[103]1729 年，同样是为了取代风力，约翰·艾伦（John Allen）申请了一项火药发动机的专利；17 世纪的塞缪尔·莫兰德（Samuel Morland）也曾设想用火药发动机给矿山和土地排水。[104]热量产生的气压差可以转动转轴，后来在玉米磨粉

机和捣料以及抽水等领域得到了广泛的应用。[105]

水力能源的主要问题是英国夏天缺水，冬天结冰，洪涝更是无从预测。很
多依赖水力的产业选址更是处处掣肘。[106]17 世纪晚期的 4 项专利直接解决了供 176
水波动问题，主要思路有通过水循环或逆转水流来实现供水，也有改变水车高度的，[107]后两种技术思路则是斯米顿计算受力和阻力提高水冲速率技术的鼻祖。[108]1787～1794 年，3 位专利权人再次接受了水能问题的挑战。其中一位作了一项很有启发意义的比较：按照他的技术建造的水力发动机只需 3000 英镑，而英国装配蒸汽机的工厂所耗费的燃料成本为 7 万英镑。[109]当时风力仍然很受人青睐。在有效但昂贵的纽科门空气发动机问世后，人们对风力的兴趣明显高涨。1725～1750 年，涉及风力的有 7 项专利和 1 项专利申请，其中 4 项与横帆风力磨坊有关。[110]1745 年，爱德华·李（Edward Lee）发明了“帆尾”自动调节器，为风力能源带来了新的生机。就像水能，风力太强或者太弱都会带来不便，甚至造成危险。李的调节器可以保持风帆始终迎风，并根据风力调节风帆；这项调节器还带了一个扇形的尾骨，目的是在风力较弱时也能驱动，并防止因风向和风速突然改变造成损害。[111]18 世纪下半叶有 13 项关于风能的专利，其中 5 项在于提高可靠性，2 项提高运动的规律性。还有 2 种是风帆的改进设计，利用扇形尾翼的优势，可以在不确定的天气条件下工作。此外，梅克尔重要的弹簧风帆是没有获得专利的。[112]风能远未过时。在 18 世纪 60 年代到 19 世纪 20 年代之间，英国风车的数量可能翻了一番，不过在同一时期风车提供的功率占全国总马力的比例减少了一半，约为 6%。[113]

蒸汽动力最吸引人的地方或许就在于完全克服这些困难。它第一次把人类从变幻莫测的大自然中解放出来，在应用空间上也更灵活。具有讽刺意味的是，这些目标在很大程度上都是专利权人未曾提及的。这些东西太基本了，或者是太明显了，没法写到说明书里。然而在 1795 年，约翰·库克（John Cooke）在给爱尔兰皇家学院（Royal Irish Academy）的一篇论文中概述称：

> 水能非常不方便；风能微弱而不稳定；生物能成本高昂、总量有限。但是这些缺陷在蒸汽机那里统统都不存在，并且蒸汽机的强度和可持续时间上都优于上述任何一种。[114]

蒸汽机专利权人关注的反而是蒸汽机的缺点，也就是成本问题。大自然提供的风能和水能不规则，但免费；有成本意识的制造商往往准备忽略不规则性，以便从最低的运行成本中获益。[115]因此，蒸汽机的专利权人主要是那些将
节约燃料作为其发明目标的人。在 19 世纪初乔纳森·霍恩布洛尔（Jonathan 177
Hornblower）首创、阿瑟·伍尔夫（Arthur Woolf）改进的复合蒸汽机面世之

前，瓦特的分离式冷凝器一直是最成功的。[116]这也不是说蒸汽机本身就不存在可靠性问题。卡特莱特推广蒸汽机的主要原因在于节省燃料，但他也认为要注意“高故障率和低容错率的问题”。[117]水轮可能会因天气而失灵，但它在机械上远比早期的蒸汽机更可靠，修理起来也更快。[118]在18世纪五六十年代，8项蒸汽机专利中有7项提到了减少燃料消耗；在1770年后的30项专利中，有13项提到了减少燃料消耗。这30项专利的一大秘密目标主要是在燃料经济性方面规避瓦特的专利和1775年法案的监管。瓦特还率领着蒸汽机推广到了纺织制造和其他依赖旋转动能的工业。[119]1779～1799年，包括瓦特在内，共有13项关于旋转动能的专利。他们的目的不言而喻，就是要与玉米磨坊主和棉花纺纱工所看重的水能驱动竞争。纺织品制造商还特别达成一项共识是，那就是以蒸汽机作为水能不足时的替补。[120]

机械化带来的另一个好处是消除了产品之间的差异性，而这是纯手工或只用工具或机器辅助时所不可避免的。除了简单的质量改进之外，提高产品标准化程度也有利于在几个方面节省资本。1738年，时任总检察长在推荐怀亚特和保罗的纺纱机申请专利时就说，即便是穷尽当时所有的方法，“也难以在捻丝时达到任何给定工序所需要的尺寸或捻度”；制衣工人如果要捻出特定类型或尺寸的纱线，就必须制作大量的冗余，剩余的不合要求的纱线只能长期闲置，制衣工为了等线也要承担长期开不了工的成本。然而，纺纱机“只消经过设置，就能立即纺织或者捻出任何粗细的羊毛、棉花”。[121]再看另一个差异很大的行业。富勒姆的制砖工托马斯·米勒（Thomas Miller）认为英格兰砖头的质量还有很大的改进空间，如果用上他新发明的夹子，可以把所有的砖头烧造成统一的硬度，比现在的坏砖卖得都便宜，还能实现零浪费。[122]在亚兰顿看来，用机器拉铁制作螺栓的好处就在于尺寸统一，实现标准化，手工锤制的螺栓厚度不均匀，固定木板的强度不高，在机器面前相形见绌。[123]一个世纪之后，两位螺栓制造机器的专利权人也表达了同样的担忧。[124]透镜磨制、制绳机、绞绳机、顶针制造和刀剑开刃机的专利也或明或暗地体现出对标准化的追求，为开
178 始出现于18世纪下半叶的机床专利打下了基础。正如我们所见，这些专利的目的在于减少对熟练木工人和金属工的依赖，也同样在于生产周期规律化，实现生产标准化。这个时期中最典型的例子就是约翰·威尔金森发明的镗床。利用镗床生产的瓦特蒸汽机达到了新的精度标准，成功把瓦特的设想变成了现实。[125]

对标准化和规律化的追求已经超出了工程行业。液体比重计和高温温度计专利为人们打开了精确控制化学过程和冶金工艺的前景。[126]许多专利改进了上述工艺的管理过程，尤其是加热的过程。专利权人最关心的问题往往是节省燃

料。当时的人们设计了各种各样的方法，将热量从一个热源传导到若干个熔炉、平底锅或封闭空间。[127]人们还发现以更温和和稳定的方式加热来改善产品可以远离烟雾污染源，在有易燃或易爆材料的地方安全系数也更高，从而应用前景广泛。18 世纪下半叶，人们对蒸汽供暖的兴趣大增。牛津的啤酒酿造师萨顿·托马斯·伍德（Sutton Thomas Wood）就拥有 4 项蒸汽供暖专利。用他的话来说，他的专利能够减少燃料“焦化、燃烧、损耗，有时彻底浪费”的损失。[128]

从专利记录当中，我们可以发现对高效能源生产的极大关注贯穿了整个工业革命。当时的英国既有许多原动机的专利，也有几项耐磨装置专利，各个行业都关注如何改进炉、窑和蒸馏装置以节省燃料。那个时期许多行业认为烧煤是理所当然的事情，它们的专利也不例外。但是在 18 世纪中期以前，煤炭在冶金等原料与燃料直接接触的行业中仍处于试验阶段；那些引入技术较早的行业中技术改进也比较多见。[129]在 18 世纪的大部分时间里，尽管偶尔出现局部短缺，导致当地制造商需要节约使用，但煤炭的实际价格很可能一直很稳定，甚至有所下降。[130]降低燃料成本是专利权人一项长期的利益，如今蒸汽机在制造业推广开来，专利权人又可以研究新的动力了。

1728 年，布里奇沃特的约翰·派恩在申请专利时附上了一份长得不多见的专利说明书和答辩意见。派恩声称在所有使用热燃料的工程中，熔炉和加热容器的成本开销巨大，但几乎没什么人对这两项东西实施过重大改进。派恩表示自己的技术可以将制盐的热量翻倍，从而每吨煤的燃烧节省 5 先令的成本（相当于打了七五折）。[131]制盐确实是一个燃料密集型产业，沿海的海水制盐产业尤为如此。[132]开征消费税后，制盐商还要与欧洲进口商竞争，对于燃料成本更敏感了。[133]在 1750 年以前的 25 项制盐专利和专利申请中，有 12 项的目标在于节省燃料，还有 12 项声称是一种成本更低廉、效果更好的制盐方法，或者提出了新的加热方法，但没有明确提到成本优化。其中 4 项还旨在提高盐的质量（颗粒更大、风味更佳），不过只有 1 项获批了专利。18 世纪下半叶只有 10 项制盐专利，但其中有 6 项明确提出要节约燃料。 179

木材资源保障仍然重要。霍德森（Hodson）在专利中表示，当时木炭仍然是冶铁的主要用料，即便是把运煤的铁矿车都换成木的，也不会省下多少木材，不过他这么说或许也跟自己想用进口的瑞典铁有关。[134]另一个是达勒姆郡的伊莱亚斯·桑希尔（Elias Thornhill），在给运煤车的铁轮辋申请专利时，也表达了类似的担忧。当时的运煤车设计使用寿命只有 1 ~ 2 年，他的发明就是为了延长其使用寿命的。[135]1722 年，伯明翰铁器商人理查德·巴德利也提出了一种类似的普通手推车设计，不过他说这是出于他对公共道路养护的关注。[136]

亚伯拉罕·达比（Abraham Darby）也主要只在业内规模相对较小的铸造部门使用焦炭。[137]1750 年后，木炭价格急剧上涨，炼铁业者重新将目光投向了矿物燃料冶炼。他们在现有技术的基础上逐渐引入煤炭作为燃料，并借助蒸汽机来操作通风装置。[138]木炭价格上涨也打击了炼油产业。1761 ~ 1784 年，有 9 项专利的目的在于整个锻铁过程都使用煤炭，还有 3 项专利的思路在于使用焦炭代替原煤。1790 年之前最重要的发明是约翰和查尔斯·伍德（Charles Wood）的“罐内冲压”技术，技术要点为将生铁捣成小块后装进罐子，而后在风炉中用石灰加热，以去除炭质和硫质。1750 ~ 1788 年，熟铁产量增长了 70%，伍德认为几乎全要归功于罐内冲压技术。[139]不过从长远来看，更重要的技术是“搅炼”，即将生铁在燃煤气或反射炉中精炼，既不需要坩埚，也不使用助熔剂。亨利·科特（Henry Cort）研发的搅炼和轧制过程（需要使用风炉和带槽轧辊）中多多少少都出过问题。他在 1783 ~ 1784 年拿到了几项专利，不过仅仅是技术改进的第一步。后来他的一个被许可人——希伐斯法的理查德·克劳沙伊（Richard Crawshay）在 1791 年改进了风炉的材质，最终取得了成功，也赶上了战时需求扩张、搅拌成本降低的红利，从而被迅速推广开来。[140]英国的铁
180 匠们终于夺回了本国市场。

然而，尽管工业上对木材燃料的依赖下降了，木材的成本和资源保护仍然是一个问题。原先英国面临着巨大的海外贸易和运输的压力。步入 18 世纪后，美洲造船业的发展适当缓解了英国的压力，不过英国皇家海军并没有采用这类技术。在专利登记簿中，木材供应的问题主要是间接体现出来的。维护船只木材的专利会定期出现，要么涉及开凿防虫孔，要么涉及上保护涂层。18 世纪 90 年代，英国皇家海军战时的需求重新引发了人们的关注，占领了《技术名录》的版面。梅德斯通的威廉·兰德尔（William Randall）想得很长远。他当时看到“罗盘形状的木材非常稀缺、价值极高，国王陛下的庭院里有大块的空地，砍树也颇费工夫”，于是提出了一种幼树培育技术，可以培植出合适的木材。[141]1797 年，两位发明了谷仓地板新结构的人又提出以节约木材为新目标。按照苏塞克斯郡佩特沃斯的约翰·厄普顿（John Upton）的说法，“现在流行的谷仓地板用的都是贵重的大橡木，这些橡木可以用来制作 2.5 英寸的船板，在这个时期是有价无市的”。[142]他们的担忧只在专利登记簿上留下了一行字的记录，还是关于船只漏缝修补的：

> 船只腐烂迅速，需要不断修理，成本都不可小觑。如今我国的橡树再也不能满足它日益增长的需求，这个问题必须得到最高程度的重视。[143]

综上所述，至迟在整个 18 世纪，人们对节约劳力的技术越来越感兴趣。

然而，即使专利权人不愿意讲明那些有可能威胁到就业的目的，他们也总是屈从于节约资本的愿望。在一个固定资产仍然简单且廉价的经济体中，人们的焦点几乎完全集中在运营资本上，这也不足为奇。当时的专利还寻求加快机械生产速度、提高化学或冶金过程速率、承诺降低贸易信贷成本，还能降低燃料成本，减少工厂的日常开支，甚至省下工资。提高产品供应规律性和工艺、机械的可靠性，也是那个时代专利权人的兴致所在。到了 19 世纪，许多节约劳动力型发明，其意并不在于节约劳动力成本，而是要规避劳工组织，要克服所谓工人的不可靠。在 18 世纪人类对规律性和可靠性的探索，集中在探究大自然的变化莫测和解决机器的脆弱性上，如今越来越表现为用可靠的单调的机器来替代不可靠、不单调的人。用工程师詹姆斯·内史密斯（James Nasmyth）的名言来说，这种新态度就在于：

> 因为工人们操作不规范，总是粗心大意……我们才增加了对自动机床的需求，这样就可以解决手工劳动不可靠的问题。机器不会喝醉，它们的机械手从不因过度劳动颤抖。机械从不缺勤，即便罢工也不是为了工资；它们的准确性和规律性从不改变，还能生产出机械结构最精密或最笨重的部件。[144]

1735 年怀亚特在请愿书中流露出来的忧惧，到了那个时代早就过时了。181
怀亚特说，对他们专利反对声最大的人，将是那些可能会因此失去生计的人。经济学里可能不会对特定的经济因素有所偏好，但是内史密斯的构想正在资本家当中蔓延开来，资本的注意力也集中在了能约束甚至取代劳动力的发明上。

第 10 章 专利权：批评与替代方法

182 在 18 世纪中叶之前，很少有人参考专利制度来讨论如何最佳地促进发明这个问题。同样地，在极少数的情况下会有作者认为适宜提及专利制度，因为在激励发明活动的背景下，这是不同寻常的。首先，专利仍被视为垄断。直到 17 世纪末，专利证书和法院支持之间的密切联系（以及专利证书的使用范围）使专利证书主要被界定为皇室特权的工具；这种烙印仍然存在。当专利“制度”被讨论时，它通常被视为既有制度：考虑到其存在，使用是符合道德还是成本效益？在 18 世纪 80 年代之前，很少有关于专利制度改革的提议，而在 19 世纪中叶之前明确要求废除的呼声也是罕见的（彼时自由贸易者发出喧闹的攻击）。[1]在那些寻求激励技术发展方法的人群中，它基本上被忽略了。自从 17 世纪以来，这种担忧主要局限在哈特利布（Hartlib）的圈子成员中，他们在政治上与斯图亚特国王之间存在分歧，因此他们将目光转移到专利之外是不足为奇的。一个世纪后，当这种兴趣又重新产生时，人们既希望促进现有最佳做法的传播，又希望促进发明活动。当时的专利制度几乎不要求发明人透露自己的秘密，但往往不经考虑就被驳回；其他奖励创新的方法也被提出。然而，在 18 世纪的最后 25 年时间里，专利的竞争力日渐增强，且面临着法院通常充满敌意的环境，这使得专利权利人重新关注于改革。专利制度开始在那些认为发明市场是最公平的奖励的仲裁者——而不是议会或其他“看得见的手”中引起理论上的辩护。

10.1 垄断的可接受方面

垄断特权是对向国家提供服务人的合理奖励，这一理论在 16 世纪末已经基本确立。弗朗西斯·培根（Francis Bacon）于 1601 年提出了经典叙述。[2]在

随后的动乱中，“专利宝宝”被小心地呵护，以防止和垄断的“洗澡水”一起
扔掉。虽然垄断被认为是由“限制共同权利”构成的，但由于以前没有任何 183
东西存在，因此发明中不存在不公正的侵害行为。[3]在特定时间内的排他性控制仍然被认为是对发明所付出的努力和成本的适当回报。当 1732 年议会就托马斯·隆比爵士的专利进行辩论时，唯一报道的针对其延期的反对意见是从下列主张开始的：

> 专利权一直被视为不利于本国贸易和制造业发展，特别是在能够持续多年的情况下；出于这个原因，他们的前辈智慧地制定了一项法律来禁止授予时长超过 14 年的专利权。[4]

然而，这种对垄断这个老冤家模棱两可的呼吁，并不涉及对现有人们生活的威胁。关于阻碍有价值发明传播的新忧虑是最严重的；专利的延期可能会作为“对于所有新的改进或制造的巨大阻碍因素，从而给这个国家的贸易造成危险的后果”。[5]隆比的专利并没有被延期，但是他获得了一笔金钱奖励（他可能对此更满意）。对特定专利的反对意见越来越多地集中在试图将专利延期超过 14 年：只有暂时的垄断才被视为是合法的。[6]

自从伯雷勋爵的鼎盛时期以来，专利权的经济功能及其形式都没有被给予认真的考虑。伯雷尝试了多种条款和条件，以期实现任何专利制度始终必须达到的目标——把握好保护发明人和确保发现并传播发明的公共利益之间的平衡。[7]与“奖励—垄断”这一理由一起被经常提及的还有两个相关论点，作为专利制度的理由而出现在 18 世纪末：授予专利垄断权将会对发明产生激励作用；并且这是向公众公开发明人秘密的交换条件。[8]专利权是具有经济效益的，这一观点没有被系统地研究过，而且很少受到质疑。奖励个人努力和促进国家利益之间的巧合是假定的，而非分析的。越来越多的专利申请者的诉求基于他们为实现想法而亲身遭受的“风险和代价”或者“劳动和成本”；对于国家的益处也会随之而来。[9]

大多数的反对意见都来自道德层面而非明显的经济层面，但是往往出自一种担忧，即发现的价值应该被广泛传播。威廉·佩蒂（William Petty）爵士，
尽管怀疑专利给发明人带来的好处[10]，但仍将付出努力和代价的补偿作为正当 184
理由。“垄断在一段时间内是可以真正发挥作用的”，他补充道，“在首次引入一个新的工业品时，使其制作精良是很细微的事情，而一般人不能判断其性能”；它保护了公众免受粗制滥造工业品的侵害，直到其他制造商学会了正确的生产方法。[11]佩蒂对这个问题的处理随意、传统、不积极。佩蒂是当时最具原创性的经济思想家之一，他本人也是专利权人，显然他认为专利不值得详细

分析。当人们记得发明和创新很少成为17世纪的经济著作中被讨论的主题时，这就不足为奇了。[12]然而，这并不是全部的解释。卡鲁·雷纳尔（Carew Reynell），在他所生活的时代，强调制造和创新的重要性作为补充，这是不同寻常的，而完全忽略专利制度。虽然雷纳尔认为特别值得称道的大多数发明都已申请了专利，但是却宣称“如果对发明者给予奖励和鼓励，或津贴，那么每天都会有许多这样有用的发明和发现”，而这并没有得到专利制度的认可。[13]同样，在安妮（Anne）执政之初，曾有人匿名提议制定一部保护和鼓励发明人的法律，似乎认为垄断法令是一部胎死腹中的立法，它所允许的专利不足以激励发明：

> 所有新技术的第一发明人……应当（在其于适当的专利局提交发明或其他方式）为他自己带来这样的好处，正如这个国家的法律在这方面已经规定的那样，而且，个人才智似乎也将得到满足。[14]

恢复专利被视为辅助的官方额外手段，而不是经济政策的手段。

作为一些社会和经济政策的设计者和规划者，由安德鲁·雅兰顿（Andrew Yarranton）所撰写的一篇罕见的持续性散文暗示了他对这一主题的原创性思想。[15]在坚定地将专利视为垄断的背景之下，这是对恢复专利制度的严厉指控。雅兰顿的观点受到他自身经验的启发，他发现自己的镀锡业务被一个他认为不能胜任专利工作的专利权人破坏了。[16]他认为，管理不当而导致滥用的结果是专利“通常将贸易驱赶出英国”。[17]真正有益于公众的发明，其发明人应该得到奖励，这是正确的。

> 但我反对所有这些人的做法，即以造福公众为由而获得专利，并借此向大人物献媚以支持其生意；然后，召集一些年轻的傻瓜，压榨他们，直到他们的钱包像他们的大脑一样干涸；……根据专利制造的东西一定是贵的，因为一些大人物拥有其中的股份……然后通常情况下年轻人会跳脱出去，绞尽脑汁、千方百计地寻找哪里可以比专利权人更便宜地制造这些商品，尽管这些商品是在英国制造的；最后，他们决定在新英格兰、弗吉尼亚或爱尔兰开始制造，然后他们与专利权人的一两个工人合作，……就这
> 185 样把这门手艺带到了另一个国家，这个国家的材料更便宜，并且产品也更加符合目的。[18]

雅兰顿的解决方案不是改革而是废除。对垄断法令的解释应该更加严格，以便发明的每一部分都必须是新的。例如，不允许新类型的泵，因为人们已经开始使用泵，或者不允许使麻和亚麻增白的新方法，因为自夏娃以来，妇女一

直在改进这项技术。人们怀疑这个提议是一种荒谬的倒退，以他的标准，可申请专利的发明会变得罕见，致使专利制度实际上无法发挥效果。[19]

事实上，雅兰顿已经表达了对手艺人和行会保密的道德担忧，这可以通过暗示延伸到专利。在一次假想的对话中，一位服装商人反对关于漂洗机的说明，以便“我们在索尔兹伯里享有这些机器的所有好处”，因此他被斥责为“如果你不允许我公开这个，那么你不是一个好英联邦公民；因为它将对服装贸易普遍有益”。这位虚构的服装商人不得不承认他同伴的观点，甚至提议“支付 5 英镑，并将印刷的报纸寄到整个威尔特郡、多塞特郡和萨默塞特郡”[20]。这样的“英联邦”思想并不新鲜；公开交流和把信息限制在特权者或少数人手中并不存在紧张关系。在理想情况下，发明人不应该得到国家的奖励，也不应“被贿赂”而展示他的发明，应该乐于和公众自由地交流这项发明。1596 年，约翰·哈灵顿（John Harrington）因其发明的抽水马桶而闻名，他对获得专利的困难表示遗憾，但他建议：

> 既然不能获得这些垄断，那么让我们把必须做的事当作出于好心做的，那么我们就说我们不在乎，并对那些奢求它的人进行报复……并且如果［休］普拉特（Plat）先生听从我的建议，他将会和我一样，免费传授他的优秀设计，最终有一天我们可以作为国家的优秀人物被载入史册。[21]

一个半世纪后，贵格会教徒铁匠亚伯拉罕·达比二世（Abraham Darby Ⅱ）不负他的慈善名声，没有申请专利，据说，“他不会剥夺公众如此获得专利”。[22]从极端的宗教立场出发，浸礼会教徒马修·卡芬（Matthew Caffyn）在 1675 年对理查德·海恩斯的专利进行了抨击：根据上帝或人类的法律，专利可能是合法的，但作为一个基督徒（尤其是“独立的”或“公开表示信仰的人”）“当有人因此而感到悲伤或冒犯时”，应该放弃专利。[23]

10.2　培根的批判

弗朗西斯·培根所提出科学发现的说明与专利制度隐含着矛盾（尽管作为大法官，他个人似乎对专利制度的管理没有任何顾忌，而且也没有多大程度的正直）。[24]培根式的广泛归纳研究及其应用启发了塞缪尔·哈特利布（Samuel Hartlib）及其圈子在英联邦及其受保护地对社会进行全面改革的众多计划，至 186
少，为早期的皇家学会提供了一个连贯的哲学，以便为其活动呼吁辩护。[25]对此来说，至关重要的是自然哲学家之间的合作和畅通无阻的信息传播。[26]这是文艺复兴时期人文主义的一个信条，知识是可以积累的。[27]以培根为例，他认为只有在机械技术领域才能够取得进步；哲学和知识科学一直停滞不前。他认为，最显著的不同是合作。他的目标变成了将文学和科学从权威的暴政中解放出来，通过重塑（理想化的）机械技术方法，并且以一种新的、科学的严谨性来加强科学，以此减少机会对于发现的摆布。自然哲学家的目标应该是改善整个人类的生活。[28]这隐含着对专利制度的反对，因为专利制度以牺牲社会为代价来奖励个人，而且几乎不费力地确保传播。

培根成为17世纪英国科学界被追捧的思想家，皇家学会对其哲学的推崇可能在一定程度上解释了为什么很少有他的研究员为自己的发明申请专利。[29]虽然学会没有提出明确的批评，但不赞成研究员申请专利，兼具思想和实际的原因。与法国科学院和佛罗伦萨学院不同的是，这里没有对发现的共同责任和特权的要求。[30]唯一的例外是在1665年，以学会的名义向亚伯拉罕·希尔（Abraham Hill）颁发了一个奇怪的多重专利。[31]它似乎涵盖了几位研究员的发明和研究，并可能标志着处理优先权争议问题的早期尝试。科学界许多内部斗争的根源是科学发现的荣誉，而非利润，这使得自然科学家设计使用字谜、密文或者密闭的信封来确立优先权。[32]争议已经足够激烈，没有因独家商业利益的前景而恶化。[33]1675年，罗伯特·胡克（Robert Hooke）和亨利·奥尔登堡（Henry Oldenburg）在试图为克里斯蒂安·惠更斯（Christian Huygens）的弹簧平衡表申请专利的过程中产生怨恨，这为学会带来了深刻的教训。胡克质疑惠更斯对第一项发明的主张，并把奥尔登堡试图借此获利的企图视为"背信弃义"。[34]最终，以拒绝向任何一方授予专利而解决了这一问题，但皇家学会陷入窘境，因为胡克成立了一个由对学会颇有微词的研究员组成的分裂集团。[35]1681年5月，胡克又与一位同事，这次是尼古拉斯·墨卡托（Nicolas Mercator），二人就地图制作技术发生争执。根据该学会的期刊记载：

> 胡克先生劝说墨卡托先生不要为上述发明申请专利；……他自己正在用另一种方法制作地图，其性能远远超过了平面球形图；尽管他因此不能享受专利的好处，但还是希望其可以自由使用。[36]

丹尼斯·帕宾（Denis Papin）在同年的出版物中表达了类似的自我否定。
187 他并不赞同这一观点，"对于一个如此普遍使用的事物来说，一个人凭借专利权来阻碍他人工作，而这些人可能会有更多的技能去做一些质优价廉的东西"。[37]尼希米亚·格鲁似乎一直拒绝为自己的发明申请专利，他在施行过程中遇到了很大困难后就出售了这一权利。[38]同事们建议，打压危险的假冒盐的最好办法是公布正确的制作方法；同时，保密这一行为也符合他既不是皇家学会又不是医师学会成员的事实。[39]

胡克当然也关心从发明中获得经济利益的可能性。他的手中有一份题为“为皇家学会的利益而提出的建议”的草稿，该草稿暂定于 1673 年完成，彼时大家正在共同努力去恢复成员对科学事务的兴趣，并为学会提供一个更坚实的经济基础。[40]在各种行政建议中，有如下建议：

> 任何发现新的有用发明的人，……应得到加盖公章的公开证明，并且可得到与其发明相称的奖章、照片或某种代表荣誉及尊重的标志……任命一定数量的学会成员来管理对任一新发明的经营，以便将其投入使用并为学会和发明人带来利润。

他建议，任何利润都应在学会和发明人之间平分。专利保护人们对一项发明所享有的共同权利的期望并没有被提及，并且这个方案作为专利制度的替代是不无道理的，与《新亚特兰蒂斯》（*New Atlantis*）（1660 年）中更为宏大的描述类似，这也可能是胡克撰写的。[41]

在整个时期中，皇家学会为发明提供了另一个替代方案，这不仅为了其更注重实践的会员，也为了其他寻求批准的人，偶尔是为了支持他们的专利申请，但一般情况下多数人不打算申请专利。[42]与之相关的许多发明都是经过改进的科学和航海仪器，而他们的发明者往往是没有商业目标的专业人士。[43]其中一些发明在《哲学学报》（*Philosophical Transactions*）上公开发表，而正是英国皇家学会才提供了早期促进发明创造的方案。[44]对于取得专利权，皇家学会并没有像一家企业的态度。它不是一个整齐划一的机构，当然也不是一个对政治敏感问题作出明确判决的机构。对于一个对发现和发明非常感兴趣的机构来说，专利也不是一个重要的问题。投票支持开放交流并不一定就是投票反对专利制度。一些心生不满的会员，例如帕宾和胡克等，他们中的许多发明人宁愿看到他们的发现永远消失，也不愿与他人分享。[45]尽管效果并不理想，但专利制度可以诱使这些秘密公之于众。但是，必须牢记，英国的制度在这一时期正处于僵局之中。专利曾经是也将再次是这样，专门用来奖励将一项发明公布于 188
众的人；但这一原理目前已经失效。[46]从这个意义上说，专利与公开交流之间的对抗，虽然在这个特殊时期是有效的，但总体上是一种错误。司法机关对完整、准确说明书的坚持是为消除批评的主要来源，并为专利制度提供了一个急需的安全门。

从对立面的角度看，技术知识的公开交流是行会成员所呼吁的陈词滥调，他们通常认为专利是对商业的不公阻碍。例如，钟表匠们支持他们对各种专利和私人法案的成功抵制，理由是这些专利和法案限制了一种技能的自由使用，而这种技能的发展一直依赖于工匠之间自由交流的小改进。[47]然而，改进是以非常不确定的方式传达的——通过交换“秘密”或间谍活动和盗窃——钟表匠的请愿书给出了行会的理想愿景。（钟表匠可能比大多数人更接近实现理想。）[48]这种实用主义对于专利的反对，则是对进步的阻碍，经常被用来支持作为反对特定授权的案例。它将私人利益与公共利益巧妙地联系在一起。在1675年伦敦的水泵制造商援引它来反对塞缪尔·莫兰德的法案，“他将努力排除他人的发明”，进而阻碍了改进。[49]1692年，伦敦金融城反对凸灯法案（*Convex Lights bill*）的一个主要原因是该法案“阻碍为公众利益而进行的独创性和发明”。[50]1704年，钟表匠反对法比奥法案，他们提出了一个常见主张，即“所有机械操作都会因开放和自由而提升”——开放和自由，即在行会内部。[51]这里有雅兰顿对垄断法令严格解释的附和，即排除了全新发明之外的所有发明，还有一个多世纪前对伯科特案的判决。[52]

10.3 对于英国专利制度的批判

在个人受到影响之前，无论是作为发明人、投资者还是专利权人垄断的受害者，很少有人会对专利制度有太多的思考或形成看法。拜占庭的行政结构似乎没有引起人们的反对，它的低效率在19世纪和20世纪是如此令人不满，甚至连申请专利的费用都没有激起太多评论。收取费用的障碍似乎已经被接受了，即作为政府合法筹款的一部分，请愿者之前对此已经听天由命。在心怀不满的专利权人中，有着一种针对专利不安全性的抱怨，特别是关于执行和申请的问题。[53]个别专利权人在报纸上抱怨，并试图通过从议会获得更强的权利来修正他们的特殊情况，但直到18世纪的最后25年，他们基本不再要求改变专
189 利制度。1785年，一群专利权人在伦敦的一家小酒馆里开会，成立了一个防卫协会，反对皮特（Pitt）提出的爱尔兰商业条约和取消阿克莱特专利的双重威胁，包括詹姆斯·瓦特在内的一些人认为，这是曼彻斯特商人团体游说的产物。这个协会似乎规模较少且存在的时间很短暂。[54]尽管，瓦特与这个团体保持距离，他还是接着起草了详细的改革提案，这些提案已交给了法官、律师和议员，并且可能已经在1793年向议会提交了一份法案，但是并未成功。与法院对说明书的关注一致（因此也是他自己的），瓦特的想法主要是为了减少专利权人在这一点上的脆弱性。[55]

商人团体一直抱怨政府官员和法官没有能力决定与贸易有关的事务。但在1690年，一位重要的西印度大商人、设计师和种植园主达尔比·托马斯（Dalby Thomas）将发明专利列入他认为应该由专家考虑的商业事务中，这标志着一个新的出发点。他强烈抨击了官方的方法，并且建议成立一个专业委员

会来审查和报告有关“种植园、对外谈判、制造、贸易或新发明专利”的事务。这样的委员会“将是一块无懈可击的试金石，用于检验那些人类可以发明的所有概念、项目的固有价值，无论是为了普遍利益还是特殊利益”。[56]大约 20 年后，政府向皇家学会提议，可以仿照法国科学院对专利申请进行筛选，但是一无所获。[57]

17 世纪 90 年代和 1720～1721 年的投机性灾难，促使人们进一步建议政府应该通过更严格的专利审查来保护公众。作为英国皇家学会会员的瑞典矿业工程师兼专利权人，马丁·特里瓦尔德研究了很多次的潜水服和铃铛。他总结道：

> 为了谋求和改进这样的发明，则需要具备扎实的自然哲学知识，这不仅是为发明者而设立的要求，当为了公共利益而对项目进行审查时，这同样也是对审查者的要求。[58]

这个问题每次基本上都归入了股份制监管的问题。正如我们所了解的那样，行政管理的缰绳正在收紧，但是专利制度并没有实质性改革。[59]然而，不加区别地授予专利的批量工作仍然是 J. T. 德萨谷里尔斯心中最焦虑的事。他举例说，如果没有一位在机械方面比较敏锐的同行的干预，一台有缺陷的新水泵就会得到议会的批准，“很多人都愿意为这个项目认捐巨款；这些钱当然会全部损失，也许还有一些家庭被毁掉”。[60]直到该世纪中叶，自从专利制度被 190
“专利”药品所主导时，人们的担忧已经从投资者的口袋转移到了消费者的健康上。《君子》杂志（*Gentleman*）刊登了一则警示性的故事，讲述的是有一个人认为“乔治二世国王……是好王子，他不会授权去毒害他的臣民”，并因此受难。继续讲述：

> 也许，没有什么比这种公开的滥用更能反映当权者的正直和理解了……专利的设立无疑是好的；但目前对其使用是不能容忍的……人们认为，在获得授权之前应该完成调查，询问他们是否应该被授予……几乎没有想到的是，整个流程是缴费，然后盖章。[61]

大卫·德舍尼（David D’Escherng）也附和这些观点。他抨击专利制度是有良好出发点的立法，但有可能被滥用，特别是由于缺乏审查。他是最早提议由立法机关进行改革的人之一。[62]

10.4 发明的进步

评论家们，诸如德萨谷里尔斯、德舍尼和瓦特等，开始提出了这样的疑问

“应该对专利制度做些什么?”——使其成为一种更有效或更公平的工具。更多的人问自己一个完全不同的问题：“我们怎样才能最好地促进发明?”这是17世纪中叶在哈特利布圈子里经常出现的一个问题。一个世纪以后，这个问题愈发普遍。值得注意的是，人们所提供的解决方案通常不包括专利制度，无论是现存的还是经过改革的。这种要求是相当直接且立即的，是有经济或荣誉回报的。发明人将从一种独立于商业利用危害的奖励中获益并得到鼓励，而公众将从发明的更快、更广泛的传播中获益。在18世纪的最后25年，面对这种对专利制度的攻击（通常是隐性的），经济学家和专利权人对它进行了前所未有的辩护。

公众购买一项发明以立即使用和改进对那些倾向于道德经济而不是市场规则的人具有强烈吸引力。弗朗西斯·培根用其哲学的幌子，准备向那些公开其发明的个人提供名誉和一些物质奖励，即使这些不是垄断权利。[63]相似地，虽然哈特利布圈子赞成理想化的自由交流知识，但也知道在一个并不完美的世界
191 里，需要对发明及其公布进行激励。人们试图制定能够“确保效率和保证足够回报，但是防止堕落为失控的垄断”的计划，大多数这类计划涉及国家购买发明人对发明的权利。[64]他们发现设计一个合适的同时也为发明者所接受的制度，不是一个简单的任务。[65]审查和奖励独创性并为公众使用而购买它们，这是分配给注册处（Office of Address）的一项主要职能，其为哈特利布及其同僚在17世纪40年代后期敦促议会去这样做的。该办公室旨在追求培根的目标：传播信息，既要帮助人们的日常生活，又要“促进普遍学习，以及各种方式的艺术和独创性”。[66]对此，杰拉德·威斯坦利，一个矿工，可能要将他的想法归功于教区邮政管理员，他们会公开发明及其他有用的信息。至于发明人，“让每一个发现新发明的人都获得他应得的荣誉；……由于害怕贫困，又需要向工头支付租金，已经阻碍了许多杰出的发明”。[67]

查理二世的复辟终止了许多激进的计划，但仍有望产生经济发展和社会变革的方案，这往往在于一位仁慈的明君所拥有的更为强大的行政权力。其中之一是《新亚特兰蒂斯》，它是新奇的、自称是培根的乌托邦小册子的延续，并且有着同样的标题，于1660年献给国王。作者“R. H.”既熟悉当代“改良者”的思想，又熟悉最近的科学研究；他对发明家和独创性科学家的关注，容易使人像通常认定的那样认为他是罗伯特·胡克，即便这没有确切的证据。[68]在关于社会和立法改革的提议中，有17页专门介绍“所罗门岛”科学发现的奇迹；其中13页描述了“具有独创性的韦尔杜戈（Verdugo）”是如何获得盛况空前的嘉奖。[69]作者会用棍子和胡萝卜来引出新的想法和发明。

> 我们对所有具有创造性的人给予了很大的鼓励，对作者给予极大的荣誉和崇敬，以及丰厚的奖励……所有工人的发明……要么在家庭中，用丰厚的养老金来奖励他们；要么在社会上，通过树立他们的雕像来奖励……我们如此研究公共利益，所以我们奖励那些发现的人，而那些隐瞒和隐藏利益的人，这些利益可能取悦于他的国家，但也会在某种程度上受到惩罚。[70]

这种奖励“总是与发明的价值和人的优点成正比”。[71]随后描述了一个精心准备的庆祝活动，用所有的荣誉和致敬来奖励发明人，这通常是留给军事征服者的。[72]记录发明和“真正的实现方式”构成了仪式的主要部分。这背后的理由包含了几个对专利概念几乎不加掩饰的冷嘲热讽：

> ［它］并不是为了防止垄断或独占这种有益的商品，相反，这样他就只能出售他的劣质商品（这样将会使一个人变富有，而非使很多人沦为乞丐），但主要是为了指导其他人也这样做，发明不应与其发明人一起消亡，并被那些聪明模仿者们好胜的智慧所改善和增强。[73]

这样的宏伟建议没有任何结果；即使是1662年成立的皇家学会，也只是收到了王室的美好祝愿，而没有得到任何财政援助。

即便如此，安德鲁·雅兰顿，作为一个曾在专利权人手中受苦的人，乐观地期望“成立一个法人协会，可以监督、建议、传送并向当局提出最好的办 192
法……来提升英格兰的生产和矿产，使其利益由此可以得到正确的使用”；也许是这两所大学的学院可能会着手这项工作。[74]个人经历也促使威廉·佩蒂考虑奖励发明人的替代方法。佩蒂的专利“双面书写机”和“熬糖锅”没有取得商业上的成功，他为此而感到幻想破灭，曾在1662年抱怨说：“很少有新的发明曾以得到垄断作为回报”。他认为，发明是一件极其重要的事情，以至于不能任由市场的心血来潮，因为在市场上，发明人要听从那些想要“改进”这项发明的资金支持者的摆布，并且就其对发明所持有的股份而斤斤计较，同时，至于保守的消费者，他们不愿意尝试任何新事物。[75]1648年，他提议建立一个由国家出资的研究协会，利用从业工匠的技能和知识：“所有的行业都将奇迹般地繁荣起来，新的发明将比衣服和家用物品的新时尚更加频繁地出现”。[76]这是一个人造的环境，不受任何经济激励的发明和任何经济报酬的影响。1662年的保守氛围并没有让他重申这样激进的建议，他对专利的评论也有点绝望。

呼吁国家发挥强有力领导作用的提议，在18世纪初开始被更多的人听到，并得到更多的重视。格鲁和佩蒂一样同为皇家学会的会员，也是一位倍感失望的专利权人，他欣赏法国的做法："对于促进所有产品的发明，如果首先证明其对公众有益，那么像法国那样鼓励作者将是大有裨益的"。[77]贵格会慈善家约翰·贝勒斯（John Bellers）在概述一项提升医院和医疗的计划时，提出新药应在可控条件下进行试验，如果新药屡获成功，"政府应向此类药物的所有者提供酬金，以便公开发现这些药物"；发明人还应得到进一步的奖励，即为他提供一个在一家医院任职医生的工作，这家医院是"适合他的药物的"。[78]贝勒斯同样认为，皇家学会应该由国家出资，以便能够使其继续提升自然知识储备，并每年"每个能够生产出最好的作品或者任何新东西的机械师都应该获奖"。[79]不仅是新的发明，而且其传播和技能的改进也应该被给予奖赏。伯克利（Berkeley）认为，"大多数行业和制造业仍有发明和改进的空间"，这可以通过"支付津贴给具有创造性的艺术家"。[80]马拉奇·波斯特莱维特（Malachy Postlethwayt）再次把目光投向法国，列举了所采用的物质奖励和援助"以公共开支形式购买的特定秘密……并对这种新事业的重要性回馈以成正比的奖励"。他仅仅从垄断及其对工业发展的阻碍角度讨论了英国的专利问题：他勉强承认"一种弱化的专利。……限于少数年限，一个或最多两个郡"。在说明书没有被执行的时候，波斯特莱维特回顾了一个传播专利权人秘密较早的权宜
193 之计——"收一定数量的国家学徒"。[81]

偶尔，国家也会与个人发明人进行交易，购买他们发明中的权利，这些发明会对政府的行政或军事任务具有直接作用。[82]然而，一个重要的先例是1713年经度法案（*Longitude Act*）规定了经济奖励，即在西印度群岛航行后，如果能掌握在30英里内准确测定经度的方法，则会获得2万英镑的奖励。[83]序言中提及了理由：

> 但是除了事情本身具有极大困难外，还有一部分原因是缺乏一些公共奖励，这是对有用和有益作品的鼓励，同时也有一部分原因是需要资金进行必要的试验，迄今为止，还没有这样的发明或建议被完美地提出。[84]

1737年，在经度委员会第一次开会之前，审查了约翰·哈里森的申请，他的第一个航海经线仪已经由皇家学会进行了检验，并在前往里斯本的航行中证明了其价值。哈里森又进一步耗时33年，用了4个航海经线仪，进行了大量的谈判，并最后在乔治三世和诺斯勋爵的干预下，才拿到了他应得的2万英镑中的大部分。然而，如果没有董事会在1741～1761年向他提供总额为3000英镑的资助，哈里森极可能不会完善他的航海经线仪。[85]

1732年，议会奖励托马斯·隆比1.4万英镑，一部分是出于认可他的"发明"的实用性，一部分是补偿他未能从专利中获利的部分。[86]8年后，再次授予

奖励，这次是给乔安娜·斯蒂芬斯（Joanna Stephens），因其药物可以溶解肾结石，条件是她要公开配方。随之而来的是在《君子》杂志上进行的一场活动，为了筹集斯蒂芬斯所要求的金额，结果因差了 3500 多英镑而未能实现。[87]对于很多国会成员来说，肾结石可能是一个比经度更紧迫的问题，也是同样难以解决的问题。在这种刺激下，"为了国家利益，在拥有众议院认为合适的合理津贴后"，托马斯·莱温宁斯提出放弃他 4 年的专利。[88]刘易斯·保罗和约翰·凯，在未能获得议会奖励的纺织发明中，同样也发现了一些商业利润。[89]1750 ~ 1825 年，至少通过了 8 项法案来授权为特定的发明提供奖励，此外，议会还为特殊的发明人提供了大量的资金，至 1815 年，这些资金已经超过 7.7 万英镑，其中包括向爱德华·詹纳（Edward Jenner）的疫苗提供的 3 万英镑。[90]这种干预本身就说明了专利制度改革的必要性。

然而，为发明和创新奖励制度提供资金的大部分是具有爱国精神的个人。18 世纪早期提出的两项提案展望了与现有专利制度相配合的计划：任何发明人都不会失败，任何发明也不会因为缺乏以期获得和利用专利的财政支持而消失。1722 年，一位匿名作家提议成立一个由公众捐款资助的社团，它将会赞助有关发明和新工业品方面的实验，并奖励"有利于贸易或职业的发明，以及发明人无法通过专利担保财产的情况"。如果一项发明被证明是有利可图的，那么社会就可能期望"在专利中占有一定的股份，或其中获得其他利益"。[91]相似地，飞利浦·派克（Philip Peck）在 1738 年建议皇家学会在成员中筹集 1000 英镑的基金：资助那些值得资助的发明人"购买一个专利，从该产品中保留部分或每年总和的一部分加入资本基金"。[92] 194

爱尔兰和苏格兰已经采取了积极行动，通过为研究提供奖金和赞助来鼓励农业和工业的发展。在苏格兰，英联邦设立了一个由麦芽消费税提供资金的基金，由信托委员会管理并且旨在提升苏格兰制造业。[93]亚麻行业尤其受益于这个麦芽基金，因为理事会支持并奖励了对更好方法和机械的研究。1727 年设立的模型基金向发明人支付了 100 欧元或以上的奖金。但是，该理事会同样也关注在苏格兰全境传播这些改进，向教授新方法的发明人支付报酬，并与其爱尔兰的同行进行双向信息交流。[94]都柏林协会成立于 1731 年，由土地所有者为新的工业品和农业实验提供资金支持。[95]1740 年，由于对"仅仅是印刷说明书和发放一些奖金给发明"的效果感到失望，塞缪尔·马登（Samuel Madden）计划在每年的技能竞赛中提供奖励——例如，最好的亚麻布编织品。[96]仅在 1761 ~ 1767 年，它就发放了 4.2 万英镑的政府资金，用于促进农业和工业品的发展。[97]

1753 年，当艺术家、北安普敦哲学会成员威廉·希普利（William

Shipley）提出为英国建立一个类似的协会时，他发现了一个现成的拥护者，尽管最初规模很小。[98]接近半数的技术协会初创成员，从希普利的提议中显露出来，均是皇家学会的成员。由于受到再度对培根哲学产生兴趣的影响，他们优先考虑的着眼点会带有培根的特点，即合作研究和传播有用的知识。[99]到 1761 年，该协会有近 2000 名会员，会费收入为 3656 英镑。[100]就当时来看，专利制度早期完全被协会所忽视。希普利可能不赞成这样做，因为他从未尝试为自己的任何发明申请专利。[101]然而，这个协会的定位是清晰的，1765 年的规则规定：
195 “任何专利权人如果已获得制造或表演任何东西的专有权，不会被认为是本协会提供奖金的候选人。”[102]然而，后来有人试图要求获奖者不得获得后续专利，但未被该协会接受。[103]协会的奖项和专利制度之间几乎没有重叠。在协会成立的前 35 年中，在获得奖金或奖章的人中，被确认的专利权人不超过 20 人，这在专利权人和获奖者中都是少数。[104]

由该协会运作的奖励制度要求发明人承诺进行交流，而专利制度在 1778 年才开始提及这一点，并从未完全兑现。发明一旦提交给协会，就成为事实上的公共财产。获得奖励的机械装置模型和示例被陈列在协会的发明储藏库中，该库积累了大量的农业和工业机械，开放给公众参观。[105]同样，都柏林协会也从英国和荷兰进口了机械，将所有的机械集中在一起供爱尔兰的农民和制造商查看、模仿，并且他们希望能够改进这些机械。[106]他们是在实现最初由弗朗西斯·培根提出的一个想法：所罗门的房子将拥有一个发明展，这个想法在 17 世纪被像佩蒂这样的培根主义者重现着。[107]尼希米亚·格鲁曾在 1707 年建议，作为向安妮女王提出雄心勃勃改进计划的一部分，他提议“在每个郡都设立一个仓库”，存放所有工具、机器和材料的示例或模型，目的是促进发明和改进。[108]因为它并没有采用“优先取胜”的制度，该协会能够奖励为发明所作的努力和对发明的改进。希普利建议将“最大的［奖励］给予那些能够最充分实施或促使实施上述发明或改进的人”。[109]多塞特郡的一位消费者也赞同他的观点，他认为“需要努力的关键是激发所有尝试改进的普遍精神”，同时福克斯通（Folkestone）勋爵也认为“我们不仅要发明，而且要想办法付诸实践，才能使事情符合我们的期望”。[110]类似的目标为同一时期的其他协会的活动提供信息，比如巴斯和西方协会或皇家学会。[111]他们强调改进和推广，这与专利制度格格不入。

少部分利他主义动机促使制造商群体建立捐献制度，可以阻止发明人的专利计划。1765 年，德比郡的袜商提议筹集 400 英镑来奖励当地一位发明了更简单、便宜的袜架的人，“而不是让他们因获得专利而被剥夺利益”。[112]曼彻斯特贸易保护委员会系统反对专利：

> 已经采取警告措施……反对获取任何可能影响该国贸易或制造的专利，通过这种方式委员会……将尽早注意到此类专利的每项申请，从而有机会去反对它们……并建议对创造性采取其他一些奖励模式以防止产生有害的影响。[113]

像塞缪尔·克兰普顿（Samuel Crompton）这样的发明家，经常被制造商 196
所欺骗，因为他们期望制造商对这些替代安排表现出感激之情。

10.5 专利辩护

在操作方面具有排他性的专利和奖金，在某些方面是互补的，有关特定行业对各自所代表价值的判断往往各不相同。例如，在促进农具的发明和改进、提高测绘精度以及促进小规模且通常以工艺为导向制造的发明活动方面，技术协会发挥了重要作用。[114]另外，它因忽视更激进的发明和建议而受到批评。因此，托马斯·本特利（Thomas Bentley）抱怨该协会对 1765 年大干流运河计划的漠不关心：“他们太沉浸于把鱼带到伦敦的小计划中了！”[115]它的范围也受限于有限的财政资源。缺少对炼铁人奖金的回应，促使该协会的秘书罗伯特·多西（Robert Dossie）发表评论：“除了有相当规模的工厂的所有者外，没有一个人可能完成要求的工作，并且相对于他们得到的，还有更吸引他们的。”[116]

协会的批评家们通常更愿意相信市场这只隐形的手，根据价值来奖励发明人。但在 1850 年以前，发明方面的自由贸易者是很少见的：专利制度被认为是为发明的实施及其发明人的垄断奖励提供了一种合适的、暂时的保护和框架。在一篇发表于 1774 年、经过深思熟虑的论文中，法学博士 W. 凯里克认为，议会的奖金“总是会面临不能满足发明的效用或发明人努力的风险”，而他举的例子则表明，他认为议会的奖励过于慷慨。[117]“鼓励技术和制造业协会提供的小额奖金…… 我要说的不多，确实不多”，他继续说道；候选人抱怨不公正和阴谋，以及协会“值得称赞的目的……很少实现”。[118]凯里克认为，“最合理、最政治的方法是鼓励…… 通过它，使这种发明的最终效用成为奖励的衡量标准”。[119]在写给《君子》杂志的一封信中，来自谢菲尔德的爱德华·古德温（Edward Goodwin）声称，申请专利更受欢迎，因为与奖金不同，专利没有
将公共资金浪费在“有远见的计划、闲置的项目及微不足道的成就”上；如 197
果一项发明真的产生作用，那么“社会和发明人是彼此成就的”。[120]1791 年有人匿名作出了类似的判断并预测，如果专利被一种具有替代作用的奖励制度所取代，那么“专有权将不再发挥刺激作用，发明就会终止”。[121]

专利制度赢得了古典经济学家的支持，这通常是他们反对国家干预经济的必然结果。1776 年，亚当·斯密用科克（Coke）熟悉的方式，来证明新机器的专利和书籍版权具有正当性：这些专利和版权是“国家能够补偿他们进行危险和昂贵实验的最简单、最自然的方式，公众随后将从中获得好处”。[122]十多年之前，史密斯曾将发明专利作为无害、排他性特权的罕见例子：这可能是对聪明才智最公平的奖励，因为立法机构不可能“给予金钱上的回报……与其价值成比例。因为在这里，如果发明是好的，是对人类有利的，他很可能会因此而发财；但如果它没有价值，他也不会得到任何好处”。[123]这些观点在 19 世纪上半叶一直出现在经济学家的著作中。[124]

与这种对发明及其适当回报的新问题同时出现的，是将其概念化为“知识产权”的新概念。这为专利提供了一个新的理由，独立于“垄断”论点。然而，这个理由在英国并不流行。即使在 18 世纪末那个自然权利的鼎盛时期，知识产权在对先例和成文法的呼吁方面也未取得进展。

如果说知识产权的概念在 17 世纪是流行的，它很少被阐明。它首先出现在文学作品的版权方面。1643 年，当向议会请愿要求保护个人印刷商的版权时，文化用品行会提出了这样一个论点：

> 这里没有明显的理由说明为什么大脑的成果不应该是可转让的，以及它们的利益和占有（更稀有、更崇高、更为公众所用以及值得最高的鼓励）作为任何货物或动产的权利被视为法律上的“货币”。[125]

同样，但更丰富多彩的是，约翰·邓顿（John Dunton）在 1705 年讲述了他要打败布朗和帕特（Pate）的《拉塞德蒙的墨丘利》（*Lacedemonian Mercury*）的决心，在他的原创出版物《雅典水星》（*Athenian Mercury*）中写道：

> 在这一点上，我决心以这样或那样的方式摧毁他们，“既不慷慨又不公正，去干涉他唯一的权利和财产，大脑的孩子是我们的，就像那些在合法婚姻中得到的孩子一样。[126]

与技术发明领域的专利相比，版权在图书销售和出版行业的领域中涉及更多明确的“发明”，在 17 世纪是一个更直接、更有争议的问题。印刷专利在法庭上的争议比发明专利要更频繁。1695 年，在出版许可证终止 14 年后，一些需要具有可执行性的准则由第一部版权法确认。[127]文学创作的财产概念在 18 世纪继续影响着英国和苏格兰的法官。[128]

198 笔者所发现第一次提及关于技术发明的知识产权是 1712 年出版的一本小

册子的标题中，即“确保《约翰·哈钦先生获得更精确测量时间运动发明财产法案》的原因”。1722 年，人们根据这项提议成立了一个赞助发明人的捐献协会，旨在“无法通过专利获得财富时”给予发明人以金钱奖励。[129]并且，1724 年，罗伯特·潘图恩（Robert Pantoune）申请了一项专利，“为了确保他在上述方法的实践过程中能获得财产利益”。[130]这一概念在 18 世纪后期的专利申请中偶尔会出现，并在 1775 年詹姆斯·瓦特专利延期的法案中得到体现（他在上述发明中的财产得到保障）。在技术领域，幸运发明的思想或许已经对知识产权的概念产生了影响。[131]如果发明人只不过是上帝把礼物带给社会的工具，那么发明人最多只能对这些礼物主张使用者的权利。然而，对发明过程更为世俗的理解，促使人们越来越重视个人发明人，并认为他应该得到奖励和鼓励。对土地的使用权到绝对财产权的转变至少已经进行了两个世纪，甚至更久。[132]在 18 世纪中期以前，人们较少关注技术变革，发明中的财产概念出现得太晚了。1762 年，亚当·斯密主张：“一个人因他所写的一本书或他所发明的一台机器而拥有财产，这个财产通过专利在这个国家延续 14 年，这实际上是一种真正的权利。”[133]但是还不确定这可能意味着什么，因为发明人的财产在向王室购买专利证书之前是不受法律保护的。这一点在法庭上没有得到直接的验证。在人们抓住机会为其未授权专利发明争论自然权利之前，有关版权的问题已引起了关注。

在 1774 年上议院上诉时就文学版权财产性质的法律纠纷中，机械发明缺乏自然权利是争论的焦点。[134]那些赞同作者对他的印刷品享有永久自然权利的人，觉得有义务区分文学发明和机械发明；那些否认这一点的人，认为版权法创造了一种以前不存在的保护，并在它们之间运用了类比方法。两位上议院议员也已经准备好进行推测，也许，“在垄断法令之前，存在了一种普遍的法律权利，机器的发明人和书籍的作者同样享有这种权利”。[135]但是更流行的那个观 199
点是作者在版权财产上的自然权利在手稿出版时就停止了，就像发明人透露秘密时所发生的那样。他们随后唯一的财产是根据版权法所获得、用以保护作者的临时财产，以及根据垄断法令所授予发明者的专利。[136]由于缺乏惯例的指导，曼斯菲尔德勋爵转而求助于自然法并规定“一名作者应该从自己的聪明才智和劳动中获得经济收益，这是公正的；另一个人不应该在未经他同意的情况下使用他的名字，这也是公正的”。[137]上议院支持了反对曼斯菲尔德裁决的上诉，他们考虑到了原则问题，但是判决主要是根据先例作出的：他们辩论是否存在普通法权利，而不是自然权利是否应该优先这一问题。

具有讽刺意味的是，根据上议院的裁决，凯里克继续通过类比版权来讨论专利制度的自由化。他认为发明人拥有与作者一样的“对天才自然权利的平等要求”，以及一个“根据政治权宜原则获得公众鼓励的优先权”。[138]他抗议，国家通过对专利保护收取巨额费用并且不加选择地将其期限限制在 14 年内，没有将这种自然权利变为财产权。作者可能未能从上议院处获得永久版权，但根据 1709 年的法案，他们仍获得关于其印刷制品的为期至少 14 年的自动免费保护；发明人不得不购买他们自己权利的保护，但往往买不起。[139]1791 年，专利被定义为“王室所授予的对私人财产的证明”（一项上议院认为并不存在的财产）。[140]并且在 6 年后，约瑟夫·布拉马将“自然原则”和“发明”区分开来，前者是“所有人的共同财产”，不能申请专利，而后者可能是“头脑和理解的那些努力”“可以公正地称为每个人的权利，……与任何政治法规无关”。[141]

知识产权中的自然权利概念是 18 世纪末法国和美国一些州通过的专利法和版权法的基础。1790 年，议会宣布：“如果不把一项工业发现视为其作者的财产，那将是对人的权利的侵犯。”[142]在英国，普通法传统以习惯和先例为依据，对自然权利理论产生消极影响。专利权人和他们的支持者认为自己在较早的功利主义理论基础上更加坚信：在议会明确的支持下，王室授予临时的垄断权作为奖励、激励或秘密的交换（这些后来通过法院坚持全面和准确的具体说明书日益受到重视）[143]以自然权利为论据来证明专利权的正当性在英国从来都不常见，在 19 世纪的早期已经被废弃了。[144]与整个自然权利理论一样，专利权的正当性也受到了一系列的批评。

技术协会的成立以及由它所激发的公众极大兴趣和支持表明，18 世纪中
200 期，英国日益关注发明和创新。然而，专利制度在很大程度上被忽视了，往好了说是无效的，往坏了说是对发明及其传播的一种限制。尽管因未改革的制度要付出巨大的经济成本和不便，而且法官和陪审团也经常是怀有敌意的，但 1760 年后，还是由发明人和创新制造者自己去“重新发现”专利制度，并尽其所能去利用它。也正是他们开始提出改革方案来处理这些问题。一方面争论是因几个广为人知的法律案件而起，另一方面是因偶尔有争议的、议会对发明者的奖励。这主要是从专利和奖金之间涉及竞争性的价值这一方面进行的，但这促使人们对专利制度进行了一些审查。然而，在专利权人本身的圈子外，争论却很柔和。作者、出版商和印刷商的权利之争仍在法庭上艰苦地进行着，引起了巨大关注，并且其中一些反映在机械发明上。公众对专利的争议相对较少，因为促进发明和技术变革才刚刚开始得到国家的重视。英格兰的英雄仍然是莎士比亚、米尔顿和洛克，很少有人听说过阿克莱特和瓦特，那就更不用说凯或者是纽科门了。

第 11 章 发明的新概念

最后一章的关注点不是专利制度，而是发明本身以及 17 世纪和 18 世纪对发明的概念化方式。这一时期见证的不仅是人们对技术兴趣的逐渐觉醒，还有发明新概念的诞生。17 世纪关于发明的讨论很少，而且主要用形而上学的术语来表述；18 世纪的讨论则相对较多，而且越来越具有经济上的背景。此外，形式上的平衡从天赐转变到人类能动性，经济上的平衡从保持就业转向节省劳动力的发明。 201

林恩·桑代克（Lynn Thorndike）曾评论说，17 世纪“对机械发明缺乏广泛的兴趣”，这与中世纪的鼎盛时期和 18 世纪后期及之后的情况形成了鲜明对比。[1]这似乎是对这个世纪的一个奇怪判断，这个世纪见证了英国皇家学会和欧洲其他地方类似学会的成立。但是，如果除了这些群体的每个人对科技的一切事物都有着浓厚的兴趣，那么桑代克的观点是公平的。技术是发生变化的；但是制造业创新很少引起注意，并且对其作用、来源或效果的争论也很少。对机械奇迹的迷恋一直存在，这是 17 世纪继承自中世纪的传统。这一点在“艺术家”身上得到体现，那些悠闲的绅士们在“学习的乐趣和喜悦”中寻找消遣，并收集了“机械玩具、木鸟和铁逐石，以及一些小把戏”。[2]皇家学会对这一立场是矛盾的，大体上是不鼓励的。在斯普拉特（Sprat）主教看来，皇家学会“努力去了解，而不是去欣赏；并且不把欣赏看作目的，而是看作我们知识的不完善”。[3]这是一种完全脱离经济考虑的技术兴趣。然而并不传统的是，皇家学会所提倡功利主义的态度，几乎没有更多的经济学意义。它的成员因能够以理性原因代替必要性成为“发明之母”而感到自豪，认为公正的科学调查将产生丰富的技术效益。本章前两节探讨了他们的做法。

在英国皇家学会的理想主义道路之外，对发明的沉思很少锤炼思想。技术变革，正如第 3 节和第 4 节所阐述的那样，显然被认为是不可能或无必要的； 202

事实上，这是留给外国人的最好的东西——让英国人去复制和改进。它还会带来失业和动荡的威胁。正如我们在第9章中所看到的，17世纪的专利权人强调创造就业，而不是节省劳动力。经济学作家们并不热衷于探索节省劳动力的可能性：第5节探讨了这方面的原因以及他们为什么在下个世纪以犹豫为开端，然后又报之以热情欢迎专利的原因。[4]

在18世纪下半叶，人们正在恢复对在印刷上体现的发明兴趣，这是第6节的主题。这部分源于弗朗西斯·培根实用主义影响力的兴起，但主要是源于认识到制造业技术的实际发展以及其潜在经济重要性。经济学作家们逐渐在他们的分析和文章中找到了技术变革的重要性。从自动装置和奇思妙想到蒸汽机的力量以及丝棉纺织机的生产能力，重新唤起了人们的钦佩之情。即便是缺少眼前的经济价值，“征服空气”，这一长久以来的梦想最终在1783年通过热气球和氢气球得以实现，这一定会让人觉得人类的技术力量是无限的。[5]尽管法国人取得了后一项成就，但英国人提升了他们的集体自尊心。在18世纪，他们不再指望欧洲大陆在技术上领先，开始以自己是发明的先锋为荣。

发明的形而上学被那些对其来源而不是其应用更感兴趣的人们重塑，且独立于其经济方面。通过将神的干预限制在最初的“时间设计”上，牛顿的世界观把人类从单纯的神意代理人提升到自然的理性操纵者。在18世纪，宿命论的观点，即认为发明是由上帝认为合适而公开的，正逐渐被完全靠人类的努力和智慧就能产生无穷无尽的发明的观点所取代。在最后一节，将对发明概念的这种转变及其与知识产权和专利制度新观念的关系进行研究。

11.1 天意的职能

17世纪后期知识分子中盛行的技术进步观念都是宿命论。发现方法的改进赋予人们对即将出现丰富的新发明以信心，但是进步的速度只能和天意所允许或决定的保持同速。这种被接受的概念是柏拉图式的，当人们考虑新柏拉图主义
203 在文艺复兴时期自然哲学家中的影响时，这并不奇怪：上帝保留了大量的有用发明，它们将会在适当的时候被释放和实现——只要人类努力去发现它们——这意味着需要和舍弃。这也许是一个征兆，在专利申请中我们可以注意到经常使用“发现”或“找到”等词，但是现在我们会写成“发明”。“发明”同样也以更接近其古典词根的方式使用，意指发现一些一直存在的东西——与新的土地、行星或自然法则一样。[6]相比之下，我们今天对技术“发明”的理解是假设一种创造性的行为或想象力的飞跃，它是综合的而非分析出来的。[7]这样的用法，在17世纪和18世纪，主要是留给文学创作中。[8]

关于上帝作用大于人类努力的观点被着重强调，这在梅里克·卡索邦（Meric Casaubon）和乔纳森·爱德华斯（Jonathan Edwards）等保守派作家中反响最为强烈。[9]一般来说，创新是需要警惕的，能够为机缘巧合的解释所容纳。在 1712 年的博伊尔演讲中，威廉·德勒姆（William Derham）把发明人描绘成“上帝的代理人或受其精神影响的人”，作为上帝的代理人而“使用几种创造物；制作各种有用的材料；管理大生意”。他认为有些东西，比如飞行，一直没有被发现，不是因为缺乏人类产业，也不是因为技术上的不可能。恰恰相反：

> 这是因为无限智慧的造物主和世界的主宰者很乐意把这些东西锁起来，不让人类去理解和发现，由于一些他们自己最为清楚的原因，或者因为它们可能会产生不好的结果，这对人类是危险的。[10]

新教徒们喜欢把印刷术这项发明视为上帝为宗教改革所做的准备，[11]1689 年，诺福克的詹姆斯·坦南特（James Tennant）向吉尔伯特·伯内特（Gilbert Burnet）主教声情并茂地推荐了他的军事发明，正如在那个特定的时间“被上帝的智慧所揭示的那样……改变欧洲世界的平衡”。[12]

新哲学的支持者更加强调人类的智慧与上帝不谋而合。罗伯特·博伊尔认为，许多现象是在从新的角度考虑问题时，或者是在将两个事物不寻常地结合在一起，并考虑到彼此的关系时才被发现的。[13]这种想法的基本概念是，自然界有一个宏大的、互相联系的设计，可以通过理性的调查来解释。[14]约瑟夫·格兰维尔（Joseph Glanvill）是很直率的：皇家学会认为，

> 上帝在事物中埋藏了取之不尽用之不竭的各种宝藏，在世界的尽头会有新的发现；足以奖励那些对上帝作品进行窥视的有独创性的行业和研究，并深入其中去探求它的奇迹。[15]

个人的努力和天意操弄之间的天平越来越向前者倾斜。到 18 世纪中期，英国圣公会的教士、高产的发明人和技术协会的创始成员斯蒂芬·赫尔斯认 204
为，不考虑对旧有的不便之处采取新的补救措施，这就等于放弃了人类的理性。他的解释是自然世俗的：

> 值得记住的是，新的和有用的发现是……认真和勤奋研究的回报。因为一系列适当的实验对新发现的力量是影响很大的。[16]

在形而上学主义对这个棘手问题的解释中，即发明的来源，实践者们并没有对技术进步源于自身活动的事实视而不见。亚伦·希尔的“彻头彻尾的工业化，以及不寻常的思维”温和的套话并不罕见。[17]并且一个人的“天意”是另

一个人的“运气”。偶然的发明故事似乎是当时流行的民间传说的一部分，就像现在一样。[18]

11.2 弗朗西斯·培根与自然哲学家

要求承认机械技术的尊严，不仅要承认其作为信息财富的内在价值，而且要承认在自然调查中其作为程序模型的方法，是17世纪科学探索转变的一个重要因素。[19]采用工匠传统，用罗西（Rossi）的话说，“意味着拒绝某种科学概念，……作为对真理无私的冥想［和］作为一种调查，只有在生活所需的事物得到关注之后才会出现和进行”。[20]弗朗西斯·培根是英国最著名的辩论家，但其根基在地理上更广泛，在时间上更久远。从15世纪早期开始，工匠、工程师和艺术家们就开始对行业要素进行交流，包括实践层面和理论层面。[21]一个典型的例子是乔治·阿格里科拉（George Agricda）关于采矿和冶金的专著《德遗金属》（*Dere metallica*）（1536年），其中描述和说明了他所看到的当时的流行做法。[22]

早期皇家学会中许多科学上最活跃和沉迷思考的会员都从培根和他的工匠前辈们的信心以及从对近期科学技术成就的认识中汲取力量。古人未曾想到的大量新发现，经常被用来当作大自然的财富仍旧等待挖掘的观点。[23]光学仪器开辟的地理大发现和“新世界”在这方面特别有影响。[24]传统上，13世纪开始从中国传入欧洲的3个重要发明——印刷术、指南针和火药的尝试——在17世纪逐渐摆脱了尴尬的第三要素；它被最近的发现所取代，尤其是望远镜、显微镜和血液循环系统。[25]由于人们相信即使是最复杂的结构也可以简化为几个简单的原则，进一步产生了乐观主义。1654年，克里斯托弗·雷恩强调了解
205 决一个问题的多种可能方法：“一个简单的指引［原文如此］和方法……不仅在这个问题上，而且在任何其他的机械发明中”；然后通过实验和排除的过程确定其中最简单和最有效的解决方案。[26]

这一时期对建立在培根哲学基础上的信仰最有说服力和最有远见的阐述是由罗伯特·博伊尔所写的，《触及实验哲学有用性的一些思考》（*Some considerations touching the uselness of experimental philosophy*）是一部具有重要意义的著作。有了更大的优势，以个人实验的实践和另一个半个世纪的科学发展作为后盾，博伊尔重新制订了培根的方案。[27]发表于1663年的第一部分，旨在缓解人们对新哲学会导致无神论的担忧，并就实验哲学对医学的贡献作出合理的评价。[28]出现于1671年的第二部分中（推荐英国皇家学会的整体设计再合适不过了），[29]博伊尔广泛而系统地论述了实验哲学与工厂实践之间的合作可能带

来的互惠利益，以及即使是纯数学的最终实用价值。[30]他放弃了培根对“有结果的”和“有启发性的”实验的区分，理由是所有的研究都具有理论和实践意义，而且它们是相互促进的。许多利益将取决于未来的科学成就。

> 也许我不应该夸大其词，如果我冒昧地说几乎没有任何重要的物理真理，这些真理也不可能成为各种有用事物硕果累累的源头，这曾经充斥着有利可图的发明，而且不可能通过人类的技能和工业来实现。[31]

在机械领域，收益往往是立竿见影的；而在化学、生命和地球科学方面，则需要做更多的工作才能得到有效的应用。[32]博伊尔的期望是，在研究工匠的实践时，哲学家既能提出改进的工作方法，又能深入了解大自然的运作。[33]从行业比较调查可以预期更大的优势。博伊尔在这里指出了皇家学会所珍视的“行业历史”计划背后的理由，该项目在 16 世纪 60 年代曾由几位主要会员大力推进。[34]

自然哲学家，例如博伊尔，从长远来看，他们期待着这样的国度：拥有更好的食物供应、更好的通信、更长寿更健康的生活、更多的休闲，以及对大自然和上帝更深的理解。对实现这一涅槃机制的经济评估，只不过是呼吁国家资助研究和信息服务。[35]新发明和新发现仍然被置于任一经济背景之外，除了在宣传文献和科学描述中常被作为战利品而提及——证明新哲学比亚里士多德哲学优越。[36]理性是管理发明领域的：它将产生远大于让发明仅仅是偶然机会的效果，并引导发明向更有利可图的方向发展，而不是资助那些要求奢侈品的富人。[37]但这是一个基本不受经济欲望影响的理由。在对发明的实际（经济）刺激的感知，自然哲学家自己经常以此为基础，和他们提出的孤立的、理性主导的乌托邦之间存在一种奇怪的鸿沟。[38]几乎没有考虑需求函数，除了随意重复“需求是发明之母”的俗语外。[39] 206

博伊尔和斯普拉特都为皇家学会的机械追求辩护，反对他们会伤害工匠的这种指责，理由是哲学家会给他们提供新、更好的方法。“对于这些发明的聪明头脑”，博伊尔认为，“……为许多机械工提供了工作，并为商人提供了新的谋生手段，甚至使他们自己富裕起来”。[40]然而，他承认，这种必要性要求具有独创性来达到满意效果。

> 正如俗话说的那样，需求是发明之母，每天的经验都表明，缺乏生计，或工具和住宿的匮乏，使工匠们非常勤奋和有创造力，并使他们不得不使用这些东西来满足当前的需要，因为除了需求之外，没有什么才能使一个有知识的人思考。通过这种方式，他们发现了事物的新用途和应用，从而发现了事物的新属性。[41]

博伊尔在这里逐渐认识到发明的经济动力，但他提到这只是商人能够协助学术研究的方式之一，只不过是他整个计划的附属品。然而，斯普拉特明确地把发明从商人法庭上撤下了，否认需求激励可能是卓有成效的观点：“发明是一件英雄的事情，是一个低级庸俗的天才所无法企及的。”[42]他所设想的刺激发明的唯一需求是近乎饥饿，但这是没有成效的：

> [需求]的确常常促使人们勇敢地尝试，但很少使他们完成开始的事情。这起初是为缺少面包而劳碌的；得到以后常常就结束了；宁可磨砺也不可增长人的智慧。它比伟大的设计更容易使他们作出微小的改变：它很少能达到崇高或宽宏大量的目的。因为同样的需求使人有创造力，往往压抑和束缚他们的发明。[43]

“非工匠”有几个优点：他们带来了新鲜的头脑，既不被惯例束缚，也没有被不断的劳作“压制和阻碍”；他们可以承担错误（最终可能会有成果）；而那些为生计而劳作的人“不能推迟他们的期望太久，因为这是任何新发明成熟通常所必需的”。[44]在这次评价中，斯普拉特的观点与培根相呼应。[45]

11.3 发明的经济学观点

207 如果说培根主义传统的作者主要从发明供给的角度看待技术变革，那么即使是那些主流经济学著作的作者也只从最笼统的角度认识到需求的刺激作用。经济主题的作家可能会考虑两种类型的技术变革。其中之一是在现有资源受到无法承受的压力时，特别是在人口激增的情况下，使资源基础发生转变。这可以说是根本性的变革，因为它很可能使整个社会或多或少地改变其生产方式。[46]另一种模式就不那么紧迫并且是竞争激烈的资本主义市场特有的，在这里，消费者的剩余收入是目标——通过提供更多的产品和选择、削减成本或提高质量来获得保障。前者很少受到关注，后者相对而言成为一种困扰，但在这一时期的大部分时间里，这意味着设计上的改进和变化，而不是技术发明。

自然哲学家和经济作家都不主张任何根本性的变革，也不主张任何资源基础的转变（尽管许多自然哲学家都专注于木材储备的保护）。人们对克服资源瓶颈的技术力量最彻底的认识，早于这个时期。1639 年，在英国人口翻了一番的一个世纪之后，哈特利布圈子的成员加布里埃尔·普拉特斯（Gabrid Plattes）对科技如何应对人口压力的挑战给出了一个非常乐观的描述。普拉特斯相信上帝会根据需要作出改进。这种乐观情绪的部分原因是，他必须掌握新的耕作方法以防止即将发生的危机。他相信，这些技术的应用将为人类提供许多时代的支持，“虽然战争应该停止，人口会惊人地增长”，但最终会再次达到上限。[47]普拉特斯是在经历了连年歉收和随之而来的农村贫困之后开始写作的。由于采用了这种耕作技术，同时人口总数的稳定，“马尔萨斯”的幽灵在 1660 年后的一个世纪里得以安息。[48]收成危机并没有消失，但其间夹杂着一段很长的时期，这段时间内最主要的问题是粮食价格极低。“人口稠密”，对增加人口数量的呼吁变成了一种哭泣：疾病的肆虐，而不是人口的无节制增长，似乎是对国家财富和福利的威胁。[49]从 18 世纪中叶开始，随着人口数量开始稳步增长，人口扩张再次受到更加谨慎的考虑。坚持人口总是会达到资源供应所设定的极限，这已成为人们所接受的正统观念——或多或少，这取决于作者对人类推进其技术水平能力的信心。[50]众所周知的是，它最终导致了托马斯·马尔萨斯（Thomas Malthus）1798 年出版的第一版《关于人口原则的论述》（*Essay on the principles of Population*）中令人不安的论点，该论述没有考虑到技术变革的可能性。

英国人在考虑荷兰的成就时，表现出一种自满的情绪，并带有嫉妒的情绪。荷兰人似乎提供了作为发明之母需求的范例；这是一种被认为不会强加于英国的需求。大多数人将荷兰“制造业、工业和艺术的卓越地位”归因于土地短缺的刺激。[51]约翰·霍顿更加关注的是他们的劳动力短缺：荷兰人被迫“提供人手，发明所有可以想象得到的快速分配的机器”，但是，他补充说，“我不希望这样的需求对我们自己进行类似的改进”。[52]作为英国皇家学会的一名会员，霍顿希望通过无私的理性和科学调查来促进发明。 208

即使在需求似乎确实产生影响的地方，发明也不是他们的常规手段。过度开发木材存量的危险，其重新生长（用于建筑目的）需要一个人的一生，这深深地印在了 17 世纪英国人的身上，他们渴望皇家和商船队，害怕依赖波罗的海木材进口。[53]在整个世纪的专利记录中可以看到，由于向矿物燃料转变，竞争木材的行业数量正在减少。然而，在中世纪中叶，彼时关于木材供应的问题最为严重，无论是黑色金属还是有色金属精炼厂都没有任何木炭替代品，和木材一样，木炭价格在飞涨。尤其是钢铁厂，通常被视为木材短缺的元凶，而不仅是另一个受害者。[54]这说明人们对解决供应问题的技术方案缺乏期望，因此没有人呼吁对这些工业中矿物燃料替代木材燃料的问题进行研究。海军委员们得到了约翰·伊芙琳（John Evelyn）和皇家学会的帮助，但他的西尔瓦计划（Sylva）关心的是种植和保护。[55]没有明显的或者专门的发明涌现——以制度化的、大量资本化的科学研究为幌子。此外，新大陆的发现和对未来领土发现的乐观态度，保证了在现有资源基础上食品和原材料的新供应。明天似乎很好地满足了人们的期待。此外，17 世纪的英国人并不把自己看作一个有创造力的种族；他们从间接的需求中获得了好处。人们一般认为，欧洲大陆有足够多的技术诀窍和机器可供借鉴；唯一的要求是模仿欧洲大陆的工艺，并在可能的情况下加以改进。人们相信英国工匠的技巧和聪明才智能实现这一点。迪福写这篇文章时表达了一种共同的观点：

> 这是一句符合英国人性格的谚语，他们认为与其发明不如改进，与其形成自己的计划不如改进别人制订的计划，更重要的是，事实上这件事似乎是真实的，对它的观察也是客观的。[56]

209 当需要一项新技术时，人们假定将引进外国工匠来演示它或制造机械。[57]

如果说1660～1750年，在资源限制刺激下的技术创新不是经济著作的一个特征，那么它也不常以任何其他形式出现。在18世纪晚期之前，人们对持续性的发明几乎没有什么期望——至少在“发明”的意义上，它是“对本领域的熟练人员来说并不显而易见”的东西。[58]甚至是技术上和经济上的改进（只有人口增长是个例外）也有一个上限，这是除“科学”界以外的许多作家所揭示的假设。大卫·休谟（David Hume）表达了他的信念，即经济增长有自然的局限性：“一切事物的增长，无论是技术还是自然，最终都会抑制其自身。”[59]这是一个备受争议的命题，部分休谟派的当代批评家，尤其是塔克，认为技术创新是持续增长的源泉。[60]而休谟在1804年被劳德代尔（Landerdale）专门就这一论点进行了批评，因为他没有考虑到“人类在发明以资本取代劳动的手段时，其聪明才智中的无限资源”。[61]但是，整个古典经济学家同情的是休谟，而非乐观主义的劳德代尔。这不是劳动力供应的失败，而是原材料供应的失败，这造成密斯、马尔萨斯、里卡多（Ricardo）［甚至19世纪中叶的J. S. 密尔（Mill）］的悲观情绪。他们警告说，土地生产粮食和工业原料的能力是有限的，因此增长有限。充其量，人们可以希望稳定在相对较高的现实工资水平；然而，如果人口增长不受限制，那么长期的前景就是贫困。[62]

11.4 发明和工匠

在现有的资源基础上，逐步甚至是稳定地改进现有技术，是人们的普遍期望。在这里，天意是静态的：它的主要作用是发布具有重大意义的新发明；在哲学关注下，改进是工匠的事情。在提高生产力方面，“工业”和“应用”的使用频率远远高于“发明”。事实上，虽然“发明”保留了许多贬义的方面——约翰逊的字典将“伪造”作为其含义之一——“独创性”和“改进”只有积极的含义。最重要的是，进步在于劳动者对自身技能的提高。例如格鲁认为，

“更多的技能和更多的劳动绝对会使价格便宜”，而达文南特（Davenant）认为“技术和简洁”是英国手表成功的关键。[63]曼德维尔（Mandeville）一再强调，“技术和勤奋”是改进的根源。他称赞劳动者的经验主义和勤奋是一切改进（和发明）的源泉，掩盖了科学影响技术发展潜力的觉醒。[64]

对高质量的关注是持续的。有些人认为这是比削减劳动力成本更安全的选择。例如，在 1728 年，迪福否认了低工资是商业成功的先决条件的说法：英
国的高生活标准是其骄傲，也是高质量工艺的基本要素。[65]他早期坚持认为英 210
国制造的衣服质量（主要以其声誉为卖点）将会随工资的降低而变差。[66]但是这存在一种更深层次的要求，至少对于奢侈品来讲，这是时尚。虚荣的“好品位”是对法国或东印度的产品的要求。[67]巴本（Barbon）强烈地基于这种观念反对进口禁令：时尚，即对新奇和稀有物品的渴望，这是贸易的主要来源，而不是必需品。[68]大多数作家呼吁法院带头使英国货物在国内流行起来。[69]人们提出的另一个解决方案是生产真正能引领时尚潮流的英国商品。在这一点上，经验丰富工匠的角色再次被强调，其被要求利用自己的“发明”（智力）来生产时尚商品。在这种用法中，“发明人”几乎成了“设计师”的同义词。[70]

同样，17 世纪的“改良派”作家所期望影响农业发展的神奇因素不是任何重大发明，而是“聪明才智”—— 专门知识或见多识广的常识，特别是在有效利用资源方面。这种无形的资源似乎很重要，但要在书本知识中讲授是很困难的。[71]1652 年，沃尔特·布莱斯（Walter Blith）在他的计划中强调了它的重要性：

> 研究的进步，虽然不能说它是富足之父或富足之母，但它是促进生产的助产士。如果我们能将聪明才智引入时尚，这个国家可能会成为世界的天堂。[72]

11.5　节省劳动力发明的威胁

当技术进步似乎直接危及就业时，就会引起争议。机械的引进可能会产生突然、显著混乱。从普遍接受的、劳动的价值论——更大的财富可以通过在劳动力中增加机械的“人手”来产生——很少有人得出这样的推论。相反，劳动价值论被用来为“人口稠密”的呼吁注入更大的理论说服力。[73]增加国民财富的最简单、风险最小的方法是使生产单位、劳动者成倍增加——通过鼓励本国人口自然增长和移民。[74]第二个权宜之计是加强现有人口的劳动力投入：要么减少对即期消费毫无影响的劳动力部门（行业和“服务行业”）；[75]要么为有能

力的穷人提供就业机会，并消除作家们几乎一致谴责的“懒惰”态度。[76]然而，后一个问题还不够严重，不足以使雇主的思想转向用机器取代不听话的劳动力。[77]劳动任务的专业化提供了第三种方法；从 18 世纪初开始，人们就越来越重视这一方法。与机械化不同，人们并不认为劳动分工会对就业构成威胁，即便它具有同样的预期效果——更高的生产力。或许是因为这种变化更为平缓，不那么引人注目，也更容易适应，所以更难识别和概念化这种威胁。[78]

211 出于经济和军事方面的原因，人们希望增加人口，但除非是有报酬的就业，否则这将会成为一种负担而不是一种福利。卡鲁·雷内尔（Carew Reynell）将这个问题一言概之：“我们需要人口，但目前的情况是我们需要维持人口的手段。”[79]建立新的制造业工厂和扩大旧的工厂；这意味着需要新的技能和技术，或许还需要新的机器。[80]在就业不足的时期（及其对教区税率的影响），如果这些制造业是劳动密集型的，那就无关紧要，甚至更可取。布莱斯驳斥了人们对劳动密集型（农业）改良成本的担忧：

> 他以什么价格购买哪一部分？甚至只用劳动者的工资，而他受法律、自然和土地的约束，为了去维持它，如果他不工作，他可能会花费同样多的成本来维持。[81]

17 世纪的少数作家称赞某些新的、节省劳力的产品，但他们普遍对利用这些产品来降低劳动力成本持审慎态度；节省下来的劳动力将从事更轻松或休闲的事情。“改良派”欢迎那些可以减轻劳动者负担的技术设备——这是一种值得称赞的对福利的关注。[82]在 1639 年，人口迅速增长的背景下，加布里埃尔·普拉特斯写的“我设想”：

> 在新的发明中，用机器来节省人力是普遍有益的；因为如果一个工人用他的机器能做的事情和 10 个人能做的事情一样多，那么这就为社会节省了 9 个人的生活费用；通过这个办法，每个人都能得到更多的好处。[83]

普拉特斯没有正视技术失业问题。他最关心的是如何养活不断增长的人口。此外，他认为，在他的理想化社会中，机械化的好处将被平等分配，而不是由资本家保留损害其 9/10 的雇员。[84]克里斯托弗·雷恩认为“做同样的事情，增加人手，或者通过技术的辅助都可以促进劳动”。[85]斯普拉特主教，同样以培根主义者的观念写道：

> 受雇用人的双手是真正的财富：通过技术的发明来节省这些人手，并将它们应用于其他工作，这将增加这些财富。[86]

佩蒂还进一步将这一概念融入其经济理论。以荷兰人为例，他说，一个小国可以通过其劳动力投入的质量与一个比它大得多的国家竞争：

> 通过技术，一个人可以做的工作与许多人不依靠技术做的工作同样多；也就是说，一个人用磨坊磨出的玉米和 20 个人用砂浆舂出的玉米一样多；一个打印机可以打印的文件和 100 个人用手写的一样多。[87]

他甚至把“技术”（技能或智慧）与“土地……劳动力和牲畜”一起上升 212
为生产要素，并试图计算其对生产的贡献，他用节约农业劳动力为例，通过“研究一种更简便的方法，……为同样的目的制造工具”而节省的农业劳动力。[88]

这些评论是少见的。当代关注点和经济论述的性质都没有促进对技术变革的讨论。在 18 世纪中期之前，技术替代很少成为一个现实问题：在行会组织的工人通常会在反对引进新的节省劳动力的机器这一方面得到政府的支持。[89]在节省劳动力的机器被视为是划算的和有益的之前，需要有两个认识：一是劳动经济的必要性，二是劳动生产率和货币成本的差异。两者都依赖于对需求弹性的信心。国际贸易的竞争力日益增强，特别是东印度公司与英国布料生产商之间的争斗，这个争斗为这一主题注入了新的活力。[90]有人提议了三种降低英国劳动力的方法：第一，直接或通过降低供给价格来降低工资率；第二，仅在英国经济实力最强的领域进行竞争；第三，通常作为第二种选择的必然结果，通过机械化减少劳动力构成。

威廉·佩蒂在 1691 年发表的一篇论文中（也许早在 1665 年）提出了其中的两种选择，这两种选择都带有技术偏好。劳动力成本可以通过改善农业从而降低食品价格来间接削减，或者直接通过使用“最少的劳动力”来制作布料。[91]但是佩蒂的见解高高在上，孤立无援——这是一个他没有实践的好主意。雅各布·范德林（Jacob Vandorlint）是一位商人，也是 18 世纪早期为数不多的为第一种解决方案辩护的人之一。然而，他绝不是一个信奉仅仅依靠工资来维持生计的理论家，他赋予农业改进在经济中发挥更综合的作用。他的方案是通过应用新的农业技术，将荒地变为耕地，以满足日益增长的人口需求。[92]但他对科技力量的信心是有限的：

> 一般来说，使用中的土地当然会生产出它所能承受的产量；……为了使产量翻倍，就要使耕种土地的人数翻倍。[93]

第二种选择，集中在那些英国具有天然优势的贸易领域，在 1700 年前后开始被经济思想家们提出来。机会成本的案例与在国内制造（并增长）一切可能的东西的既定正统观念截然相反。查尔斯·达文特（Charles Devehant）

在1697年大胆断言，英国不应该通过徒劳无益的自给自足尝试来转移盈利的企业。更明智的做法是穿印度丝绸和其他物品，因为其主要成本只有英国羊毛的1/4，因此可以将更多的英国羊毛用于出口。尽管这个建议颇具争议，但达文特关于改善和增加出口的建议还是很保守的：通过强制济贫院来阻止“懒
213 散”，“因为我们想要劳动力，而不是制造业”。他可能是对最近的计划狂热作出反应，并意识到战争的负担，警告说，英国的“股票”应该得到谨慎管理：

> 因此，不应该把精力放在不确定的对象上，并转向新的发明，在这些发明中，我们是得到还是失去，以及结余情况如何，都是多年来无法确定的；英国的丝绸和亚麻制品也是如此。[94]

约翰·霍顿的文章中没有这样的谨慎，他可能从他在证券交易所附近药店的有利位置上，对大量的城市现金流和被用于消费或投机的信贷产生深刻印象。与达文特一样，他提出了机会成本理论，但接着就节省劳动力的机器的价值得出了非正统的结论。1677年，他宣称“奢侈生活”的好处是对企业和进步的刺激。[95]在后来的著作中，霍顿提出了这种激进的替代方案，以取代要求国内节俭的普遍思潮，从而在世界贸易这块有限的蛋糕中占有更大的份额。[96]其他人也开始讨论这一话题。[97]

作为这一贸易政策的必然结果，霍顿采取了第三种方案，并通过劳动经济来提高竞争力和生产力。他不仅要进口挪威木材，以节省英国的土地用于更有利的用途，而且要用“1000家锯木厂来加工这些木材，［因为］…… 这些锯木厂给我们的好处和机器织布机同等重要，而且那些目光短浅的乌合之众认为需要雇用两倍的人”。[98]霍顿坚决否认技术替代的指控。他深信，对于用较少的劳动力生产出来的廉价商品的需求是无法满足的：“如果我们能够卖得最便宜，我们就会这样做，我们超高的销量将使我们得到更多的补偿。”此外，他还寄希望于资本货物的制造和各种辅助产业，从而吸收一切剩余劳动力。

> 这些抱怨的人只看到了织布，他们从未考虑过制造这些织布机所增加的劳动力，以及与这些制造业有关的所有其他贸易和其他方面的就业。[99]

在当时，亨利·马丁对比较成本及其对节省劳动力技术的影响进行了最有力的论述，他是一位律师和辉格党的辩护人。在《关于东印度贸易的问题（1701年）》［*Considerations upon the East India trade*（1701）］中，马丁汇集并发展了类似于霍顿在其新闻报刊中所宣传的观点。[100]通过竭力为东印度贸易辩护来反对批评者的鼓舞，马丁对国内经济扩张和充分就业的能力表现出十足的信心，这与人们对生产过剩和大规模失业的习惯性担心大相径庭。在此基础

上，他甚至推翻了只有原材料才能进口的正统观念，坚持认为原材料的加工往往会消耗劳动力，而这些劳动力可以更好地用于其他地方。在东印度公司竞争的压力下，劳动力的配置将更加有效。[101]马丁坚持认为工资不会下降：可以用 214
较少的劳动力生产商品，并以更加便宜的价格出售，因为“技术、工厂和机器等可以节省劳动力，都是用较少的劳动力做事情的方法，因此价格更低，但雇用工人的工资不应该降低”。[102]马丁最引人注目的看法是资本主义经济中技术创新的内部动力。他显然毫不怀疑，任何创新都可以被生产出来。

> 这些东西相继被发明出来，用很少的劳动力去做大量的工作；它们是必然的和模仿的结果；每个人必须仍在自我发明，或在其他人发明的基础上继续向更完美的方向发展；如果我的邻居用很少的劳动力去做大量的工作，以此卖便宜的东西，我必须设法卖得和他一样便宜。[103]

“需求”已被纳入一个经济框架。然而，在随后的几十年里，这种想法却很少得到回应。[104]尽管马丁对发明的经济潜力充满信心，但他并没有对技术变革的来源发表任何意见——也没有对专利作为刺激技术变革的手段发表任何意见。

布里斯托商人约翰·卡里采取了另一种方式支持机械化，他的目标是保护毛纺业。在不引起失业的情况下保持高工资，是卡里刺激国内市场的论点的基础：

> 新的项目每天都在脚踏实地地使我们的制造变得容易，它们是由制造者的头脑制造出来的，而不是由降低穷人劳动力的价格而制造出来的；便宜创造了支出，而支出又产生了新的就业机会，所以如果能说服穷人工作，那么他们就不必无所事事了。[105]

卡里见证了资本节约型新技术和劳动节约型新技术的成功引入，并导致在劳动生产率和劳动成本之间产生了新的区分。迪福能够提出一个类似于卡里的方案，但是无需机械的帮助。他更相信通过提高工资和可供消费的商品来提高生产力。[106]由于不相信经济有能力吸纳多余的劳动力，他对技术替代的危机持谨慎态度。他是那个时代比较典型的人物。

在维持对节省劳动力型技术的恐惧方面，也许影响最大的是广泛的社会宗教问题，即为长期未充分就业的人口提供就业或生计：济贫法使 17 世纪的英国人特别关注充分就业。在对外贸易竞争日益激烈的时期，节省劳动力的创新以及对市场缺乏弹性的假设，似乎是一种灾难的先验方法。似乎也没有必要进 215
行激烈的变革：这是一个实际工资相对较高的时期，也是许多人生活水平提高的时期。此外，人们对财富的态度仍然模棱两可：人们一再建议制定节约法令的法律，许多领域将奢侈品贸易视为对国家资源的不正当使用和浪费，而高利贷则被辩护为充其量是一种必要的罪恶。[107]此外，没有明显的、现成的机械供应。机器和工具是由当地的铁匠或木匠订购的。霍顿、佩蒂、斯普拉特和雷恩，都被认为是通过机械化提高生产率的倡导者，也都曾是皇家学会的会员，充满了培根理想主义的乐观精神。他们与卡里和马丁争论的焦点基于在特定行业中已经取得的成就，而这些成就往往只是这些行业中的一少部分。由于没有专门的机器制造工业，机械化的动力缺乏一个主要的、利己主义的支持者。[108]

那个时代的人对霍顿、马丁和卡里的关注可能不比一般的计划者和特别辩护人多，但也不比他们少。马丁在这篇文章的开头提到了一个重要的观点，即“这些文章中的大部分内容都与人们所接受的观点直接相反”。[109]他们似乎没有受到书面的谴责。在接下来的半个世纪里，节省劳动力的技术仍然是少数经济作家的关注点。这是一个被攻击的问题，经常采用匿名形式来提议它。语气是歉意的；处理方式是谨慎的并有所保留的。为消除失业危机的疑虑，常常认为廉价的生产将导致海外市场的需求增加，从而扩大就业。[110]《关于技术和商业的各种主题的思考》(*Reflections on Various Subjects relating to Arts and Commerce*)（1752 年）的作者仍然比较犹豫。海外贸易的成功取决于“国内劳动力的廉价”，只有非贸易国家才能安全地拒绝节省劳动力的机器。在某些条件下，一个商业国家也应该拒绝它们，主要是当它们会“减少我们的国内市场，而不是增加我们的国外市场”时；实际上最近的发明“往往只是把贸易从成千上万人的手中夺走，并通过可耻的垄断使一两个人致富”。虽然他的结论是：如果还没有接纳，“我应该不希望看到它们在这里使用”，但他之前的立场是，廉价的劳动力会促进就业的。[111]在 5 年之后，马拉奇・波斯特莱韦特对贸易国和非贸易国作出了类似的区分，但他更坚定地支持节约劳动力设备：“简短的讲，我们谈论的偏见与维护一个国家对外贸易是不相容的”。然而，扩大就业并不是立即能够实现的，政府应该注意为那些流离失所的人提供替代性工作或至少使他们“维持生计”。这一政策也不应该扩大到农业，其中“每一台倾向于减少他们就业的机器都会真正地破坏社会的力量、人口数量和家庭消费”。[112]

11.6 对机械化的认可

216 从 18 世纪中期开始，机械化得到了更多的关注，随之而来的是经济作家对机械化进行了更平衡、更周全的处理。他们开始毫不犹豫地断言，更高的产出本身才是目标，而更大的劳动力，或者说，更合适的是，其机械化的等价物是实现这一目标的方法。这是对特权的重大颠覆。约西亚·塔克和他在世纪之交的前辈一样，都是在经验的基础上进行论证。他列举了许多已在英国使用的节省劳动力的机器，认为它们既“大大降低了”价格，又扩大了就业。[113]在 1767 年，詹姆斯·斯图亚特（James Stenart）仍然一成不变地认为“至于机器的优势，它们是如此明显，我不需要强调它们”。他的逻辑很清晰：机器提供了“一种（实际上）勤劳者数量的方法，而不用为额外的数量支付费用”。[114]唯一一种他所能想象到的机械改革或许不可取的假设情况，就是引出了比较保守的作家的提问；即“不可能增加流通、工业或消费”。[115]斯图亚特和霍顿、塔克一样坚持这样一个悖论，认为机械化需要投入更多的人力，不仅要扩大生产，还要创造新的任务——制造和维修机器，满足大规模生产的新管理和新分配的要求。[116]简言之，某种程度上的混乱是不可避免的，政府有责任为工人减轻这些“麻烦”。[117]塔克和斯图亚特没有预见 19 世纪大规模机械化将带来的巨大动荡，他们都嘲笑那些谨慎的人因其没有看到他们现在的文明是如何建立在早期的发明之上的，或者像犁一样古老且基本，或者如近代的印刷机一样。[118]亚瑟·杨也指出“我们现在的机器”可以创造就业机会，例如“丝绸织造厂、织袜机、水磨、风磨、铁厂和铜厂”。在 1772 年，他认为引进这些机器是一个具有争议的问题，但是使外国竞争者低价销售的需要以及在“荒地和未开垦的土地上提供就业机会”的需要让他决定支持引进这些机器。[119]

亚当·斯密对技术变革缺乏兴趣，这常常引起人们的议论。[120]然而，在当时来说，佩斯·杨与斯密之间的争议还是少数人的小冲突。25 年以后，杜加尔德·斯图尔特（Dugald Stewart）和劳德代尔勋爵都责怪他疏忽大意：斯密如此强调的劳动力分工，只不过是机械在加快生产速度和降低生产成本方面的不良关系，而它本身并没有促进机械化。[121]劳德代尔勋爵发表于 1804 年的作品，开启了技术变革的经济作用概念化的新篇章。对他来说，用资本代替劳动
力，它是不可避免的、合理的和完全有益的。劳德代尔勋爵以袜子行业为例加 217
以说明：

> 国家资本的一部来源于织袜机；而所使用的织布机的利润来自织布机取代了许多编织工人的劳动。[122]

同样，投资在犁上的资本用铁锹代替了 5 个人的劳动，或者用钉耙代替了 299 个人挖田的劳动。[123]劳德代尔勋爵把技术变革的概念融入他以需求为导向的经济增长解释中。需求的性质不仅决定了速度，也决定了技术变革的方向。他的基本论点是财富的分配：财富集中在少数人手中，导致多数人贫穷，是经济增长的主要障碍（“公共财富的增加”）。他对法国的奢侈品和英国的粗制滥造

产品进行了总的对比，但这并没有引起人们的抱怨。在他看来，英国占有所有的优势，因为对少数精英的满足并不能为增长提供基础：

> 他们的习惯不可能意味着支出，为了取代他们从未被要求从事过的劳动……［相反地］通过维持国内市场的定期渐进式需求，财富的适当分配来确保财富的增加，更有效的是，给予那些习惯上可能产生取代劳动力的愿望的人以执行这种愿望的权力。[124]

这代表了一个多世纪以来关于高工资与低工资、内需与出口、节俭以及节约劳动力机制利弊的辩论高潮。如果说直到最近，关于最后一个要素的讨论还相对平静，劳德代尔勋爵现在就把它推到了理论的核心。对他来说，节省劳动力的机器并不是抗击外国竞争的一种必要罪恶，而是财富的源泉。此外，它的进步是不可避免的，也是人类文明的决定性特征和先决条件。[125]

那么从18世纪的后半叶开始，经济著作中所表达的变化的根源是什么呢？首先，应该指出的是，虽然出现了明显的变化，但并不是压倒性的变化。劳德代尔勋爵，在一个世纪前与亨利·马丁相呼应，在书的开头承认他的许多观点“不仅是新的，甚至令人厌恶接受的意见”。[126]“机器制造”的问题已经出现，但在没有受到直接影响的人中，仍然是少数人的利益。它尚未引起足够的关注，使其成为政治经济的焦点，甚至成为19世纪上半叶“真正的全国性辩论问题”。[127]部分解释是学科内部的。由苏格兰大学主导的经济分析开始取得学术
218 地位。其中不乏一些旨在推动某个特定的案例的论文，借鉴了现有的、非分析性的命题，但与它们一起出现的是更为严谨的专著，其目的是提供一门政治经济学的“科学”，并取得了进展。将政治经济学作为一个学术课题，既承认又推动了向更具分析性、概念性发展方法的趋势。新一代的作家关心的是发现一般规律，以便确定什么是适合理想化的情况。因此，机械化的逻辑可以被不停地进行下去，而很少考虑那些工人的“不幸”悲剧，他们失去传统生计和生活方式，还有那些缺乏资源、跟不上大的竞争对手步伐的小工厂主的痛苦。

方向并没有突然被改变，而是慢慢地转变了潮流。过去那些主张技术变革的人只是孤立的少数人，而他们越来越多地发现自己与其他人一样；声音变得更加自信，对这一问题的处理更加细致。然而，经济观察家们并没有带头。他们的论点更有说服力，但他们追随的是资本家、发明家及其支持者，这些资本家、发明家等自身利益促使其发现可行案例以使其活动合法化，因为他们面对的是流离失所的工人和低利率下吝啬买家的反对。18世纪下半叶见证了就业受到前所未有的机械化的威胁，给这个问题注入了新的紧迫性。纺织制造业的几乎每一道工序都曾尝试过机械化（并不总是成功的）；制钉、锉刀制造和其

他许多行业都受到了类似的遭遇。焦躁不安的情绪高涨，工人们一再爆发破坏机器的行为。这成为一个影响社会和政治稳定的问题，同样也是贫困救济的问题。[128]事件的严重性促进了宣传册上的辩论，特别是在17世纪70年代末兰开夏郡发生了破坏机器的骚乱之后。

另外，人们对技术发展及其在激励有利可图的新产业方面的作用越来越感到兴奋。英国制造业的技术能力一直在进步，在许多情况下都超过了欧洲的竞争对手：进一步的创新必须在英国国内产生，而不仅仅是模仿欧洲大陆的做法。自18世纪初以来，英国多次试图通过法规来阻止英国工匠的移民和机械的出口，这反映了对英国不断提高的技术能力的认可。除斯密外，主要经济作家都表现出对近期技术变革的认识及深刻印象。从凯里到塔克，再到劳德代尔和斯图尔特，他们列出了一系列更加显而易见的创新。[129]

18世纪初有两项具有重大影响的发明：纽科门的发动机和隆比的捻丝机（意大利是其起源地却很快被人遗忘）。两者都具有象征性的吸引力，都非常引人注目，非常新颖，而且在技术上非常成功，尽管不一定在经济上（成 219
功）。英国游客和外国游客都专程去看这些奇迹。此外，大气发动机首次提供了一种不受风和水影响的动力源，显然是一个适合诗人和艺术家想象的主题，沉浸在火神、普罗米修斯等古代神话中；诗人，如约翰·道尔顿（John Dalton）、安娜·苏厄德（Anna Seward）和伊拉斯谟·达尔文（Erasmus Darwin），以及画家，如德比的约瑟夫·赖特（Joseph Wright），都接受了这项挑战。[130]1787年，《欧洲杂志》（*European Magazine*）抓住阿尔比恩磨粉机完工的机会，出版了一本4页的从伍斯特侯爵到博尔顿和瓦特的蒸汽动力历史。对于磨粉机本身，该杂志提到，“每一个科学爱好者和人类的每一个朋友，都会从观察这台巨大的机器中得到乐趣”。[131]但正是隆比的丝绸机器吸引了经济作家们一致的关注。它的规模和复杂性让人钦佩。这证明了在一个工厂内实现大规模的机械化和生产一体化是可行的。它提供了一个直接和可接受的节省劳动力机器的例子，因为它使手工操作无法实现的过程变成可能：没有工人因此而失业，而且可以被视为创造了就业机会。[132]

发明力也成为民族自豪感的源泉。对英国技术优势的信心让约西亚·塔克感到乐观，特别是在资本货物的生产方面：“很少有国家能与英国人相提并论，也许没有一个国家在机器的数量和发明上超过英国，以减少劳动力。”[133]在1780年，一位匿名作者为引进节省劳动力的机器进行了激烈的辩护，为了反驳“法国人在发明方面最出色，英国人在改进方面最出色这一常见但错误的说法”，他认为“也许没有任何一个国家比英国这个国家产生了更多的原创性天才”；在欧洲，没有任何一个面积相同的地区“产生了同等数量的重要发现和原创发明”。[134]来自伯明翰的威廉姆·赫顿甚至毫不犹豫地说“在1782年讨论印刷商和发明家约翰·巴斯克维尔时，就有老话说，没有哪个国家像这个小岛一样盛产天才”。[135]两个世纪以来，这一直是英国神话的一部分。”[136]

11.7 天意的灭亡

一种关于发明的新形而上学也出现了。自18世纪初以来，一直在逃避对事件的天意解释；启蒙运动的思想家们将人的作用置于中心位置。“天意”随时可以给任何苦涩的药丸加糖（新的纺织机械所带来的劳动力转移是从“天意的一般命令”开始的），[137]但灵巧的新技术通常可以作为人类，特别是英国天
220 才的产物来庆祝。发现先前存在的形式的新柏拉图概念完全消失了，随之而来的是有限的（如果是大量的）发明存量的概念。现在，上帝和人类的角色被严格划分：上帝提供原材料，包括自然法则；人类利用这些材料，将它们结合并重新组合，从而产生了无数有益的发现和发明。在约翰·洛克（John Locke）的一篇哲学著作中可以找到一个早期的例子，他的神学和经验主义或许可以解释为什么他不认同流行的新柏拉图式发明概念。1677年，洛克写道：“大自然只为我们提供了材料，大部分是粗糙的并且不适合我们使用，需要劳动、技术和思想，以满足我们的需求”。[138]一个世纪之后，约瑟夫·布拉马对瓦特的蒸汽机专利提出异议时阐述了这一观点。“发明”，他将其定义为“那些思想和理解的努力，是为了从同一原因的不同应用中产生新的效果，以及由不同的组合和比例产生的无尽变化”。“人这件作品是从什么时候开始产生的呢?”，布拉马问道，他回答了自己的问题：

> 上帝的独立工作在这里结束，他用自己的秘密原则和方法……创建了各个元素和它们的属性，并储存到上文提及的通用仓库之中；同样的创造将指导每个人去采取原材料、适合的类别和质量，以执行他的设计。[139]

在18世纪的某个时候，这种观点已经成为正统的观点：在洛克和布拉马之间解决发明问题的作者太少了，所以无法确定一个分水岭。我们只能说，到了18世纪末，这一观点已经被普遍接受。发明被认为是一个综合的事物，而不是分析的问题。这是亚当·斯密讨论发明的基本模式：他承认真正新颖的发明只能指望“哲学家”，他们作为局外人可以置身事外观察，“将事物应用在一起以产生它们似乎没有办法适用的效果”。[140]

这种概念化产生了一种新的乐观主义。“机械的力量很少，但它们的组合是无限的”。[141]人们产生了对不断发明的期望，并对诸如“最广泛的操作可能”

今后“在个人的能力范围内”的猜测进行了认真的辩论。[142]在杜戈尔德·斯图尔特看来，有一个“取之不尽，用之不竭的机械发明宝库，借此我们现在已经把所有的竞争对手远远地甩在后面”。国外的竞争提供了必要的刺激；斯图尔特深信“发明将应运而生”。[143]这是一个重要的新资源，特别是英国人似乎找到了关键。

这种对发明的新理解对专利制度和如何最好地鼓励发明和创新这一更广泛的话题产生了影响。对个人努力和“天才”的强调促进了对发明的“英雄的”解释，这种解释在19世纪得到了证实，在当时发明人和工程师确实被誉为民族英雄。就目前而言，发明在很大程度上还是一种匿名的成就：纽科门的机器被称为“救火车”，卡特莱特的动力织机被称为“唐卡斯特织机”；[144]在1803年《君子》杂志出版的已故“18世纪的英国名人”名单中没有发现发明人的名 221
字。阿克莱特、瓦特和韦奇伍德作为成功的商人，得到了大多数发明人未获得的关注。[145]出版于1810年的第四版《大英百科全书》（*Encyclopaedia Britannica*），定义了“发明”，首先赋予了技术意义，文学意义放在了最后，但对例子的选择——火药和印刷——是非常保守的。不过发明现在被认为是个人的成就；他们不仅是天意的代理人，如果没有他们的努力，就不能保证发明会被别人制造出来。天意的宿命论被淹没在英雄主义的意识形态之下。因此，人们认为鼓励个人是至关重要的。一些人认为直接的金钱奖励是最有效的方法。但是，对许多人来说，对自由市场分配的正义信念决定了，通过专利授予的临时性垄断将产生最公平的结果，并有可能获得更多回报。

将发明概念化的新方法也与新的财产概念相结合。[146]1774年，当卡姆登（Camden）勋爵对机械或文学发明具有普通法财产权的主张提出异议时，抗议说，那些持相反观点的人“忘记了他们的造物主，也忘记了他们的同伴”，因为他们试图垄断“造物主最崇高的礼物和最大的利益”。为了否定知识产权的概念，卡姆登阐明了一种天意主义的发明观（不是新柏拉图主义），这时的天意主义已经有了老套的说辞。

> 那些伟大的人，那些受宠的凡人，那些崇高的精神，他们分享着我们称之为天才的那一缕神性之光，被上帝赋予了向他们的同胞传授上天为普遍利益而给出指示的权力。[147]

卡姆登的观点近乎吝啬，甚至连专利都不给发明人。相比之下，对知识产权概念的支持通常意味着对发明的理解更加世俗化。

如果发明人仅仅是上帝的代理人，那么“使用权”可能是恰当的，但当上帝沦为原材料的提供者，而发明人被提升为创造性的“天才”时，他就有权对他自己的大脑所产生的产品——以前不存在的、没有他可能永远不会存在的东西——提出财产性要求。最起码国家能做的是授予专利权；人们开始施加压力，要求免费授予专利权，或至少以更低的价格授予专利权。因为，许多人认为国家或者是确认发明人知识产权中的一项现存自然权利，或者是与发明人建立一种契约关系，以暂时性的垄断来交换其秘密的披露。

222 18世纪末的英国人认为自己生活在一个“发明时代”“科学时代”或“以积聚聪明才智而著称的时代”。[148]他们以自己国家的技术成就而感到自豪，并且部分认识到这些技术成就对经济增长的潜力。他们发现，在专利制度中已经存在一种目的在于保护和促进发明的制度。有些人质疑它的优点，但具有智慧的政治经济学家支持那些认为它可以以典型的英国方式满足当前的需要的人。当法国人和美国人通过政治革命的契机通过新的专利法时，英国人却自信地认为他们已经在垄断法令的支持下获得了成功，坚持了这一古代制度的遗产。

注释

引言

❶ Phyllis Deane, *The first industrial revolution* (Cambridge, 1965), p. 128; B. R. Mitchell and Phyllis Deane, *Abstract of British historical statistics*, 2nd edn (Cambridge, 1971), p. 244; D. C. Coleman, *The economy of England*, 1450 – 1750 (Oxford, 1977), pp. 153 – 155.

❷ Jacob Schmookler, *Invention and economic growth* (Cambridge, Mass. 1966), p. 56.

❸ The indexes are respectively chronological, by name of patentee, and by subiect of patent. For Woodcroft's methods of working and the size of his task, see Bennet Woodcroft (ed.), *Alphabetical index of patentees of inventions* (repr. 1969), pp. v – vii; and for his biography. John Hewish, *The indefatigable Mr Woodcroft* (1982). The patent rolls are in the Public Record Office, class C66.

❹ Examination to determine whether the invention was accurately described was introduced by the 1883 Patents Act (46 & 47 Vict. c. 57).

❺ Liliane Perez, Le "Privilège", source d'histoire économique et révélateur d'une politique au XVIIIe siècle in F. Caron (ed.), *Les Brevets: leur utilisation en histoire des techniques et de l'économie* (Table Ronde, C. N. R. S. 1984, Paris, 1985), pp. 71 – 79; Harold T. Parker. *The Bureau of Commerce in* 1781 *and its policies with respect to French industry* (Durham, N. Carolina, 1979), pp. 47 – 68.

❻ William Cobbett (ed.), *The parliamentary history of England* (36 vols., 1806 – 1820).

❼ *Report from the select committee appointed to inquire into the present state of the law and practice relative to the granting of patents for invention*, P. P. 1829, Ⅲ.

❽ Thomas Savery, *The miner's friend, or an engine to raise water by fire* (1702).

❾ J. W. Gordon, *Monopolies by patents, and the suitable remedies available to the public* (1897), p. I; H. G. Fox, *Monopolies and patents: a study of the history and future of the patent monopoly* (Toronto, 1947), p. 6; William Hyde Price, *The English patents of monopoly*, Harvard Economic Studies, vol. 1 (1906), pp. 130 – 132.

❿ A. A. Gomme, *Patents of invention: origin and growth of the patent system in Britain* (1946). See also H. Harding, *Patent Office centenary* (H. M. S. O., 1952).

⓫ E. Wyndham Hulme, The history of the patent system under the prerogative and at common law,

L. Q. R., 12 (1896), 141 – 154; *idem*, On the consideration of the patent grant, past and present, L. *Q. R.*, 13 (1897), 313 – 318; *idem*, The history of the patent system under the prerogative and at common law: a sequel, *L. Q. R.* 16 (1900), 44 – 56; *idem*, On the history of patent law in the seventeenth and eighteenth centuries, *L. Q. R.*, 18 (1902), 280 – 288; *idem*, Privy Council law and practice of letters patent for invention from the Restoration to 1794, *L. Q*, *R.*, 33 (1917), 63 – 75, 181 – 195; D. Seaborne Davies. The early history of the patent specification, *L. Q. R.*, 50 (1934), 86 – 109, 260 – 274.

⑫ Klaus Boehm and Aubrey Silberston, *The British patent system*: *i*, *administration* (Cambridge, 1967), preface.

⑬ Surveyed in H. I. Dutton, *The patent system and inventive activity during the industrial revolution* (Manchester, 1984), pp. 1 – 3.

⑭ Ibid., p. 10.

⑮ Ibid., pp. 108 – 115, 202 – 205.

⑯ Nathan Rosenberg, *Inside the black box*: *technology and economics* (Cambridge, 1982) pp. 48 – 49.

⑰ Yet see N. F. R. Crafts, The eighteenth century: a survey in Roderick Floud and Donald McCloskey (eds.), *The economic history of Britain since* 1700: *volume 1*, *1700 – 1860* (Canbridge, 1981), p. 5.

⑱ N. F. R. Crafts, *British economic growth during the industrial revolution* (Oxford, 1985). pp. 71 – 72, 81 – 82.

⑲ Ibid., p. 80.

⑳ Rosenberg, *Inside the black box*, pp. 23 – 27.

㉑ T. S. Ashton, *The industrial revolution*, 1760 – 1830 (Oxford, 1948), p. 58.

㉒ Akos Paulinvi, Revolution and technology in Roy Porter and Mikulas Teich (eds.), *Revolution in history* (Cambridge, 1986), pp. 272 – 284. See also David S. Landes. *The unbound Prometheus*: *technological change and indusirial developments in western Europe from* 1750 *to the present* (Cambridge, 1969), pp. 1 – 3: W. W. Rostow. *How it all began*: *origins of the modern economy* (1975), pp. 180 – 184.

㉓ D. N. McCloskey. The industrial revolution 1780 – 1860: a survey in Floud and McCloskey, *Economic history*, pp. 108 – 117: G. N. Von Tunzelmann. Technical progress during the industrial revolution in ibid., pp. 143, 158 – 163.

㉔ R. Samuel. The workshop of the world: steam power and hand technology in mid – Victorian Britain, *History Workshop*, 3 (1977), 6 – 72; also A. E. Musson. *The growth of British industry* (1978), pp. 139 – 142, 149 – 151.

㉕ J. U. Nef, The progress of technology and the growth of large – scale industry in Great Britain, 1540 – 1640, *Ec. H. R.*, 1st ser. 5 (1934), 3 – 24: Lewis Mumford. *Technics and civilization* (1934), pp. 156 – 167; E. A. Wrigley, The supply of raw materials in the industrial *revolution*, *Ec. H. R.*, 2nd ser. 15 (1962), 1 – 16: J. R. Harris, *Industry and technology in the eighteenth century: Britain and France* (Birmingham, 1972).

㉖ Crafts, *British economic growth*, pp. 17 – 34, 84 – 86. See also Deane. *First industrial revolution.*

㉗ E. A. Wrigley. Continuity, chance and change: the character of the industrial revolution in England, the Ellen McArthur Lectures, University of Cambridge, 1987.

㉘ Ibid.: N. F. R. Crafts. The industrial revolution in England and France: some thoughts on the question "Why was England first?", *Ec. H. R.*. and ser. 30 (1977), 429 – 441.

㉙ Crafts, *British economic growth*, pp. 46 – 47; C. K. Harley, British industrialization before 1841: evidence of slower growth during the industrial revolution, Jnl Econ. Hist., 42 (1982), 267 – 289; P. H. Lindert, English occupations, 1670 – 1811, Jnl Econ. Hist., 40 (1980), 707. This gradualism is, of course, evocative of J. H. Clapham. *The economic history of modern Britain* (3 vols., Cambridge, 1926 – 1938) and E. Lipson, *The economic history of England* (3 vols., 1934).

㉚ R. Baker, *New and improved... inventors and inventions that have changed the modern world* (1976), pp. 14 – 16, 154 – 162.

㉛ Christine MacLeod, Patents for invention and technical change in England. 1660 – 1753 (unpubl. Ph. D. thesis. University of Cambridge, 1983), pp. 206 – 212; A. A. Gomme, Date corrections of English patents, 1617 – 1752, *T. N. S.*, 13 (1932 – 1933), 159 – 160.

㉜ Simon Kuznets. Inventive activity: problems of definition and measurement in Richard R. Nelson (ed.), *The rate and direction of inventive activity* (Princeton, 1962), pp. 19 – 43.

㉝ Schmookler, Invention and economic growth, esp. pp. 1 – 11; Dutton, *Patent system*, pp. 103 – 108; A. E. Musson (ed.), *Science, technology, and economic growth in the eighteenth century* (1972), pp. 49 – 56.

㉞ Thomas Webster, *Reports and notes of cases on letters patent for inventions* (1844), pp. 435 – 454.

㉟ Archibald Clow and Nan L. Clow. *The chemical revolution: a contribution to social technology* (1952), pp. 5 – 6.

㊱ S. R. O. Calendar of Scottish patents and specifications, 1712 – 1812.

㊲ Christine MacLeod. The 1690s patents boom: invention or stock – jobbing? *Ec. H. R.*, 2nd ser. 39 (1986), 560 – 561.

㊳ Robertson Buchanan to Alexander Mundell, 13 Apr. 1813, and 22 May 1813, Edinburgh University Library, MS La. Ⅱ. 311.

㊴ See Ashton, *Industrial revolution*, p. 19.

㊵ D. Griffiths. The exclusion of women from technology in Wendy Faulkner and Erik Arnold (eds.), *Smothered by invention: technology in women's lives* (London and Sydney, 1985), pp. 51 – 58, provides a starting point for considering why this was the case.

第 1 章 1550~1660 年的专利：法律、政策和矛盾

❶William Blackstone. *Commentaries on the laws of England* (4 vols. , Oxford, 1765 - 1769), vol. 2, p. 346; see also Edward Chamberlayne, *Angliae notitiae: or the present state of England*, 18th edn (1694), p. 81; Ephraim Chambers, *Cyclopaedia: or, an universal dictionary of arts and sciences*, 5th edn (2 vols. , 1741), sub Letters Patent, Patent.

❷ William Holdsworth. A history of English law (17 vols. , 1922 - 1972), vol. 4, pp. 343 - 345; Hulme, History of the patent system, pp. 142 - 144: Fox, *Monopolies and patents* pp. 39 - 43.

❸ This and the following paragraph are based on Maximilian Frumkin, Early history of patents for invention, *T. N. S.* , 26 (1947), 47 - 55, where further details and references may be found. See also Frank D. Prager, A history of intellectual property from 1545 to 1787, *Jnl of the Patent Office Society*, 26 (1944), 714 - 719.

❹ Frumkin. Early history, p. 52.

❺ Ibid. , p. 51.

❻ Mary Dewar (ed.), *A discourse on the commonweal of this realm of England, attributed to Sir Thomas Smith* (Charlottesville, 1969), p. 88.

❼ W. Cunningham, *The growth of English industry and commerce*, 3rd edn (3 vols. , Cambridge, 1896 - 1903), vol. 2, pp. 57 - 61, 79 - 84. Cunningham stresses Burghley's interest - sometimes financial - in these ventures.

❽ Hulme, History of the patent system, p. 152. The same conclusion is reached in the most recent research on the subject: G. D. Duncan, Monopolies under Elizabeth I (unpubl. Ph. D. thesis, University of Cambridge, 1976), pp. 40 - 48; and Joan Thirsk, *Economic policy and projects: the development of a consumer society in early modern England* (Oxford, 1978), pp. 33 - 34, 47 - 49.

❾ Davies, Patent specification, pp. 98 - 105.

❿ Duncan, Monopolies under Elizabeth I, pp. 36 - 38.

⓫ John Stow, *The survey of London* (1598), bk 5, p. 244, quoted in Cunningham, *Growth of English industry*, vol. 2, pp. 76 - 77.

⓬ Of the 31 patents for the introduction of new arts issued between 1558 and 1585 only 11 were for native inventions.

⓭ Fox, *Monopolies and patents*, p. 233.

⓮ See below, p. 18.

⓯ Stephen D. White, *Sir Edward Coke* and *The grievances of the commonwealth*, 1621 - 1628 (Chapel Hill, 1979), p. 134.

⓰ Duncan. Monopolies under Elizabeth I, p. 22. The most familiar evidence for this point lacks substance, for the story of William Lee's being refused a patent for the stocking knitting frame seems to be of nineteenth - century invention, first appearing in Gravenor Henson's account in 1831: *Felkin's history of the machine - wrought hosiery and lace manufactures*, ed. S. D.

Chapman (Newton Abbot, 1967), pp. 26 – 38, 51.

⑰ Hulme, History of the patent system, p. 152.

⑱ See below, pp. 67 – 68.

⑲ Edward Coke, *The third part of the institutes of the laws of England*, 4th edn (1669), p. 184. See also the decision of King's Bench in *Clothworkers of Ipswich* (1614), quoted in L. Getz. Historv of the patentee's obligation in Great Britain. *Jnl of the Patent Office Society*, 46 (1964), 68.

⑳ P. R. O. SP44. 338, pp. 6 – 8; SP44 – 336, p. 296.

㉑ See below, p. 49.

㉒ The justification for patents remained a matter for learned debate into the nineteenth century: Dutton, *Patent system*, pp. 17 – 22.

㉓ Duncan, Monopolies under Elizabeth I, p. 99; see also Thirsk, *Economic policy and projects*, pp. 86 – 87.

㉔ Duncan, Monopolies under Elizabeth I, pp. 116 – 131, 172 – 173; export licences were also sold to the highest bidders, ibid., pp. 147 – 170; see Thirsk, *Economic policy and projects*, pp. 95 – 99, 101, and chs. 3 and 4, *passim*.

㉕ Fox, *Monopolies and patents*, pp. 74 – 79; Price, *English patents of monopoly*, pp. 20 – 22, 31 – 33.

㉖ Fox, *Monopolies and patents*, p. 217. A facsimile of the *Book of bounty* is printed in Gordon, *Monopolies by patents*, pp. 161 – 192.

㉗ John Chamberlain to Sir Dudley Carleton, 8 July 1620, in N. E. McClure (ed.), *The letters of John Chamberlain*, (2 vols., Philadelphia, 1939), vol. 2, p. 311. See Fox *Monopolies and patents*, p. 102.

㉘ For a more specialized treatment of events, see Price, *English patents of monopoly*, p. 20 – 25; Fox, *Monopolies and patents*, pp. 100 – 115; Holdsworth, *History of English law*, vol. 4, pp. 343 – 353: Elizabeth Reed Foster. The procedure of the House of Commons against patents and monopolies, 1621 – 1624 in W. A. Aiken and B. D Henning (eds.), *Conflict in Stuart England: essays in honour of W'allace Notestein* (1960), pp. 59 – 85.

㉙ Gordon, *Monopolies by patents*, p. 9.

㉚ Fox, *Monopolies and patents*, pp. 214 – 220: White, *Sir Edward Coke*, pp. 130, 134.

㉛ William R. Scott, *The constiution and finance of English, Scottish and Irish joint – stock companies to 1720* (3 vols., Cambridge, 1912), vol. I, pp. 167 – 178.

㉜ Quoted in Eleanor S. Godfrey, *The development of English glassmaking, 1560 – 1640* Oxford, 1975), pp. 112 – 113. Godfrey argues that Mansell's patent was beneficial to the development of an English glass industry. See also White, *Sir Edward Coke*, pp. 125 – 126.

㉝ Edward Hyde, 1st Earl of Clarendon, *The history of the rebellion and civil wars in England* (3 vols., Oxford, 1702 – 1704), vol. 1, p. 53; see Scott, *Joint – stock companies*, vol. 1, pp. 220 – 223.

㉞ Gordon, *Monopolies by patents*, p. 10.

㉟ Scott, *Join – slock companies*, vol. 1, pp. 208 – 218; Fox, *Monopolies and patents* pp. 127 – 139; Price, *English patents of monopoly*, pp. 35 – 46.

㊱ Fox, *Monopolies and patents*, pp. 140 – 150; Scott, *Join – stock companies*, vol. 1, pp. 221 – 223; and see, Lewes Roberts, *The treasure of traffike, or a discourse of forraigne trade* (1641), p. 47.

㊲ Rhys Jenkins, The protection of inventions during the Commonwealth and Protectorate Notes Queries, 11th ser. 7 (1913), 162 – 163.

㊳ Fox, *Monopolies and patents*, p. 155n.

㊴ —to Sir Edward Cartwright, 2 June 1664, enclosing letter to the king: P. R. O. SP29. 99, no. 12.

㊵ P. R. O. SP29. 103, nos. 60, 61. For Garill's application, see below, pp. 32, 42 – 43.

㊶ *Vox et lacrimae anglorum: or, the true Englishmen's complaints to their representatives in parliament*, in P. R. O. SP29. 234, no. 85, p. 10.

㊷ Price, *English patents of monopoly*, p. 45.

㊸ *East India Company v. Sandys*, quoted in Fox, *Monopolies and patents*, p. 354.

㊹ Henry Horwitz (ed.), *The parliamentary diary of Narcissus Luttrell*, 1691 – 1693 (Oxford, 1972), pp. 248 – 249, 340, 355, 401, 453.

㊺ Aaron Hill, *Proposals for raising a stock of one hundred thousand pounds* (1714), pp. 12, 13.

㊻ Cobbett, *Parliamentary history vol.* 10, cols. 927 – 928.

㊼ Josiah Tucker. *The elements of commerce and the theory of taxes* (1755), p. 120. See also, John Dyer Collier, *An essay on the law of patents for new inventions* (1803), p. 19; and Fox. *Monopolies and patents*, p. 153n.

㊽ Holdsworth, *History of English law*, vol. 4, p. 353; Hulme, History of the patent system. …a sequel, p. 55: Boehm and Silberston, *British patent system*, p. 17; Fox, *Monopolies and patents*, pp. 124 – 125.

㊾ Boehm and Silberston, *British patent system*, pp. 17 – 18. For Coke as representative of the emergent economic liberalism of the common law, see Donald O. Wagner Coke and the rise of economic liberalism, *Ec. H. R.*, 1st ser. 6 (1935 – 1936), 30 – 44. This is contested by Barbara Malament, The "economic liberalism" of Sir Edward Coke, *Yale Law Jnl*, 76 (1067), 1321 – 1358; and modified by White, Sir *Edeard Coke*, pp. 115 – 141, esp. pp. 136 – 141.

㊿ Coke, *Institutes*, p. 184. See Gordon, *Monopolies by patents*, pp. 21 – 70.

51 Fox, *Monopolies and patents*, pp. 220 – 231.

52 For elaboration of Coke's views on this point, see White, *Sir Edward Coke*, pp. 124 – 125.

53 Coke, *Institutes*, p. 184. See below, pp. 59, 161.

第2章 斯图亚特王朝后期的专利授权——一种政策工具

❶Jenkins, Protection of inventions, pp. 162 – 163.

❷ See below, pp. 40 – 41, 76.

❸ P. R. O. SP29. 44, no. 70.

❹ Patents 159 – 162, 164 – 168.

❺ P. R. O. SP29. 45, no. 47; SP29. 90, no. 47.

❻ See, for example, R. Latham and W. Matthews (eds.), *The diary of Samuel Pepys* (11 vols., 1970 – 1983), vol. 4, p. 415; vol. 5, pp. 5 – 6.

❼ P. R. O. SP35. 30, no. 24.

❽ P. R. O. SP44. 61, p. 4, SP44. 71, p. 265; patent 253 (1687).

❾ J. R. Jones, *The revolution of* 1688 *in England* (1972), p. 145.

❿ P. R. O. SP44. 296, pp. 65 – 66; C66. 3325 (1).

⓫ Gomme, *Patents of invention*, p. 16; my emphasis. Overseas trading companies continued to enjoy monopoly privileges over specific regions. For the rents exacted under Elizabeth I, see Hulme, History of the patent system…a sequel, pp. 45 – 51.

⓬ Rents were sometimes demanded in Elizabethan patents specifically as compensation for the crown's loss of customs revenue: Davies, Patent specification, p. 108.

⓭ P. R. O. SP44. 71, pp. 394, 402; PC2. 72, pp. 622, 631; patent 261 (1688)

⓮ P. G. M. Dickson, *The financial revolution in England: a study in the development of public credit, 1688 – 1756* (1967), pp. 342, 415 – 416.

⓯ Edward Hughes, *Studies in administration and finance, 1558 – 1825* (Manchester, 1934), pp. 179 – 180.

⓰ Hughes, *Studies*, p. 427; *Calendar of Treasury Books*, vol. 23, pt 2 (1709), p. 230. Hughes was mistaken in his belief that the patent had not been granted: patent 384 (1709).

⓱ Hughes, *Studies*, p. 428; *Calendar of Treasury Books*, vol. 27, pt 2 (1713), p. 394.

⓲ Hughes, *Studies*, p. 428.

⓳ P. R. O. SP35. 30, no. 3o.

⓴ P. R. O. SP35. 12, no. 123; see L. Gittens, Soapmaking and the excise laws, 1711 – 1853, *Industrial Archaeology Review*, 1 (1976 – 1977), 365.

㉑ P. R. O. SP26. 8, fol. 118.

㉒ P. R. O. SP44. 255, pp. 325 – 327.

㉓ P. R. O. SP36. 47, fols. 264, 271, 309; SP36. 50, fol. 283, SP36. 51, fols. 215, 217, 219; SP44. 258, pp. 522 – 524; SO3. 25.

㉔ See below, pp. 113 – 114.

㉕ See, for example, *H. of C. Jnl*, vol. 37 (1780), p. 896. But see also Hughes, *Studies*, pp. 431 – 432.

㉖ E. g. P. R. O. SP29. 20, nos. 8. 22. C. S. P. D., November 1660, offers a good sample of the various types of demand which were made on the restored monarchy.

㉗ R. W. K. Hinton, The decline of parliamentary government under Elizabeth I and the early Stuarts, Cambridge Historical Jnl, 13 (1957), 116 – 132.

㉘ P. R. O. SP29. 20, no. 82.

㉙ See above, pp. 16 – 17.

㉚ Buckingham was described in 1668 as the king's chief minister ofstate instead of the Chancellor [Clarendon]: Matthew Sylvester (ed.), Reliquiae Baxterianae (1696), pt iii, pp. 21 – 22. I am grateful to Mark Goldie for this reference.

㉛ P. R. O. SP44. 13, pp. 312, 334; SP29 – 75, p. 153.

㉜ Patents 134 (1662), 140 (1663); D. N. B., sub Martin Clifford (d. 1677), and Thomas Paulden (1626 – 1710?). For Tilson's involvement, see Victoria and Albert Museum, MS 86. JJ. 8, fols. 1 – 3.

㉝ Guildhall, MS 5554, fol. 7.

㉞ Charles II, *By the king, a proclamation for the prohibiting the importation of glass plates*, (1664).

㉟ P. R. O. PC2. 57, p. 135; PC2. 6o, p. 424; see B. L. MS Sloane 857, fol. 44.

㊱ P. R. O. PC2. 60, pp. 44, 59, 63, 70. The Venetian ambassador, Alberti, made frequent references to the duke's capacity to manipulate the glass trade through his infuence at Court: C. S. P. V. vol. 37, pp. 299 – 300; vol. 38, p. 7.

㊲ Patent 176 (1674), to George Ravenscroft.

㊳ Dept. Medieval and Later Antiquities, British Museum, MS, Articles of agreement made concluded and agreed upon 18 August 12 Charles Ⅱ, 1660.

㊴ Victoria and Albert Museum, MS 86. Ⅱ. 8, fol. 1.

㊵ B. L. MS Sloane 857, fols. 18, 20, 24; E. S. de Beer (ed.), *The diary of John Evelyn* (6 vols., Oxford, 1955), vol. 4, pp. 13, 98 – 99; C. S. P. V. vol. 37, p. 300; vol. 38, p. 2.

㊶ P. R. O. SP44. 235, p. 57; SP44. 339, p. 160; C66. 2982 (8) (1661); patent 303 (1692); H. M. C. 7th Report, *House of Lords MSS*, p. 164.

㊷ P. R. O. PC2. 55, pp. 614 – 615.

㊸ Patent 148 (1666): P. R. O. PC2. 59, p. 310; SP29. 195, no. 88; SP29. 198, no. 117; *D. N. B.*, sub Sir John Reresby (1634 – 1689). The grant of this patent is indicative of how perfunctory was the scrutiny of applications: see below, pp. 41 – 48.

㊹ P. R. O. SP29. 370, no. 220; PC2. 64, pp. 485, 506 – 507; patent 181 (1675).

㊺ Basil Duke Henning (ed.), *The parliamentary diary of Sir Edward Dering, 1670 – 1673* (New Haven, 1940), p. 13.

㊻ P. R. O. SP44. 8, p. 8, patent 133 (1662); also, for example, patent 155 (1668).

㊼ Patent 356 (1698).

㊽ Patent 141 (1664); D. N. B., sub Lawrence Hyde, Earl of Rochester (1641 – 1711), and Francis Willoughby, fifth Baron Willouehby of Parham (1613? – 1666).

㊾ Patent 255 (1687). For Albemarle's appointment to Jamaica, see Peter Earle, *The wreck of the Almiranta: Sir William Phips and the search for the Hispaniola treasure* (1979), p. 163.

㊿ See below, p. 82

51 P. R. O. SP29. 30, no. 3o; SP29. 34, no. 9; patent 129 (1661); my emphasis.

52 P. R. O. SP20. 22, nos. 102, 102 (1); C66. 2943, no. 37 (1660).

53 Samuel Smiles, *Industrial biography: iron workers and tool makers*, ed. L. T. C. Rolt (Newton Abbot, 1967), pp. 52 – 58; P. R. O. SP29. 37, no. 49. See also Scott, *Jointstock companies*, vol. 2, pp. 465 – 466.

54 See above, p. 21.

55 D. N. B., sub Richard Coote, first Earl of Bellamont (1637 – 1701).

56 P. R. O. SP44. 235, p. 43; patent 237 (1684).

57 P. R. O. PC2. 73, p. 368; SP44. 339, p. 182.

58 P. R. O. PC2. 72, p. 411; PC2. 74, p. 134.

59 Patent 171 (1673); P. R. O. SP29. 335, no. 84. Hulme suggested that Chamberlain's interest in a patent was to prevent the growth of a native manufacture in order to reap the profits of imported tin plates: comment on T. S. Ashton, The discoveries of the Darbys of Coalbrookdale, T. N. S., 5 (1924 – 1925), 13.

60 Andrew Yarranton, *England's improvement by sea and land...the second part* (1681), pp. 150 – 151. For Yarranton's thoughts on the patent system resulting from this experience, sec below, pp. 184 – 185.

61 Smiles, *Industrial biography*, pp. 61, 66 – 69.

62 Yarranton's accusation that Chamberlain was ignorant of tin – platemaking was, perhaps, not entirely justified: W. E. Minchinton. *The British tinplate industry, a history* (Oxford, 1957), pp. 4, 7.

63 Patent 190 (1676); H. M. C. New Series, vol. 2. *House of Lords MSS*, p. 242; Muriel Clayton and Alma Oakes, Early calico printers around London. *Burlington Magazine*, 96 (1954), 136 – 139.

64 Patents 274 (1691), 335 (1694); D. N. B., sub Thomas Phillips (1635? – 1693), Jacob Richards (1660? – 1701).

65 See below, pp. 186 – 187.

66 Bodl, MS Rawlinson A. 180, fols. 254 – 255. For an appreciation of Bayly's engines – an incomparable invention likely to be lost for lack of patronage – see T [homas] H [ale], *An account of several new inventions and improvements now necessary for England (1691)*, pp. 53 – 60.

67 Bodl., MS Rawlinson A. 180, fol. 266; patent 196 (1676).

68 P. R. O. SP29. 281A, no. 6; PC2. 66, p. 388; patent 150 (1667).

69 J. H. Thomas, Thomas Neale, a seventeenth – century projector (unpubl. Ph. D. thesis, University of Southampton, 1979), pp. 110 – 176, 268 – 315.

70 MacLeod, The 169s patents boom, pp. 567 – 569.

71 J. V. Beckett, *Coal and tobacco: the Lowthers and the economic development of west Cumberland, 1660 – 1760* (Cambridge, 1981), pp. 121 – 124.

72 Ibid. , p. 212, 217. See also J. V. Beckett, The eighteenth – century origins of the factory system: a case study from the 1740s, *Business History*, 19 (1977), 64.

73 Patent 431 (1720); P. R. O. SP35. 29, no. 48; SP35. 30, no. 24. See also P. R. O. SP35. 25, no. 3.

74 P. R. O. SP36. 7, fols. 84, 86; patent 505 (1728).

75 P. R. O. SP36. 31, fol. 56; patent 546 (1734).

76 *Calendar of Treasury Books*, vol. 8, pt 2 (1685 – 1689), pp. 602, 670.

77 Guildhall, MS 3952, fol. 40.

78 See below, p. 38.

79 Dutton, Patent system, pp. 79 – 80. For the concept of intellectual property in this period, see below pp. 197 – 199.

80 See below, pp. 41 – 48.

81 P. R. O. PC2. 73, p. 421.

82 P. R. O. SP29. 414, nos. 27 (1), 27 (2); SP44. 51, p. 398; SP44. 55, p. 125; patent 211 (1680).

83 See below, pp. 42 – 43. Where the advantages seemed so obvious and it was itself a maior beneficiary, the government was willing, it seems, to establish a monopoly. It may partly have been its experience of the hostility this patent aroused (see above, p. 16) that made it more cautious in granting monopoly powers: P. R. O. SP29. 82, no. 32; SP2q. 83, no. 109; SP29. 85, nos. 19, 20; SP44. 15, pp. 265 – 267; SO3. 15, p. 208.

84 P. R. O. SP29. 93, nos. 60, 61; PC2. 57, pp. 204 – 213. Garill sought his revenge on the wiredrawers by harassment in law suits and by informing on them to the government: P. R. O. PC2. 58, pp. 152, 159; SP44. 18, p. 327.

85 Sir John Craig, *The Mint: a history of the London Mint from A. D. 287 to 1948* (Cambridge, 1953), pp. 184 – 197.

86 P. R. O. PC2. 59, pp. 4, 84; patent 147 (1666); Charles II, *By the king, a proclamation prohibiting the importation of blue paper.* The Stationers' estimate seems to have been fairly accurate: D. C. Coleman. *The British paper industry*, 1495 – 1860: a study in industrial growth (Oxford, 1958), pp. 13, 58 – 59.

87 6 & 7 Gul Ⅲ, c. 18, appended to patent 261* . See Scott, *Joint – stock companies*, vol. 3, p. 84.

88 P. R. O. PC2. 72, pp. 338, 411, 433, 444, 449, 470.

89 E. g. P. R. O. SP29. 378, nos. 26, 26 (1); PC2. 65, pp. 91 –92.

90 Patent 459 (1723); P. R. O. PC2. 88, p. 510.

91 For a concise summary of the legislation by which successive governments attempted to prevent the exportation of machinery and skills in the eighteenth century, see Holdsworth, *History of English law*, vol. 11, pp. 432 –434.

92 Ralph Davis, The rise of protection in England, 1689 – 1786, *Ec. H. R.*, and ser. 19 (1966), 308 –313.

93 See also below, pp. 81 –84.

94 In this they were approximating the French practice, in which new inventions were regularly rewarded with a variety of concessions: Parker, *Bureau of Commerce*, pp. 58 –59.

95 P. R. O. SP29. 49, no. 32; SP44. 5, p. 116; SP44. 235, p. 57; SP44, 339, p. 162; SP26. 55, fol. 54.

96 Charles Webster, *The great instauration: science, medicine and reform, 1626 –1660* (1975), pp. 404 –411. See also Pepys, *Diary*, vol. 3, p. 265; vol. 4, pp. 70, 144 –148.
Craig, *The Mint*, pp. 158 –167.

97 P. R. O. SP44. 7, pp. 60 – 61, 67 – 68; SP29. 60, nos. 10, 10 (1). The patent was not included in Woodcroft's lists.

98 Patents 128 (1661), 137 (1663): P. R. O. PC2. 55. p. 240; SP29. 91, no. 93.

99 Pepys often commented with pleasure on the royal interest, e. g. J. R. Tanner (ed.), *Samuel Pepys' naval minutes*, Navy Records Society (1926), p. 115.

100 Danicl Baugh, *British naval administration in the age of Walpole* (Princeton, 1965), p. 19; Pepys, *Diary*, vol. 3, p. 528.

101 John Ehrman, *The navy in the war of William Ⅲ*, 1689 –1697 (Cambridge, 1953), pp. 19 –20.

102 See P. R. O. ADM. 1. 3527, fols. 113 – 114; PC2. 77, pp. 343, 431; PC2. 79, pp. 99, 124; PC2. 81, p. 202, for Charles Ardesoif's repeated attempts to secure a contract for the use of his composition (patent 341) by the Navy.

103 These are detailed in T [homas] H [ale], *The new invention of mill'd lead, for sheathing of ships against the worm* (1691). Thomas Hale and partners had taken over the patent (254) in 1687; it had been extended by a private Act in 1669 (23 Car. II, C. 15), printed as patent 158.

104 Ibid., pp. 114 –115.

105 See, for example, the report of the Office of Ordnance to the Duke of Marlborough, 29 May 1705, about Mr Ramondon's invention of shooting by night: B. L. MS Add. 61, 165, fols. 115, 117.

106 Thomas Savery, *Navigation improv'd, or the art of rowing ships of all rates in calms* (1698), pp. 8 –9, 18 –19.

107 P. R. O. SP44. 237, p. 74; ADM. 1. 3577, fol. 113; patent 335 (1694). See also John Streater's plea in 1667, P. R. O. SP29. 229, no. 183; and William Presgrave's in 1687, SP44. 71, pp. 331, 362.

108 Pepys's papers are full of correspondence with patentees and other inventors regarding negotiations for contracts and seeking payment. See, for example, the case of Captain Von Helmskirke: Pepys, *Diary*, vol. 9, pp. 171, 198: P. R. O. PC2, 60, pp. 300 – 301.

109 See, for example, B. L. MS Add. 61, 308, fols. 23 – 25.

110 P. R. O. PC2. 95, pp. 48, 304, 341.

111 A. E. Clark – Kennedy, *Stephen Hales D. D.*, *F. R. S.*, *an eighteenth – century biography* (Cambridge, 1929), pp. 152 – 169, 207.

112 Stephen Hales. *A treatise on ventilators* (1758), pp. 96 – 97.

113 The relationship of government to inventors of military devices only began to be regulated with the passing of an Act in 1859, which gave such inventors the power to assign patents to the Secretary of State for War. This revised the judgement in an earlier test case, when the government was allowed to invade patent rights: Holdsworth, *History of English law*, vol. 14, p. 94.

114 2 Gul & Mar, sess. 2, c. 9.

115 P. R. O. SP29. 372, no. 165; patent 184 (1675).

116 R. E. W. Maddison, Studies in the life of Robert Boyle, F. R. S.: part ii, salt water freshened, *Notes and Records of the Royal Society of London*, 9 (1952), 196 – 213; patent 226 (1683); P. R. O. PC2. 70, p. 56. In 1695 Walcot regained control, when he was allowed protection of his invention for thirty – one years by private Act of Parliament.

117 Patents concerning gunpowder and ordnance had been specifically exempted from the provisions of the Statute of Monopolies: see above, p. 17.

118 P. R. O. SP44. 235, p. 109; SP44. 341, p. 22; patent 266 (1691).

119 P. R. O. SP44. 235, pp. 241, 254; SP44. 341, pp. 308 – 312.

120 P. R. O. SP44. 235, p. 289; SP44. 341, pp. 374 – 377; PC2. 74, pp. 401, 412, 429.

121 See below, pp. 47 – 48.

122 Patent 1063 (1774); P. R. O. PC1. 10. 75; PC1. 11. 150; L. T. C. Rolt, *Tools for the job: a short history of machine tools (1965)*, pp. 45 – 47, 53.

123 Berks. C. R. O. Hartley – Russell MS 07/4; patent 1037 (1773).

124 Patents 2068 (1795); 2086, 2097, 2099 (all 1796); P. P. 1829, Ⅲ, p. 438.

125 See, for example, the cases of John Cumberland, patent 427 (1720), in P. R. O. SP35. 19, nos. 33, 33 (1); SP35. 20, nos. 84, 84 (1); and William Crispe, patent 572 (1740), in P. R. O. SP44. 259, pp. 32 – 35.

126 See below, p. 193.

127 Boehm and Silberston, *British patent system*, pp. 25 – 26.

128 Humphrey Quill, *John Harrison, the man who found longitude* (New York, 1966), pp. 203 – 205. Harrison had reached the standard required by the Act in 1761, but it took the next twelve years to wrest the reward from the government: ibid., pp. 100 – 115.

129 12 Anne, c. 15.

130 P. R. O. SP35. 5, nos. 68, 68 (2). For French, see E. G. R. Taylor, *The mathematical practitioners of Hanoverian England, 1714 – 1840* (Cambridge, 1966), pp. 118 – 119; she considers his method was worthless.

131 Such delays were a common complaint made to the 1829 select committee P. P. 1829, Ⅲ, pp. 432, 465, 519, 530.

第3章 1660～1800年专利制度的发展

1 27 Hen Ⅷ. c. ii. sec. 8. The alternative was a private Act of Parliament, but they were normally sought only to extend or strengthen existing patents: see below. pp. 72 – 73.

2 Dutton, *Patent system*, pp. 86 – 87.

3 Gomme, *Patents of invention*, pp. 16 – 18. For the costs involved in patenting, see below, pp. 76 – 77. An early – eighteenth – century resumé of the procedure and official fees payable can be found in P. R. O. SP36. 30, fols. 374, 376.

4 G. Doorman, *Patents for invention in the Netherlands*, trans. Joh. Meijer (The Hague, 1942), pp. 21 – 27.

5 Frank D. Prager, Examination of inventions from the middle ages to 1836, *Jnl of the Patent Office Society*, 46 (1964), 287 – 289; Harold T. Parker, French administration and French scientists during the Old Regime and the early years of the Revolution in Richard Herr and Harold T. Parker (eds.), *Ideas in history, essays presented to Louis Gotschalk* (Durham, N. C., 1965), pp. 91 – 93; Roger Hahn, *The anatomy of a scientific institution, the Paris Academy of Sciences*, 1666 – 1803 (1971), pp. 10 – 30.

6 For the priority of revenue conservation, see above, pp. 22 – 24.

7 *Report of the Depuly Keeper of the Public Records*, vol. 2 (1841), pp. 27 – 28.

8 See below, p. 76.

9 Giles Jacob, *A new law dictionary*, 9th edn (1772), sub Non Obstante.

10 P. R. O. SP44. 55, p. 131; patent 219 (1682).

11 P. P. 1829, Ⅲ, p. 437. See also the criticisms made by Jeremy Bentham, in John Bowring (ed.), *The works of Jeremy Bentham* (11 vols., Edinburgh, 1843), vol. 3, p. 72; vol. 5, p. 373; and by Charles Dickens. A poor man's tale of a patent in *Household words* vol. 2 (19 Oct. 1850), p. 70, repr. in *Reprinted pieces* (1925), and recast as part of a wider assault on bureaucracy in *Little Dorrit* (1855 – 1857), ch. 10.

12 *The patent: a poem by the author of The graces* (1776), p. 4.

13 P. R. O. SP29. 104, no. 76; see above, p. 32.

⑭ P. R. O. PC2. 57, p. 213.

⑮ See above, p. 32.

⑯ P. R. O. PC2. 57, p. 213; SP29. 83, fol. 109.

⑰ E. g. P. R. O. SP29. 371, no. 80; SP44. 235, pp. 205, 210.

⑱ P. R. O. SP29. 318, no. 158; patent 165 (1672).

⑲ P. R. O. SP29. 374, no. 234; J. R. Tanner (ed.), *A descriptive catalogue of the naval manuscripts in the library at Magdalene College, Cambridge*, 4 vols., Navy Records Society (1903 - 1923), vol. 4, p. 465; D. McKie. James, Duke of York, F. R. S., Notes and Records of the Royal Sociely of London, 13 (1958), 6 - 18; see above, pp. 35 - 36.

⑳ See below, pp. 112 - 113.

㉑ See below, p. 186.

㉒ P. P. 1829, III, p. 435.

㉓ P. R. O. SP29. 378, no. 137. For Fox, see Christopher Clay, *Public finance and private wealth: the career of Sir Stephen Fox*, 1627 - 1716 (Oxford, 1978), esp. pp. 163 - 164.

㉔ Bentham, Works, vol. 10, pp. 168 - 169.

㉕ John Davies, *A collection of the most important cases respecting patents of invention and the rights of patentees* (1816), pp. 447 - 449; Dutton, Patent system, p. 183.

㉖ MacLeod, Patents for invention, pp. 206 - 207.

㉗ Gomme, Date corrections, pp. 159 - 160.

㉘ Dutton, *Patent system*, p. 198, n. 58.

㉙ P. R. O. SP44. 99, p. 102; patent 310 (1692).

㉚ See above, pp. 12 - 13.

㉛ P. R. O. SP44. 235, pp. 281, 294. A caveat was subsequently entered against incorporation by the Silk Throwers Company and the proceedings were stopped at the great seal, without any indication of the reason: SP44. 73, p. 14; PC2. 75, p. 347.

㉜ E. g. P. R. O. PC2, 74, pp. 228, 232; PC2. 75, p. 179; PC2. 75, p. 301.

㉝ Robert M. Adams, In search of Baron Somers in Perez Zagorin (ed.), *Culture and politics from Puritanism to the Enlightenment* (Los Angeles and London, 1980), pp. 167 - 172; also William L. Sachse. *Lord Somers: a political portrait* (Manchester, 1975), pp. 41, 57. For Yarranton's views, see below, pp. 184 - 185.

㉞ For Buckingham's glassmaking interests, see above pp. 25 - 26.

㉟ P. R. O. SP29. 360, p. 223. Ravenscroft had been at pains to point out that he was not encroaching on established interests: see my Accident or design? George Ravenscroft's patent and the invention of lead - crystal glass. *Technology and Culture*, 28 (1987), 789 - 790.

㊱ P. R. O. SP29. 414, nos. 102, 128, 132, 147. The patent was successfully challenged even before its enrolment, by one Richard Clark, who made a claim to priority of invention: P. R. O. PC2. 69, pp. 163, 175.

㊲ P. R. O. SP44. 343, p. 234; patent 307 (1692). For the Company of White Paper Makers' Act, see Joan Thirsk and J. P. Cooper (eds.), *Seventeenth century economic documents* (Oxford, 1972), pp. 314 – 318.

㊳ P. R. O. SP35. 75, no. 36; patent 458 (1723). See Ambrose Godfrey, *An account of the new method of extinguishing fires by explosion and suffocation* (1724).

㊴ P. R. O. SP35. 21, nos. 9, 64; SP35. 25, no. 61; SP35. 65, no. 90. Yorke had reported that making iron in some degree malleable with coal was not new, but making it sufficiently malleable to produce bar iron serviceable for most manufactures was: B. L. MS Add. 36, 140, fol. 12.

㊵ See below, p. 55.

㊶ Charles M. Andrews. *British committees, commissions, and councils of trade and plantations, 1622 – 1675* (Baltimore, 1908), pp. 106 – 108, 127.

㊷ Ibid., pp. 88 – 94.

㊸ P. R. O. SP44. 33, p. 2; SP29. 263, no. 62; SP29. 265, no. 166A; the patent was apparently never enrolled.

㊹ For the Cockayne project, see B. E. Supple, *Commercial crisis and change in England, 1600 – 1642* (Cambridge, 1959), pp. 33 – 51.

㊺ Thomas Birch, *The history of the Royal Society of London* (4 vols., 1756), vol. 1, pp. 391, 397. This was possibly a scheme to raise revenue for the Society: ibid., p. 379. B. L. MS Sloane 4026, fol. 240. See also below, p. 189.

㊻ Sir George Clark, *A history of the Royal College of Physicians of London* (3 vols., Oxford, 1966), vol. 2, pp. 456, 524.

㊼ Ibid., vol. 1, pp. 235, 335, 336.

㊽ E. g. P. R. O. PC2. 56, pp. 200, 220.

㊾ P. R. O. SP29. 82, fol. 32.

㊿ P. R. O. SP29. 414, no. 27 (2); patent 211 (1680).

51 P. R. O. SP29. 335, no. 84; patent 171 (1673).

52 P. R. O. SP35. 29, no. 18; patent 439 (1721).

53 P. R. O. SP35. 32, no. 15; patents 448 (1722), 452 (1722).

54 P. R. O. SP34. 16, no. 59 (1); patent 388 (1711).

55 David Lieberman, The province of legislation determined: legal theory in eighteenth – century Britain (unpubl. Ph. D. thesis, University of London, 1980), esp. pp. 141 – 182. For the role of the law courts in the patent system, see below, ch. 4.

56 Gomme, *Patents of invention*, pp. 26 – 35.

57 15 Car Ⅱ, C. 12; 22 & 23 Car II, C. 15: patent 261 (1688). For earlier seventeenth century examples, see Davies, Patent specification, pp. 271 – 272.

58 E. g. patent 542 to John Kay (1733); patent 613 to Roger Plenius (1745). This point is well

illustrated by Isaac Wilkinson's patent, no. 565 in 1738: MacLeod, Patents for invention, appendix 2.

59 Patent 454 (1723).

60 P. R. O. SP36. 7, fol. 274. The second offer was made in a petition to parliament, ostensibly by several gentlemen, farmers, gardeners, and others, with regard to Liveings's Irish patent, granted in 1729: H. of C. Jnl, vol. 22 (1733), p. 121.

61 5 Geo, c. 8; reprinted in Webster, *Reports*, pp. 38 – 39.

62 Dutton. *Patent system*, pp. 75 – 76, and see below, p. 187. The award of the prize for determining the longitude had recently been withheld from John Harrison according to the Act of 3 Geo Ⅲ, c. 14, until he shall have made a full and clear discovery of the said principles (of the mechanism) and method (of construction) and the same shall have been found practicable and useful to their satisfaction: Quill, *John Harrison*, p. 139; see also, ibid., p. 122.

63 Ken Baynes and Francis Pugh, *The art of the engineer* (Guildford, 1981), chs. 1, 2, passim; Peter J. Booker, *A history of engineering drawing* (1963), pp. 68 – 72, 114 – 116, 120 – 121.

64 J. R. Harris, Skills, coal and British industry in the eighteenth century, *History* 61 (1976), 167 – 182: Peter Mathias, Skills and the diffusion of innovation from Britain in the eighteenth century, *T. R. H. S.* 5th ser. 25 (1977), 90 – 113.

65 Patent 517 (1730); P. R. O. PC2. 91, pp. 631 – 633. For another example of inaccurate specification, see I. Allen Ransome, *The implements of agriculture* (1843), p. 212.

66 Woodcroft's index contains a number of patents for which no specification was apparently enrolled; and see W. Carpmael, *The law of patents* (1832), p. 113; Davies, *Collection*, p. 157.

67 Sce Dutton, *Patent system*, p. 198, n. 58 and p. 199, n. 67.

68 See the reproof in *Repertory of Arts*, 3 (1795), p. 146, and below, pp. 62 – 64.

69 Patents 722 (1758), 734 (1759).

70 For specification strategies, see also below, pp. 106 – 108.

71 Patent 1977 (1794).

72 P. P. 1829, ш, p. 454.

73 Patents 673 (1752), 764 (1753).

74 He was the proprietor of Joanna Stephens's unpatented cure for the stone, his trade under pressure from Walter Baker's patented Liquid Shell remedy: David D'Escherny, *A treatise of the causes and symptoms of the stone* (1755), title page preface, pp. 24, 65 – 66, 72.

75 [David D'Escherny], *Short reflections upon patents* (1760), pp. 4 – 7.

76 Davies, Patent specification, p. 90: Hulme, Consideration of the patent grant, p. 317.

77 This was the belief of James Watt: Eric Robinson, James Watt and the law of patents, *Technology and Culture*, 13 (1972), 125.

78 Dering, *Diary*, p. 13.

79 Harold W. Brace, *History of seed crushing in Great Britain* (1960), p. 29.

80 P. R. O. SP36. 2, nos. 41, 41 (1); patent 495 (1728); B. L. MS Add. 36, 136, fols. 331 – 345.

81 The Attorney or Solicitor General always hears each party separately, they are never confronted: Gravenor Henson. *The civil, political and mechanical history of the framework knitters* (Nottingham, 1831), ed. S. D. Chapman (Newton Abbot, 1970), p. 269.

82 P. R. O. SP34. 15, no. 161 (1); SP34. 16, no. 88; patent 387 (1711).

83 P. R. O. SP44. 259, pp. 112 – 113; patent 401 (1715).

84 P. R. O. SP36. 42, fols. 5, 7, 9, 11 – 12; patent 559 (1737). More elaborate means were devised to keep secret Joseph Booth's specification for making woollen cloth in 1792: P. P. 1829, Ⅲ, p. 589.

85 See below, pp. 88 – 93.

86 See above, pp. 46, 48.

87 B. L. MS Add. 36, 157, fol. 90.

88 Patent 505 (1728); P. R. O. SP36. 7, fols. 78 – 86, 93 – 95. Payne was being harassed by would – be partners and spies, see below, p. 88.

89 See below, pp. 66 – 68, 92.

90 P. R. O. SP36. 22, fol. 95; patent 526 (1731).

91 P. P. 1829, III, p. 420.

92 Ibid., pp. 19, 436 – 468.

93 P. R. O. SP44. 237, pp. 250 – 251; SP44. 241, pp. 329 – 330.

94 Henry Trueman Wood, The inventions of john Kay (1704 – 70), *Jnl of the Royal Society of Arts*, 60 (1911), 81 – 82.

95 See above, p. 47.

96 MacLeod, The 1690s patents boom, pp. 559 – 568.

97 J. G. A. Pocock. Early modern capitalism: the Augustan perception in E. Kamenka and R. Neale (eds.), *Feudalism, capitalism and beyond* (1975), pp. 62 – 68.

98 Daniel Defoe, *The Review*, ed. A. W. Secord (22 vols., New York, 1938), vol. 7, p. 463.

99 Described as a whig who would often vote tory, Northey was first removed by the whig Junto, reinstated by the tories, and survived the triumphant whig return to office in 1714: Romney Sedgwick (ed.), *The House of Commons 1715 – 1754* (2 vols., 1970), vol. 1, p. 300.

100 Armand Budington Dubois, *The English business company after the Bubble Act 1720 – 1800* (New York, 1938), pp. 2 – 21; 6 Geo 1, c. 18.

101 Curious though this seems, the Statute of Praemunire had come by the mid – seventeenth century to be used quite frequently in statutes to encompass a variety of acts deemed prejudicial to the state's interests: see, for instance the 1661 Treason Act (13 Car II, c. 1). I owe this

reference to Mark Goldie.

102 P. R. O. SP35. 22, no. 78. See Scott, *Joint - stock companies*, vol. 1, p. 417; T. S Ashton, *Economic fluctuations in England*, 1700 - 180o (Oxford, 1959), p. 121.

103 P. R. O. PC1. 3. 103, fol. 2.

104 P. R. O. PC2. 86, p. 438. See John Carswell, *The South Sea Bubble* (1960), p. 15.

105 The Bubble Actitselfwas rigorously enforced: Scott, *Joint - stock companies*, vol. 1, pp. 437 - 438.

106 P. R. O. SP35. 57, no. 101; B. L. MS Add. 36, 136, fol. 223; patent 492 (1727); H. of C. Jnl, vol. 22 (1733), p. 259.

107 P. R. O. SP36. 19, fols. 63 - 76; patent 502 (1728). For a summary of Wood's proiect, see Beckett, Coal and tobacco, pp. 127 - 130.

108 P. R. O. SP36. 16, fols. 130 - 141, patent 518 (1730). Foljambe seems to have had considerable success despite this early set - back: see below p. 67. For a similar case, see P. R. O. SP44. 251, pp. 543 - 544.

109 P. R. O. PC1. 5, p. 3.

110 Dutton, *Patent system*, pp. 34 - 56.

第 4 章　司法机关与专利权的实施

1 Dutton, *Patent system*, chs. 4 and 9.

2 *Mechanics Magazine*, 24 (1836), p. 460, quoted in Dutton, *Patent system*, p. 79.

3 P. R. O. PC2. 61, pp. 244, 269, 313; patent 154 (1668).

4 P. R. O. PC2. 55, p. 240; patents 128 (1661), 137 (1663).

5 Hulme, Privy Council law, pp. 69, 72, 73, 180. Patentees appear to have preferred equity to common - law jurisdiction: MacLcod, Patents for invention, pp. 114 - 115.

6 Holdsworth, *History of English law*, vol. 6, p. 331. Hulme, Privy Council law, pp. 63 - 75, 181 - 195, summarizes the cases recorded in the registers of the Privy Council (P. R. O. PC2 series).

7 P. R. O. PC2. 71, pp. 481, 489, 494; patent 251 (1686).

8 P. R. O. PC2. 99, pp. 101 - 102, 326 - 328, 358 - 359; patent 587 (1742).

9 For example, B. L. MS Add. 36, 140, fols. 45 - 48; patent 396 (1714); P. R. O. SP44. 259, pp. 300 - 302; patent 647 (1749).

10 This paragraph is based on Hulme, Privy Council law, pp. 189 - 191, 193 - 194.

11 W. H. Bryson, *The equity side of the Exchequer* (Cambridge, 1975), p. 3; J. Coryton, *A treatise on the law of letters patent* (1855), pp. 319 - 320.

12 Dutton, *Patent system*, p. 181.

13 Hulme, Privy Council law, pp. 191, 193 - 194.

14 Henson, *Framework knitters*, p. 274; see also Davies, *Collection*, pp. 432 - 433.

15 P. P. 1829, Ⅲ, p. 448.

⑯ See Joseph Parkes, *A history of the court of Chancery* (1828), pp. 230 – 231.

⑰ Roger North, *Lives of the Norths*, ed. Augustus Jessop (3 vols., 1870), vol. 1, pp. 257 – 259; see also ibid., vol. 1, pp. 259 – 268 *passim*; John Oldmixon, *The history of England* (1735) p. 784.

⑱ Wood, Inventions of John Kay, pp. 73 – 74; my emphasis. For private Acts of Parliament, see below pp. 72 – 73.

⑲ John Crosbie to John Palmer, 12 Sept. 1753, S. C. L. MS Bagshawe C. 493. See also Dutton, *Patent system*, pp. 181 – 182.

⑳ Henson, *Framework knitters*, pp. 309, 327, 351, 366.

㉑ R. S. Fitton and A. P. Wadsworth, *The Strutts and the Arkwrights*, 1758 – 1830 (Manchester, 1958), p. 35.

㉒ *Felkin's history of the machine – wrought hosiery and lace manufactures*, ed. S. D. Chapman (Newton Abbot, 1967), pp. 93 – 94.

㉓ Eric Robinson and Douglas McKie (eds.), *Partners in science: letters of James Watt and Joseph Black* (1970), p. 150.

㉔ John Farey, in 1829, believed patentees were very often deterred from prosecution by both the cost and the uncertainty of the law: P. P. 1829, Ⅲ, p. 565.

㉕ Richard Francis, *Maxims of equity* (1727), To the Reader, p. 1: Francis, however. contended that courts of equity were no more uncertain in fact than common – law courts, See also, Lord John Campbell. *The lives of the Lord Chancellors* (8 vols., 1845 – 1869), vol. 6, p. 97; and Lieberman, The province of legislation determined, p. 87.

㉖ Hulme, Patent law, p. 283.

㉗ Quoted in Robinson, James Watt, p. 116.

㉘ Holdsworth, *History of English law*, vol. 11, p. 425.

㉙ Dutton, *Patent system*, pp. 72 – 75. This continued to be a point of judicial uncertainty and debate. One witness in 1829 thought that half the patents overturned in the courts were lost on the judge's adverse definition of manufacture: pp. 1829, Ⅲ, pp. 521 – 522, 530.

㉚ P. P. 1829, III, pp. 454, 486

㉛ Collier, *Law of Patents.* It met with a very rapid sale: Davies, *Collection.* p. vil.

㉜ Watt's attempts to grapple with the conceptual and pragmatic difficulties involved are elucidated in Robinson, Janes Watt, passim.

㉝ Holdsworth, *History of English law*, vol. II, p. 428; Hulme, Patent law, pp. 284 – 287; Dutton, *Patent system*, pp. 75 – 76.

㉞ W. Carpmael, *Law reports of patent cases* (3 vols., 1843 – 1852), vol. 1, p. 145.

㉟ P. P. 1829, Ⅲ, p. 437.

㊱ P. R. O. SP29. 366, p. 125; patent 152 (1667).

㊲ Wellcome Institute, MS 3013 Ⅲ, pp. 6 – 7; patent 626 (1748).

㊳ P. R. O. E134. 14 Geo Ⅱ, Easter no. 7, Yorks, fol. 10; CII. 2456. 21.

㊴ Josiah Peter, *Truth in opposition to ignorant and malicious falsehood* (1701), pp. 31 – 33; see below, p. 69.

㊵ P. R. O. E134. 15 Geo Ⅱ, Mich. no. 15, Notts & Yorks, fol. ii.

㊶ See Hutchinson's complaint, below p. 73.

㊷ Patent 653; see also David Stephenson's careful application in P. R. O. SP44. 258, pp. 198 – 202, and specification of patent 558 (1737); and the threats contained in the specifications of patents 2042 (1795) and 2103 (1796).

㊸ See below, pp. 106 – 108.

㊹ B. R. L. MS Wyatt 1, fol. 45. John Batchelor issued a similar cri de coeur in his specification to patent 652 (1750).

㊺ Richard L. Hills, *Power in the industrial revolution* (Manchester, 1970), pp. 34 – 35.

㊻ P. R. O. SP44. 251, pp. 429 – 430. The warrant was not acted upon because Haskinsdied shortly afterwards: SP44. 253, pp. 7 – 8. For Desaguliers's involvement, see R. S. L. MS RBC xI, pp. 5 – 16.

㊼ Dutton, *Patent system*, p. 73. See, for example, patent specifications 1144 (1777) and 1169 (1777).

㊽ Rhoda Edwards, London potters, circa 1570 – 1710, *Jnl of Ceramic History*, 6 (1974), 56: Lorna Weatherill and Rhoda Edwards. Pottery making in London and Whitehaven in the late – seventeenth century, *Post Medieval Archaeology*, 5 (1971), 163.

㊾ Patent 164 (1672).

㊿ Mavis Bimson, References to John Dwight in a seventeenth – century manuscript, *Trans. English Ceramic Circle*, 4 (1959), pt 5, 10 – 12; Henry W. Robinson and Walter Adams (eds.), *The diary of Robert Hooke*, M. A., M. D., F. R. S., 1672 – 1680 (1935), p. 89; Robert Plot, *The natural history of Oxfordshire* (Oxford, 1676), pp. 250 – 251: Weatherill and Edwards, Pottery making, pp. 163, 165.

51 Guildhall, MS 5556; Edwards, London potters, p. 57.

52 Patent 234; see Edwards, London potters, p. 58.

53 P. R. O. C24. 1188 (50), printed in Edwards, London potters, p. 105.

54 Lorna M. Weatherill, The growth of the pottery industry in England. 1660 – 1815 (unpubl. Ph. D. thesis, University of London, 1981), p. 454; P. R. O. C8. 538. 23; C5. 107. 13; C5. 108. 15.

55 Dwight claimed that the confederates conduct their business so secretly that he cannot make full discovery and proof thereof as may be sufficient to maintain an action at law, but this may have been a conventional formula: P. R. O. C8. 538. 23.

56 Edwards, London potters, p. 59; Llewellyn Jewitt, *The ceramic art of Great Britain* (2 vols., 1878), vol. I, pp. 124 – 127. Matthew Garner testified that after twelve years' production of

white stoneware (i. e. ca. 1692), then the business of his trade [was] declining: P. R. O. C5, 156. 9.

57 Edwards, London potters, p. 59.

58 Weatherill and Edwards, Pottery making, pp. 162 – 163.

59 P. R. O. C5. 107. 13, printed in Edwards, London potters, p. 61.

60 P. R. O. C7. 333. 13; Edwards, London potters, pp. 89, 107 – 108.

61 Several factories producing soft – paste porcelain were opened in England in the mid – eighteenth century, and imitation of Chinese wares in design and attempts to discover the true porcelain were common from the seventeenth centurv.

62 I am grateful to Jill Denton for discussions which have helped elucidate some finer technical points of pottery making.

63 P. R. O. C8. 535. 23; C5. 107. 13; C24. 1188 (50); F. H. Garner, John Dwight, some contemporary references, *Trans. English Ceramic Circle*, 1 (1937), pt 5, 30 – 31.

64 P. R. O. C8. 538. 23.

65 Ibid. Although Talbot won this case, he was fined f66 8s (f66 40) for selling stoneware pots in 1606: Edwards, London potters, p. 107.

66 P. R. O. C8. 528. 23: Edwards, London potters, pp. 78 – 79.

67 P. R. O. PC2. 76, p. 49. See also the statement contained in P. R. O. C6. 404. 24.

68 P. R. O. C11. 699. 10, fol. 3.

69 P. R. O. C11. 2456. 21; see also C11. 2452. 15.

70 White, *Sir Edward Coke*, p. 127; Malament, The "economic liberalism" of Sir Edward Coke, p. 133; see above, pp. 12 – 13.

71 P. R. O. C12. 379. 15, evidence of Arthur Else.

72 For Shaw, see below, p. 71.

73 See above, p. 48.

74 Richard T. Godfrey, *Printmaking in Britain* (Oxford, 1978), p. 32; Holdsworth, *History of English law*, vol. 15, p. 40.

75 W. Kenrick, Ll. D., *An address to the artists and manufacturers of Great Britain* (1774), p. 26.

76 Patent 518 (1730); P. R. O. E134. 14 Geo II, Easter no. 7, Yorks.

77 P. R. O. E134. 15 Geo II, Mich. no. 15, Notts & Yorks.

78 P. R. O. E126. 27 Mich. 1743, no. 6.

79 P. R. O. E134. 14 Geo II, Easter no. 7. Yorks, fol. 6, evidence of John Mathias.

80 Ibid., fols. 5, 6; E134. 15 Geo II, Mich. no. 15, Notts & Yorks, fol. ii.

81 Ibid., fol. ii E126. 27, Mich. 1743, no. 6.

82 P. R. O. E134. 14 Geo II, Easter no. 7, Yorks, fols. 8 – 9.

83 P. R. O. E126. 27 Mich. 1743, no. 6.

84 James Watt to J. McGrigor, 30 Oct. 1784, in S. R. O. GD1. 500. 72.

85 Robinson and McKie, Partners in science, p. 229. For further details of Boulton and Watt's prosecutions, see Jennifer Tann, Mr Hornblower and his crew: Watt engine pirates at the end of the 18th century. *T. N. S.*, 51 (1979 – 1980), 96 – 101.

86 Davies, *Collection*, p. 13: Webster, Reporis, p. 35; Hulme, Privy Council law, pp. 71 – 72.

87 East India Company v: Sandys (1684), quoted in Fox. *Monopolies and Patents*, p. 123n.

88 Dutton, *Patent system*, pp. 71, 81, n. 9.

89 R. S. L. Jnl Book, 5 June 1679; Peter, *Truth in opposition*, pp. 27, 32.

90 B. L. Add. MS 4037, fol. 77.

91 P. R. O. SP44. 238, p. 236; SP44. 347, p. 212; patent 354. See also Grew's threat to prosecute counterfeits in his announcement of the patent: *London Gazette*, 3414 (27July – 1 Aug. 1698).

92 The following account is based on Peter, *Truth in opposition*, pp. 58 – 59. Moult published his translation as *A treatise of the nature and use of the bitter purging salt contain'd in Epsom, and such other waters* (1697). It contained an advertisement for Moult's business, including the salts. Moult was something of an entrepreneur, financing Robert Eaton's patenting and production of styptick balsam in 1722: [Robert Eaton], *An account of Dr Eaton's styptick balsam* (1723), p. 56; taking shares in Robert Lydall's tin – plating project around 1700: P. R. O. PC2. 81, pp. 180 – 181, 227, and patent 374 (1705); while in 1716 a Francis Moult of London, esq., took out a patent for refining tin (406), where he said he had for several vears dealt in smelting and refining of tin.

93 Peter. *Truth in opposition*, pp. 21, 53.

94 See below, p. 187.

95 Peter, *Truth in opposition*, p. 54; R. S. L. MS RBC xI, p. 65.

96 P. R. O. C11. 699. 10, fol. 3. Ffowke openly competed with Newsham: see, for instance, his advertising broadsheet, *John Fouke* [*sic*] *of Nightingale Lane Wapping, London, Engineer....* [1726], B. L. 816 m. 10 (96). J. T. Desaguliers firmly believed that Newsham's claim to the invention was indisputable: *A course of experimental philosophy* (2 vols., London, 1734 – 1744), vol. 2, pp. 516 – 518; similarly, Stephen Switzer, *An universal system of water and water works, philosophical and practical* (1734), pp. 351 – 352.

97 *A general description of all trades* (1747), p. 84.

98 The case was referred to the court of Common Pleas: Hulme, Privy Council law, pp. 191 – 192.

99 Henry C. King, *The history of the telescope* (1955), pp. 144 – 154.

100 It is also possible the elder Dollond, originally a silk weaver by trade, regarded the patent as simply enabling: see below, pp. 82 – 84.

101 Katherine Farrar (ed.), *Letters of Josiah Wedgwood* (3 vols., repr. Manchester. 1973), vol. 2, pp. 22, 31 – 32; patent 939 (1769).

102 Kenneth G. Ponting (ed.), *A memoir of Edmund Cartwright* (Bath, 1971), p. 191. See also

Dutton, *Patent system*, pp. 193 – 194.

103 See above, p. 64.

104 See above, p. 29.

105 Leonard Jay (ed.), *Letters of the famous eighteenth – century printer John Baskerville of Birmingham* (Birmingham, 1932), p. 9. Baskerville himself obtained a patent (no. 582) for japanning, in 1742.

106 Dutton, *Patent system*, p. 194.

107 Tann, Mr Hornblower and his crew, p. 101.

108 Patent 541 (1733).

109 Simeon Shaw, *History of the Staffordshire potteries* (1829, repr. Newton Abbot & Wakefield, 1970), p. 147. This is thought to be the first instance of the revocation of a patent by an assize court: Hulme, Privy Council law, p. 189.

110 Shaw, *Stafford Shire potteries*, p. 148; D. N. B. sub John Astbury (1668? – 1743).

111 A. P. Wadsworth and J. de L. Mann, *The cotton trade and industrial Lancashire*, 1600 – 1870 (repr. Manchester, 1965), p. 490.

112 H. W. Dickinson. *Matthew Boulton* (Cambridge, 1937), p. 128.

113 Dutton, *Patent system*, pp. 77 – 78.

114 Geoffrey W. Tookey, Patents and public policy under the British common law in Association Internationale pour la Protection de la Propriété Industrielle (ed.), *Venetian patent law* (Milan, 1974), p. 304.

115 Richard Holt, *A short treatise of artificial stone* (1730), p. 43. See also evidence to this effect in P. P. 1829, Ⅲ, p. 428, 434.

116 *Angliae tutamen*; *or*, *the safety of England* (1695), p. 23.

117 London Gazette, 2867 (1 – 4 May, 1693); John Houghton, *A collection for improvement husbandry and trade* (12 vols., 1692 – 1698), vol. 3, no. 67; patent 322 (1693). See also the threat of John Tatham, in *London Gazette*, 2835 (9 – 12 Jan. 1693), again indicative of the problems of enforcement.

118 R. S. A. Guard Book m, p. 66; patent 552 (1736), to Joshua Coles for liquid blue had expired six years before, in 1750.

119 H [umphry] Walcot, *Sea water made fresh and wholesome* (1702), pp. 8 – 13, reprints the Act of 6&7 Gul. Ⅲ and relates the troubled history of the invention.

120 P. P. 1829, Ⅲ, p. 583.

121 Guildhall, MS 3952, no. 4.

122 P. P. 1829, Ⅲ, p. 446.

123 Dutton, *Patent system*, p. 179.

第5章　专利决策

❶This is considered more fully in chapter 6 below.

❷ Gomme, *Patents of invention*, pp. 16 – 18. See the estimates offered in: D'Escherny, Short reflections, p. 6; Desaguliers, *Experimental philosophy*, vol. 1, p. 133; Kenrick, Address, p. 29.

❸ P. P. 1829, Ⅲ, p. 431.

❹ A. A. Gomme, Patent practice in the eighteenth century: the diary of Samuel Taylor, threadmaker and inventor, 1722 – 1723 , *T. N. S.*, 15 (1734 – 1735), 210 – 216; P. R. O. SP35. 33, no. 1706.

❺ Davies, *Collection*, p. 11.

❻ Gomme, Patent practice, p. 210.

❼ See above, p. 45.

❽ P. R. O. SO35. 45, no. 11; patent 463 (1723).

❾ D. G. C. Allan, *William Shipley, founder of the Royal Society of Arts* (1968), p. 14; see below, p. 194.

❿ R. S. A. Guard Book, Ⅲ, no. 57; see also ibid., III, nos. 70, 71, 101; Iv, nos. 23, 49.

⓫ P. R. O. SP44. 352, pp. 37 –39; patent 436 (1721).

⓬ B. L. MS Add. 61. 686, fols. 95 –96; patent 419 (1718).

⓭ In 1801 only 5 percent of the population had annual incomes over £ 60: W. D. Rubinstein, *Men of property: the very wealthy in Britain since the industrial rveolution* (1981), p. 44.

⓮ B. L. MS Sloane 3646, fol. 88.

⓯ Percy C. Rushen, *The history and antiquities of Chipping Camden, in the county of Gloucester* (Woodbridge, 1899), p. 64; patent 556 (1736).

⓰ Eliza Meteyard, *The life of Josiah Wedgwood*, ed. R. W. Lightbourn (2 vols., 1970), vol. 1, p. 153; patents 487 (1726) and 536 (1732).

⓱ Sir Henry Bessemer, *An autobiography* (1905), p. 25.

⓲ Patents 642 (1749), 663 (1751), 664 (1751).

⓳ S. C. L. MS Bagshawe C 493, *passim*.

⓴ Patent 647: P. R. O. SP44. 259, pp. 300 –302.

㉑ See below, pp. 124 – 125.

㉒ Clow and Clow, *Chemical revolution*, p. 428.

㉓ Dutton, *Patent system*, p. 178.

㉔ P. P. 1829, Ⅲ, p. 554.

㉕ Dutton, *Patent system*, pp. 77 –79.

㉖ Patents 1662 (1788), 1732 (1790). For Ducrest, see R. B. Prosser, *Birmingham inventors and inventions* (Birmingham, 1881), p. 41; D. N. B., sub Charles, 3rd Earl of Stanhope (1753 –1816).

㉗ Desmond Clarke, *The ingenious Mr Edgeworth* (1965), pp. 28 – 34, 44, 50; Desmond

Clarke (ed.), *Memoirs of Richard Lovell Edgeworth* (2 vols., Shannon, 1969), vol. i, pp. 148 - 153, 172 - 176; Robert E. Schofield, *The Lunar Society of Birmingham* (Oxford, 1963), pp. 46 - 59, 129.

㉘ Clarke, *Memoirs*, pp. 170 - 171.

㉙ Schofield, *Lunar Society*, p. 108; my emphasis. For another example, James Hall, see William Pole (ed.), *The life of Sir William Fairbairn, Bart.* (1877, repr. Newtor Abbot, 1970), pp. 94, 97.

㉚ Clow and Clow, *Chemical revolution*, pp. 396 - 423.

㉛ See below, pp. 139 - 143.

㉜ F. W. Gibbs. Bryan Higgins and his circle in Musson, *Science, technology, and economic growth*, pp. 195 - 202.

㉝ This category is further divided below, pp. 117 - 118.

㉞ See above, p. 30.

㉟ Carlo Cipolla, *Clocks and culture* (1967), p. 103.

㊱ See above, pp. 34 - 38.

㊲ Patents 186 (1675), 353 (1698); Thomas, Thomas Neale, pp. 123 - 125; P. R. O. SP44. 238, p. 180; SP29. 263, no. 116; SP29. 266, no. 185.

㊳ P. R. O. SP44. 18, p. 51; PC2. 64, pp. 314 - 315; PC2. 70, pp. 208, 215; patent 135 (1663).

㊴ In a subsequent grant this exception was removed in his favour: P. R. O. PC2. 73, p. 237; SO3. 19; patent 262 (1689).

㊵ P. R. O. SP44. 246, pp. 353 - 354, 496 - 497; patent 398 (1714).

㊶ P. R. O. PC2. 71, p. 397; patents 227 (1683), 232 (1684).

㊷ Scott, *Joint - stock companies*, vol. 1, pp. 54 - 58; P. R. O. SP44. 235, pp. 297, 321; SP44. 236, p. 268; patents 372 (1704) and 382 (1708).

㊸ E. g. P. R. O. SP29. 153, no. 76; SP44. 245, pp. 168 - 170; SP44. 250, pp. 292 - 293. There was an isolated one for life insurance in 1778 (patent 1197).

㊹ Thirsk and Cooper, *Economic documents*, pp. 313 - 314.

㊺ Patent 130 (1661); L. A. Clarkson, English economic policy in the sixteenth and seventeenth centuries: the case of the leather industries, *B. L. H. R.*, 38 (1965), 150 - 159.

㊻ Fox, MonoPolies and patents, p. 157.

㊼ 34 Geo. Ⅲ, c. 63; summarized in P. P. 1829, Ⅲ, p. 590.

㊽ See above, pp. 29 - 30.

㊾ Warren C. Scoville, The Huguenots and the diffusion of technology, *Jnl of Political Economy*, 60 (1952), 294 - 311.

㊿ Identified in W. A. Shaw. *Letters of denization and acts of naturalization for aliens in England and Ireland.* The Publications of the Huguenot Society of London. vols. 18 (1911), 27 (1923).

51 P. R. O. SP36. 18, fols. 146 – 147.

52 Michael J. Walker, The extent of guild control of trades in England, O. 1660 – 1820: a study based on a sample of provincial towns and London companies (unpubl. Ph. D. thesis, University of Cambridge, 1986), pp. 69 – 102, 119 – 122, 249.

53 P. R. O. SP29. 287, no. 73; see also John Hatcher and T. C. Barker, *A history of British pewter* (1974), p. 226.

54 Guildhall, MS 5667 II, p. 106; *A true state of the case between Francis Watson and the painters of London*, in P. R. O. SP29. 230, no. 115; patent 158 (1669).

55 Patents 267 (1691), 269 (1691); *London Gazette*, 2749 (14 – 17 March, 1692); Harold Nockolds, *The Coachmakers: a history of the Worshipful Company of Coachmakers and Coach Harness Makers*, 1677 – 1977 (1977), p. 27.

56 See below, p. 188.

57 Guildhall, MS 4655 Ix, 14. Jan. 1683 – 1634, 28 July 1684; Alfred Plummer, *The London Weavers Company*, 1600 – 1970 (1972), pp. 137 – 138.

58 Guildhall, MS 4646, fols. 122 – 123.

59 P. R. O. PC2. 72, pp. 622, 706, 717; patent 261 (1688).

60 Patents 207 (1679), 530 (1731); P. R. O. C66. 3379 (22) (1694); SP44. 16 p. 125 (1661).

61 Nicholas Goodison, *English barometers*, 1680 – 1860 (1969), p. 33.

62 Ibid. , p. 27.

63 J. R. Kellett, The breakdown of guild and corporation control, Ec. H. R. , 2nd ser. Io (1957 – 1958), 388; P. R. O. SP35. 8, no. 21; SP44. 360, pp. 14 – 17; SP35. 74, no. 57: patent 433.

64 Walker. The extent of guild control, pp. 126, 188 – 214, 225 – 226.

65 Patent 183 (1675); Bodi. , MS Rawlinson A 180, fols. 1 – 8.

66 Patent 517 (1730).

67 MacLeod, Patents for invention, pp. 137 – 138.

68 T. Girtin, *The mark of the sword: a narrative history of the Cutlers Company*, 1689 – 1975 (1975), pp. 277, 293 – 294; Hatcher and Barker, *British pewter*, pp. 170 – 171; F. I. Schechter, *The historical foundation of the law relating to trade – marks*, Columbia Legal Studies, vol. I (New York, 1925), pp. 94n, 122. Trade – marks as signs of authenticity were advertised, e. g. *London Gazette*, 2355 (11 – 14 lune 1688).

69 P. R. O. SP44. 241, pp. 444 – 445; patent 322 (1693). See also the patentees' handbills reproduced in E. A. Entwistle. The Blew Paper Warehouse in Aldermanbury, London, *Connoisseur*, 125 (1950), 94.

70 *Gentleman's Magazine*, 18 (1748), p. 347; Wellcome Institute, MS 3013 1, fol. 4.

71 J. H. Young, Proprietors of other days, *Chemist and Druggist*, 106 (1927), 833 – 834.

72 P. R. O. C11. 46. 38.

73 See above, p. 67.

74 Timothy Byfield, *A short but full account of the rise, nature and management of the small pox* (1711). On Byfield's death in 1723 his widow assured patrons they could still purchase the sal volatile, which she always prepared with her own hands, *near 30 years* (i. e. approximately eighteen years before the patent): Timothy Byfield *The artificial spaw, or mineral waters to drink* (1684), B. L. copy, extract from unidentified London newspaper on inside cover; my emphasis.

75 Young, Proprietors of other days, p. 833: *Clark. Royal College of Physicians*, vol. 1, p. 363; *London Gazette*, 2507 (18 – 20 Nov. 1689); Leslie G. Matthews, *History of pharmacy in Britain* (Edinburch and London, 1962), p. 283

76 G. A. Cranfield, *The development of the provincial newspaper* (Oxford, 1962), pp. 12 – 22, 208 – 209, 221 – 222.

77 P. S. Brown. Medicines advertised in eighteenth – century Bath newspapers, *Medical History*, 20 (1976), 152 – 157.

78 Daily Courant, 6 July 1732. See also George Griffenhagen, *Medicine tax stamps worldwide* (Milwaukee, 1971), pp. 6 – 8.

79 D'Escherny, *Short reflections*, p. 7.

80 D'Escherny, Treatise, p. 65; patent 674 (1753).

81 Wellcome Institute, MS 3013 1, fols. 3, 5.

82 Kenneth Dewhurst, *The quicksilver doctor: the life and times of Thomas Dover physician and adventurer* (Bristol, 1957), *passim*; A. J. Viseltear, The last illness ofSir Robert Walpole, *Bulletin of the History of Medicine*, 41 (1967), 200 – 204; S. Stander, Eighteenth – century patent medicines, *History of Medicine*, 7 (1976), 69; Charles Welsh, *A bookseller of the last century* (1885), pp. 22 – 25.

83 *London Gazette*, 3025 (5 – 8 Nov. 1694); patent 313 (1693). See also, for example, *London Gazette*, 2351, 2365, 2379, 3445.

84 *London Gazette*, 3086 (6 – 10 June, 1695); patent in P. R. O. C66. 3379 (22). See A general description of all trades, p. 100, which refers to fullers, better known as scourers, whose chief business is cleaning of men's clothes, sometimes furniture.

85 Patent 293 (1692); *London Gazette*, 2798 (1 – 5 Sept. 1692); 2813 (24 – 7 Sept. 1692)

86 Patent 275 (1691); *London Gazette*, 2769 (23 – 26 May, 1692).

87 M. W. Flinn. The travel diaries of Swedish engineers in the eighteenth century as sources of technological history, T. N. S., 31 (1957 – 1959), 100.

88 Sec below, pp. 128 – 137.

89 See below, pp. 154 – 156.

90 *Observations on the utility of patents*, 4th edn (1791), p. 33.

㉑ *Repertory of Arts*, 8 (1798), pp. 316 – 319.

㉒ *The patent, a poem*, pp. 1 – 2.

㉓ *Observations on the utility of patents*, pp. 16 – 17; see also Kenrick, *Address*, p. 43; *Gentleman's Magazine*, 23 (1753), p. 235, and 56 (i) (1786), p. 26.

㉔ *Angliae tutamen*, p. 23. See *H. of C. Jnl*, vol. 11 (1696), p. 595.

㉕ MacLeod, The 169os patents boom, pp. 562 – 569.

㉖ See below, pp. 000 – o.

㉗ P. R. O. SP44. 243, p. 334; SP35. 26, no. 4; SP34. 21, no. 64; SP36. 7, fols. 93 – 95.

㉘ Aaron Hill, *An account of the rise and progress of the beech – oil invention* (1715), p. 94.

㉙ B. L. MS Add. 36, 140, fol. 13; see also P. R. O. SP44. 261, pp. 43 – 46; patent 701 (1755).

100 MacLeod, Patents for invention, pp. 148 – 149; see above, pp. 25 – 27.

101 See below, pp. 130 – 137.

102 B. R. L. MS Wyatt II, fol. 104.

103 Wadsworth and Mann, Cotton trade, pp. 441 – 444.

104 John Blackner, *The history of Nottingham* (Nottingham, 1815), p. 247.

105 *Repertory of Arts*, 9 (1798), pp. 87 – 96.

106 Robinson and McKie, *Partners in science*, p. 25. See also A. E. Musson and Eric Robinson, *Science and technology in the industrial revolution* (Manchester, 1969), pp. 274 – 275, 359.

107 Dutton, *Patent system*, pp. 182 – 183.

108 See below, p. 147, and P. P. 1829, III, p. 441.

109 George Hagar seems even to have secured support in his old age on the strength of a patentable invention: P. R. O. SP44. 253, pp. 395 – 397. For Hagar's shady dealings, see MacLeod. Patents for invention, p. 229.

110 Peter Mathias, *The first industrial nation: an economic history of Britain*, 1700 – 1914 (1969), p. 37.

111 See below, pp. 93 – 95.

112 Houghton, Collection, vol. 3, no. 46 (1693).

113 Dubois, *English business company*, p. 12 and *passim*.

114 Dickinson. *Matthew Boulton*, pp. 79 – 83.

115 B. R. L. MS Wvatt i, fols. 5, 12, 16; patent 562 (1738).

116 W. A. Benton, John Wyatt and the weighing of heavy loads, *T. N. S.*, 9 (1928 – 9), 60 – 77.

117 Wadsworth and Mann, *Cotton trade*, pp. 427 – 433

118 Musson and Robinson, *Science and technology*, p. 323.

119 *Repertory of Arts*, 9 (1798), p. 308. For Dundonald's late – eighteenth – century licensing practices and some early – nineteenth – century examples, see Dutton, *Patent system*, pp. 132 – 141.

⑫⓪ See above, p. 67.

⑫① P. R. O. E134. 25 Geo II, Hil. 2, Lancs, fols. 7, 8.

⑫② Musson and Robinson, *Science and technology*, pp. 277 – 278.

⑫③ I. S. Allen, The introduction of the Newcomen engine from 1710 to 1733, T. N. S., 42 (1969 – 1970), 169 – 190; L. T. C. Rolt and J. S. Allen, *The steam engine of Thomas Newcomen* (Hartington, 1977), pp. 69 – 70.

⑫④ Alan Smith. Steam and the City: the Committee of Proprietors of the Invention for Raising Water by Fire, 1715 – 1735, *T. N. S.*, 49 (1977 – 1978), 5 – 15.

⑫⑤ Edward Hughes, The first steam engine in the Durham coalfields, *Archaeologia Aeliana*, 4th ser. 27 (1949), 32 – 43.

⑫⑥ Patent 449 (1722); Allen, Newcomen engine, pp. 223 – 225, my emphasis; Smith, Steam and the City, p. 15.

⑫⑦ P. R. O. C11. 2452. 7; C11. 2456. 21; Wadsworth and Mann, *Cotton trade*, pp. 452 – 455.

⑫⑧ Patent 591 (1743); Julia de Lacy Mann, *The cloth industry in the west of England from* 1640 *to* 1880 (Oxford, 1971), p. 292.

⑫⑨ Patent 180 (1675); Bodl., MS Aubrey 13, fols. 5 – 6.

⑬⓪ Lowther to C. Spedding, 10 Dec. 1734, Cumbria R. O. (Carlisle), Lowther MSS.

⑬① Wadsworth and Mann, *Cotton trade*, p. 490; S. D. Chapman, *The early factory masters* (Newton Abbot, 1967), pp. 73 – 76.

⑬② Dutton, *Patent system*, pp. 122 – 132. See below, p. 142.

⑬③ Patent 652 (1750); N. K. A. Rothstein, The London silk industry, 1702 – 1766 (unpubl. M. A. thesis. University of London, 1961), p. 268.

⑬④ Chapman, *Early factory masters*, pp. 23, 34.

⑬⑤ *H. of C. Jnl*, vol. 26 (1750), pp. 54, 81 – 82; patent 564 (1738).

⑬⑥ Cobbett, *Parliamentary history* vol. 8, col. 926; patent 422 (1718).

⑬⑦ P. R. O. SP35. 63, no. 61; patent 488 (1726). Similarly, Richard Fishwick, with his patent for white lead: D. J. Rowe, *Lead manufacturing in Britain: a history* (1983), pp. 33 – 34, 53 n. 26.

⑬⑧ George W. Daniels. *The early English cotton industry* (Manchester, 1920), p. 166; Dickinson, *Matthew Boulton*, p. 108: Wedgwood, Letters, vol. 2, p. 52.

⑬⑨ J. R. M. Setchell, Henry Hindley & Son, instrument and clock makers of York (unpubl. B. Litt. thesis, University of Oxford, 1971), pp. 22, 33, 38, 51 – 56, 63, 104, 116 – 122, 125, 137, For examples of late – seventeenth – century manufacturers who made, but did not patent, inventions, see MacLeod, Patents for invention, pp. 172 – 174.

⑭⓪ Beckett, Eighteenth – century origin, 61 – 63. See also S. D. Chapman and S. Chassagne, *European textile printers in the eighteenth century* (1981), p. 82

⑭① Beckett, *Coal and tobacco*, pp. 71 – 72.

⑫ Ransome, *Implements*, p. 174: G. E. Fussell, *The farmer's tools*, 1500 – 1900 (1952), p. 158.

⑬ Smiles, *Industrial biography*, pp. 107 – 8: see T. S. Ashton, *Iron and steel in the industrial revolution*, 4th edn (Manchester, 1968), pp. 55 – 58.

⑭ Dickinson, *Matthew Boulton*, p. 51: Mary Walton, *Sheffield: its story and achievement*, 4th edn (Sheffield, 1968), p. 122.

⑮ Meteyard, *Wedgwood*, vol. 1, p. 289.

⑯ Bessemer, *Autobiography*, pp. 59 – 65, 81 – 83.

⑰ J. H. Benton, *John Baskerville, type – founder and printer*, 1706 – 1775, 2nd edn (New York, 1944), pp. 5 – 7; patent 582 (1742).

⑱ While projector often had a pejorative overtone, it seems to have been also used neutrally as an alternative for undertaker (in the early – modern sense) or the anachronistic entrepreneur. Thus, for example, Samuel Taylor described himself in patent 453 (1722) as the contriver and proiector of his invention, and Joseph Gilmore's affidavit in 1722 spoke of the worthy projector: P. R. O. SP44. 253, pp. 168 – 173. See also Dundonald's ironic self – description as a projector, quoted in Dutton. *Patent system*, p. 154.

⑲ This is examined more closely below, pp. 137 – 139.

第 6 章　专利制度外的发明

❶ Patents have been counted by the industry to which they chiefly related (not by the occupation of the patentee). The percentages here are approximate to the nearest whole number.

❷ The metalworking and engine – making trades are considered more fully in chapter 7 below, pp. 130 – 131, 137 – 138.

❸ Joan Thirsk (ed.), *The agrarian history of England and Wales*, vol. 5 (Cambridge, 1985), pt 2, p. 588, and pp. 533 – 589 *passim*; E. L. Jones, Agriculture, 1700 – 1800 in Floud and McCloskey, *Economic history*, pp. 78 – 86; Crafts, *British economic growth*, pp. 38 – 44.

❹ Patents 155 (1668), 159 (1671), 160 (1671).

❺ See below, p. 193.

❻ I [ethro] T [ull], *The horse – hoing husbandry*, 2nd edn (1733). See G. E. Fussell, *More old English farming books from Tull to the Board of Agriculture*, 1731 – 1793 (1950), pp. 1 – 4.

❼ T [ul], *Horse – hoing husbandry*, p. vii.

❽ *By the king's royal letter patent and licence. Charles Baker's treatise for the Preventing of smut in wheat* (Bristol, 1707). Authorized publication of an invention in an expensive limited edition was a regular method of rewarding inventors in France: Parker, *Bureau of Commerce*, p. 58.

❾ See above, pp. 67 – 68.

❿ Bodl., MS Aubrey 4, fols. 169v – 170.

⓫ Thomas Hale, *A compleat body of husbandry* (1756), p. 474; Fussell, *Farmer's tools*,

PP. 153 – 154.

⑫ Thirsk, *Agrarian history*, vol. 5, pt 2, pp. 582 – 583; Fussell, *Farmer's tools*, pp. 22 – 23, 40 – 48, 103 – 104.

⑬ Fussell, *Farmer's tools*, pp. 99 – 104.

⑭ G. E. Mingay, The size of farms in the eighteenth century, *Ec. H. R.*, 2nd ser. 14 (1961 – 1962), 469 – 475, 480 – 483; S. MacDonald, Progress of the early threshing machine, Agricultural History Review, 23 (1975), 74 – 76.

⑮ G. E. Fussell, *Jethro Tull: his influence on mechanized agriculture* (Reading, 1973), p. 82; idem, *Farmer's tools*, pp. 22 – 23, 46 – 48, 104.

⑯ Fussell, *Farmer's tools*, p. 157; patent 1486 (1785).

⑰ Ibid., pp. 61 – 62, 68, 108; Ransome, *Implements*, pp. 29 – 30.

⑱ G. E. Mingay (ed.), *Arthur Young and his times* (1975), p. 93.

⑲ *V. C. H. Suffolk*, vol. 2, p. 283; Fussell, *Farmer's tools*, p. 106.

⑳ Fussell, *Farmer's tools*, pp. 60, 63; D. R. Grace and D. C. Phillips, *Ransomes of Ipswich: a history of the firm and guide to its records* (Reading, 1975), p. I; James Cooke, *Cooke's improved patent drill and horse hoe* (1789).

㉑ William Marshall. *Rural economy of the midland counties*, 2nd edn (2 vols. 1796), vol. 1, p. 106.

㉒ Fussell, Farmer's tools, pp. 156 – 157; Samuel Smiles, *Lives of the engineers*, ed. L. T. C. Rolt (3 vols., Newton Abbot, 1968), vol. 2, pp. 109 – 111; MacDonald, Threshing machine, p. 66.

㉓ *A treatise on ploughs and wheel carriages* (Edinburch, 1784). For seventeenth – century antecedents of this ethic, see Thirsk, *Agrarian history*, vol. 5, pt 2, p. 548.

㉔ Quoted in *V. C. H. Suffolk*, vol. 2, p. 282. A hundred, at least, of Baldwin's drills are known to have been made and sold, 1792 – 1804: Fussell, *Farmer's tools*, p. 105.

㉕ See, for example, Ransome, *Implements*, pp. 184 – 185.

㉖ William Borlase, *The natural history of Cornwall* (Oxford, 1758), p. 168; see also T. S. Ashton and I. Sykes, *The coal industry of the eighteenth century*, 2nd edn (Manchester, 1964), p. 12.

㉗ P. C. Davey, Studies in the history of mining and metallurgy to the middle of the seventeenth century (unpubl. Ph. D. thesis, University of London, 1954), pp. 290 – 291; Michael Flinn. *The history of the British coal industry*, *volume* 2, 1700 – 1870: *the industrial revolution* (Oxford, 1984), p. 128.

㉘ Ashton and Sykes, *Coal industry*, pp. 27 – 31; Flinn, *British coal industry*, pp. 83 – 87, 90.

㉙ See, for example, Beckett, *Coal and tobacco*, pp. 68, 74 – 76; Flinn, *British coal industry*, pp. 74 – 77, 94 – 99: Willian Rees. *Industry before the industrial revolution* (2 vols.. Cardiff, 1968), vol. 2, p. 524; D. N. B., sub Ralph Allen (1694 – 1764); Ashton and Sykes, Coal industry, p. 63; North, Lives, vol. 1, p. 176.

30 Beckett, *Coal and tobacco*, pp. 71 – 74; Flinn, *British coal industry*, pp. 131 – 136; Ashton and Sykes, *Coal industry*, pp. 48 – 49.

31 Patent 653 (1750); Ashton and Sykes, *Coal industry*, p. 57.

32 Patents 1660 (1788), 1924 (1792), 2270 (1798); Flinn, *British coal industry*, pp. 103 – 105; Ashton and Sykes, *Coal industry*, pp. 64, 67.

33 Ashton and Sykes, *Coal industry*, pp. 35, 40; Allen, Newcomen engine, pp, 169 – 190; Flinn, *British coal industry*, pp. 114 – 128. For the number of engines, see John Kanefsky and John Robey, Steam engines in 18th – century Britain: a quantitative assessment, *Technology and Culture*, 21 (1980), 161 – 186.

34 D. C. Coleman, Textile growth in N. B. Harte and K. G. Ponting (eds.), *Textile history and economic history: essays in honour of Miss Julia de Lacy Mann* (Manchester, 1973), p. 10.

35 See above, p. 92.

36 Coleman, Textile growth, pp. 1 – 12.

37 Mann, *Cloth industry*, pp. 13 – 14, 286; Bodl., MS Aubrey 2, fol. 64, quoted in Thirsk and Cooper, *Economic documents*, p. 305.

38 See above, p. 92.

39 Wadsworth and Mann, *Cotton trade*, p. 182. For another example, see Mann, *Cloth industry*, p. 302.

40 Coleman, Textile growth, p. 9; Peter Thornton, *Baroque and Rococo silks* (1965), pp. 18 – 19, 23: Wadsworth and Mann, *Cotton trade*, pp. 106 – 107.

41 For machine – makiny, see Wadsworth and Mann. *Cotton trade*, p. 493: Musson and Robinson, *Science and technology*, pp. 431 – 436. For the early concentration of these patents in Lancashire, see below pp. 132 – 133.

42 Quoted in Wadsworth and Mann, *Cotton trade*, p. 499.

43 Ibid., pp. 496 – 497; Chapman, *Early factory masters*, pp. 73 – 76.

44 After the Restoration, private Acts were increasingly substituted for patents as the authorization for schemes involving engineering skills: see T. S. Willan, *River navigation in England*, 1660 – 1750 (1936), pp. 28 – 30.

45 Ibid., p. 85.

46 The inclined planes and lifts that most of them proposed were rarely built before the 1830s: Baron F. Duckham, Canals and river navigation in Derek E Aldcroft and Michael I. Freeman (eds.), *Transport in the industrial revolution* (Manchester, 1983), pp. 109 – 110, 126 – 127.

47 Paul N. Wilson, The waterwheels of John Smeaton, T. N. S., 30 (1955 – 7), 25 – 38; D. S. L. Cardwell, *Technology, science, and history* (1972), pp. 79 – 84; Musson and Robinson, *Science and technology*, pp. 73 – 77; C. T. G. Boucher, *John Rennie, 1761 – 1821*

(Manchester, 1963), pp. 30 – 49.

㊽ D. N. B., sub Charles Labeyle (1705 – 1781).

㊾ Patent 598 (1744); P. R. O. SP36. 62, fol. 230; Desaguliers, *Experimental philosophy*, vol. 2, p. 417.

㊿ Patent 369 (1704); F. Williamson, George Sorocold of Derby, a pioneer of water supply, *Jnl Derbys, Archaeological and Natural History Society*, 57 (1937), 44 – 84.

51 Smiles, *Lives of the engineers*, vol. 1, pp. 319 – 474 *passim*; vol. 2, pp. 11 – 222 *passim*; Boucher, *John Rennie*, pp. 78 – 96; Charles Hadfield (ed.), *Phillips' inland navigation* (Newton Abbot, 1970), pp. 100 – 104. See also, Musson and Robinson, *Science and technology*, pp. 69 – 71, on Thomas Hewes.

52 Boucher, *John Rennie*, pp. 111 – 113, For the millwrighting activities of men famed for their civil engineering, see Jennifer Tann, The textile millwright in the early industrial revolution, *Textile History*, 5 (1974), 81 – 82.

53 Desaguliers, *Experimental philosophy*, vol. 2, pp. 414 – 416; he was, of course, biased against mere men of practice, since he considered a mathematical training to be indispensable.

54 Samuel Smiles (ed.), *James Nasmyth*, *engineer*, *an autobiography* (1883), pp. 312 – 313.

55 A. W. Skempton, The engineers of the English river navigation, 1620 – 1760, T. N. S., 29 (1953 – 1955), 36 – 50; R. Campbell, *The London tradesman* (1747, repr. Newton Abbot, 1969), pp. 248 – 249; *Phillips' inland navigation*, p. 100.

56 E. A. Forward, The early history of the cylinder boring machine, T. N. S., 5 (1924 – 1925), 36.

57 Smiles, *Industrial biography*, p. 201.

58 H. W. Dickinson, Joseph Bramah and his inventions, T. N. S., 22 (1941 – 1942), 173, See also, *H. of C. Jnl*, vol. 53 (1798), pp. 371 – 372.

59 Dickinson, Joseph Bramah, p. 173, Bramah patented a planing machine in 1802 (2652).

60 Rolt, *Tools for the job*, p. 58; H. W. Dickinson, The origin and manufacture of wood screws, *T. N. S.*, 22 (1941 – 1942), 80 – 81.

61 H. W. Dickinson, The Taylors of Southampton, *T. N. S.*, 29 (1953 – 1955), 171 – 172; Carolyn C. Cooper, The Portsmouth system of manufacture, *Technology and Culture*, 25 (1984), 213 – 214.

62 See above, p. 37.

63 Patents 1838 and 1951, See Cooper, Portsmouth system, p. 193.

64 Rolt, *Tools for the job*, pp. 83 – 91.

65 Ibid., pp. 78, and 76 – 81 *passim*, For similar secrecy, in Bryan Donkin's workshop, see E. S. Ferguson (ed.), *Early engineering reminiscences (1815 – 1840) of George Escol Sellers* (Washington D. C., 1965), pp. 118 – 130.

66 Rolt, *Tools for the job*, pp. 92 – 113; Smiles, *James Nasmyth*, pp. 211, 400 – 439; H. W

Dickinson, Richard Roberts, his life and inventions, T. N. S., 25 (1945 – 1947), 125 – 127.

67 Rolt, *Tools for the job*, pp. 113 – 121.

68 Dutton, *Patent system*, pp. 72 – 75.

69 See the description of a special screw made for Matthew Boulton, in Forward. Cylinder boring machine, pp. 31 – 32.

70 P. P. 1829, III, p. 430; see also ibid., pp. 434, 458, 471.

71 See, for example, Josiah Wedgwood's problems in keeping a consignment of Derbyshire stone secret: J. D. Des Fontaines, The Society of Arts and the early Wedgwoods, *Jnl of the Royal Society of Arts*, 119 (1970 – 1971), 328.

72 1. K. Crellin, Dr James's fever powder, *Trans. of the British Society for the History of Pharmacy*, 1 (1974), 138 – 140; Rowe, *Lead manufacturing*, p. 5. See also Peter Mathias, *The brewing industry in England, 1700 – 1830* (Cambridge, 1959), pp. 47 – 48, 413; Musson and Robinson, *Science and technology*, pp. 339, 343; L. A. Clarkson, The organization of the English leather industry in the late sixteenth and seventeenth centuries, *Ec. H. R.*, 2nd ser. 13 (1960 – 1961), 246.

73 John Hutchinson positively wanted to specify his clock's design: see above, p. 73. See also B. L. MS Sloane 4026, fol. q; P. P. 1829, Ⅲ, p. 424.

74 A. J. Francis, *The cement industry, 1796 – 1914: a history* (Newton Abbot, 1977), Pp. 20 – 24.

75 F. Severne Mackenna, *Champion's Bristol porcelain* (Leigh – on – Sea, 1947) pp. 22 – 24.

76 H. R. Schubert, *History of the British iron and steel industry* (1957), p. 425; A Raistrick, *Dynasty of ironfounders: the Darbys and Coalbrookdale* (repr. Newtor Abbot, 1970), pp. 112 – 113: Charles K. Hyde, *Technological change and the Britis/iron industry* (Princeton, 1977), pp. 99 – 100; Clow and Clow, *Chemical revolution*, p. 398: Schofield, *Lunar Society*, p. 97.

77 Musson and Robinson, *Science and technology*, pp. 350 – 351; Susan Fairlie. Dyestuffs in the eighteenth century, *Ec. H. R.*, 2nd ser. 17 (1965 – 1966), 488 – 510. For an earlier unpatented invention of importance, see S. D. Chapman, Enterprise and innovation in the British hosiery industry, 1750 – 1850, *Textile History*, 5 (1974), 21.

78 E. g. Humphry Perrott, patent 545 (1734); F. Buckley, The early glasshouses of Bristol, *Jnl of the Society of Glass Technology*, 9 (1925), 42.

79 See, for example, Clow and Clow, *Chemical revolution*, p. 140. The difficulties of acquiring such knowledge have been stressed in Harris, Skills, *passim*.

80 Wedgwood, *Letters*, vol. 2. p. 61.

81 Mathias, *Brewing industry*, pp. xxii – xxiii. This paragraph is based principally on ibid., pp. 13 – 25, 58 – 72, 413 – 414.

82 Ibid., pp. 23, 47 – 48, 219, 226; *The London and country brewer* (Dublin, 1735), pp. 24 – 5; *A general description of all trades*, p. 35.

83 *London Gazette*, 2786 (21 – 25 July, 1692); *London and country brewer*, pp. 8 – 9.

84 *A general description of all trades*, p. 79.

85 Mathias, *Brewing industry*, pp. 73 – 75, 94 – 97; Mitchell and Deane, *Abstract*, pp. 469, 488.

86 Hughes, Studies, p. 405; Clow and Clow, *Chemical revolution*, p. 55. The discovery of stronger sources of saline solutions was also a factor in higher productivity. This development is witnessed by Marbury's patent (no. 222) in 1682 for an engine to drain salt pits, after rock salt had been discovered on his lands in Cheshire.

87 William Brownrigg, *The art of making common salt* (1748), p. 55.

88 Richard B. Sheridan, *Sugar and slavery: an economic history of the British West Indies, 1623 – 1775* (Barbados, 1974), pp. 450, 464 – 466.

89 Noel Deerr. Thc carly use of steam power in the cane sugar industry, T. N. S 21 (1940 – 1), 12 – 15.

90 Weatherill, The growth of the pottery industry, pp. 47, 51, 162, 259.

91 Ibid., p. 231.

92 Lorna Weatherill, Technical change and potters probate inventories, 1660 – 1760. *Jnl of Ceramic History*, 3 (1970), 3 – 12; idem, *The pottery trade and north Staffordshire, 1660 – 1760* (Manchester, 1971), pp. 10 – 23, 33 – 38; see also Meteyard, Wedgwood, vol. 1, pp. 157 – 161, 165 – 166: Clow and Clow, *Chemical revolution*, p. 307.

93 V. W. Bladen, The Potteries in the industrial revolution, *Econ. Jnl*, *Economic. History Supplement*, 1 (1926), 123 – 125; Meteyard, *Wedgwood*, vol. 1, p. 290.

94 J. Thomas, The pottery industry in the industrial revolution, *Econ. Jnl*, *Economic History Supplement*, 3 (1934 – 1937), 409.

95 Quoted in S. D. Chapman, British marketing enterprise: the changing roles of merchants, manufacturers, and financiers, 1700 – 1860, *Business History Review*, 53 (1979), 212.

96 Patents 610 (1744), 649 (1749); *V. C. H. Essex*, vol. 2, p. 416.

97 Hugh Tait, Bow in R. Charleston (ed.), *English porcelain*, 1745 – 1850 (1965), pp. 42 – 47; J. V. G. Mallett, Chelsea in ibid., 28 – 36.

98 Patent 89 (1768); F. Severne Mackenna, *Cookworthy's Plymouth and Bristol porcelain* (Leigh – on – Sea, 1946), pp. 26 – 32.

99 Meteyard, *Wedgwood*, vol. 1, pp. 338 – 341; vol. 2, pp. 20 – 21, 28 – 29, 200 – 203; Anthony Burton, *Josiah Wedgwood, a biography* (1976), pp. 85 – 86, 139 – 140; Schofield, Lunar Society, p. 170.

100 Musson and Robinson, *Science and technology*, pp. 264 – 278, 305 – 306, 312.

101 Ibid., pp. 284 – 287, 308 – 310.

102 Ibid., pp. 276 – 277, 308, 322 – 326.

103 *H. of C. Jnl*, *vol.* 37 (1780), pp. 914, 916.

104 Richard Padley, The beginnings of the British alkali industry, *Birmingham Historical Jnl*, 3

(1951), 64 - 78; T. C. Barker, R. Dickinson and D. W. F. Hardie, The origins of the synthetic alkali industry in Britain, *Economica*, 23 (1956), 167; Musson and Robinson, *Science and technology*, pp: 361 - 368.

105 Barker et al., Alkali industry, p, 168.

106 White, *Sir Edward Coke*, p. 126.

107 Guildhall, MS 2710 Ⅱ, fol. 81; MS 2710 Ⅲ, fols. 63, 124, 170, 179 - 180.

108 Guildhall, MS 8046 Ⅱ, 7 June 1687; patent 251 (1686).

109 P. R. O. PC2. 64, pp. 85, 90; SP44. 237, pp. 269 - 273; patent 254 (1687); H [alel, *An account*, pp. 20 - 23: idem, *Mill'd lead*, pp. 92 - 102, 114 - 115.

110 R. S. A. Guard Book 1, no. 82.

111 *H. of C. Jnl*, vol. 26 (1751), p. 292; see Campbell, *London tradesman*, p. 185; J. Lord *Capital and steam power*, 2nd edn (1966), p. 47.

112 L. A. Clarkson, *The pre - industrial economy of England*, *1500 - 1750* (1971) pp. 80 - 83, 88 - 89; idem, English economic policy, pp. 150 - 159; idem, Organization of the English leather industry, pp. 245 - 253: R. Machin, The great rebuilding: an assessment, *Past and Present*, 77 (1977), 37 - 38.

113 Walker, The extent of guild control, p. 207.

114 Maurice Daumas, *Scientifc instruments of the seventeenth and eighteenth centuries and their makers*, trans. M. Holbrook (1972), pp. 93, 159 - 166, 173 - 176, 228 - 229, 231 - 234: Campbell, London tradesman, pp. 250 - 251: Chamberlayne, Anplae notitiae, 18th edn (1694), pp. 51 - 52; Cipolla, *Clocks and culture*, pp. 68 - 70; *Taylor*, *Mathematical practitioners*, *passim*; J. Bennet, et al. Science and proft in 18th - century London (Whipple Museum, Cambridge, 1985), *passim.*

115 See below. p. 137.

116 Hatcher and Barker, *British pewter*, pp. 138 - 141, 225 - 228.

117 See above, pp. 22 - 24.

118 For the pattern of patenting in papermaking, which again stresses its mechanical aspects, see MacLeod, Patents for invention, pp. 195 - 197.

119 Quoted in Musson and Robinson, *Science and technology*, p. 361; my emphasis.

120 Schofield, *Lunar Society*, pp. 172 - 174; see also Clow and Clow, *Chemical revolution.* p. 103, for Dundonald's compromise with the Inland Revenue.

第7章 资本主义经济中的专利

1 For an example of this in the U. S. Patent Office, see Robert C. Post, "Liberalizers" versus "scientific men" in the antebellum Patent Office, *Technology and Culture*, 17 (1976), 24 - 54.

2 The number of patents taken out in more than one name fell from 28 percent in the period 1660 - 1699 to 11 percent 1700 - 1749, and 7 percent 1750 - 1799.

❸ George Rudé, *Hanoverian London, 1714 – 1808* (1971), pp. 56 – 57.

❹ Rudé estimates there were 3000 to 4500 resident gentle families and 30000 families of the middling sort in late – eighteenth – century London: ibid., pp. 48, 58. See also L. D. Schwarz, Income distribution and social structure in London in the late eighteenth century, *Ec. H. R.*, 2nd ser. 32 (1979), 258.

❺ Francois Crouzet. *The first industrialists* (Cambridge, 1984), p. 62. See Tables 7.6 and 7.7; and above, pp. 78 – 79, for gentlemen and amateurs.

❻ Geoffrey Holmes, *Augustan England: professions, state and society, 1680 – 1730* (1982), pp. 166 – 169: Margaret Pelling, Medical practice in early modern England: trade or profession? in Wilfrid Prest (ed.), *The professions in early modern England* (London, New York and Sydney, 1987), pp. 96 – 99.

❼ I have used Campbell, *London tradesman*; *A general description of all trades*; Joseph Collyer, *The parent's and guardian's directory* (1761); M. D. George, *London life in the eighteenth century* (repr. 1966), pp. 157 – 176; T. R. Mandrell, The structure and organisation of London trades, wages and prices, and the organisation of labour, 1793 – 1815 (unpubl. M. Litt. thesis, Unversity of Cambridge, 1968), pp. 38 – 40, 46 – 50, 67 – 68, 85 – 92.

❽ Collyer, *Directory*, *passim.*

❾ These metropolitan trades have been included among the artisans prior to 1740, and among the outworking trades only post 1740, when this new structure became increasingly common.

❿ The following discussion deals only with patentees giving addresses in England and Wales, approximately 93 percent of all patentees in the period 1750 – 1799.

⓫ F. A. Wendenborn, *A view of England towards the close of the eighteenth century* (2 vols., Dublin, 1791), vol. 1, p. 162; A. L. Beier, Engine of manufacture: the trades of London in A. L. Beier and Roger Finlay (eds.), *The making of the metropolis: London, 1500 – 1700* (1986), p. 151; Francis Sheppard, *London 1808 – 1870: the infernal wen (1971)*, pp. 158 161.

⓬ Roger Finlay and Beatrice Shearer, Population growth and suburban expansion in Beier and Finlay, *Making of the metropolis*, p. 45.

⓭ M. J. Power, The social topography of Restoration London in Beier and Finlay, Making of the metropolis, pp. 202 – 206.

⓮ See below, p: 154.

⓯ Power, Social topography, pp. 206 – 212: 0. H. K. Spate, Geographical aspects of the industrial evolution of London till 1850, *Geographical Jnl*, 92 (1938), 425.

⓰ Beier, Engine of manufacture, p. 152.

⓱ Ibid., pp. 149, 155.

⓲ Liliane Perez, Les Cadres de l'inventivité en France et en Angleterre au XVIIIe siècle, *Sources*, 1 (1986), 30.

⑲ Rev. Henry Hunter, *The history of London and its environs*, (2 vols., 1811), vol. 2, pp. 79 - 81, 118 - 129.

⑳ R. J. Hartridge, The development of industries in London south of the Thames, 1750 - 1850 (unpubl. M. Sc. thesis, University of London, 1955), pp. 4 - 9.

㉑ Perez, Les Cadres de l'inventivité, pp. 31, 33.

㉒ Adjusting the figures by head of population (in 1801) makes little difference to the picture.

㉓ E. Buckatzsh, *The geographical distribution of wealth in England*, 1086 - 1843, *Ec. H. R.*, 2nd ser. 3 (1950), 180 - 202.

㉔ Julian Hoppit, Risk and failure in English industry, C. 1700 - 1800, (unpubl. Ph. D. thesis, University of Cambridge, 1984), pp. 125 - 128.

㉕ Ibid., p. 64.

㉖ P. J. Corfield, *The impact of English towns, 1700 - 1800* (Oxford, 1982), p. 11. Urban is defined as populations of 2500 or more.

㉗ The percentage figures represent the proportion of each county's patents obtained by professed residents of the towns cited, 1750 - 1799.

㉘ Charles E. Scarse, *Birmingham 120 pears ago* (Birmingham, 1896).

㉙ Only productive occupation (as defined above, p. 117) have been taken in all cases; the vague and general, e. g. chandler, salesman, have been excluded.

㉚ See above, p. 78.

㉛ William Hutton, *A history of Birmingham*, 2nd edn (1783, repr. Wakefield, 1976), p. 73; Wendenborn, View, vol. 1, p. 164.

㉜ Prosser, *Birmingham inventors*, p. 4: see also pp. 50, 56.

㉝ Marie B. Rowlands, *Masters and men* (Manchester, 1975), pp. 148 - 150.

㉞ Ibid., pp. 49 - 53; see also Hutton, *History of Birmingham*, pp. 77 - 78.

㉟ Dickinson, *Matthew Boulton*, pp. 45, 61.

㊱ Hutton, *History of Birmingham*, pp. 75, 83 - 84, 89 - 90; Rowlands, *Masters and men*, pp. 23, 30 - 31, 131 - 132; Maxine Berg, *The age of manufactures*, 1700 - 1820 (1985), p. 290.

㊲ Quoted in Eric Robinson, Eighteenth - century commerce and fashion: Matthew Boulton's marketing techniques, *Ec. H. R.*, 2nd ser. 16 (1963 - 1964), 42 - 43.

㊳ Dickinson, *Matthew Boulton*, pp. 40 - 55, 61, 108, 113, 140.

㊴ Prosser, *Birmingham inventors*, pp. 39 - 40.

㊵ Clarkson, *Pre - industrial economy*, pp. 88 - 89.

㊶ Joseph Hunter, *Hallamshire: the history and topography of the parish of Sheffield in the county of York* (1819), p. 124: David Hey, *The rural metalworkers of the Sheffield region*, University of Leicester, Dept of English Local History, Occasional Papers, 2nd ser. 5 (1972), pp. 14, 52.

㊷ Hey, *Rural metalworkers*, p. 28; Hunter, *Hallamshire*, p. 127; G. I. H. Lloyd, *The cutlery trades* (1913), p. 143; R. E. Leader, *A history of the Cutlers' Company of Hallamshire* (2 vols., Sheffield, 1905), vol. 1, pp. 71 – 89.

㊸ Hey, *Rural metalworkers*, pp. 27, 53; Leader, *Cuter's Company*, vol. 1, p. 73.

㊹ Hunter, *Hallamshire*, p. 125.

㊺ Hey, *Rural metalworkers*, p. 59; Walton, *Sheffield*, pp. 118 – 119.

㊻ Fitton and Wadsworth, *The Strutts and the Arkwrights*, p. 35.

㊼ Chapman, Enterprise and innovation, pp. 14 – 16; *Early factory masters*, pp. 34, 37; F. A. Wells. *The British hosiery and knitwear industry: its history and organization*, 2nd edn (Newton Abbot, 1972), pp. 71 – 72.

㊽ Chapman, Enterprise and innovation, pp. 22 – 25; Henson, *Framework knitters*, pp. 282 – 292, 309 – 310, 341; Blackner, *History of Nottingham*, p. 231.

㊾ Henson, *Framework knitters*, pp. 276 – 280.

㊿ Chapman, *Early factory masters*, p. 29. See also *Felkin's history*, p. 94.

51 Berg, *Age of manufactures*, p. 227.

52 See above, p. 91; W. H. Chaloner, The birth of modern Manchester in C. F. Carter (ed.), *Manchester and its region* (Manchester, 1962), p. 132.

53 Ibid., p. 132: Chapman, British marketing enterprise, p. 212.

54 R. G. Wilson, *Gentlemen merchants: the merchant community in Leeds*, 1700 – 1830 (Manchester, 1971), pp. 28 – 30, 33, 91 – 92.

55 Chapman, *Early factory masters*, pp. 102 – 103.

56 John Aiken, *A description of the country from thirty to forty miles around Manchester* (1795, repr. Newton Abbot, 1968), pp. 183 – 184; S. D. Chapman, Fixed capital formation in the British cotton industry, 1770 – 1815, Ec. H. R., 2nd ser. 23 (1970), appendices B, C, and G; S. Pollard, Fixed capital in the industrial revolution in Britain in Francois Crouzet (ed.), *Capital formation in the industrial revolution* (1972), pp. 148 – 149.

57 Wadsworth and Mann, *Cotton trade*, p. 496.

58 W. G. Rimmer, *Marshalls of Leeds, flax spinners*, 1788 – 1886 (Cambridge, 1960), pp. 9, 27, 31, 44; patents 1752 (1790) and 1971 (1793), both in the name of Matthew Murray.

59 Chapman and Chassagne, *European textile printers*, pp. 28, 79 – 84; Wilson, *Gentlemen merchants*, pp. 42, 46.

60 Walker, The extent of guild control, pp. 139 – 156.

61 Corfield, *Impact*, p. 101; Berg, *Age of manufactures*, pp. 219, 224.

62 Chapman, British marketing enterprise, p. 209.

63 Corfield, *Impact*, pp. 90 – 96.

64 See above, pp. 30, 95. For the categorization of occupations used see above, pp. 117 – 118.

65 This fall is exaggerated, however, by the exclusion from this analysis of named partners, who

were often merchants: see above, p. 116.

⑯ See below, pp. 139 – 143.

⑰ They might more properly be included among the outworking trades (see above, p. 131), which would accentuate the trend being observed here.

⑱ Corfield, *Impact*, p. 72.

⑲ Ibid., p. 73.

⑳ Musical – instrumentmaker contains several closely related trades: also. harpsichordmaker, pianomaker, and organbuilder.

㉑ The other twelve trades were bucklemakers, cabinetmakers, glovers, gunmakers, hosiers, ironmongers, iewellers, manufacturers, saddlers, shoemakers, upholster ers, and weavers.

㉒ E. g. David Wainwright, *Broadwood by appointment* (1982), pp. 53, 55. A quarter of London pianomakers active in the late eighteenth century held patents: Rosamond Harding, *The piano – forte: its history traced to the Great Exhibition of 1851*, 2nd edn (Cambridge, 1978), pp. 402 – 426.

㉓ Musson and Robinson, *Science and technology*, pp. 435 – 439. Again, these are all trades categorized here as artisan, which might suggest a further mental defation of the extent of artisanal patents in the second half of the eighteenth century.

㉔ Hartridge, The development of industries in London, p. 11.

㉕ See above, pp. 103 – 105.

㉖ See above, pp. 78 – 79.

㉗ Dutton, *Patent system*, p. 108.

㉘ Ibid., p. 125.

㉙ Ibid., p. 113. The figures have been calculated by decade of first patent, which necessitates the inclusion of many patents obtained in the first three decades of the nineteenth century. This also tends to overemphasize the importance of the multiple patentee in the period 1750 – 1799.

㉚ Cartwright, *A memoir*, pp. 76, 141.

㉛ Ian McNeil, *Joseph Bramah: a century of invention*, 1749 – 1851 (Newton Abbot, 1968), pp. 30, 51, 57 – 68, 123.

第8章 专利的长期增长

❶ Davies, *Collection*, p. 14.

❷ Crafts, Industrial revolution, p. 433.

❸ Crafts, *British economic growth*, p. 81.

❹ Ibid., pp. 82 – 85.

❺ This excludes the lace and hosiery industries.

❻ See below, pp. 193 – 195.

❼ Dutton, *Patent system*, pp. 76 – 79; Dickinson, *Matthew Boulton*, p. 129.

❽ Henson, *Framework knitters*, p. 293.

❾ See above, pp. 000 – 00.

❿ D. E. C. Eversley, The home market and economic growth in England, 1750 – 1780 in E. L. Jones and G. E. Mingay (eds.), *Land, labour and population in the industrial revolution* (1967), pp. 230 – 231.

⓫ *Repertory of Arts*, 6 (1797), pp. 359 – 360, 341 – 342.

⓬ *Philosophical Magazine*, 1 (1798), p. 152.

⓭ Quoted in Dutton, *Patent system*, p. 182; see also ibid., p. 184.

⓮ Davies, *Collection*, p. 446.

⓯ See above, p. 000.

⓰ See above, pp. 000 – 00.

⓱ Pollard, Fixed capital, pp. 148 – 149: C. H. Feinstein, Capital formation in Great Britain in Peter Mathias and M. M. Postan (eds.), *The Cambridge economic history of Europe*, vol. 7, pt 1 (Cambridge, 1978), pp. 40 – 41, 56; Von Tunzelmann, Technical progress, p. 151; D. T. Jenkins, *The West Riding wool textile industry*, 1770 – 1835 (Edington, 1975), p. 17.

⓲ See above, p. 109.

⓳ Tann, Textile millwright, pp. 80 – 89; Mathias, *Brewing industry*, p. 87.

⓴ See above, pp. 100 – 101; Pollard, Fixed capital, pp. 149 – 151.

㉑ C. H. Feinstein, Capital accumulation and the industrial revolution, in Floud and McCloskey, *Economic history*, p. 136.

㉒ Eversley, Home market, pp. 230, 248 – 250; Crafts, Eighteenth century, p. 15; Crafts, *British economic growth*, p. 132: N. McKendrick. The consumer revolution of eighteenth – century England in N. McKendrick. J H Plumb, and J. Brewer (eds.). *The birth of a consumer society: the commercialization of eighteenth – century England* (1982), pp. 28 – 29.

㉓ T. S. Ashton, Some statistics of the industrial revolution in Britain, repr. in Musson, *Science, technology, and economic growth*, pp. 117 – 118; Dutton, *Patent system*, p. 177.

㉔ Julian Hoppit, Financial crises in eighteenth – century England, *Ec. H. R.*, 2nd ser. 39 (1986), 40 – 41.

㉕ MacLeod, The 1690s patents boom, pp. 557 – 562.

㉖ For example, Walcot, *Sea water made fresh*, p. I; Hill, *Account*, p. 44; Thomas Baston, *Observations on trade and a public spirit*, 2nd edn (1732), p. 11; *Proposals for subscriptions to a new invention for raising water* (1720?).

㉗ MacLeod, The 1690s patents boom, pp. 568 – 569.

㉘ Ashton, *Economic fluctuations*, pp. 115 – 116.

㉙ See above, pp. 55 – 56. Satires of the various projects can be seen in *Catalogue of prints and drawings in the British Museum* (6 vols., 1870), vol. 3, pp. 427 – 453.

㉚ Compare Hoppit, Financial crises, pp. 48 – 56, with Figure 8. 1.

㉛ Mann, *Cloth industry*, pp. 29 – 32, 35, 282 – 283.

㉜ Hill, *Account*, pp. 50 – 65.

㉝ Mann, *Cloth industry*, p. 284.

㉞ Ashton, *Economic fluctuations*, pp. 93 – 94.

㉟ Hyde, *Technological change*, pp. 44 – 45; K – G. Hildebrand, Foreign markets for Swedish iron in the eighteenth century , *Scandinavian Ec. H. R.* , 6 (1958), 9 – 11, 34 – 35.

㊱ P. R. O. PC1. 3. 102, fol. 3.

㊲ Clow and Clow, *Chemical revolution*, p. 66; *H. of C. Jnl*, vol. 26 (1751), pp. 239 – 241.

㊳ S. C. L. MS Bagshawe C 493, *passim*; Dossie, *Handmaid to the arts*, vol. 2, p. 238.

㊴ See above, p. 112.

㊵ See above, pp. 84 – 86, 130 – 132.

㊶ Doubtless, some of these also had institutional uses and customers: some ovens, for example, were designed specifically for ships, while patentees of washing machines mentioned charitable institutions, the army and navy, as well as small and large families.

㊷ See above, p, 84.

㊸ Scientific instruments intended for purely utilitarian ends, navigation for instance, have been excluded as far as possible.

㊹ Cranfield, *Provincial newspaper*, pp. 12 – 22, 190 – 193.

㊺ See above, p. 103.

㊻ The idea was not new at this time. Even in 1758 William Bailey. the inventor of one, spoke of the machine washing – tubs [which were] some time since much in use: Caroline Davidson, *A woman's work is never done: a history of housework in the British Isles*, 1650 – 1950 (1982), pp. 162 – 163.

㊼ J. M. Beattie, *Crime and the courts in England*, 1660 – 1800 (Oxford, 1986), pp. 223 – 229; patent 2128.

㊽ Prosser, *Birmingham inventors*, p. 145.

第 9 章　发明的目标

❶ M. Blaug, A survey of the theory of process innovations in N. Rosenberg (ed.), *The economics of technological change* (1971), pp. 96 – 100.

❷ Smiles, *Lives of the engineers*, vol. 2, p. 201.

❸ R. S. A. Guard Book v, no. 86.

❹ Where patentees cited saving time as their goal, this was included under the heading of saving capital if it shortened a process in which little or no labour was used; it was included under saving time where there was ambiguity or where both labour and capital were likely to be saved.

❺ Quoted in E. J. T. Collins, Harvest technology and labour supply, 1790 – 1870 , EC. H. R. , 2nd ser. 22 (1969), 464.

❻ See above, p. 19.

❼ P. R. O. SP44. 238, p. 247 (1698); SP44. 246, p. 162 (1711); SP44. 252, pp. 57 - 59 (1721).

❽ P. R. O. C6. 3385 (22).

❾ Patent 436 (1721).

❿ See above, p. 45.

⓫ P. R. O. SP44. 254, pp. 380 – 381; patent 542 (1733).

⓬ Thirsk, *Economic policy and projects*, pp. 170 – 180: see also below. DD. 207, 210 – 211.

⓭ See, for example, *An impartial representation of the case of the poor cotton spinners in Lancashire*, etc. [1780]; Adrian J. Randall, The philosophy of Luddism: the case of the west of England woolen workers, ca. 1790 – 1809, *Technology and Culture*, 27 (1986), 1 – 17.

⓮ *Leeds Mercury*, 5 – 12 Feb. 1803, quoted in Randall, Philosophy of Luddism , pp. 12 – 13.

⓯ See, for example, Christopher Morris (ed.), *The journeys of Celia Fiennes* (1949), pp. 257 – 258; North, Lives, vol. 1, pp. 177 – 178; Desaguliers, *Experimental philosophy*, vol. 1, pp. 67 – 70; William Pryce, *Mineralogia cornubiensis: a treatise on minerals, mines and mining* (1778), pp. 150 – 151; and, more generally, *Reflections on various subjects relating to arts and commerce; particularly the consequences of admitting foreign artists on easier terms* (1752), pp. 26 – 28.

⓰ Josiah Tucker, *Instructions for travellers* (Dublin, 1758), repr. in Robert L. Schuyler (ed.), *Josiah Tucker: a selection from his economic and political writings* (New York. 1931), pp. 240 – 241.

⓱ Savery, Miner's friend, pp. 28, 36. See also *Angliae tutamen*, p. 30.

⓲ P. R. O. SP44. 257, pp. 343 – 345.

⓳ Patent 202 (1678).

⓴ R [ichard] H [aines], *Proposals for building in every county, a working – almshouse or hospital* (1677), repr. in *Harleian miscellany*, 2nd edn (1745), vol. 4, pp. 465 – 466.

㉑ Ibid. , p. 466.

㉒ Ibid. , p. 467.

㉓ [Daniel Defoel], *Giving alms no charity* (1704), repr. in A *second volume of the writings of the author of The true – born Englishman* (1705), pp. 433 – 435. Thomas Hobbes was also highly critical of the paternalism behind setting the poor to work, where labour was bought cheap: C. B. MacPherson, *The political theory of Possessive individualism* (Oxford, 1962), p. 66

㉔ Bedwell, patent 508 (1729); Wyatt and Paul, patents 562 (1738), 636 (1748).

㉕ Patent 230 (1683). See Johann Beckmann, *A history of inventions and discoveries*, trans. William Johnstone (3 vols. , 1797), vol. 1, pp. 375 – 376, for contemporary opposition to mechanical saws.

㉖ Patent 453 (1723); see also *The London and country brewer*, quoted in Mathias, Brewing industry, pp. 39 –40.

㉗ Elizabeth W. Gilboy, *Wages in eighteenth century England* (Cambridge, Mass, 1934), p. 181: Francois Crouzet. , Anpleterre et France au XVIIIe siècle , Annales E. S. C. , 21 (1966), 287 –288.

㉘ Patents 487 (1726), 536 (1732); Meteyard, *Wedgwood*, vol. 1, p. 153.

㉙ Patent 1187 (1778).

㉚ Patent 2124 (1796). Kingsley's *Water Babies* (1863) is, of course, ample testimony to its lack of success. See also *Repertory of Arts*, I (1794), pp. 93 –96; 5 (1796), pp. 249 –254, 322 –326.

㉛ Patents 493, 515.

㉜ B. R. L. MS Wyatt 1, fols. 31 –32, quoted in Wadsworth and Mann, *Cotton trade*, p. 417.

㉝ Ibid.

㉞ P. R. O. SP36. 41, fols. 212 –214; patent 562 (1738).

㉟ See, for example, Thirsk and Cooper, *Economic documents*, p. 295; Joseph Lee, *A vindication of a regulated enclosure* (1656), p. 7; and below, p. 216.

㊱ See below, pp. 213 –215.

㊲ See Tucker, *Instructions for travellers*, pp. 241; R. S. A. Guard Book v, no. 86; *Reflections on various subjects*, pp. 26 –28.

㊳ Quoted in Clow and Clow, *Chemical revolution*, p. 213.

㊴ D. C. Coleman and Christine MacLeod, Attitudes to new technology: British businessmen, 1800 –1950, *Ec. H. R.* , 2nd ser. 39 (1986), 605 –609.

㊵ R. S. L. Classified Papers, Ⅲ (2), no. 37.

㊶ B. L. MS Add. 4434, fol. 89

㊷ Daniel Defoel, *A tour through the whole island of Greal Britain*, 3rd edn (4 vols. 1742), vol. 3, p. 67.

㊸ John Smith (ed.), *Chronicon rusticum –commerciale: or, memoirs of wool* (2 vols. , 1747), vol. 1, p. 419n.

㊹ John Dyer, *The fleece, a poem* (1757), bk 3, lines 293 –294; see also [Thomas Mortimer, *A concise account of the rise, progress, and the present state of the Society for the Encouragement of Arts, Manufactures and Commerce* (1763), p. 56.

㊺ *Instructions for travellers*, pp. 241 – 242; my emphasis. For the renewal of interest in labour productivity among writers of economic treatises see below. pp. 215 –217.

㊻ E. P. Thompson. The moral economy of the English crowd in the eighteenth century , *Past & Present*, 50 (1971), 83 –99.

㊼ Cobbett, *Parliamentary history*, vol. 8, col. 927.

㊽ *The case of the Silk Throwers Company of London* [1732].

㊾ Cobbett, Parliamentary history, vol. 10, col. 792.

㊿ Ibid. , cols. 795 – 796. For Archer, see Sedgwick, *The House of Commons*, *1715 – 1754*, vol. 1, pp. 418 – 419.

(51) Cobbett, *Parliamentary history*, vol. 10, col. 798.

(52) Ibid. , col. 799.

(53) Collier, *Law of patents*, pp. 38 – 39. The evidence of Table 9. 1 casts some doubt on Collier's final point.

(54) Coryton, *Treatise*, p. 54; see also Maxine Berg, *The machinery question and the making of political economy*, *1815 – 1848* (Cambridge, 1980), pp. 100 – 108, 264 – 267, and *passim*.

(55) *Repertory of Arts*, 1 (1794), p. 229.

(56) Patent 994 (1771). Such improvements to pumps doubtless gained in attractiveness because of the reductions in manning being achieved through (unpatented) developments in hull design and rigging: Ralph Davis, *The rise of the English shipping industry in the seventeenth and eighteenth centuries* (Newton Abbot, 1962), pp. 71, 74 – 79.

(57) Patent 970 (1770).

(58) Patent 1768 (1790).

(59) Von Tunzelmann, Technical progress during the industrial revolution, p. 161; and see, for example, *An impartial representation of the case*, p. 3.

(60) Patent 1838 (1791).

(61) Patent 2047 (1795).

(62) Crafts, *British economic growth*, pp. 22 – 23; William Radcliffe, *Origin of the new system of manufacture* (Stockport, 1828), pp. 12 – 13, 65.

(63) S. Pollard, *Labour in Great Britain in Cambridge economic history of Europe*, vol. 7. pt 1, pp. 130 – 131, 136 – 137, 145; Ashton, *Economic fluctuations*, p. 167; MacDonald, Progress of the early threshing machine, p. 74.

(64) Joseph Lowe, *The present state of England* (1822), p. 45; Keith Snell, *Annals of the labouring poor*: *social change and agrarian England*, *1660 – 1900* (Cambridge, 1985) p. 315

(65) *Repertory of Arts*, 6 (1797), p. 29.

(66) *The life of Robert Owen*, *written by himself*, with an introduction by John Butt (1971), p. 124.

(67) See Blaug, A survey, p. 103; Nathan Rosenberg, *Perspectives on technology* (Cambridge, 1976), pp. 108 – 125.

(68) Included were those labour – saving machines and techniques which contemporaries generally identified as such, e. g, spinning, carding, or threshing machines, and power looms. Even though the particular patentee's aim may have been say, to make a stronger machine of this type, by improving the machine in any way he was promoting its introduction and thereby the introduction of a labour saving technology. Excluded were machines and techniques whose labour – saving potential was commonly overlooked by contemporaries, unless a particular invention would increase its labour productivity further. Thus wind, water, horse, and steam engines

were excluded, as were e. g. hand looms, the majority of stocking - frame attachments, sugar mills, the printing press (but not mechanical textile printing).

69 See above, p. 162.

70 Patent 1955.

71 *H. of C. Jnl*, vol. 44 (1794), p. 395. Peter Mathias has queried the extent of leisure preference: *The transformation of England* (1979), pp. 148 - 167.

72 Rosenberg, *Perspectives*, pp. 117 - 120.

73 *H. of C. Jnl*, vol. 44 (1794), p. 395.

74 Feinstein, Capital accumulation and the industrial revolution, p. 138.

75 Crafts, *British economic growth*, pp. 74 - 77.

76 Ibid., P. 74.

77 For liquidity preference, see S. D. Chapman, Industrial capital before the industrial revolution in Harte and Ponting, Textile history and economic history, pp. 127 - 128, 137; M. J. Dickenson, Fulling in the West Riding woollen cloth industry, 1680 - 1770, *Textile History*, 10 (1979), 131; and Jennifer Tann, The bleaching of woollen and worsted goods, 1740 - 1860, *Textile History*, 1 (1969), 158.

78 John Cary, *An essay on the state of England* (Bristol, 1695, repr. Farnborough, 1972), pp. 145 - 148.

79 *Repertory of Arts*, 11 (1799), pp. 168 - 169; Watts obtained patent 2293 (1799).

80 Patents 385, 573.

81 A. H. John. Farming in wartime: 1793 - 1815 in Jones and Mingay, *Land, labour and population*, p. 28.

82 See also, *Repertory of Arts*, 4 (1796), pp. 25 - 28; 6 (1797), pp. 311 - 318.

83 Mitchell and Deane, *Abstract*, p. 455.

84 A new hand - loom was recommended for not merely requiring thirty feet less of timber in its construction but also for taking up less space and thereby making weavers more acceptable tenants (as some landlords do not care to let their houses to weavers, on account of their breaking the walls): *Repertory of Arts*, 5 (1796), pp. 322 - 326.

85 Feinstein, Capital formation in Great Britain, pp. 41, 52 - 56, 74.

86 B. L. Anderson, Money and the structure of credit in the eighteenth century, *Business History*, 12 (1970), 95 - 98, 100.

87 See above, n. 4.

88 Clow and Clow, *Chemical revolution*, pp. 132 - 139.

89 Ibid., pp. 179 - 192; Musson and Robinson, *Science and technology*, pp. 251 - 337; patent 2312 (1799).

90 See above, p. 109.

91 *Repertory of Arts*, 2 (1795), p. 346.

92 Patent 433 (1720). See also patent 1135 (1776).

93 P. R. O. SP36. 45, fol. 209; see MacLeod, Patents for invention, appendix 2. James Nasmyth stressed the importance of the get - at - ability of parts: *James Nasmyth, engineer, an autobiography*, ed. Samuel Smiles (1885), p. 177.

94 Patent 2177 (1797).

95 E. g. Patents 414 (1717), 466 (1724), 476 (1725), 669 (1752).

96 Patent 312 (1693); P. R. O. SP44. 252, pp. 77 - 78, possibly issued as patent 472 (1724).

97 P. R. 0. C66. 2935 (10), C66. 3042 (8).

98 Patents 348, 653; P. R. O. SP29. 101, no. 97; SO3. 16, p. 53; SP44. 258, p. 248.

99 Patents 356, 449.

100 Patents 513 (1729), 555 (1736); P. R. O. SP44. 255, pp. 306 - 307.

101 Patent 634 (1748); P. R. O. SP36. 115, fol. 6. For the cost of coal's part in delaying diffusion, see H. W. Dickinson, *A short history of the steam engine*, 2nd edn (1963), p. 55; T. R. Harris, Engineering in Cornwall before 1775, *T. N. S.*, 25 (1945 - 1947), 115 - 22. For what seems to have been a precursor of the separate condenser in patent 555 (1736), see B. L. MS Add. 4436, fols. 222 - 228.

102 Patents 571, 556.

103 See above, p. 35. Renewed interest in steam navigation is marked by 5 patents between 1788 and 1794.

104 Patents 513 (1729), 175 (1674).

105 Patents 407 (1716), 505 (1728); see also Pepys, Diary, vol. 1, pp. 272 - 273.

106 Ashton, *Economic fluctuations*, pp. 8 - 9; Rowe, *Lead manufacturing*, p. 43.

107 Patents 193 (1677), 208 (1679), 315 (1693), 327 (1693); also P. R. O. SP35. 1, no. 61.

108 Patent 567 (1739); P. R. O. SP44. 258, pp. 377 - 379; *Repertory of Arts*, 12 (1800), p. 176.

109 Patent 1997 (1794); also patents 1603 (1787), 1794 (1791); and see Musson and Robinson, *Science and technology*, pp. 67 - 77.

110 Patents 471 (1724), 60g (1744), 658 (1750); P. R. O. SP44. 252, pp. 220 - 221; see Rex Wailes, Horizontal windmills, *T. N. S.*, 40 (1967 - 1968), 128 - 145.

111 Patent 615 (1745); see Desaguliers, *Experimental philosophy*, vol. 2, p. 537; Rex Wailes, Windmill winding gear, *T. N. S.*, 25 (1945 - 1947), 30 - 31. For other examples and further discussion of this phenomenon of technical change induced by closely competing new technologies, see Rosenberg, *Perspectives*, pp. 202 - 206.

112 Patents 1484 (1785), 1706 (1789); Rex Wailes, Windmills, in Charles Singer, E. J. Holmyard and A. R. Hall (eds.), *A history of technology* (8 vols., Oxford, 1954 - 1984), vol. 3, pp. 100 - 101.

113 John W. Kanefsky, The diffusion of power technology in British industry, 1760 - 1870

(unpubl. Ph. D. thesis, University of Exeter, 1979), pp. 224 – 225, 335 – 336.

114 *Repertory of Arts*, 3 (1795), pp. 401 – 404.

115 A. E. Musson, Industrial motive power in the United Kingdom, 1800 – 1070, Ec. H. R. , 2nd ser. 29 (1976), 416 – 20; Kanefsky, Diffusion of power technology, pp. 172, 176, 335 – 337.

116 Patents 913 (1769); 1298 (1781); Landes, *Unbound Prometheus*, pp. 100 – 104.

117 *Philosophical Magazine*, 1 (1798), pp. 1 – 3; patent 2202 (1797).

118 Kanefsky, Diffusion of power technology, p. 141.

119 Patent 1306 (1781), For the activities of other steam – engine builders, see Jennifer Tann Makers of improved Newcomen engines in the late 18th century, *T. N. S.* , 50 (1978 – 1979), 181 – 192; and idem, Mr Hornblower and his crew, p. 96 – 99.

120 Kanefsky, Diffusion of power technology, p. 176.

121 P. R. O. SP36. 41, fol. 212; patent 562. See also D. T. Jenkins and K. G. Ponting, *The British wool textile industry*, *1770 – 1914* (1982), p. 25; Hills, *Power in the industrial revolution*, p. 19; Wilson, *Gentlemen merchants*, p. 75; and Clow and Clow, *Chemical revolution*, p. 173, on the problem of lack of uniformity in bleached cloth.

122 Patent 440 (1722).

123 Yarranton, *England's improvement. . . . the second part*, p. 66; patent 207 to Thomas Harvey in 1679.

124 Patents 854 (1766), 1388 (1783).

125 Patent 1063 (1774); Landes, *Unbound Prometheus*, p. 10g. See also Nasmyth, *Autobiography*, pp. 132 – 133, for the continuing problems arising from the lack of standardization in metalworking.

126 For example, patents 1259 (1780), 1632 (1787), 1687 (1789). The problems arising from ignorance of the exact heat of kilns were discussed by Josiah Wedgwood, in *Repertory of Arts*, 6 (1797), pp. 255 – 268, 324 – 338.

127 Patents 409 (1716), 430 (1720), 612 (1745); Desaguliers, *Experimental philosophy*, vol. 2, pp. 557 – 563.

128 Patent 1492 (1785).

129 See Robert Plot, *The natural history of Staffordshire* (Oxford, 1686), quoted in Thirsk and Cooper, *Economic documents*, pp. 309 – 311.

130 Flinn, *British coal industry*, pp. 297 – 311, esp. pp. 308 – 310.

131 P. R. O. SP 6. 7, fols. 93 – 95.

132 For the economics of saltmaking, see Joyce Ellis, The decline and fall of the Tyneside salt industry, 1660 – 1790: a re – examination , *Ec. H. R.* , 2nd ser. 33 (1980), 45 – 58.

133 Hughes, *Studies*, pp. 407 – 409.

134 Patent 499 (1728); for the importance of iron imports, see Hildebrand, Foreign markets for Swedish iron, pp. 4 – 15.

135 Patent 529 (1731); P. R. O. SP36. 23, fol. 66.

136 Patent 445; see Prosser, *Birmingham inventors and inventions*, p. 5.

137 Hyde, *Technological change*, pp. 25 – 35, 40 – 41.

138 Ibid., pp. 53 – 73.

139 Ibid., pp. 82 – 92; patents 759 (1761), 794 (1763).

140 Ibid., pp. 88 – 110. See also Brinley Thomas, Escaping from constraints: the industrial revolution in a Malthusian context, *Jnl Interdisciplinary History*, 15 (1985), 732 – 739.

141 *Repertory of Arts*, 5 (1796), pp. 101 – 106.

142 Ibid., 6 (1797), pp. 111 – 118 and 319.

143 Patent 2242 (1798) to Abraham Bosquet. His fears were at least two centuries old, and already beginning to be met by a radical shift – to iron construction.

144 Nasmyth, *Autobiography*, pp. 199 – 200.

第10章 专利权：批评与替代方法

1 Dutton, *Patent system*, pp. 23 – 29.

2 R. H. Tawney and Eileen Power (eds.), *Tudor economic documents* (3 vols., 1924), vol. 2, p. 272; Duncan, Monopolies under Elizabeth I, pp. 31 – 32.

3 White, Sir Edward Coke, p. 133; Fox, *Monopolies and patents*, p. 182; Dutton, *Patent system*, pp. 22 – 23.

4 Cobbett, *Parliamentary history*, vol. 8, col. 925.

5 Ibid.

6 Dutton, *Patent system*, p. 28.

7 See above, pp. 11 – 12; also Getz, History of the patentee's obligation, pp. 68 – 81; and, more generally, Boehm and Silberston, *British patent system*, pp. 1 – 8.

8 Dutton, *Patent system*, pp. 20 – 22.

9 See, for example, James Oglethorp's speech in support of Lombe, in Cobbett, *Parliamentary history*, vol. 8, col. 928.

10 See below, p. 192.

11 William Petty, *A treatise of taxes and contributions* (1662), repr. in C. H. Hull (ed.), *The economic writings of Sir William Petty* (2 vols., Cambridge, 1899), vol. 1 pp. 74 – 75; see also Desaguliers, *Experimental philosophy*, vol. 2, p. 518; Robert Beatson, *An essay on the comparative advantages of vertical and horizontal windmills* (1798), pp. vi – vii.

12 See below, pp. 207 – 209.

13 Carew Reynell, The true English interest (1674), p. 87.

14 *An humble proposal to the parliament of Great Britain* [1702] (Bodl. Theta 665 fol. 142).

15 See Smiles, *Industrial biography*, pp. 61 – 69.

16 See above, p. 29.

⑰ Yarranton, *England's improvement ... the second part*, p. 151.

⑱ Ibid., pp. 153 – 154.

⑲ Ibid., p. 152. See also Matthew Caffyn, *A raging wave foming out his own shame* (1675), p. 20.

⑳ Andrew Yarranton, *England's improvement by sea and land* (1677), pp. 108 – 109.

㉑ *A new discourse of a state subject, called the metamorphosis of Ajax* (1596), p. H2r.

㉒ Quoted in Raistrick, *Dynasty of ironfounders*, p. 68. See also Stephen Hales, A *description of ventilators* (1743), p. 159.

㉓ Caffyn, A raging wave, p. 6; see also idem, *Envy's bitterness corrected with the rod of shame* (1674), p. 16.

㉔ Webster, *Great instauration*, pp. 343 – 346.

㉕ Ibid., pp. 25, 96 – 97, 491 – 505, and passim. For some salutary reservations on the hold of Bacon's thought on seventeenth – century science, see Michael Hunter, *Science and society in Restoration England* (Cambridge, 1981), pp. 14 – 21.

㉖ Paolo Rossi, *Philosophy, technology and the arts in the early modern era*, trans. Salvator Attanasio, ed. Benjamin Nelson (New York, 1970), pp. 80 – 87: Webster, *Great instauration*, pp. 333 – 334.

㉗ Edgar Zilsel, The genesis of the concept of scientific progress, *J. H. I.*, 6 (1945), 331 – 345; A. C. Keller, Zilsel, the artisans and the idea of progress in the Renaissance, *J. H. I.*, II (1950), 235 – 240; Lynn White Jr. Cultural climates and technological advance in the middle age, *Viator*, 2 (1971), 19.

㉘ Rossi, *Philosophy, technology, and the arts*, pp. 117 – 121. 162: Webster, *Great instauration*, pp. 326 – 333; M. E. Prior, Bacon's man of science, J. H. I., 15 (1954), 348 – 355.

㉙ Approximately twenty fellows secured patents during this period, and another, John Byron, obtained a private Act in 1742 to protect his shorthand method.

㉚ Roger Hahn, *The anatomy of a scientific institution: the Paris Academy of Sciences, 1666 – 1803* (1971), pp. 28 – 30.

㉛ Patent 143. It covered five new types of carriage or coach, five guns, a powder horn, an engine to break hemp and fax, and a method of dressing it, and a pendulum – regulated watch: P. R. O. SO3. 5, pp. 318 – 319.

㉜ For example, R. S. L. Classified Papers, Ⅲ (1), no. 46; A. R. Hall and M. B. Hall (eds. and trans.), *The correspondence of Henry Oldenburg* (13 vols., Madison, Wis., 1965 – 1986), vol. 10, p. 177; B. L. MS Add. 25, 071, fol. 115; D. Brewster, On Sir Christopher Wren's cypher, *Reports of the British Association for the Advancement of Science* (1859), Notes and Abstracts, p. 34.

㉝ Hunter, *Science and society*, p. 100; see, for example, Oldenburg, *Correspondence*, vol. 9, pp. 434 – 435, 493; vol. 10, pp. 3, 42 – 33, 67, 73 – 74; vol. 11, pp. 458 – 475.

㉞ Oldenburg. *Correspondence*, vol. 11, pp. 184 – 187; Hooke, Diary, pp. 148, 151; and see

Richard Waller (ed.), *The posthumous works of Robert Hooke* (1705), p. xxvii.

㉟ Hooke, Diary, pp. 151 – 186, and *passim*; Oldenburg, Correspondence, vols. 11, 12, 13, bassim; Hunter. *Science and society*, pp. 44 – 45.

㊱ Birch, History, vol. 4, pp. 86 – 87. See also A. R. Hall, Robert Hooke and horology, *Notes and Records of the Royal Society of London*, 8 (1950 – 1951), 171.

㊲ Denis Papin, *A new digester, or engine for softening bones* (1681), p. 52. See also Martin Lister, quoted in Oldenburg, *Correspondence*, vol. 8, p. 43.

㊳ See above, pp. 69 – 70.

㊴ Peter, *Truth in opposition*, p. 51. See also Margaret E. Rowbottom, The earliest published writing of Robert Boyle, *Annals of Science*, 6 (1950), 380 – 384; R. S. L Classified Papers, xi (1), no. 21.

㊵ R. S. L. Classified Papers, xx, no. 50; Hunter, *Science and society*, p. 57.

㊶ See below, p. 191.

㊷ B. L. MSS Add. 4432 – 4435, *passim*; Hunter, *Science and society* pp. 50, 91 – 98. In the same way, French inventors found the approval of the Académie des Sciences valuable, even without the royal privilège (patent), for advertising their inventions as guaranteed by a group of impartial government experts: Hahn, *Anatomy of a scientific institution*, p. 29.

㊸ I am grateful to Liliane Perez for this information.

㊹ See below, p. 194.

㊺ Denis Papin, *A continuation of the new digester of bones* (1687), To the Reader.

㊻ See above, pp. 13 – 14.

㊼ *Reasons humbly offer'd to the consideration of this honourable House, by the Master, Wardens and Assistants of the Company of Clockmakers, of the city of London* (1712), in Guildhall MS 3952, no. 6; see also ibid., no. 13.

㊽ See above, p. 113.

㊾ *Reasons offered against the passing of Sir Samuel Morland's bill touching water engines* (1677).

㊿ *Objections against passing the bill, as desired by the proprietors of the lights now generally used* (1692); see also *H. of C. Jnl*, vol. 10, p. 709.

51 *Reasons humbly offer'd by the jewellers, diamond cutters, lapidaries, engravers in stone, etc against the bill for jewelled watches* [1704].

52 See above, pp. 18, 185.

53 See above, pp. 60 – 64; Dutton, *Patent system*, pp. 26 – 27.

54 Ibid., pp. 36 – 38.

55 Ibid., pp. 38 – 41; Robinson, James Watt and the law of patents, pp. 118 – 136.

56 Dalby Thomas, *An historical account of the rise and growth of the West – India collonies* (1690), pp. 45 – 46. For Dalby Thomas, see Thomas, Thomas Neale, p. 395.

57 See above, p. 47.

58 B. L. MS Add. 4433, fol. 122.

59 See above, pp. 52 – 54.

60 Desaguliers, *Experimental philosophy*, vol. 2, p . viii.

61 *Gentleman's Magazine*, 23 (1753), p. 235.

62 D'Escherny, *Short reflections*, pp. 4 – 8.

63 J. Spedding, R. L. Ellis, and D. D. Heath (eds.), *The works of Francis Bacon* (14 vols., 1857 – 1874), vol. 3, p. 166.

64 Webster, *Great instauration*, p. 370.

65 Ibid., pp. 370 – 374.

66 1bid., pp. 374 – 375; see also pp. 67 – 77.

67 Gerrard Winstanley, *The law of freedom*, ed. Christopher Hill (Harmondsworth, 1973), pp. 355 – 356, 365.

68 Hilda M. Rhodes, Literary aspects of inventors, projectors and virtuosi, 1660 – 1720 (unpubl. M. A. thesis, University of London, 1959), p. 52.

69 *New Atlantis, begun by the Lord Verulam, Viscount St Albans: and continued by R. H. Esquire* (1660), pp. 53 – 70,

70 Ibid., pp. 53 – 54.

71 Ibid., p. 55.

72 Ibid., pp. 56 – 58, 61, 63 – 66. For the exaltation of the arts of peace over those of war by seventeenth – century natural philosophers, see Richard Foster Jones, *Ancients and moderns: a study of the rise of the scientific movement in seventeenth – century England*, 2nd edn (St Louis, 1961), pp. 327 – 328; and Roy S. Wolper, The rhetoric of gunpowder and the idea of progress, *J. H. I.*, 31 (1970), 594 – 598.

73 R. H. New Atlantis, pp. 60, 61.

74 Yarranton, *England's improvement. . . . the second part*, p. 154.

75 Petty, *Treatise of taxes*, pp. 74 – 75; see also Savery, Navigation improv'd, p. 19.

76 [William Petty], *The advice of W. P. to Mr Samuel Hartlib* (1648), pp. 7, 21.

77 B. L. MS Lansdowne 691, fol. 55.

78 John Bellers, *An essay towards the improvement of physick* (1714), p. 8.

79 Ibid., p. 18. For biographical information, see A. Ruth Fry, *John Bellers* 1654 – 1725, *Quaker, economist and social reformer* (1935).

80 George Berkeley, *An essay towards preventing the ruin of Great Britain* (1721), in A. A. Luce and T. E. Jessop (eds.), *The works of George Berkeley, Bishop of Cloyne*, vol. 6 (1953), p. 73. See also Baston, *Observations on trade*, p. 17.

81 Malachy Postlethwayt, *Britain's commercial interest explained and improved* (2 vols., 1757), vol. 2, pp. 424 – 426.

82 See above, p. 38.

83 Similar rewards were offered by several European governments at this time: A. P. Usher, *A history of mechanical inventions*, 2nd edn (Cambridge, Mass., 1954), p. 324.

84 12 Anne, c. 15; repr. in Quill, *John Harrison*, pp. 225 – 227.

85 Ibid., p. 35 – 37, 40 – 48, 68 – 69.

86 See above, p. 49.

87 Arthur J. Viseltear, Joanna Stephens and the eighteenth – century lithontropics, *Bulletin of the History of Medicine*, 42 (1968), 199 – 220.

88 Patent 506 (1729); *H. of C. Jnl*, vol. 22 (1732 – 1737), p. 121.

89 Wadsworth and Mann, *Cotton trade*, pp. 443 – 444, 458; see also Benton, *John Baskerville*, pp. 67 – 69.

90 Bochm and Silberston, *British patent system*, pp. 25 – 26.

91 Quoted in Allan, *William Shipley*, p. 10. It was said in 1765 that this proposal suffered in its timing: because of the South Sea Bubble, projectors of all sorts were held in general disrepute, [Edward Bridgen], *A short account of the great benefits* (1765), p. 5.

92 R. S. L. Misc. MSS Ⅳ, no. 57, quoted in Allan, *William Shipley*, pp. 14 – 15.

93 Clow and Clow, *Chemical revolution*, pp. 5 – 6.

94 Enid Gauldie, Mechanical aids to linen bleaching in Scotland, *Textile History*, I (1969), 134 – 137. For other initiatives, see Davis D. McElroy, *Scotland's age of improvement: a survey of eighteenth – century clubs and societies* (Washington State University, 1969), pp. 28 – 29; S. Shapin, Property, patronage and the politics of science, the founding of the Royal Society of Edinburgh, *British Jnl for the History of Science*, 7 (1974), 9; *Scots Magazine*, 5 (1743), p. 385.

95 Henry Trueman Wood. *A history of the Royal Society of Arts* (1913), p. 2.

96 Allan, *William Shipley*, p. 16; R. S. A. Guard Book 1, no. 120, fol. 4.

97 Wood, *Royal Society of Arts*, p. 2: R. S. A. Guard Book I, no. 120, fol. 5; no. 121, fols. 1 – 2.

98 Allan, *William Shipley*, pp. 32, 34, 42 – 57.

99 Rexmond C. Cochrane, Francis Bacon and the rise of the mechanical arts in eighteenth – century England, Annals of Science, 12 (1956), 144 – 153. See also the quotation from Bacon's *New Atlantis* on the titlepage of [T.], *Letters on the utility and policy of employing machines to shorten labour* (1780); and the references to Bacon in Kenrick, *Address*, pp. 8 – 9.

100 Allan, *William Shipley*, p. 67; Wood, *Royal Society of Arts*, pp. 20 – 21, 28 – 46.

101 Allan, *William Shipley*, p. 16. An article in the *Gentleman's Magazine*, 25 (1755), p. 126, suggested (with a large dose of hyperbole) that nothing but the Society of Arts was keeping alive the flame of invention.

102 Wood, *Royal Society of Arts*, p. 243.

103 Ibid., p. 244.

104 I am grateful to Liliane Perez for this information.

105 Wood, *Royal Society of Arts*, p. 125.

106 R. S. A. Guard Book 1, nos. 120, 121.

107 Bacon, *Works*, vol. 3, p. 165; *The advice of W. P.*, p. 8; R. H. *New Atlantis* (1660), PP. 57 – 58, 64 – 66.

108 B. L. MS Lansdowne 691, fol. 56.

109 Allan, *William Shipley*, p. 46.

110 R. S. A. Guard Book I, nos. 61, 68. See also [Bridgen], *Short account*, pp. 8 – 11.

111 Musson and Robinson, *Science and technology*, pp. 129 – 130.

112 Quoted in Fitton and Wadsworth, *The Strutts and the Arkwrights*, p. 41.

113 Quoted in Wadsworth and Mann, *Cotton trade*, p. 496.

114 Wood, *Royal Society of Arts*, pp. 125 – 138, 258; D. Hudson and K. W. Luckhurst, *The Royal Sociely of Arts*, 1754 – 1954 (1956), p. 102; J. B. Harley, The re – mapping of England, 1750 – 1800, *Imago Mundi*, 19 (1965), 60 – 62; [Bridgen], *Short account*, p. 12.

115 Des Fontaines, The Society of Arts and the early Wedgwoods, p. 329.

116 Hudson and Luckhurst, *Royal Society of Arts*, pp. 124 – 125.

117 Kenrick, *Address*, pp. 17 – 18.

118 Ibid., p. 19.

119 Ibid., D. 20. See also Davies, *Collection*, pp. 6 – 7.

120 *Gentleman's Magazine*, 56 (1786), p. 26.

121 *Observations on the utility of patents*, pp. 18 – 20.

122 Adam Smith, *An inquiry into the nature and causes of the wealth of nations*, ed. R. H. Campbell, A. S. Skinner, and W. B. Todd (2 vols., Oxford, 1976), vol. 2, p. 754 Getz, History of the patentee's obligation, p. 68.

123 Adam Smith, *Lectures on jurisprudence*, ed. R. L. Meek, D. D. Raphael, and P. G. Stein (Oxford, 1978), p. 83.

124 Arnold Plant, The economic theory concerning patents for invention, *Economica*, 1 (1934), 40. Bentham made an exception to his general disapproval of premiums in Jenner's case, since he could hope for no reward through commercial exploitation of the discovery. The liberality with which the physicians throughout Europe have encouraged a discovery that has lopped off one of the most lucrative branches of their profession, is a most honourable feature in the annals of medicine: Bentham. *Works*, vol. 2, p. 212.

125 Quoted in Marjorie Plant, *The English book trade* (1974), pp. 113 – 114.

126 *The life and errors of John Dunton, late citizen of London; written by himself in solitude* (1705), p. 257. See also Prager, A history of intellectual property, pp. 733, 754, 758.

127 8 Anne, c. 19; Plant, *English book trade*, pp. 99 – 120, esp. p. 118.

128 Stephen Parks (ed.), *The literary property debate: seven tracts, 1747 – 1773* (New York and London, 1974).

129 See above, p. 194.

130 P. R. O. SP44. 253, pp. 288 – 289.

131 See below, pp. 202 – 4.

132 G. R. Rubin and David Sugarman (eds.), *Law, economy, and society: essays in the history of English law, 1750 – 1914* (Abingdon, 1984), pp. 23 – 36.

133 Smith, *Lectures on jurisprudence*, p. 11.

134 Cobbett, *Parliamentary history*, vol. 17 (1771 – 1774), cols. 954 – 1003. For the back – ground to this, see Lieberman, The province of legislation determined, pp. 149 – 152.

135 Cobbett, *Parliamentary history*, vol. 17 (1771 – 1774), cols. 981, 987.

136 Ibid., cols. 974, 982.

137 Sir James Burrow, *Reports of cases adjudged in the Court of King's Bench since the time of Lord Mansfield's coming to preside in it* (5 vols., Dublin, 1785), vol. 4, pp. 2398 – 2399.

138 Kenrick, *Address*, p. 2.

139 Ibid., pp. 4 – 5, 27 – 29, 30, 43.

140 *Observations on the utility of patents*, p. 42.

141 Bramah, *A letter to the Rt Hon. Sir James Eyre* (1797), p. 77.

142 Prager, A history of intellectual property, p. 756.

143 Davies, *Collection*, p. 434.

144 Its most influential proponent was probably I. R. McCulloch: Dutton, *Patent system*, pp. 17 – 19.

第 11 章 发明的新概念

1 Lynn Thorndike, *A history of magic and experimental science* (8 vols., New York. 1958), vol. 7, p. 615.

2 Walter E. Houghton, The English virtuoso in the seventeenth century, J. H. I., 3 (1942), 62, 70.

3 Thomas Sprat, *The history of the Royal Society of London* (1667), p. 406.

4 Opposition to labour – saving technology was expressed more often in deeds than in print; as is so often the case, those most closely affected left little written trace.

5 L. T. C. Rolt, *The aeronauts: a history of ballooning, 1783 – 1903*, 2nd edn (Gloucester, 1985), pp. 60 – 81; Hunter, *History of London*, vol. 1, p. 800; *Gentleman's Magazine*, vols. 58 – 5 (1783 – 1785), passim.

6 The notion of sifting through alternatives to find the invention is encapsulated in Christopher Wren's description of how he invented his double – writing machine: B. L. MS Add. 25, 071, fols. 42 – 43.

❼ W. C. Kneale, The idea of invention, *Proceedings of the British Academy*, 41 (1955), 85 - 108.

❽ Samuel Johnson, A *dictionary of the English language* (2 vols., 1755), sub Invention. Inventor and Inventer, however, both refer primarily to one who produces something new. See also, for example, N. Bailey, An universal etymological dictionary (1721); Thomas Dyche and William Pardon, *A new general English dictionary*, 2nd edn (1737).

❾ Jones, *Ancients and moderns*, pp. 241 - 244.

❿ W [illiam] Derham, *Physico - theology* (1713), pp. 306 - 309. For Derham, see W. Coleman, Providence, capitalism and environmental degradation: English apologetics in an era of economic revolution, *J. H. I.*, 37 (1976), 27 - 44, esp. 32 See also [Robert Pitt]. *The craft and frauds of physicians expos'd* (London, 1703), pp. 92 - 94; [Daniel Defoe], *The history of the principal discoveries and improvements* (1727). p. 227. For the idea of the inventor as agent of the divine plan, Hugh Platt, *The jewell house of art and nature* (1594), p. B2v; *Marten Triewald's short description of the atmospheric engine, 1734*, trans. Are Waerland (1928), p. 3. Anthropocentricity tended also to the notion that everything in nature had been put there for man's use: for example, Platt, *Jewell house*, p. 49; Houghton, *Collection*, vol. 6, no. 137.

⓫ Rhodes, Literary aspects, pp. 93 - 95; for example, [M. Tindall], *A letter to a member of parliament* (1698), pp. 11, 22; [J. Asgill], *An essay for the press* (1712), P. 4 . I owe these references to Mark Goldie.

⓬ P. R. O. SP32. 1, no. 150.

⓭ Robert Boyle, *The works of the Honourable Robert Boyle*, ed. Thomas Birch (5 vols., 1744), vol. 3, pp. 185 - 195.

⓮ Charles Webster, *From Paracelsus to Newton: magic and the making of modern science* (Cambridge, 1982), pp. 52 - 54.

⓯ Joseph Glanvill, Plus ultra (1668), p. 7; see also Grew, in B. L. MS Lansdowne 691, fol. 56; Papin, *New digester*, preface; Holt, *Artificial stone*, pp. 12, 15.

⓰ Hales, *Treatise*, p. 3.

⓱ Hill, *Account*, p. 25. See also a contemporary comment on Thomas Savery, quoted in Rhvs Jenkins, Savery, Newcomen and the early history of the steam engine, *T. N. S.*, 3 (1922 - 1923), 113 - 114; and Richard Haines, *Aphorisms upon the new way of improving cyder* (1684), p. 2.

⓲ Witt Bowden, *Industrial society in England towards the end of the eighteenth century*, 2nd edn (1965), p. 53; and for example, Bodl., MS Aubrey 1, fol. 15.

⓳ Rossi, *Philosophy*, *technology and the arts*, ch. 1.

⓴ Ibid., p. x.

㉑ Ibid., pp. 15 - 17, 26 - 30.

㉒ George Agricola, *De re metallica* (Basel, 1536), trans. H. C. Hoover and L. H. Hoover (1912).

㉓ For example, Boyle, *Works*, vol. 3, pp. 186 – 187; Glanvill, *Plus ultra*, *passim*.

㉔ Marjorie H. Nicolson, The microscope and the English imagination, *Smith College Studies in Modern Languages*, 16 (1935); and idem, A world in the moon, *Smith College Studies in Modern Languages*, 17 (1936); Rhodes, Literary aspects, pp. 97 – 99, 112; B. L. MS Add. 4429, fol. 393.

㉕ Wolper, Rhetoric of gunpowder, p. 598. Henry Power added new manufacturing industries, like sugar – refining and papermaking, to the list: *Experimental philosophy* (1663), p. 190. See also A. C. Keller, Kepler, the art of flight and the vision of interplanetary travel as the next great invention, *Procs. XIIlth Inter national Congress for the History of Science*, *Moscow*, 1971 (1974), vol. 12, pp. 72 – 75.

㉖ B. L. MS Add. 25, 071, fols. 42 – 43. See also Robert Hooke, *Micrographia* (1665), preface; Mary B. Hesse, Hooke's philosophical algebra, *Isis*, 57 (1966), 76 – 77, 80 – 81.

㉗ Contemporary recognition is attested in, for example, Glanvill, *Plus ultra*, p. 104, et seq.; Sprat, *History*, p. 403; Boyle, Works, vol. 5, p. 336.

㉘ Boyle, Works, vol. 1, pp. 420 – 583.

㉙ Ibid., vol. 3, p. 136; Jones, *Ancients and moderns*, pp. 206 – 221.

㉚ Boyle, *Works*, vol. 3, p. 162; also vol. 1, p. 463.

㉛ Ibid., vol. 3, pp. 154 – 155.

㉜ See ibid., vol. 3, pp. 155 – 156; also Glanvill, *Plus ultra*, pp. 22 – 62; John Arbuthnot, *An essay on the usefulness of mathematical learning* (Oxford, 1701); Robert Dossie, *The handmaid to the arts*, 2nd edn (2 vols., 1764), vol. 1, p. ix; vol 2, p. 223; L. Trengrove, Chemistry at the Royal Society of London in the eighteenth century, Annals of Science, 19 (1963), 183 – 237.

㉝ Boyle, *Works*, vol. 3, pp. 141 – 150, 167 – 169.

㉞ Ibid., vol. 3, p. 170; see Walter E. Houghton, The history of trades, *J. H. I*, 2 (1941), 49 – 56.

㉟ Webster, *Great instauration*, pp. 70 – 76, 476 – 479.

㊱ Rhodes, Literary aspects, pp. 78 – 91.

㊲ Bacon, *Works*, vol. 3, pp. 247, 385 – 387; vol. 4, 98 – 99; Boyle, *Works*, vol. 1, p. 517; vol. 3, pp. 153 – 155; Sprat, History, pp. 394, 396; Joseph Glanvill, *The vanity of dogmatizing* (1661), p. 179.

㊳ See above, p. 192.

㊴ John Houghton, *A collection of letters for the improvement of husbandry and trade* (2 vols., 1681 – 1683), vol. 1, p. 54; see also Maximilian E. Novak, *Economics and the fiction of Daniel Defoe* (Berkeley and Los Angeles, 1962), p. 50.

㊵ Boyle, *Works*, vol. 3, p. 139.

㊶ Ibid., vol. 3, p. 168; see also T. H [ale], *An account*, p. lii.

㊷ Sprat, *History*, p. 392.

㊸ Ibid., p. 395.

㊹ Ibid., p. 392.

㊺ Prior, Bacon's man of science, p. 358.

㊻ R. G. Wilkinson, *Poverty and progress: an ecological model of economic development* (1973) explores (and overemphasizes) this stimulus.

㊼ [Gabriel Plattes], *A discovery of infinite treasure* (1639), p. 91.

㊽ It had been raised by the Italian, Botero, in 1589: Joseph A. Schumpeter, *History of economic analysis*, ed. E. B. Schumpeter (1954), p. 254.

㊾ Ibid., p. 258.

㊿ Ibid., pp. 259 – 263; Paul A. Samuelson, *Economics*, 9th edn (Tokyo, 1973), p. 737.

51 Matthew Hale, *The primitive origination of mankind* (1671), pp. 154, 161; Margaret T. Hodgen, Sir Matthew Hale and the "method" of invention, Isis, 34 (1943), 313 – 318. See also William Temple, *Observations upon the United Provinces of the Netherlands* (1673), ed. Sir George Clark (Oxford, 1972), p. 109; Charles Davenant, *Discourses upon the public revenue* (1698), in Sir Charles Whitworth (ed.), *The political and commercial works of Charles Davenant* (5 vols., 1771), vol. 1, p. 390; Chamberlayne, *Angliae notitiae*, 3rd edn (1669), p. 61.

52 Houghton, *Collection*, vol. 7, no. 172; see also William Petty, *Political arithmetic* (1690), in Hull, *Economic writings*, vol. 1, p. 256.

53 R. G. Albion, *Forests and sea power: the timber problem of the Royal Navy*, 1652 – 1862 (Cambridge, Mass., 1926), pp. 97 – 128.

54 An exception was Yarranton, *England's improvement*, pp. 56 – 63, where he argued that ironmaking actually fostered timber growing. Historians now generally agree with Yarranton in its exoneration: M. W. Flinn. Timber and the advance of technology: a reconsideration, *Annals of Science*, 15 (1959), 111 – 119: Hyde, *Technological change*, pp. 46 – 47.

55 John Evelyn, *Sylva, or a discourse of forest – trees* (1664); Albion, *Forests and sea power* p. 131. More generally, see D. C. Coleman, Technology and economic history, 1500 – 1750, *Ec. H. R.*, 11 (1959), 507; and Brinley Thomas, Was there an energy crisis in Great Britain in the 17th century?, *Explorations in Economic History*, 23 (1986), 127 – 137, 141 – 143.

56 Daniel Defoe, *A plan of the English commerce* (1728), p. 299; see also Bernard Mandeville, *Free thoughts on religion* (1720), p. 331; Houghton, *Collection*, vol. 9, no 198: Chamberlayne, *Angliae notitiae*, 18th edn (1694), p. 51.

57 Walter Blith, *The English improver improved*, 2nd edn (1652), p. 235; Petty, *Treatise of taxes*, p. 59; Yarranton, *England's improvement*, p. 159: B. L. MS Lansdowne 691 fol. 49.

58 For I do not call that a real invention which has something before done like it. I account that more properly an improvement: [Daniel Defoe], *An essay upon projects* (1697, repr. Menston, 196q), p. 23.

59 Quoted in Istvan Hont, The "rich country – poor country" debate in Scottish classical political economy in Istvan Hont and Michael Ignatieff (eds.), *Wealth and virtue: the shaping of political economy in the Scottish Enlightenment* (Cambridge, 1983), pp. 271 – 315, esp. p. 284.

60 Ibid., p. 287.

61 Ibid., pp. 313 – 315: James Maitland, Earl of Lauderdale, *An inquiry into the nature and origin of public wealth* (Edinburgh, 1804), p. 299.

62 E. A. Wrigley, The process of modernization and the industrial revolution in England, *Jnl of Interdisciplinary History*, 3 (1972), 237 – 242, 256 – 257; further developed in Continuity, chance and change: the character of the industrial revolution in England (the Ellen McArthur Lectures, University of Cambridge, 1987).

63 B. L. MS Lansdowne 691, fol. 47: Charles Davenant, *An essay upon the probable methods* (1699), in *Works*, vol. 2, p. 276. See also Defoe, *Plan*, p. 33; Cary, *Essay*, p. 16: Benton, *John Baskerville*, p. 32; Pepys, *Naval minutes* p. 217; Bellers, *Improvement of physick*, pp. 18, 25.

64 Bernard Mandeville, *The fable of the bees, or, private vices, public benefits* (1714), ed. F. B. Kaye (2 vols., Oxford, 1924), vol. I, pp. 141 – 145; see also vol. I, pp. 125, 148, 171; vol. 2, pp. 32, 130.

65 Defoe, *Plan*, pp. 40 – 42.

66 Ibid., pp. 53 – 55; Defoe, *Review*, vol. 2, no. 17, p. 66; no 18, p. 69; no. 20, p. 77; Defoe remarked no difference between wages and labour costs. See also Yarranton, *England's improvement*, p. 106; Berkeley, Essay, p. 73.

67 See, for example, Joshua Gee, *The trade and navigation of Great Britain considered* (1729), pp. 5, 13, 31.

68 N [icholas] B [arbon], *A discourse of trade* (1690), pp. 72 – 73.

69 In 1675 Charles II forbade the wearing of foreign lace in his presence, but this was merely a gesture, not a reshaping of policy, P. R. O. SP29. 372, no. 41. See Cary, *Essay*, p. 52; and Samuel Fortrey, *England's interest and improvement*, 2nd edn (1673), in McCulloch, Tracts, p. 234.

70 See, for example, Cary, *Essay*, pp. 13, 150; B [arbon], Discourse, p. 13: Campbell, *London tradesman*, pp. 115, 143, 171: *A general description of all trades*. p. 195: Dossie, *Handmaid to the arts*, vol. 1, p. vi: Postlethwayt, *Britain's commercial interest*, vol. 2. pp. 400, 411. Invention was often understood simply as a mental capacity, equivalent to imagination, or just powers of thought, and normally part of everyone's mental equipment.

Aubrey, for example, speculated that in north Wiltshire too much dairy produce cools their brains, and hurts their inventions, making the local populace phlegmatic and dull: Bodl., MS Aubrey 1. fols. 21, 66.

71 See above, p. 98.

72 Blith, *English improver*, p. d3v. See also J [ohn] W [orlidge], *Systema agriculturae*, 2nd edn (1675), p. c2v.

73 D. C. Coleman, Labour in the English economy of the seventeenth century, Ec. H. R., 2nd ser. 8 (1955 – 1956), 287, 292 – 293.

74 For example, Davenant, *Probable methods*, pp. 184 – 190; Bellers, *Improvement of physick*, pp. 110 – 113: Reynell, *True English interest*, p. 70; Fortrey, *England's interest*, p. 219: Berkeley, Essay, p. 72; *A letter from a merchant who has left off trade to a member of parliament* (1738), p. 52; B. L. MS Lansdowne 691, pt 4, ch. 2, *passim*.

75 Petty, Treatise of taxes, p. 28; J [osiah] C [hild], *Brief observations concerning trade* (1668), p. 68, John Pollexfen, *A discourse of trade, coyn and paper credit* (1697), pp. 155 – 167.

76 The classic exposition of this is Edgar S. Furniss, *The position of the labourer in a system of nationalism* (Cambridge, Mass. 1920), pp. 94 – 95, 117 – 125.

77 See above, pp. 180 – 181.

78 Houghton, *Collection*, vol. 11, nos. 259, 277; William Petty, *An essay concerning the multiplication of mankind*, 2nd edn (1682), pp. 40 – 41; Cary, *Essay*, p. 75; Mandeville, *Fable*, vol. 2, pp. 141 – 145; Francis Hutcheson, *Reflections upon laughter and remarks upon The fable of the bees* (Glasgow, 1750), pp. 48 – 49, 52.

79 Reynell, *True English interest*, p. av; also Fortrey, *England's interest*, p. 219; Davenant, *Probable methods*, pp. 192, 202.

80 Edgar A. J. Johnson, The mercantilist concept of "art" and "ingenious labour", *Economic Jnl, Economic History Supplement*, 2 (1930 – 1933), 239 – 245.

81 Blith, *English improver*, p. 5. This was echoed in Houghton, *Letters*, vol. 2, p. 57.

82 Epitomized by John Locke in a philosophical passage in 1677: Lord King (ed.), *The life of John Locke*, new edn (2vols., 1830), vol. 2, p. 163. See also Lvnn White Jr, What accelerated technical progress in the western middle ages? in A. C. Crombie (ed.), *Scientific change: symposium on the history of science, University of Oxford*, 1961 (1963), p. 291.

83 [Plattes], *Discovery*, p. 75.

84 Plattes's particular innovations happened to be labour – intensive: ibid., p. 76.

85 Ernest J. Enthoven (ed.), *Life and works of Sir Christopher* Wren (Campden, Glos., 1903), p. 21.

86 Sprat, History, p. 400. See also King, *Life of John Locke*, vol. 2, p. 163.

87 Petty, *Political arithmetic*, p. 249.

88 Johnson, Mercantilist concept, pp. 246 – 247.

89 But see Thirsk and Cooper, *Economic documents*, pp. 294 – 295; and above, p. 161.

90 P. J. Thomas stresses the stimulus afforded to economic reasoning by the controversy over the East India trade, in *Mercantilism and the East India trade* (1963).

91 William Petty, *Verbum sapienti* (1691), in Hull, *Economic writings*, vol. 1, pp. 118 – 119. See also Sprat, History, p. 400; and Bodl., MS Aubrey 2, fol. 67.

92 Jacob Vanderlint, *Money answers all things* (1734), pp. 1 – 2, 6 – 8, 21 – 23, 77 – 78, 84. At the end of the tract. Vanderlint obstinately parries objections that already too much land is under cultivation and prices so low that farmers are being ruined on a large scale, with reassertion of his "evidence", putting the blame on abnormally low population levels, not overproduction as such: ibid., pp. 152 – 156.

93 Ibid., pp. 81 – 82.

94 Charles Davenant, *An essay on the East India trade* (1697), in *Works*, vol. 1, pp. 100, 102 – 103, 107. He probably understood inventions more in the sense of new schemes and projects than in the strictly technical sense.

95 [John Houghton], *England's great happiness* (1677), repr. in McCulloch, *Tracts.* pp. 261 – 262. See also Sprat, *History*, p. 400; Sir Thomas Culpeper, *A discourse shewing the many advantages which will accrue to the kingdom by the abatement of usury* (1668), pp. 8 – 9.

96 Houghton, *Letters*, vol. 1, p. 52: see also, ibid., pp. 111 – 119; and *Collection*, vol. 9, no. 200; vol. 15, no. 434; vol. 16, no. 489. Conservative thought was outraged: for example, John Beale's comments on Houghtonin a letter to Robert Boyle, 8 July. 1682, in Boyle, *Works*, vol. 5, pp. 508 – 509. Samuel Fortrey had advocated vanity and excess, but was adament that only English products should be its object: *England's interest*, pp. 234 – 235.

97 E. g. Barbon, *Discourse*, pp. 62 – 64; [Dudley North], *Discourses upon trade* (1691), repr. in McCulloch, *Tracts*, p. 529.

98 *England's great happiness*, p. 260.

99 Houghton, *Collection*, vol. 15, no. 453; see also ibid., vol. 12, nos. 300, 303.

100 Christine MacLeod, Henry Martin and the authorship of "Considerations upon the East India trade", *B. I. H. R.*, 56 (1983), 222 – 229.

101 *Considerations upon the East India trade* (1701), repr. in McCulloch, *Tracts*, pp. 579 – 580, 586 – 587, 598, 608 – 614.

102 Ibid., p. 589; see also p. 593.

103 Ibid., p. 590; my emphasis.

104 Josiah Tucker in 1755 argued, like Martin, that inventions were the natural outcome of free competition: *Elements of commerce*, p. 124; see also Smith, *Wealth of nations*, vol. 1, pp. 20 – 22.

105 Cary, *Essay*, pp. 145 – 147. See ibid., pp. 148 – 150. for Cary's working out of the thesis that high prices stimulate demand. See also Oliver Lawson Dick (ed.), *John Aubrey's Brief Lives*

(1960) p. 191.

106 Defoe, *Giving alms no charity*, p. 428.

107 John Sekora, *Luxury: the concept in western thought* (Baltimore, 1979), pp. 51 – 109.

108 Rosenberg, *Perspectives*, pp. 141 – 150. My current research examines the emergence and impact of a specialist capital – goods sector in the eichteenth and nineteenth centuries.

109 *Considerations upon the East India trade*, p. 543.

110 [George Blewitt], *An enquiry whether a general practice of virtue tends to the wealth or poverty, benefit or disadvantage of a people* (1725), p. 15: *Considerations on the bill for a general naturalization* (1748), pp. 10, 20.

111 *Reflections on various subjects*, pp. 25 – 28.

112 Postlethwayt, *Britain's commercial interest*, vol. 2, pp. 417 – 421.

113 Tucker, *Instructions for travellers*, p. 241.

114 Sir James Steuart, *An inquiry into the principles of political economy* (2 vols., 1767), vol. 1, pp. 121, 123.

115 Steuart could not conceive of this being the case anywhere in Europe: ibid., pp. 121 – 122. For the context of Steuart's remarks, see Hont, The "rich country – poor country" debate, pp. 296 – 298.

116 Ibid., p. 295; Tucker, *Instructions for travellers*, p. 241; see also R. S. A. Guard Book v, no. 86.

117 Steuart, Political oeconomy, vol. 1, p. 120. See also Dugald Stewart, *Lectures on political economy*, vol. 1, in Sir William Hamilton (ed.), Collected works (10 vols. Edinburgh, 1854 – 1860), vol. 8, p. 193.

118 The butt of their scorn was Montesquieu who finds fault with water mills, though I do not find that he has made any objection against the use of the plough, Steuart, *Political economy*, p. 119; Tucker, Instructions for travellers, p. 242. See also Stewart, Lectures, p. 190; David Macpherson, *Annals of commerce*, *manufactures*, *fisheries and navigation* (4 vols., 1805), vol. 1, pp. 699 – 700.

119 [Arthur Young], *Political essays concerning the present state of the British empire* (1772, repr. New York, 1970), pp. 209 – 219.

120 R. Koebner, Adam Smith and the industrial revolution, Ec. H. R.. 2nd ser. 11 (1959), 381 – 391.

121 Lauderdale, *Inquiry*, pp. 286 – 296; Stewart, *Lectures*, pp. 316 – 319.

122 Lauderdale, *Inquiry*, p. 164.

123 Ibid., p. 163, 166.

124 Ibid., pp. 348 – 349. See also Stewart, Lectures, p. 196.

125 Lauderdale, *Inquiry*, p. 297. See also Sir Frederic Morton Eden, *The state of the poor* (3 vols., 1797), vol. 1, pp. 44in, 443; Macpherson, *Annals of commerce*, vol. 3, p. 592; Stewart,

Lectures, p. 192.

126 Lauderdale, *Inquiry*, preface.

127 Berg, *The machinery question*, p. 19, and *passim*.

128 Wadsworth and Mann, *Cotton trade*, pp. 496 – 497; David L. Wykes. The Leicester riots of 1773 and 1787: a study of the victims of popular protest, Trans. *Leics. Archaeological and Historical Society*, 54 (1978 – 9), 40 – 46; C. R. Dobson, *Masters and journeymen: a pre – history of industrial relations*, 1717 – 1800 (1980), pp. 160 – 169.

129 Cary, *Essay*, pp. 145 – 148; Tucker, *Instructions to travellers*, pp. 240 – 1; Lauderdale, *Inquiry*, pp. 300 – 303; Stewart, *Lectures*, pp. 320 – 321.

130 Iranka Kovacevich. The mechanical muse: the impact of technical inventions on eighteenth – century neoclassical poetry, *Huntington Library Quarterly*, 28 (1964 – 1965), 266 – 267, 273 – 275; Francis D. Klingender, *Art and the industrial revolution*. 3rd edn, ed. Arthur Elton (1972), pp. 43 – 56, 66 – 90.

131 *European Magazine*, vol. 11 (1787), 364 – 367. See also, for example, *Marten Triewald's short discourse*, pp. 50 – 51.

132 *Considerations on the bill for a general naturalization*, pp. 17 – 18. See also Gee, *Trade and navigation*, p. 10: Tucker, *Instructions for travellers*, p. 41: A [dam] Anderson, *An historical and chronological deduction of the origin of commerce* (2 vols., 1764), vol. 2, p. 284: Macpherson, *Annals of commerce*, vol. 3, pp. 75 – 76.

133 Tucker, *Instructions for travellers*, p. 240.

134 [T.], *Letters on the utility and policy*, pp. 21 – 22.

135 Hutton, *History of Birmingham*, p. 93.

136 A recent television advertisement proclaimed, as a truism, no nation has ever been as inventive as the British. Jewkes et al. found, however, no convincing evidence to support the present popular view that the British are "good at" invention but "bad at" development. Indeed, in other countries, the opposite is often believed: John Jewkes, David Sawyers, and Richard Stillerman, The sources of invention, 2nd edn (1969), p. 18in.

137 [T.], *Letters on the utility and policy*, p. 16. It is salutary to remember that self – justificatory statements are made in similar terms in the present century: see, for example, Winston Churchill, in *The Times of 7 Aug.*, 1945, and others, quoted in Paul Chilton, Nukespeak: nuclear language, culture and propaganda in Crispin Aubrey (ed.), *Nukespeak: the media and the bomb* (1982), pp. 99 – 100.

138 King, *Life of John Locke*, vol. 1, p. 162.

139 Bramah, *A letter*, pp. 77, 83.

140 Smith, *Lectures on jurisprudence*, p. 347; my emphasis.

141 *Observations on the utility of patents*, p. 42.

142 Eden, *State of the poor*, vol. 1, p. 442n. See also Kovacevich. Mechanical muse, p. 275.

⑭³ Stewart, *Lectures*, p. 196; my emphasis.

⑭⁴ *Report from the committe on Dr Cartwright's petition respecting his weaving machine*, P. P. 1808, II, p. 140.

⑭⁵ Malcolm I. Thomis, *Responses to industrialization: the British experience 1780 – 1850* (Newton Abbot, 1976), p. 17; Jasper Wilson [James Currie], *A letter, commercial and political*, 3rd edn (1793), p. 7; criticized by George Chalmers, *An estimate of the comparative strength of Great – Britain*, new edn (1794), pp. xxiii – xxiv; Macpherson, *Annals of commerce*, vol. 4, pp. 78 – 80.

⑭⁶ See above, pp. 197 – 199.

⑭⁷ Cobbett, *Parliamentary history*, vol. 17, col. 999.

⑭⁸ Kenrick, *Address*, p. 2; *Observations on the utility of patents*, pp. 9, 45.

参考文献

手稿

London:

Public Record Office	ADM1	SO1
	C6 – 12	SO3
	C66	SP29
	E126	SP30
	E134	SP34
	PC1	SP35
	PC2	SP36
		SP44
British Library	Additional MSS	
	Lansdowne MSS	
	Sloane MSS	
Guildhall Library	Clockmakers Company MSS	
	Glass Sellers Company MSS	
	Joiners Company MSS	
	Weavers Company MSS	
Victoria and Albert Museum	MS 86JJ. 8	
Royal Society of London	Record Books (RBC)	
	Journal Books	
	Classified Papers	
Royal Society of Arts	Guard Books Ⅰ – Ⅴ	
	Minute Books Ⅰ – Ⅱ	
Wellcome Institute	MS 3013	

Outside London:

Berkshire County Record Office	Hartley Russell MSS

Birmingham Reference Library	Wyatt MSS
Cumbria County Record Office (Carlisle)	Lowther MSS
Edinburgh, University Library	MS La. II. 311
Scottish Record Office	Calendar of Scottish patents and specifications, 1712 – 1812
	MS GD 1. 500. 72
Oxford, Bodleian Library	Aubrey MSS
	Rawlinson MSS
Sheffield City Library	Bagshawe MSS

政府报告和官方文件

[1] *Report from the comittee on Dr Cartwright's petition respecting his weaving machine*, Parliamentary Papers 1808, II.

[2] *Report from the select committee on the law relating to patents for invention*, Parliamentary Papers, 1829, III.

[3] *Calendar of State Papers Domestic.*

[4] *Calendar of State Papers Venetian.*

[5] *Calendar of Treasury Books.*

[6] *Report of the Deputy Keeper of the Public Records*, vol. 2 (1841).

1850 年以前出版的作品已发表的文献

[1] Agricola, George, *De re metallica*, Basel, 1536, trans. H. C. Hoover, and L. H. Hoover, 1912.

[2] Aiken, John, *A description of the country from thirty to forty miles round Manchester*, 1795, repr. Newton Abbot, 1968.

[3] Anderson, A [dam], *An historical and chronological deduction of the origin of commerce*, 2 vols., 1764.

[4] *Angliae tutamen: or, the safety of England*, 1695.

[5] Arbuthnot, John, *An essay on the usefulness of mathematical learning*, Oxford, 1701.

[6] [Asgill, J.], *An essay for the press*, 1712.

[7] Aubrey, John, *John Aubrey's Brief Lives*, ed. Oliver Lawson Dick, 1960.

[8] B [arbon], N [icholas], *A discourse of trade*, 1690.

[9] Bacon, Francis, *The works of Francis Bacon*, ed. J. Spedding, R. L. Ellis, and D. D. Heath, 14 vols., 1857 – 1874.

[10] Bailey, N. *An universal etymological dictionary*, 1721.

[11] Baker, Charles, *By the king's royal letters patent and licence*, *Charles Baker's treatise for the preventing of smut in wheat*, Bristol, 1797.

[12] Baskerville, John, *Letters of the famous eighteenth - century printer, John Baskerville of Birmingham*, *ed.* Leonard Jay, Birmingham, 1932.

[13] Baston, Thomas, *Observations on trade and a public spirit*, 2nd edn, 1732.

[14] [Baxter, Richard], *Reliquiae Baxterianae*, ed. Matthew Sylvester, 1696.

[15] Beatson, Robert, *An essay on the comparative advantages of vertical and horizontal windmills*, 1798.

[16] Beckmann, Johann, *A history of inventions and discoveries*, trans. William Johnston, 3 vols. , 1797.

[17] Bellers, John, *An essay towards the improvement of physick*, 1714.

[18] Bentham, Jeremy, *The works of Jeremy Bentham*, ed. John Bowring, 11 vols. , Edinburgh, 1843.

[19] Berkeley, George, *An essay towards preventing the ruin of Great Britain*, 1721, repr. in *The works of George Berkeley, Bishop of Cloyne*, ed. A. A. Luce and T. E. Jessop, vol. 6, 1953.

[20] Birch, Thomas, *The history of the Royal Society of London*, 4 vols. , 1756.

[21] Blackner, John, *The history of Nottingham*, Nottingham, 1815.

[22] Blackstone, William, *Commentaries on the laws of England*, 4 vols. , Oxford, 1765 - 1769.

[23] [Blewitt, George], *An enquiry whether a general practice of virtue tends to the wealth or poverty, benefit or disadvantage of a people*, 1725.

[24] Blith, Walter, *The English improver improved*, 2nd edn, 1652.

[25] Borlase, William, *The natural history of Cornwall*, Oxford, 1758.

[26] Boyle, Robert, *The works of the Honourable Robert Boyle*, ed. Thomas Birch, 5 vols. , 1744.

[27] Bramah, Joseph, *A letter to the Rt Hon. Sir James Eyre, Lord Chief Justice of the Common Pleas*, 1797.

[28] [Bridgen, Edward], *A short account of the great benefits*, 1765.

[29] Brownrigg, William, *The art of making common salt*, 1748.

[30] Burrow, Sir James, *Reports of cases adjudged in the court of King's Bench since the time of Lord Mansfield's coming to preside in it*, 5 vols. , Dublin, 1785.

[31] Byfield, Timothy, *The artificial spaw, or mineral waters to drink*, 1684.

[32] Byfield, Timothy, *A short but full account of the rise, nature, and management of the small - pox*, 1711.

[33] Caffyn, Matthew, *Envy's bitterness corrected with the rod of shame*, 1674.

[34] Caffyn, Matthew, *A raging wave foming out his own shame*, 1675.

[35] Campbell, R. *The London tradesman*, 1747, repr. Newton Abbot, 1969.

[36] Garpmael, William, *The law of patents*, 1832.

[37] Carpmael, William, *Law reports of patent cases*, 3 vols. , 1843 - [52].

[38] Cartwright, Edmund, *A memoir of Edmund Cartwright*, ed. Kenneth G. Ponting, Bath, 1971.

[39] Cary, John, *An essay on the state of England*, Bristol, 1695, repr. Farnborough, 1972.

[40] *The case of the Silk Throwers Company of London* [1732].

[41] Chalmers, George, *An estimate of the comparative strength of Great - Britain*, new edn, 1794.

[42] Chamberlain, John, *The letters of John Chamberlain*, ed. N. E. McLure, 2 vols. , Philadelphia, 1939.

[43] Chamberlayne, Edward, *Angliae notitiae; or the present state of England*, 3rd edn, 1669; 18th edn, 1694.

[44] Chambers, Ephraim, *Cyclopaedia: or, an universal dictionary of arts and sciences*, 5 th edn, 2 vols. , 1741.

[45] Charles II, *By the king, a proclamation for the prohibiting the importation of glass plates, July* 1664, 1664.

[46] Charles II, *By the king, a proclamation prohibiting the importation of blue paper*, 1666. C [hild] J [osiah], *Brief observations concerning trade*, 1668.

[47] Clarendon, Edward Hyde, 1 st Earl of, *The history of the rebellion and civil wars in England*, 3 vols. , Oxford, 1702 - 1704.

[48] Cobbett, William (ed.), *The parliamentary history of England*, 36 vols. , 1806 - 1820.

[49] Coke, Edward, *The third part of the institutes of the laws of England*, 4th edn, 1669.

[50] Collier, John Dyer, *An essay on the law of patents for new inventions*, 1803.

[51] Collyer, Joseph, *The parent's and guardian's directory*, 1761.

[52] *Considerations on the bill for a general naturalization*, 1748.

[53] Cooke, James, *Cooke's improved patent drill and horse hoe*, 1789.

[54] Culpeper, Sir Thomas, *A discourse, shewing the many advantages which will accrue to this kingdom by the abatement of usury*, 1668.

[55] Davenant, Charles, *An essay on the East India trade*, 1697, repr. in Sir Charles Whitworth (ed.), *The political and commercial works of Charles Davenant*, 5 vols. , 1771, vol. 1.

[56] Davenant, Charles, *Discourses upon the public revenue, and on the trade of England*, 1698, repr. in *Works*, vol. 1.

[57] Davenant, Charles, *An essay upon the probable methods of making a people gainers in the balance of trade*, 1699, repr. in *Works*, vol. 2.

[58] Davies, John, *A collection of the most important cases respecting patents of invention and the rights of patentees*, 1816.

[59] [Defoe, Daniel], *An essay upon projects*, 1697, repr. Menston, 1969.

[60] [Defoe, Daniel], *Giving alms no charity* [1704], in *A second volume of the writings of the author of The true - born Englishman*, 1705.

[61] [Defoe, Daniel], *The Review*, ed. A. W. Secord, 22 vols., New York, 1938.

[62] [Defoe, Daniel], *The history of the principal discoveries and improvements*, 1727.

[63] [Defoe, Daniel], *A plan of the English commerce*, 1728.

[64] Defoe, Daniel, *A tour through the whole island of Great Britain*, 3rd edn, 4 vols., 1742.

[65] Derham, William, *Physico – theology: or, a demonstration of the being and attributes of God, from his works of creation*, 1713.

[66] Dering, Sir Edward, *The parliamentary diary of Sir Edward Dering*, 1670 – 1673, ed. Basil Duke Henning, New Haven, 1940.

[67] Desaguliers, J. T., *A course of experimental philosophy*, 2 vols., 1734 – 1744.

[68] Dickens, Charles, A poor man's tale of a patent in *Household words*, vol. 2 (19 Oct. 1850), repr. in *Reprinted pieces*, 1925.

[69] Dickens, Charles, *Little Dorrit*, 1855 – 1857.

[70] D'Escherny, David, *A treatise of the causes and symptoms of the stone*, 1755.

[71] D'Escherny, David, *Short reflections upon patents*, 1760, appended to *An essay on fevers*, 1760, and to *An essay on the small pox*, 1760.

[72] Dossie, Robert, *The handmaid to the arts*, 2nd edn, 2 vols., 1764.

[73] Dunton, John, *The life and errors of John Dunton, late citizen of London; written by himself in solitude*, 1705.

[74] Dyche, Thomas and William Pardon, *A new general English dictionary*, 2nd edn, 1737.

[75] Dyer, John, *The fleece, a poem*, 1757.

[76] [Eaton, Robert], *An account of Dr Eaton's styptick balsam*, 1723.

[77] Eden, Sir Frederic Morton, *The state of the poor*, 3 vols., 1797.

[78] Edgeworth, Richard Lovell, *Memoirs of Richard Lovell Edgeworth*, ed. Desmond Clarke, 2 vols., Shannon, 1969.

[79] Evelyn, John, *Sylva, or a discourse of forest – trees*, 1664.

[80] Evelyn, John, *The diary of John Evelyn*, ed. E. S. de Beer, 6 vols., Oxford, 1955.

[81] Fiennes, Celia, *The journeys of Celia Fiennes*, ed. Christopher Morris, 1949.

[82] Fortrey, Samuel, *England's interest and improvement*, 2nd edn, 1673, repr. in McCulloch (ed.), *Tracts*.

[83] Fowke, John, *John Fowke of Nightingale Lane, Wapping, London, engineer ......* [1726?].

[84] Francis, Richard, *Maxims of equity*, 1727.

[85] Gee, Joshua, *The trade and navigation of Great – Britain considered*, 1729.

[86] *A general description of all trades*, 1747.

[87] Glanvill, Joseph, *The vanity of dogmatizing*, 1661.

[88] Glanvill, Joseph, *Plus ultra*, 1668.

[89] Godfrey, Ambrose, *An account of the new method of extinguishing fires by explosion and*

suffocation, 1724.

[90] Grew, Nehemiah, *A treatise of the nature and use of the bitter purging salt* [trans. Francis Moult], 1697.

[91] H [aines] R [ichard], *Proposals for building in every county, a working – alms – house or hospital*, 1677, repr. in *Harleian miscellany*, 2nd edn, 1745, vol. 4.

[92] Haines, Richard, *Aphorisms upon the new way of improving cyder*, 1684.

[93] Hale, Matthew, *The primitive origination of mankind*, 1671.

[94] H [ale], T [homas], *An account of several new inventions and improvements now necessary for England*, 1691.

[95] H [ale], T [homas], *The new invention of mill'd lead, for sheathing of ships against the worm*, 1691.

[96] Hale, Thomas, *A compleat body of husbandry*, 1756.

[97] Hales, Stephen, *A description of ventilators*, 1743.

[98] Hales, Stephen, *A treatise on ventilators*, 1758.

[99] Harrington, John, *A new discourse of a state subject, called the metamorphosis of Ajax*, 1596.

[100] Henson, Gravenor, *The civil, political and mechanical history of the framework knitters*, Nottingham, 1831, ed. S. D. Chapman, Newton Abbot, 1970.

[101] Hill, Aaron, *Proposals for raising a stock of one hundred thousand pounds*, 1714.

[102] Hill, Aaron, *An account of the rise and progress of the beech oil invention*, 1715.

[103] H. M. C. 7th Report, *House of Lords Manuscripts.*

[104] H. M. C. new series, vol. 2, *House of Lords Manuscripts.*

[105] Holt, Richard, *A short treatise of artificial stone*, 1730.

[106] Hooke, Robert, *Micrographia*, 1665.

[107] Hooke, Robert, *The diary of Robert Hooke, M. A., M. D., F. R. S.*, 1672 – 1680, ed. Henry W. Robinson and Walter Adams, 1935.

[108] Hooke, Robert, *The posthumous works of Robert Hooke*, ed. Richard Waller, 1705.

[109] H [ooke?], R [obert?], *New Atlantis, begun by the Lord Verulam, Viscount St Albans, and continued by R. H. Esquire*, 1660.

[110] [Houghton, John], *England's great happiness*, 1677, repr. in McGulloch, *Tracts.* Houghton, John, *A collection of letters for the improvement of husbandry and trade*, 2 vols., 1681 – 1683.

[111] Houghton, John, *A collection for improvement of husbandry and trade*, 12 vols., 1692 – 1698.

[112] *An humble proposal to the parliament of Great Britain* [1702] (Bodl. Theta. 665, fol. 142).

[113] Hunter, Rev. Henry, *The history of London and its environs*, 2 vols., 1811.

[114] Hunter, Joseph, *Hallamshire: the history and topography of the parish of Sheffield in the county of York*, 1819.

[115] Hutcheson, Francis, *Reflections upon laughter and remarks upon The fable of the bees*, Glasgow, 1750.

[116] Hutton, William, *A history of Birmingham*, 2nd edn, Birmingham, 1783, repr. with introduction by C. R. Elvington, Wakefield, 1976.

[117] *An impartial representation of the case of the poor cotton spinners in Lancashire, etc.*, [1780]. Jacob, Giles, *A new law dictionary*, 9th edn, 1772.

[118] Johnson, Samuel, *A dictionary of the English language*, 2 vols., 1755.

[119] Kenrick, W. Ll. D. *An address to the artists and manufacturers of Great Britain*, 1774.

[120] Lauderdale, James Maitland, Earl of, *An inquiry into the nature and origin of public wealth*, Edinburgh, 1804.

[121] Lee, Joseph, *A vindication of a regulated inclosure*, 1656.

[122] *A letter from a merchant who has left off trade to a member of parliament*, 1738.

[123] Locke, John, *The life of John Locke*, ed. Lord [Peter] King, new edn, 2 vols., 1830.

[124] *The London and country brewer*, Dublin, 1735.

[125] Lowe, Joseph, *The present state of England*, 1822.

[126] Luttrell, Narcissus, *The parliamentary diary of Narcissus Luttrell*, 1691 - 1693, ed. Henry Horwitz, Oxford, 1972.

[127] McCulloch, J. R. (ed.), *A select collection of early English tracts on commerce*, 1856, repr. Cambridge, 1954.

[128] Macpherson, David, *Annals of commerce, manufactures, fisheries and navigation*, 4 vols., 1805.

[129] Mandeville, Bernard, *The fable of the bees: or, private vices, public benefits*, 1714, ed. F. B. Kaye, 2 vols., Oxford, 1924.

[130] Mandeville, Bernard, *Free thoughts on religion*, 1720.

[131] Marshall, William, *Rural economy of the midland counties*, 2nd edn, 2 vols., 1796.

[132] [Martin, Henry], *Considerations upon the East India trade*, 1701, repr. in McCulloch, *Tracts.*

[133] [Mortimer, Thomas], *A concise account of the rise, progress, and the present state of the Society for the Encouragement of Arts, Manufactures and Commerce*, 1763.

[134] [North, Dudley], *Discourses upon trade*, 1691, repr. in McCulloch, *Tracts.*

[135] North, Roger, *Lives of the Norths*, ed. Augustus Jessop, 3 vols., 1870.

[136] *Objections against passing the bill, as desired by the proprietors of the lights now generally used*, 1692.

[137] *Observations on the utility of patents, and of the sentiments of Lord Kenyon respecting that subject*, 4th edn, 1791.

[138] Oldenburg, Henry, *The correspondence of Henry Oldenburg*, ed. and trans. A. R. Hall and M. B. Hall, 13 vols., Madison, Wis., 1965 - 1986.

[139] Oldmixon, John, *The history of England during the reigns of King William and Queen Mary, Queen Anne, King George I*, 1735.

[140] Owen, Robert, *The life of Robert Owen, written by himself*, ed. John Butt, 1971.

[141] Papin, Denys, *A new digester or engine for softening bones*, 1681.

[142] Papin, Denys, *A continuation of the new digester of bones*, 1687.

[143] Parkes, Joseph, *A history of the court of Chancery*, 1828.

[144] Parks, Stephen (ed.), *The literary property debate: seven tracts*, 1747 – 1773, New York and London, 1974.

[145] *The patent, a poem, by the author of The graces*, 1776.

[146] Pepys, Samuel, *The diary of Samuel Pepys*, ed. R. Latham and W. Matthews, 11 vols., 1970 – 1983.

[147] Pepys, Samuel, *A descriptive catalogue of the naval manuscripts in the library at Magdalene College, Cambridge*, ed. J. R. Tanner, 4 vols., Navy Record Society, 1903 – 1923.

[148] Pepys, Samuel, *Samuel Pepys' naval minutes*, ed. J. R. Tanner, Navy Records Society, 1926.

[149] Peter, Josiah, *Truth in opposition to ignorant and malicious falsehood*, 1701.

[150] P [etty], W [illiam], *The advice of W. P. to Mr Samuel Hartlib*, 1648.

[151] Petty, William, *A treatise of taxes and contributions*, 1662, repr. in C. H. Hull (ed.), *The economic writings of Sir William Petty*, 2 vols., Cambridge, 1899.

[152] Petty, William, *An essay concerning the multiplication of mankind*, 2nd edn, 1686.

[153] Petty, William, *Political arithmetic*, 1690, repr. in Hull, *Economic writings.*

[154] Petty, William, *Verbum sapienti*, 1691, repr. in Hull, *Economic writings.*

[155] Phillips, John, *A general history of inland navigation, foreign and domestic*, 5th edn, 1805, repr. as Charles Hadfield (ed.), *Phillips' inland navigation*, Newton Abbot, 1970.

[156] [Pitt, Robert], *The crafts and frauds of physick expos'd*, 1703.

[157] Platt, Hugh, *The Jewell house of art and nature, conteining divers rare and profitable inventions*, 1594.

[158] [Plattes, Gabriel], *A discovery of infinite treasure*, 1639.

[159] Plot, Robert, *The natural history of Oxfordshire*, Oxford, 1676.

[160] Plot, Robert, *The natural history of Staffordshire*, Oxford, 1686.

[161] Pollexfen, John, *A discourse of trade, coyn and paper credit*, 1697.

[162] Postlethwayt, Malachy, *Britain's commercial interest explained and improved*, 2 vols., 1757.

[163] Power, Henry, *Experimental philosophy*, 1663.

[164] *Proposals for subscriptions to a new invention for raising water*, [1720?].

[165] Pryce, William, *Mineralogia cornubiensis: a treatise on minerals, mines, and mining*,

1778.

[166] Radcliffe, William, *Origin of the new system of manufacture*, Stockport, 1828.

[167] Ransome, J. Allen, *The implements of agriculture*, 1843.

[168] *Reasons humbly offer'd by the jewellers, diamond – cutters, lapidaries, engravers in stone etc. against the bill for jewelled watches*, [1704].

[169] *Reasons humbly offer'd to the consideration of this honourable House, by the Master, Wardens and Assistants of the Company of Clockmakers, of the city of London*, 1712.

[170] *Reasons offered against the passing of Sir Samuel Morland's bill touching water engines*, 1677.

[171] *Reflections on various subjects relating to arts and commerce; particularly the consequences of admitting foreign artists on easier terms*, 1752.

[172] Reynell, Garew, *The true English interest*, 1674.

[173] Roberts, Lewes, *The treasure of traffike, or a discourse of forraigne trade*, 1641.

[174] Savery, Thomas, *Navigation improv'd, or the art of rowing ships of all rates in a calm*, 1698.

[175] Savery, Thomas, *The miner's friend, or, an engine to raise water by fire*, 1702.

[176] Scarse, Charles E. *Birmingham* 120 *years ago*, Birmingham, 1896.

[177] Sellers, George Escol, *Early engineering reminiscences* (1815 – 1840) *of George Escol Sellers*, ed. Eugene S. Ferguson, Smithsonian Institute, Washington D. G. , 1965.

[178] Shaw, Simeon, *History of the Staffordshire potteries*, 1829, repr. Newton Abbot and Wakefield, 1970.

[179] Small, James, *A treatise on ploughs and wheel carriages*, Edinburgh, 1784.

[180] Smith, Adam, *An inquiry into the nature and causes of the wealth of nations*, Edinburgh, 1776, ed. R. H. Campbell, A. S. Skinner, and W. B. Todd, 2 vols. , Oxford, 1976.

[181] Smith, Adam, *Lectures on jurisprudence*, ed. R. L. Meek, D. D. Raphael, and P. G. Stein, Oxford, 1978.

[182] Smith, John (ed.), *Chronicon rusticum – commerciale: or, memoirs of wool*, 2 vols. , 1747.

[183] [Smith, Sir Thomas], *A discourse on the commonweal of this realm of England, attributed to Sir Thomas Smith*, ed. Mary Dewar, Charlottesville, 1969.

[184] Sprat, Thomas, *The history of the Royal Society of London*, 1667.

[185] Steuart, Sir James, *An inquiry into the principles of political oeconomy*, 2 vols. , 1767.

[186] Stewart, Dugald, *Lectures on political economy*, vol. 1, in Sir William Hamilton (ed.), *The collected works of Dugald Stewart*, 10 vols. , Edinburgh, 1854 – 1860, vol. 8.

[187] Switzer, Stephen, *An universal system of water and water – works, philosophical and practical*, 1734.

[188] [T.], *Letters on the utility and policy of employing machines to shorten labour*, 1780.

[189] Tawney, R. H. , and Eileen Power (eds.), *Tudor economic documents*, 3 vols. , 1924.

[190] Temple, William, *Observations upon the United Provinces of the Netherlands*, 1673, ed. Sir George Clark, Oxford, 1972.

[191] Thirsk, Joan, and J. P. Cooper (eds.), *Seventeenth century economic documents*, Oxford, 1972.

[192] Thomas, Dalby, *An historical account of the rise and growth of the West – India collonies*, 1690.

[193] [Tindal, M.], *A letter to a member of parliament*, 1698.

[194] Triewald, Marten, *Marten Triewald's short description of the atmospheric engine published at Stockholm*, 1734, trans. Are Waerland, 1928.

[195] Tucker, Josiah, *The elements of commerce and the theory of taxes*, 1755.

[196] Tucker, Josiah, *Instructions for travellers*, Dublin, 1758, repr. in Robert L. Schuyler (ed.), *Josiah Tucker: a selection from his economic and political writings*, NY, 1931.

[197] T [ull], I [ethro], *The horse – hoing husbandry*, 2nd edn, 1733.

[198] Vanderlint, Jacob, *Money answers all things*, 1734.

[199] *Vox et lacrimae Anglorum; or, the true Englishmen's complaints to their representatives in parliament*, 1668.

[200] Walcot, H [umphry], *Sea water made fresh and wholesome*, 1702.

[201] Webster, Thomas, *Reports and notes of cases on letters patent for inventions*, 1844.

[202] Wedgwood, Josiah, *Letters of Josiah Wedgwood*, ed. Katherine Farrar, 3 vols. , Manchester, 1973.

[203] Wendenborn, F. A. *A view of England towards the close of the eighteenth century*, 2 vols. , Dublin, 1791.

[204] Wilson, Jasper [James Currie], *A letter, commercial and political addressed to the Rt Hon. William Pitt*, 3rd edn, 1793.

[205] Winstanley, Gerrard, *The law of freedom*, ed. Christopher Hill, Harmondsworth, 1973.

[206] W [orlidge], J [ohn], *Systema agriculturae*, 2nd edn, 1675.

[207] Wren, Christopher, *Life and works of Sir Christopher Wren*, ed. Ernest J. Enthoven, Campden, Glos. , 1903.

[208] Yarranton, Andrew, *England's improvement by sea and land*, 1677.

[209] Yarranton, Andrew, *England's improvement by sea and land . . . the second part*, 1681.

[210] [Young, Arthur], *Political essays concerning the present state of the British empire*, 1772, repr. New York, 1970.

报纸和期刊

[1] *European Magazine*

[2] *The Gentleman's Magazine*

[3] *The London Gazette*

[4] *The Philosophical Magazine*

[5] *Post Man*

[6] *Repertory of Arts and Manufactures*

[7] *Scots Magazine*

1850 年以后出版的作品

[1] Adams, Robert M. In search of Baron Somers in Perez Zagorin (ed.), *Culture and politics from Puritanism to the Enlightenment*, Los Angeles and London, 1980.

[2] Albion, R. G. *Forests and sea power: the timber problem of the Royal Navy*, 1652 – 1862, Cambridge, Mass., 1926.

[3] Allan, D. G. C. *William Shipley, founder of the Royal Society of Arts*, 1968.

[4] Allen, J. S. The introduction of the Newcomen engine from 1710 to 1733, *T. N. S.*, 42 (1969 – 1970), 169 – 190.

[5] Anderson, B. L. Money and the structure of credit in the eighteenth century, *Business History*, 12 (1970), 85 – 101.

[6] Andrews, Charles M. *British committees, commissions, and councils of trade and plantations*, 1622 – 1675, Baltimore, 1908.

[7] Ashton, T. S. The discoveries of the Darbys of Coalbrookdale, *T. N. S.*, 5 (1924 – 1925), 9 – 14.

[8] Ashton, T. S. *The industrial revolution*, 1760 – 1830, Oxford, 1948.

[9] Ashton, T. S. *Economic fluctuations in England*, 1700 – 1800, Oxford, 1959.

[10] Ashton, T. S. *Iron and steel in the industrial revolution*, 4th edn, Manchester, 1968.

[11] Ashton, T. S. Some statistics of the industrial revolution in Britain, repr. in A. E. Musson (ed.), *Science, technology and economic growth in the eighteenth century*, 1972.

[12] Ashton, T. S. and J. Sykes, *The coal industry of the eighteenth century*, 2nd edn, Manchester, 1964.

[13] Baker, R. *New and improved.... . inventors and inventions that have changed the modern world*, 1976.

[14] Barker, T. C, R. Dickinson, and D. W. F. Hardie, The origins of the synthetic alkali industry in Britain, *Economica*, 23 (1956), 158 – 171.

[15] Baugh, Daniel, *British naval administration in the age of Walpole*, Princeton, 1965.

[16] Baynes, Ken, and Francis Pugh, *The art of the engineer*, Guildford, 1981.

[17] Beattie, J. M. *Crime and the courts in England*, 1660 – 1800, Oxford, 1986.

[18] Beckett, J. V. The eighteenth – century origins of the factory system: a case study from the 1740s, *Business History*, 19 (1977), 55 – 67.

[19] Beckett, J. V. *Coal and tobacco; the Lowthers and the economic development of west*

Cumberland, 1660 – 1760, Cambridge, 1981.

[20] Beier, A. L. Engine of manufacture: the trades of London in A. L. Beier and Roger Finlay (eds.), *The making of the metropolis*: 1500 – 1700, 1986.

[21] Bennet, J. et al., *Science and profit in 18th – century London*, Whipple Museum, Cambridge, 1985.

[22] Benton, J. H. *John Baskerville, type-founder and printer*, 1706 – 1775, 2nd edn, New York, 1944.

[23] Benton, W. A. John Wyatt and the weighing of heavy loads, *T. N. S.*, 9 (1928 – 1929), 60 – 77.

[24] Berg, Maxine, *The machinery question and the making of political economy*, 1815 – 1848, Cambridge, 1980.

[25] Berg, Maxine, *The age of manufactures*, 1700 – 1820, 1985.

[26] Bessemer, Sir Henry, *An autobiography*, 1905.

[27] Bimson, Mavis, References to John Dwight in a seventeenth – century manuscript, *Trans. English Ceramic Circle*, 4 (1959), pt 5, 10 – 12.

[28] Bladen, V. W. The Potteries in the industrial revolution, *Economic Jnl*, *Economic*, *History Supplement*, 1 (1926), 117 – 130.

[29] Blaug, M. A survey of the theory of process innovation in N. Rosenberg (ed.), *The economics of technological change*, 1971.

[30] Boehm, Klaus, and Aubrey Silberston, *The British patent system*: *i*, *administration*, Cambridge, 1967.

[31] Booker, Peter J. *A history of engineering drawing*, 1963.

[32] Boucher, C. T. G. *John Rennie*, 1761 – 1821, Manchester, 1963.

[33] Bowden, Witt, *Industrial society in England towards the end of the eighteenth century*, 2nd edn, 1965.

[34] Brace, Harold W. *History of seed crushing in Great Britain*, 1960.

[35] Brewster, D. On Sir Christopher Wren's cypher, *Reports of the British Association for the Advancement of Science*, 1859.

[36] British Museum, *Catalogue of prints and drawings in the British Museum*, 6 vols., 1870.

[37] Brown, P. S. Medicines advertised in eighteenth – century Bath newspapers, *Medical History*, 20 (1976), 152 – 168.

[38] Bryson, W. H. *The equity side of the Exchequer*, Cambridge, 1975.

[39] Buckatzsch, E. The geographical distribution of wealth in England, 1086 – 1843, *Ec. H. R.*, 2nd ser. 3 (1950), 180 – 202.

[40] Buckley, Francis, The early glasshouses of Bristol, *Jnl Society of Glass Technology*, 9 (1925), 36 – 61.

[41] Burton, Anthony, *Josiah Wedgwood, a biography*, 1976.

[42] Campbell, Lord John, *The lives of the Lord Chancellors*, 8 vols., 1845 – 1869.

[43] Card well, D. S. L. *Technology*, *science and history*, 1972.

[44] Garswell, John, *The South Sea Bubble*, 1960.

[45] Ghaloner, W. H. The birth of modern Manchester in C. F. Carter (ed.), *Manchester and its region*, Manchester, 1962.

[46] Chapman, S. D. *The early factory masters*, Newton Abbot, 1967.

[47] Chapman, S. D. Fixed capital formation in the British cotton industry, 1770 – 1815, *Ec. H. R.*, 2nd ser. 23 (1970), 235 – 266.

[48] Chapman, S. D. Industrial capital before the industrial revolution in N. B. Harte and K. G. Ponting (eds.), *Textile history and economic history*: *essays in honour of Miss Julia de Lacy Mann*, Manchester, 1973.

[49] Chapman, S. D. Enterprise and innovation in the British hosiery industry, 1750 – 1850, *Textile History*, 5 (1974), 14 – 37.

[50] Chapman, S. D. British marketing enterprise: the changing roles of merchants, manufacturers, and financiers, 1700 – 1860, *Business History Review*, 53 (1979), 205 – 233.

[51] Chapman, S. D. and S. Chassagne, *European textile printers in the eighteenth century*, 1981.

[52] Charleston, R. J. (ed.), *English porcelain*, 1745 – 1850, 1965.

[53] Chilton, Paul, Nukespeak: nuclear language, culture and propaganda in Crispin Aubrey (ed.), *Nukespeak*: *the media and the bomb*, 1982.

[54] Cipolla, Carlo, *Clocks and culture*, 1967.

[55] Clapham, J. H. *The economic history of modern Britain*, 3 vols., Cambridge, 1926 – 1938.

[56] Clark, Sir George, *A history of the Royal College of Physicians of London*, 3 vols., Oxford, 1966.

[57] Clark – Kennedy, A. E. *Stephen Hales*, *D. D.*, *F. R. S.*, *an eighteenth – century biography*, Cambridge, 1929.

[58] Clarke, Desmond, *The ingenious Mr Edgeworth*, 1965.

[59] Clarkson, L. A. The organization of the English leather industry in the late sixteenth and seventeenth centuries, *Ec. H. R.*, 2nd ser. 13 (1960 – 1), 245 – 253.

[60] Clarkson, L. A. English economic policy in the sixteenth and seventeenth centuries: the case of the leather industries, *B. I. H. R.*, 38 (1965), 149 – 162.

[61] Clarkson, L. A. *The pre – industrial economy of England*, 1500 – 1750, 1971.

[62] Clay, Christopher, *Public finance and private wealth*: *the career of Sir Stephen Fox*, 1627 – 1716, Oxford, 1978.

[63] Clayton, Muriel, and Alma Oakes, Early calico printers around London, *Burlington Magazine*, 96 (1954), 135 – 138.

[64] Clow, Archibald, and Nan L. Clow, *The chemical revolution*: *a contribution to social technology*, 1952.

[65] Cochrane, Rexmond C. Francis Bacon and the rise of the mechanical arts in eighteenth - century England, *Annals of Science*, 12 (1956), 137 - 156.

[66] Coleman, D. C. Labour in the English economy of the seventeenth century, *Ec. H. R.*, 2nd ser. 8 (1956), 280 - 295.

[67] Coleman, D. C. *The British paper industry*, 1495 - 1860: *a study in industrial growth*, Oxford, 1958.

[68] Coleman, D. C. Technology and economic history, 1500 - 1750, *Ec. H. R.*, 2nd ser. 11 (1958), 506 - 514.

[69] Coleman, D. C. Textile growth in N. B. Harte and K. G. Ponting (eds.), *Textile history and economic history: essays in honour of Miss Julia de Lacy Mann*, Manchester, 1973.

[70] Coleman, D. C. *The economy of England*, 1450 - 1750, Oxford, 1977.

[71] Coleman, D. C. and Christine MacLeod, Attitudes to new technology: British businessmen, 1800 - 1950, *Ec. H. R.*, 2nd ser. 39 (1986), 588 - 611.

[72] Coleman, W. Providence, capitalism and environmental degradation: English apologetics in an era of economic revolution, *J. H. I.*, 37 (1976), 27 - 44.

[73] Collins, E. J. T. Harvest technology and labour supply, 1790 - 1870, *Ec. H. R.*, 2nd ser. 22 (1969), 453 - 473.

[74] Cooper, Carolyn C. The Portsmouth system of manufacture, *Technology and Culture*, 25 (1984), 182 - 225.

[75] Corfield, P. J. *The impact of English towns*, 1700 - 1800, Oxford, 1982.

[76] Cory ton, J. *A treatise on the law of letters patent*, 1855.

[77] Crafts, N. F. R. The industrial revolution in England and France: some thoughts on the question "Why was England first", *Ec. H. R.*, 2nd ser. 30 (1977), 429 - 441.

[78] Crafts, N. F. R. The eighteenth century: a survey in Roderick Floud and Donald McCloskey (eds.), *The economic history of Britain since* 1700: *volume* 1, 1700 - 1860, Cambridge, 1981.

[79] Crafts, N. F. R. *British economic growth during the industrial revolution*, Oxford, 1985.

Craig, Sir John, *The Mint: a history of the London Mint from A. D.* 287 *to* 1948, Cambridge, 1953.

[80] Cranfield, G. A. *The development of the provincial newspaper*, Oxford, 1962.

[81] Crellin, J. K. Dr James's fever powder, *Trans. British Society for the History of Pharmacy*, 1 (1974), 136 - 143.

[82] Crouzet, Francois, Angleterre et France au XVIIIe siècle, *Annales E. S. C*, 21 (1966), 254 - 291.

[83] Crouzet, François, *The first industrialists*, Cambridge, 1984.

[84] Cunningham, W. *The growth of English industry and commerce*, 3rd edn, 3 vols., Cambridge, 1896 - 1903.

[85] Daniels, George W. *The early English cotton industry*, Manchester, 1920.

[86] Daumas, Maurice, *Scientific instruments of the seventeenth and eighteenth centuries and their makers*, trans. M. Holbrook, 1972.

[87] Davidson, Caroline, *A woman's work is never done: a history of housework in the British Isles*, 1650 - 1930, 1982.

[88] Dayies, D. Seaborne, The early history of the patent specification, L. Q. R., 50 (1934), 86 - 109, 260 - 274.

[89] Davis, Ralph, *The rise of the English shipping industry in the seventeenth and eighteenth centuries*, Newton Abbot, 1962.

[90] Davis, Ralph, The rise of protection in England, 1689 - 1786, *Ec. H. R.*, 2nd ser. 19 (1966), 306 - 317.

[91] Deane, Phyllis, *The first industrial revolution*, Cambridge, 1965.

[92] Deerr, Noel, The early use of steam power in the cane sugar industry, *T. N. S.*, 21 (1940 - 1941), 11 - 21.

[93] Des Fontaines, J. D. The Society of Arts and the early Wedgwoods, *Jnl of the Royal Society of Arts*, 119 (1971), 327 - 331, 407 - 410.

[94] Dewhurst, Kenneth, *The quicksilver doctor: the life and times of Thomas Dover, physician and adventurer*, Bristol, 1957.

[95] Dickenson, M. J. Fulling in the West Riding woollen cloth industry, 1689 - 1770, *Textile History*, 10 (1979), 127 - 142.

[96] Dickinson, H. W. *Matthew Boulton*, Cambridge, 1937.

[97] Dickinson, H. W. The origin and manufacture of wood screws, *T. N. S.*, 22 (1941 - 1942), 79 - 89.

[98] Dickinson, H. W. Joseph Bramah and his inventions, *T. N. S.*, 22 (1941 - 1942), 169 - 186.

[99] Dickinson, H. W. Richard Roberts, his life and inventions, *T. N. S.*, 25 (1945 - 1947), 123 - 37.

[100] Dickinson, H. W. The Taylors of Southampton: their ships blocks, circular saws and ships pumps, *T. N. S.*, 29 (1953 - 1955), 169 - 178.

[101] Dickinson, H. W. *A short history of the steam engine*, 2nd edn, 1963.

[102] Dickson, P. G. M. *The financial revolution in England: a study in the development of public credit*, 1688 - 1756, 1967.

[103] Dobson, C. R. *Masters and journeymen: a pre - history of industrial relations*, 1717 - 1800, 1980.

[104] Doorman, G. *Patents for invention in the Netherlands*, trans. Joh. Meijer, The Hague, 1942.

[105] Dubois, Armand Budington, *The English business company after the Bubble Act*, 1720 - 1800, New York, 1938.

[106] Duckham, Baron F. Canals and river navigation in Derek E. Aldcroft and Michael J. Freeman (eds.), *Transport in the industrial revolution*, Manchester, 1983.

[107] Dutton, H. I. *The patent system and inventive activity during the industrial revolution*, Manchester, 1984.

[108] Earle, Peter, *The wreck of the Almiranta: Sir William Phips and the search for the Hispaniola treasure*, 1979.

[109] Edwards, Rhoda, London potters *circa* 1570 – 1710, *Jnl of Ceramic History*, 6 (1974), 1 – 141.

[110] Ehrman, John, *The navy in the war of William III*, 1689 – 1697, Cambridge, 1953.

[111] Ellis, Joyce, The decline and fall of the Tyneside salt industry, 1660 – 1790: a reexamination, *Ec. H. R.*, 2nd ser. 33 (1980), 45 – 58.

[112] Entwistle, E. A. The Blew Paper Warehouse in Aldermanbury, London, *Connoisseur*, 125 (1950), 94 – 98.

[113] Eversley, D. E. C. The home market and economic growth in England, 1750 – 1780, in E. L. Jones and G. E. Mingay (eds.), *Land, labour and population in the industrial revolution*, 1967.

[114] Fairlie, Susan, Dyestuffs in the eighteenth century, *Ec. H. R.*, 2nd ser. 17 (1965 – 1966), 488 – 510.

[115] Feinstein, C. H. Capital formation in Great Britain in Peter Mathias and M. M. Postan (eds.), *The Cambridge economic history of Europe*, vol. 7, pt 1 (Cambridge, 1978).

[116] Feinstein, C. H. Capital accumulation and the industrial revolution in Roderick Floud and Donald McCloskey (eds.), *The economic history of Britain since* 1700: *volume* 1, 1700 – 1860, Cambridge, 1981.

[117] Felkin, William, *Felkin's history of the machine – wrought hosiery and lace manufactures*, ed. S. D. Chapman, Newton Abbot, 1967.

[118] Finlay, Roger, and Beatrice Shearer, Population growth and suburban expansion in A. L. Beier and Roger Finlay (eds.), *The making of the metropolis*: 1500 – 1700, 1986.

[119] Fitton, R. S. and A. P. Wadsworth, *The Strutts and the Arkwrights*, 1758 – 1830, Manchester, 1958.

[120] Flinn, M. W. The travel diaries of Swedish engineers in the eighteenth century as sources of technological history, *T. N. S.*, 31 (1957 – 1959), 95 – 109.

[121] Flinn, M. W. Timber and the advance of technology: a reconsideration, *Annals of Science*, 15 (1959), 109 – 120.

[122] Flinn, M. W. *The history of the British coal industry, volume* 2, 1700 – 1830: *the industrial revolution*, Oxford, 1984.

[123] Forward, A. E. The early history of the cylinder boring machine *T. N. S.*, 5 (1924 – 1925), 24 – 38.

[124] Foster, Elizabeth Read, The procedure of the House of Commons against patents and monopolies, 1621 – 1624 in W. A. Aiken and B. D. Henning (eds.), *Conflict in Stuart England: essays in honour of Wallace Notestein*, 1960.

[125] Fox, Harold G. *Monopolies and patents: a study of the history and future of the patent monopoly*, Toronto, 1947.

[126] Francis, A. J. *The cement industry*, 1796 – 1914: *a history*, Newton Abbot, 1977.

[127] Frumkin, Maximilian, Early history of patents for invention, *T. N. S.*, 26 (1947), 47 – 55.

[128] Fry, A. Ruth, *John Sellers* 1654 – 1725, *Quaker*, *economist and social reformer*, 1935.

[129] Furniss, Edgar S. *The position of the labourer in a system of nationalism*, Cambridge, Mass., 1920.

[130] Fussell, G. E. *More old English farming books from Tull to the Board of Agriculture*, 1731 – 1793, 1950.

[131] Fussell, G. E. *The farmer's tools*, 1500 – 1900, 1952.

[132] Fussell, G. E. *Jethro Tull: his influence on mechanized agriculture*, Reading, 1973.

[133] Garner, F. H. John Dwight, some contemporary references, *Trans. English Ceramic Circle*, 1 (1937), pt 5, 30 – 37.

[134] Gauldie, Enid, Mechanical aids to linen bleaching in Scotland, *Textile History*, 1 (1969), 129 – 157.

[135] George, M. D. *London life in the eighteenth century*, 1966.

[136] Getz, L. History of the patentee's obligation in Great Britain, *Jnl of the Patent Office Society*, 46 (1964), 68 – 81.

[137] Gibbs, F. W. Bryan Higgins and his circle in A. E. Musson (ed.), *Science*, *technology*, *and economic growth in the eighteenth century*, 1972.

[138] Gilboy, Elizabeth W. *Wages in eighteenth century England*, Cambridge, Mass., 1934.

[139] Girtin, T. *The mark of the sword: a narrative history of the Cutlers Company*, 1689 – 1975, 1975.

[140] Gittens, L. Soapmaking and the excise laws, 1711 – 1853, *Industrial Archaeology Review*, 1 (1976 – 1977), 265 – 275.

[141] Godfrey, Eleanor S. *The development of English glassmaking*, 1560 – 1640, Oxford, 1975.

[142] Godfrey, Richard T. *Printmaking in Britain*, Oxford, 1978.

[143] Gomme, A. A. Date corrections of English patents, 1617 – 1752, *T. N. S.*, 13 (1932 – 1933), 159 – 164.

[144] Gomme, A. A. Patent practice in the 18th century: the diary of Samuel Taylor, threadmaker and inventor, 1722 – 1723, *T. N. S.*, 15 (1934 – 1935), 209 – 224.

[145] Gomme, A. A. *Patents of invention: origin and growth of the patent system in Britain*, 1946.

[146] Goodison, Nicholas, *English barometers*, 1680 – 1860, 1969.

[147] Gordon, J. W. *Monopolies by patents*, *and the suitable remedies available to the public*,

1897.
[148] Grace, D. R. and D. C. Phillips, *Ransomes of Ipswich: a history of the firm and a guide to its records*, Reading, 1975.
[149] Griffenhagen, George, *Medicine tax stamps worldwide*, Milwaukee, 1971.
[150] Griffiths, D. The exclusion of women from technology in Wendy Faulkner and Erik Arnold (eds.), *Smothered by invention: technology in women's lives*, London and Sydney, 1985.
[151] Hahn, Roger, *The anatomy of a scientific institution: the Paris Academy of Sciences*, 1666 – 1803, 1971.
[152] Hall, A. R. Robert Hooke and horology, *Notes and Records of the Royal Society of London*, 8 (1950 – 1951). 167 – 177.
[153] Harding, H. *Patent Office centenary*, 1952.
[154] Harding, Rosamond, *The piano – forte: its history traced to the Great Exhibition of* 1851, 2nd edn, Cambridge, 1978.
[155] Harley, G. K. British industrialization before 1841: evidence of slower growth during the industrial revolution, *Jnl Econ. Hist.*, 42 (1982), 267 – 289.
[156] Harley, J. B. The re – mapping of England, 1750 – 1800, *Imago Mundi*, 19 (1965), 56 – 67.
[157] Harris, J. R. *Industry and technology in the eighteenth century: Britain and France*, Birmingham, 1972.
[158] Harris, J. R. Skills, coal and British industry in the eighteenth century, *History*, 61 (1976), 167 – 182.
[159] Harris, T. R. Engineering in Cornwall before 1775, *T. N. S.*, 25 (1945 – 1947), 111 – 122.
[160] Hatcher, John, and T. C. Barker, *A history of British pewter*, 1974.
[161] Hesse, Mary B. Hooke's philosophical algebra, *his*, 57 (1966), 67 – 83.
[162] Hewish, John, *The indefatigable Mr Woodcroft*, 1982.
[163] Hey, David, *The rural metalworkers of the Sheffield region*, Leicester University, Dept of English Local History, Occasional Papers, 2nd ser. no. 5 (1972).
[164] Hildebrand, K – G. Foreign markets for Swedish iron in the eighteenth century, *Scandinavian Economic History Review*, 6 (1958), 3 – 52.
[165] Hills, Richard L. *Power in the industrial revolution*, Manchester, 1970.
[166] Hinton, R. W. K. The decline of parliamentary government under Elizabeth I and the early Stuarts, *Cambridge Historical Jnl*, 13 (1957), 116 – 132.
[167] Hodgen, Margaret T. Sir Matthew Hale and the "method" of invention, *Isis*, 34 (1943), 313 – 318.
[168] Holdsworth, William, *A history of English law*, 17 vols., 1922 – 1972.
[169] Holmes, Geoffrey, *Augustan England: professions, state, and society*, 1680 – 1730,

1982.

[170] Hont, Istvan, The "rich country – poor country" debate in Scottish classical political economy in Istvan Hont and Michael Ignatieff (eds.), *Wealth and virtue: the shaping of political economy in the Scottish Enlightenment*, Cambridge, 1983.

[171] Hoppit, Julian, Financial crises in eighteenth – century England, *Ec. H. R.*, 2nd ser. 39 (1986), 39 – 58.

[172] Houghton, Walter E. The history of trades, *J. H. I.*, 2 (1941), 33 – 60.

[173] Houghton, Walter E. The English virtuoso in the seventeenth century, *J. H. I.*, 3 (1942), 51 – 73. 190 – 219.

[174] Hudson D. and K. W. Luckhurst, *The Royal Society of Arts*, 1754 – 1954, 1956.

[175] Hughes, Edward, *Studies in administration and finance*, 1558 – 1825, Manchester, 1934.

[176] Hughes, Edward, The first steam engine in the Durham coalfield, *Archaeologia Aeliana*, 4th ser. 27 (1949), 29 – 45.

[177] Hulme, E. Wyndham, The history of the patent system under the prerogative and at common law, *L. Q. R.*, 12 (1896), 141 – 154.

[178] Hulme, E. Wyndham, On the consideration of the patent grant, past and present, *L. Q. R.*, 13 (1897), 313 – 318.

[179] Hulme, E. Wyndham, The history of the patent system under the prerogative and at common law: a sequel, *L. Q. R.*, 16 (1900), 44 – 56.

[180] Hulme, E. Wyndham, On the history of patent law in the seventeenth and eighteenth centuries, *L. Q. R.*, 18 (1902), 280 – 288.

[181] Hulme, E. Wyndham, Privy Council law and practice of letters patent for invention from the Restoration to 1794, *L. Q. R.*, 33 (1917), 63 – 75, 181 – 195.

[182] Hunter, Michael, *Science and society in Restoration England*, Cambridge, 1981.

[183] Hyde, Charles K. *Technological change and the British iron industry*, Princeton, 1977.

[184] Jenkins, D. T. *The West Riding wool textile industry*, 1770 – 1835, Edington, 1975.

[185] Jenkins, D. T. and K. G. Ponting, *The British wool textile industry*, 1770 – 1914, 1982.

[186] Jenkins, Rhys, The protection of inventions during the Commonwealth and Protectorate, *Notes and Queries*, 11th ser. 7 (1913), 162 – 163.

[187] Jenkins, Rhys, Savery, Newcomen and the early history of the steam engine, *T. N. S.*, 3 (1922 – 1923), 96 – 118.

[188] Jewitt, Llewellyn, *The ceramic art of Great Britain*, 2 vols., 1878.

[189] Jewkes, John, David Sawyers, and Richard Stillerman, *The sources of invention*, 2nd edn, 1969.

[190] John, A. H. Farming in wartime: 1793 – 1815 in E. L. Jones and G. E. Mingay (eds.), *Land, labour and population in the industrial revolution*, 1967.

[191] Johnson, Edgar A. J. The mercantilist concept of "art" and "ingenious labour",

Economic Jnl, *Economic History Supplement*, 2 (1930 – 1933), 234 – 253.

[192] Jones, E. L. Agriculture, 1700 – 1800 in Roderick Flbud and Donald McGloskey (eds.), *The economic history of Britain since* 1700: *volume* 1, 1700 – 1860, Cambridge, 1981.

[193] Jones, J. R. *The revolution of* 1688 *in England*, 1972.

[194] Jones, Richard Foster, *Ancients and moderns*: *a study of the rise of the scientific movement in seventeenth – century England*, 2nd edn, St Louis, 1961.

[195] Kanefsky, John, and John Robey, Steam engines in 18th – century Britain: a quantitative assessment, *Technology and Culture*, 21 (1980), 161 – 186.

[196] Keller, A. C. Zilsel, the artisans and the idea of progress in the Renaissance, *J. H. I.*, II (1950), 235 – 240.

[197] Keller, A. C. Kepler, the art of flight and the vision of interplanetary travel as the next great invention, *Procs. XIIIth International Congress of the History of Science*, *Moscow* 1971, 1974, vol. 12.

[198] Kellett, J. R. The breakdown of gild and corporation control, *Ec. H. R.*, 2nd ser. 10 (1957 – 1958), 381 – 394.

[199] King, Henry G. *The history of the telescope*, 1955.

[200] Klingender, Francis D. *Art and the industrial revolution*, 3rd edn, ed. Arthur Elton, 1972.

[201] Kneale, W. C. The idea of invention, *Proceedings of the British Academy*, 41 (1955), 85 – 108.

[202] Koebner, R. Adam Smith and the industrial revolution, *Ec. H. R.*, 2nd ser. 11 (1959), 381 – 391.

[203] Kovacevich, Ivanka, The mechanical muse: the impact of technical inventions on eighteenth – century neoclassical poetry, *Huntington Library Quarterly*, 28 (1964 – 1965), 263 – 281.

[204] Kuznets, Simon, Inventive activity: problems of definition and measurement in Richard R. Nelson (ed.), *The rate and direction of inventive activity*, Princeton, 1962.

[205] Landes, David S. *The unbound Prometheus*: *technological change and industrial developments in western Europe from* 1750 *to the present*, Cambridge, 1969.

[206] Leader, R. E. *A history of the Cutlers' Company of Hallamshire*, 2 vols., Sheffield, 1905. Lindert, P. H. English occupations, 1670 – 1811, *Jnl Econ. Hist.*, 40 (1980), 685 – 712.

[207] Lipson, E. *The economic history of England*, 3 vols., 1934.

[208] Lloyd, G. I. H. *The cutlery trades*, 1913.

[209] Lord, John, *Capital and steam power*, 1750 – 1800, 2nd edn, 1966.

[210] McCloskey, D. N. The industrial revolution, 1780 – 1860: a survey in Roderick Floud and Donald McGloskey (eds.), *The economic history of Britain*: *volume* 1, 1700 – 1860, Cambridge, 1981.

[211] MacDonald, S. Progress of the early threshing machine, *Agricultural History Review*, 23 (1975), 63 – 77.

[212] McElroy, Davis D. *Scotland's age of improvement: a survey of eighteenth – century clubs and societies*, Washington State University, 1969.

[213] McKendrick, N. The consumer revolution in eighteenth – century England in N. McKendrick, J. H. Plumb, and J. Brewer (eds.), *The birth of a consumer society: the commercialization of eighteenth – century England*, 1982.

[214] Mackenna, F. Severne, *CookworthY's Plymouth and Bristol procelain*, Leigh – on – Sea, 1946.

[215] Mackenna, F. Severne, *Champion's Bristol porcelain*, Leigh – on – Sea, 1947.

[216] McKie, D. James, Duke of York, F. R. S, *Notes and Records of the Royal Society of London*, 13 (1958), 6 – 18.

[217] MacLeod, Christine, Henry Martin and the authorship of "Considerations upon the East India trade", *B. I. H. R.*, 56 (1983), 222 – 229.

[218] MacLeod, Christine, The 1690s patents boom: invention or stock – jobbing?, *Ec. H. R.*, 2nd ser. 39 (1986), 549 – 571.

[219] MacLeod, Christine, Accident or design? George Ravenscroft's patent and the invention of lead – crystal glass, *Technology and Culture*, 28 (1987), 776 – 803.

[220] Macpherson, C. B. *The political theory of possessive individualism*, Oxford, 1962.

[221] McNeil, Ian, *Joseph Bramah: a century of invention*, 1740 – 1851, Newton Abbot, 1968.

[222] Machin, R. The great rebuilding: a reassessment, *Past&Present*, 77 (1977), 33 – 56.

[223] Maddison, R. E. W. Studies in the life of Robert Boyle, F. R. S.; part ii, salt water freshened, *Notes and Records of the Royal Society of London*, 9 (1952), 196 – 213.

[224] Malament, Barbara, The "economic liberalism" of Sir Edward Coke, *Tale Law Jnl*, 76 (1967), 1321 – 1358.

[225] Mann, Julia de Lacy, *The cloth industry in the west of England from* 1640 *to* 1880, Oxford, 1971.

[226] Mathias, Peter, *The brewing industry in England*, 1700 – 1830, Cambridge, 1959.

[227] Mathias, Peter, *The first industrial nation: an economic history of Britain*, 1700 – 1914, 1969.

[228] Mathias, Peter, Skills and the diffusion of innovation from Britain in the eighteenth century, *T. R. H. S.*, 5th ser. 25 (1977), 90 – 113.

[229] Mathias, Peter, *The transformation of England*, 1979.

[230] Matthews, Leslie G. *History of pharmacy in Great Britain*, Edinburgh and London, 1962.

[231] Meteyard, Eliza, *The life of Josiah Wedgwood*, ed. R. W. Lightbourn, 2 vols., 1970.

[232] Minchinton, W. E. *The British tinplate industry, a history*, Oxford, 1957.

[233] Mingay, G. E. The size of farms in the eighteenth century, *Ec. H. R.*, 2nd ser. 14 (1961 –

1962), 469 – 488.

[234] Mingay, G. E. (ed.), *Arthur Young and his times*, 1975.

[235] Mitchell, B. R. and Phyllis Deane, *Abstract of British historical statistics*, 2nd edn, Cambridge, 1971.

[236] Mumford, Lewis, *Technics and civilization*, 1934.

[237] Musson, A. E. (ed.), *Science, technology and economic growth in the eighteenth century*, 1972.

[238] Musson, A. E. Industrial motive power in the United Kingdom, 1800 – 1870, *Ec. H. R.*, 2nd ser. 29 (1976), 415 – 439.

[239] Musson, A. E. *The growth of British industry*, 1978.

[240] Musson A. E. and Eric Robinson, *Science and technology in the industrial revolution*, Manchester, 1969.

[241] Nasmyth, James, *James Nasmyth engineer, an autobiography*, ed. Samuel Smiles, 1883.

[242] Nef, J. U. The progress of technology and the growth of large – scale industry in Great Britain, 1540 – 1640, *Ec. H. R.*, 1st ser. 5 (1934), 3 – 24.

[243] Nicolson, Marjorie H. The microscope and the English imagination, *Smith College Studies in Modern Languages*, 16 (1935).

[244] Nicolson, Marjorie H. A world in the moon, *Smith College Studies in Modern Languages*, 17 (1936).

[245] Nockolds, Harold, *The Coachmakers: a history of the Worshipful Company of Coachmakers and Coach Harness Makers*, 1677 – 1977, 1977.

[246] Novak, Maximilian E. *Economics and the fiction of Daniel Defoe*, Berkeley and Los Angeles, 1962.

[247] Padley, Richard, The beginnings of the British alkali industry, *Birmingham Historical Jnl*, 3 (1951), 64 – 78.

[248] Parker, Harold T. French administrators and French scientists during the Old Regime and the early years of the Revolution in Richard Herr and Harold T. Parker (eds.), *Ideas in history, essays presented to Louis Gottschalk*, Durham, N. C., 1965.

[249] Parker, Harold T. *The Bureau of Commerce in* 1781 *and its policies with respect to French industry*, Durham, N. Carolina, 1979.

[250] Paulinyi, Akos, Revolution and technology in Roy Porter and Mikulas Teich (eds.), *Revolution in history*, Cambridge, 1986.

[251] Pelling, Margaret, Medical practice in early modern England: trade or profession? in Wilfrid Prest (ed.), *The professions in early modern England* (London, New York and Sydney, 1987).

[252] Perez, Liliane, Le "Privilege", source d'histoire économique et révélateur d'une politique au XVIIIe siècle in F. Caron (ed.), *Les Brevets: leur utilisation en histoire des techniques*

et de Veconomie, Table Ronde, C. N. R. S. 1984, Paris, 1985.

[253] Perez, Liliane, Les Cadres de l'inventivité en France et en Angleterre au XVIIIe siècle, *Sources*, 1 (1986), 29 – 39.

[254] Plant, Arnold, The economic theory concerning patents for invention, *Economica*, 1 (1934), 30 – 51.

[255] Plant, Marjorie, *The English book trade*, 1974.

[256] Plummer, Alfred, *The London Weavers Company*, 1600 – 1970, 1972.

[257] Pocock, J. G. A. Early modern capitalism: the Augustan perception in E. Kamenka and R. Neale (eds.), *Feudalism, capitalism and beyond*, 1975.

[258] Pole, William (ed.), *The life of Sir William Fairbairn, Bart.*, 1877, repr. Newton Abbot, 1970.

[259] Pollard, S. Fixed capital in the industrial revolution in Britain in François Crouzet (ed.), *Capital formation in the industrial revolution*, 1972.

[260] Pollard, S. Labour in Great Britain in Peter Mathias and M. M. Postan (eds.), *The Cambridge economic history of Europe*, vol. 7, pt 1 (Cambridge, 1978).

[261] Post, Robert C. "Liberalizers" versus "scientific men" in the antebellum Patent Office, *Technology and Culture*, 17 (1976), 24 – 54.

[262] Power, M. J. The social topography of Restoration London in A. L. Beier and Roger Finlay (eds.), *The making of the metropolis*: 1500 – 1700, 1986.

[263] Prager, Frank D. A history of intellectual property from 1547 to 1787, *Jnl of the Patent Office Society*, 26 (1944), 714 – 719.

[264] Prager, Frank D. Examination of inventions from the middle ages to 1836, *Jnl of the Patent Office Society*, 46 (1964).

[265] Price, William Hyde, *The English patents of monopoly*, Harvard Economic Studies, vol. 1, 1906.

[266] Prior, M. E. Bacon's man of science, *J. H. L*, 15 (1954), 348 – 370.

[267] Prosser, R. B. *Birmingham inventors and inventions*, Birmingham, 1881.

[268] Quill, Humphrey, *John Harrison, the man who found longitude*, New York, 1966. Raistrick, Arthur, *Dynasty of iron founders: the Darbys and Coalbrookdale*, repr. Newton Abbot, 1970.

[269] Randall, Adrian J. The philosophy of Luddism: the case of the west of England woolen workers, ca. 1790 – 1809, *Technology and Culture*, 27 (1986), 1 – 17.

[270] Rees, William, *Industry before the industrial revolution*, 2 vols., Cardiff, 1968.

[271] Rimmer, W. G. *Marshalls of Leeds, flax spinners*, 1788 – 1886, Cambridge, 1960.

[272] Robinson, Eric, Eighteenth – century commerce and fashion: Matthew Boulton's marketing techniques, *Ec. H. R.*, 2nd ser. 16 (1963 – 4), 39 – 60.

[273] Robinson, Eric, James Watt and the law of patents, *Technology and Culture*, 13

(1972), 115 – 139.
[274] Robinson, Eric and Douglas McKie, (eds.), *Partners in science: letters of James Watt and Joseph Black*, 1970.
[275] Rolt, L. T. C. *Tools for the job: a short history of machine tools*, 1965.
[276] Rolt, L. T. C. *The aeronauts: a history of ballooning*, 1783 – 1903, 2nd edn, Gloucester, 1985.
[277] Rolt, L. T. C. and J. S. Allen, *The steam engine of Thomas Newcomen*, Hartington, 1977.
[278] Rosenberg, Nathan, *Perspectives on technology*, Cambridge, 1976.
[279] Rosenberg, Nathan, *Inside the black box: technology and economics*, Cambridge, 1982.
[280] Rossi, Paolo, *Philosophy, technology and the arts in the early modern era*, trans. Salvator Attanasio, ed. Benjamin Nelson, New York, 1970.
[281] Rostow, W. W. *How it all began: origins of the modern economy*, 1975.
[282] Rowbottom, Margaret E. The earliest published writing of Robert Boyle, *Annals of Science*, 6 (1950), 376 – 389.
[283] Rowe, D. J. *Lead manufacturing in Britain: a history*, 1983.
[284] Rowlands, Marie B. *Masters and men*, Manchester, 1975.
[285] Rubin, G. R. and David Sugarman (eds.), *Law, economy and society: essays in the history of English law*, 1750 – 1914, Abingdon, 1984.
[286] Rubinstein, W. D. *Men of property: the very wealthy in Britain since the industrial revolution*, 1981.
[287] Rude, George, *Hanoverian London*, 1714 – 1808, 1971.
[288] Rushen, Percy C. *The history and antiquities of Chipping Camden, in the county of Gloucester*, Woodbridge, 1899.
[289] Sachse, William Lewis, *Lord Somers: a political portrait*, Manchester, 1975.
[290] Samuel, Raphael, The workshop of the world: steam power and hand technology in mid – Victorian Britain, *History Workshop*, 3 (1972), 6 – 72.
[291] Samuelson, Paul A., *Economics*, 9th edn, Tokyo, 1973.
[292] Schechter, Frank Isaac, *The historical foundation of the law relating to trade – marks*, Columbia Legal Studies, vol. 1, New York, 1925.
[293] Schmookler, Jacob, *Invention and economic growth*, Cambridge, Mass., 1966.
[294] Schofield, Robert E. *The Lunar Society of Birmingham*, Oxford, 1963.
[295] Schubert, H. R. *History of the British iron and steel industry*, 1957.
[296] Schumpeter, Joseph A. *History of economic analysis*, ed. E. B. Schumpeter, 1954.
[297] Schwarz, L. D. Income distribution and social structure in London in the late eighteenth century, *Ec. H. R.*, 2nd ser. 32 (1977), 250 – 259.
[298] Scott, William R. *The constitution and finance of English, Scottish and Irish joint – stock companies to* 1720, 3 vols., Cambridge, 1912.

[299] Scoville, Warren C. The Huguenots and the diffusion of technology, *Jnl of Political Economy*, 60 (1952), 294 – 311.

[300] Sedgwick, Romney (ed.), *The House of Commons*, 1715 – 1754, 2 vols., 1970.

[301] Sekora, John, *Luxury: the concept in western thought*, Baltimore, 1979.

[302] Shapin, Steven, Property, patronage and the politics of science: the founding of the Royal Society of Edinburgh, *British Jnl for the History of Science*, 7 (1974), 1 – 41.

[303] Shaw, W. A. *Letters of denization and acts of naturalization for aliens in England and Ireland*, The Publications of the Huguenot Society of London, vol. 18 (1911), vol. 27 (1923).

[304] Sheppard, Francis, *London* 1808 – 1870: *the infernal wen*, 1971.

[305] Sheridan, Richard B. *Sugar and slavery: an economic history of the British West Indies*, 1623 – 1775, Barbados, 1974.

[306] Singer, Charles, and E. A. Underwood, A *short history of medicine*, 2nd edn, Oxford, 1962.

[307] Skempton, A. W. The engineers of the English river navigation, 1620 – 1760, *T. N. S.*, 29 (1953 – 1955), 36 – 50.

[308] Smiles, Samuel, *Industrial biography: iron workers and tool makers*, ed. L. T. G. Rolt, Newton Abbot, 1967.

[309] Smiles, Samuel, *Lives of the engineers*, ed. L. T. C. Rolt, 3 vols., Newton Abbot, 1968.

[310] Smith, Alan, Steam and the City: the Committee of Proprietors of the Invention for Raising Water by Fire, 1715 – 1735, *T. N. S.*, 49 (1977 – 1978), 5 – 20.

[311] Snell, Keith, *Annals of the labouring poor: social change and agrarian England*, 1660 – 1900, Cambridge, 1985.

[312] Spate, O. H. K. Geographical aspects of the industrial evolution of London till 1850, *Geographical Jnl*, 92 (1938), 422 – 432.

[313] Stander, S. Eighteenth – century patent medicines, *History of Medicine*, 7 (1976).

[314] Supple, B. E. *Commercial crisis and change in England*, 1600 – 1642, Cambridge, 1959.

[315] Tann, Jennifer, The bleaching of woollen and worsted goods, 1740 – 1860, *Textile History*, 1 (1969), 158 – 169.

[316] Tann, Jennifer, Fuel saving in the process industries during the industrial revolution: a study in technological diffusion, *Business History*, 15 (1973), 149 – 159.

[317] Tann, Jennifer, The textile millwright in the early industrial revolution, *Textile History*, 5 (1974), 80 – 89.

[318] Tann, Jennifer, Makers of improved Newcomen engines in the late 18th century, T. N. S., 50 (1978 – 1979), 181 – 192.

[319] Tann, Jennifer, Mr Hornblower and his crew: Watt engine pirates at the end of the 18th century, T. N. S., 51 (1979 – 1980), 95 – 105.

[320] Taylor, E. G. R. *The mathematical practitioners of Hanoverian England*, 1714 - 1840, Cambridge, 1966.

[321] Thirsk, Joan, *Economic policy and projects: the development of a consumer society in early modern England*, Oxford, 1978.

[322] Thirsk, Joan, (ed.), *The agrarian history of England and Wales*, vol. 5, Cambridge, 1985.

[323] Thomas, Brinley, Escaping from constraints: the industrial revolution in a Malthusian context, *Jnl Interdisciplinary History*, 15 (1985), 729 - 753.

[324] Thomas, Brinley, Was there an energy crisis in Great Britain in the 17th century?, *Explorations in Economic History*, 23 (1986), 124 - 152.

[325] Thomas, P. J. The pottery industry in the industrial revolution, *Economic Jnl*, *Economic History Supplement*, 3 (1934 - 1937), 399 - 414.

[326] Thomas, P. J. *Mercantilism and the East India trade*, 1963.

[327] Thomis, Malcolm I. *Responses to industrialization: the British experience*, 1780 - 1850, Newton Abbot, 1976.

[328] Thompson, E. P. The moral economy of the English crowd in the eighteenth century, *Past & Present*, 50 (1971), 76 - 136.

[329] Thorndike, Lynn, *A history of magic and experimental science*, 8 vols., New York, 1958.

[330] Thornton, Peter, *Baroque and rococo silks*, 1965.

[331] Trengrove, L. Chemistry at the Royal Society of London in the eighteenth century, *Annals of Science*, 19 (1963), 187 - 237.

[332] Tookey, Geoffrey W. Patents and public policy under the British common law in Association Internationale pour la Protection de la Propriete Industrielle, *Venetian patent law*, Milan, 1974.

[333] Usher, A. P. *A history of mechanical inventions*, 2nd edn, Cambridge, Mass., 1954.

[334] *Victoria County History*, *Essex*, vol. 2.

[335] *Victoria County History*, *Suffolk*, vol. 2.

[336] Viseltear, A. J. The last illness of Sir Robert Walpole, *Bulletin of the History of Medicine*, 41 (1967), 195 - 207.

[337] Viseltear, A. J. Joanna Stephens and the eighteenth - century lithontropics, *Bulletin of the History of Medicine*, 42 (1968), 199 - 220.

[338] Von Tunzelmann, G. N. Technical progress during the industrial revolution in Roderick Floud and Donald McCloskey (eds.), *The economic history of Britain since* 1700: *volume i*, 1700 - 1860, Cambridge, 1981.

[339] Wadsworth, A. P. and J. de L. Mann, *The cotton trade and industrial Lancashire*, 1600 - 1870, repr. Manchester, 1965.

[340] Wagner, Donald O. Coke and the rise of economic liberalism, *Ec. H. R.*, 1st ser. 6 (1935 -

1936), 30 - 44.

[341] Wailes, Rex, Windmill winding gear, *T. N. S.*, 25 (1945 - 7), 27 - 35.

[342] Wailes, Rex, Horizontal windmills, *T. N. S.*, 40 (1967 - 8), 125 - 145.

[343] Wailes, Rex, Windmills in Charles Singer, E. J. Holmyard, and A. R. Hall (eds.), *A history of technology*, 8 vols., Oxford, 1954 - 1984, vol. 3.

[344] Wainwright, David, *Broadwood by appointment*, 1982.

[345] Walton, Mary, *Sheffield: its story and achievements*, 4th edn, Sheffield, 1968.

[346] Weatherill, Lorna, Technical change and potters' probate inventories, 1660 - 1760, *Jnl of Ceramic History*, 3 (1970), 3 - 12.

[347] Weatherill, Lorna, *The pottery trade and north Staffordshire*, 1660 - 1760, Manchester, 1971.

[348] Weatherill, Lorna, and Rhoda Edwards, Pottery making in London and Whitehaven in the late - seventeenth century, *Post Medieval Archaeology*, 5 (1971), 160 - 181.

[349] Webster, Charles, *The great instauration: science, medicine and reform*, 1626 - 1660, 1975.

[350] Webster, Charles, *From Paracelsus to Newton: magic and the making of modern science*, Cambridge, 1982.

[351] Wells, F. A. *The British hosiery and knitwear industry: its history and organization*, 2nd edn, Newton Abbot, 1972.

[352] Welsh, Charles, *A bookseller of the last century*, 1885.

[353] White, Lynn, Jr. What accelerated technical progress in the western middle ages? in A. C. Crombie (ed.), *Scientific change: symposium on the history of science, University of Oxford*, 1961, 1963.

[354] White, Lynn, Jr. Cultural climates and technological advance in the middle ages, *Viator*, 2 (1971), 171 - 202.

[355] White, Stephen D. *Sir Edward Coke and The grievances of the commonwealth*, 1621 - 1628, Chapel Hill, 1979.

[356] Wilkinson, R. G. *Poverty and progress: an ecological model of economic development*, 1973.

[357] Willan, T. S. *River navigation in England*, 1600 - 1750, 1936.

[358] Williamson, F. George Sorocold of Derby, a pioneer of water supply, *Jnl Derbys. Archaeological and Natural History Society*, 57 (1937), 44 - 84.

[359] Wilson, Paul, The waterwheels of John Smeaton, *T. N. S.*, 30 (1955 - 1957), 25 - 48.

[360] Wilson, R. G. *Gentlemen merchants: the merchant community in Leeds*, 1700 - 1830, Manchester, 1971.

[361] Wolper, Roy S. The rhetoric of gunpowder and the idea of progress, *J. H. I.*, 31 (1970), 589 - 598.

[362] Wood, Sir Henry Trueman, The inventions of John Kay, 1704 - 1770, *Jnl of the Royal*

Society of Arts, 60 (1911 -1912), 73 -86.

[363] Wood, Sir Henry Trueman, *A history of the Royal Society of Arts*, 1913.

[364] Woodcroft, Bennet, *Chronological index of patents of invention*, 2 vols. , 1854.

[365] Woodcroft, Bennet, *Subject - matter index, made from titles only of patents of invention, from March* 2, 1617, 14 *James I to October* 1, 1852, 16 *Victoriae*, 2 vols. , 1854.

[366] Woodcroft, Bennet, *Alphabetical index of patentees of inventions*, 1854, repr. 1969.

[367] Wrigley, E. A. The supply of raw materials in the industrial revolution, *Ec. H. R.* , 2nd ser. 15 (1962), 1 -16.

[368] Wrigley, E. A. The process of modernization and the industrial revolution in England, *Jnl of Interdisciplinary History*, 3 (1972), 225 -259.

[369] Wykes, David L. The Leicester riots of 1773 and 1787: a study of the victims of popular protest, *Trans. Leics. Archaeological and Historical Society*, 54 (1978 -1979), 39 -50.

[370] Young, J. H. Proprietors of other days, *Chemist and Druggist*, 106 (1927), 831 -834.

[371] Zilsel, Edgar, The genesis of the concept of scientific progress, *J. H. L*, 6 (1945), 325 - 349.

未发表的论文

[1] Davey, P. C. Studies in the history of mining and metallurgy to the middle of the seventeenth century, Ph. D. thesis, University of London, 1954.

[2] Duncan, G. D. Monopolies under Elizabeth I, Ph. D. thesis, University of Cambridge, 1976.

[3] Hartridge, R. J. The development of industries in London south of the Thames, 1750 -1850, M. Sc. thesis, University of London, 1955.

[4] Hoppit, Julian, Risk and failure in English industry, c. 1700 - 1800, Ph. D. thesis, University of Cambridge, 1984.

[5] Kanefsky, John W. The diffusion of power technology in British industry, 1760 - 1870, Ph. D. thesis, University of Exeter, 1979.

[6] Lieberman, David, The province of legislation determined: legal theory in eighteenth - century Britain, Ph. D. thesis, University of London, 1980.

[7] MacLeod, Christine, Patents for invention and technical change in England, 1660 - 1753, Ph. D. thesis, University of Cambridge, 1983.

[8] Mandrell, T. R. The structure and organisation of London trades, wages and prices, and the organisation of labour, 1793 -1815, M. Litt. thesis, University of Cambridge, 1968.

[9] Rhodes, Hilda M. Literary aspects of inventors, projectors and virtuosi, 1660 - 1720, M. A. thesis, University of London, 1959.

[10] Rothstein, N. K. A. The London silk industry, 1702 - 1766, M. A. thesis, University of London, 1961.

[11] Setchell, J. R. M. Henry Hindley & Son, instrument and clock makers of York,

B. Litt. thesis, University of Oxford, 1971.

[12] Thomas, J. H. Thomas Neale, a seventeenth – century projector, Ph. D. thesis, University of Southampton, 1979.

[13] Walker, Michael J. The extent of the guild control of trades in England, c. 1660 – 1820; a study based on a sample of provincial towns and London Companies, Ph. D. thesis, University of Cambridge, 1986.

[14] Weatherill, Lorna, The growth of the pottery industry in England, 1660 – 1815, Ph. D. thesis, University of London, 1981.

原书索引

说明：本索引的编制格式为原版词汇 + 中文译文 + 原版页码

Academia del Cimento 西门托学院 186

Académie des Sciences 法国科学院 41，47，186，189，262，n. 42

achromatic lenses 消色差透镜 70

Acts of Parliament：confirming patents 议会法案：专利确认 16 – 17，49 – 60，72 – 73，82，232，n. 1

engineering schemes 工程项目 247，n. 44

rewarding inventors 发明人奖励 31，38，49，60，193，196

advertising 广告 85 – 87

agricultural implements 农业应用 98 – 100，129，168 – 169

agriculture patents 农业专利 97，101，168；生产型 6，144，212

unpatented innovations 未获专利的创新 98 – 100

Albemarle，2nd Duke of（Christopher Monck）克里斯托福·蒙克 阿尔比马尔莱公爵二世 28

Alberti，Girolamo（Venetian ambassador）吉罗拉莫·阿尔伯蒂，威尼斯大使 26，228，n. 36

Albion Mills（London）阿尔比恩制造厂（伦敦）104，176，219

Alkali manufacture 制碱 89，111 – 112，114，153

Allen，John 约翰·艾伦 175

Angell，Justinian 贾斯汀·安吉尔 84

Annual Register 专利年度登记册 147

apprentices 学徒工 13，18，118

apprenticeship 学徒制 66

Archer，Henry 亨利·阿彻 166 – 167

Ardesoif，Charles 查尔斯·阿德索伊夫 231 n. 102

Argend，Aimé 埃梅·阿真德 72，78

Arkwright，Richard 理查德·阿克莱特 71，78，89，92，103，133，162，189，221

Artificers，Statute of（1563）1563 年工匠法案 12，113

Artisans 工匠 118，121，133 – 135，137；emigration of 工匠移民 33

Ashton，Samuel 萨缪尔·阿斯顿 50，82

Astbury，John 约翰·阿斯特伯里 71

Atmospheric engine 大气发动机 7，28，91，101 – 102，175，218 – 219，221

Aubrey，John 约翰·奥布里 102，268，n. 70

Auriol，John 约翰·奥里奥尔 29

Bacon，Francis 弗朗西斯·培根 183，185 – 186，190，194，195，204 – 206，261，

n. 25，263 n. 99
Bacon，Joseph 约瑟夫·培根 82
Baddeley，Richard 理查德·巴德利 88，179
Bailey，William 威廉·贝利 225，n. 46
Baker，Charles 查尔斯·贝克 98
Baker，John 约翰·贝克 77
Baker，Walter 沃尔特·贝克 59，86，235 n. 74
balance of trade，theories 贸易平衡理论 31 – 32
Baldwin，Henry 亨利·鲍德温 100
Ball，John 约翰·鲍尔 100
balloons（hot – air and hydrogen）气球（热气球与氢气球）202
Baltic，trade with 波罗的海贸易 32
bankruptcies 破产 125
Barbon，Nicholas 尼古拉斯·巴本 210
Barlow，Robert 罗伯特·巴罗 53
Bashforth，John 约翰·巴什福斯 67 – 68
Bashforth，William 威廉·巴什福斯 67 – 68
Baskerville，John 约翰·巴克斯维尔 71，95，219
Batchelor，John 约翰·巴彻勒 93，238，n. 44
Bath and West Society 巴斯与西部学会 195
Bayly，Lewis 刘易斯·白利 29 – 30，229，n. 66
Beale，John 约翰·比阿勒 269，n. 96
Becker，Andrew 安德鲁·贝克尔 81
beech oil 山毛榉油 16 – 17，88
bee hives 蜂箱 92
Bellers，John 约翰·贝勒斯 192
Bellingham，John 约翰·贝灵汉姆 25 – 26
Benson，Thomas 托马斯·本森 77，164
Bentham，Jeremy 杰里米·边沁 44，264，n. 124
Bentham，Samuel 塞缪尔·边沁 44，105，147，168
Bentley，Thomas 托马斯·本特利 196
Berkeley，George，Bishop of Cloyne 乔治·贝克莱，科隆尼主教 192
Berthollet，Claude Louis 克劳德·路易·贝托莱 111
Bertie，Philip 菲利普·伯蒂 86
Berty，Francisco 弗朗西斯科·贝尔蒂 11
Bessemer，Henry 亨利·贝塞默尔 77，95
Betton，Michael 迈克尔·贝顿 59
Betton，Thomas 托马斯·贝顿 59
Betts，William 威廉·贝茨 162
Bill of Rights（1689）1689 年权利法案 82
Billin，Thomas 托马斯·比林 48
Billingsley，Case 凯斯·比林斯里 163
Bircot's case（1572）1572 年比尔科特案 13，18，67 – 68，145，188
Birmingham 伯明翰 88，128，129 – 130，154；同见月光社
Black，Joseph 约瑟夫·布莱克 89，114
Blacksmiths，Company of 铁匠行会 84
Blackstone，William 威廉·布莱克斯通 10
Blanchard，Isaac 艾萨克·布兰查德 164
Blanchard，Peter 彼得·布兰查德 164
bleaching 漂白 89，90 – 91，111 – 112，174
Blith，Walter 沃尔特·布莱斯 210 – 211
Blondeau，Pierre 皮埃尔·布隆多 34
Blood，Edmund 埃德蒙·布拉德 43
Board of Trustees for the Improvement of Manufactures in Scotland 苏格兰制造业促进受托委员会 194
Boden，Samuel 萨缪尔·博登 59
Bolsover，Thomas 托马斯·博尔索夫 94，131
Boneuil，Anthony Bourboulonde 安东尼·波博隆德·博尼尔 111 – 112
Book of bounty（1610）《奖励书》（1610）14 – 15
Booth，John 约翰·布思 163
Booth，Joseph 约瑟夫·布思 235，n. 84

Bosquet, Abraham 亚伯拉罕·伯斯奎特 260, n. 143
Boulton, Matthew 马修·博尔顿 68, 71, 89 - 90, 92, 94, 130, 147, 219, 248, n. 69
Boulton and Watt v. *Bull* (1795) 1795 年博尔顿与瓦特诉布尔案 61 - 62
Bourn, Daniel 丹尼尔·伯恩 89
Boyle, Robert 罗伯特·博伊尔 36, 203, 205 - 206
Bramah, Joseph 约瑟夫·布拉马 73, 79, 105, 124, 143, 199, 220, 248, n. 59
Branwell, William 威廉·布兰威尔 94
Brent, Robert 罗伯特·布伦特 21
brewing industry 酿酒产业 108 - 109, 114, 168, 174
bribery 贿赂 21
Brindley, James 詹姆斯·布林德利 104, 105
Bristol 布里斯托 77, 124, 129
Brooks, Richard 理查德·布鲁克斯 92, 102
Brown, Jonathan 约翰森·布朗 31, 46, 153
Brunel, Marc Isambard 马克·伊萨姆巴德·布鲁瑙 62, 105, 142
Bubble Act (1720) 1720 年泡沫法案 55, 80, 88, 90
Buchanan, Robertson 罗伯逊·布坎南 9
Buckingham, 2nd Duke of (George Villiers) 乔治·维利尔斯 白金汉公爵二世 25 - 27, 45, 79, 228, n. 30, 228 n. 36
buckles 纽扣 130, 154
Bucknall, Ralph 拉尔夫·巴克纳尔 81
building industry 建筑行业 97, 113, 153, 156
bullion 铸币 32
Bundy, William 威廉·邦迪 142
Burdett, Mr (engraver) 布尔德特 (刻工) 94
Burghley, Lord (William Cecil) 威廉·塞西尔, 伯格利勋爵 11 - 14, 44, 47, 66, 183
Bush, Mr (wheelwright) 布什, 车轮修造工 100
Byfield, Timothy 蒂莫西·柏菲尔德 48, 85
Byron, John 约翰·拜伦 261, n. 29

Cam, John de la 约翰·德·拉·卡姆 26
Camden, Lord (Charles Pratt) 查尔斯·普拉特, 卡姆登勋爵 221
Campbell, George 乔治·坎贝尔 23
canals 运河 97, 103, 156
candles 蜡烛 23 - 24, 114
capital: Costof 资本: 成本 171; fixed 固定成本 148 - 149, 173, 175; working 工作成本 173 - 175, 180
capital goods 资本货物 90, 109, 124, 139, 153, 156, 213, 219
capital - goods sector 资本货物部门 95, 99 - 100, 102, 112, 132, 137 - 139, 145, 148 - 149, 157, 215
Capitalism 资本主义 108 - 109, 114, 118, 121, 130, 134, 135, 137, 143, 156 - 157, 207
capital - saving inventions 资本节约型发明 158 - 159, 171, 173 - 180
Capstack, George 乔治·卡普斯塔克 161
carding machines 梳棉机 89
Cartwright, Edmund 埃德蒙·卡特莱特 71, 142, 167, 177
Cary, John 约翰·卡里 173, 214, 215
Cecil, William see Burghley, Lord 威廉·塞西尔, 见伯格利勋爵
centralization of production 生产集中化 103, 108 - 109, 114, 133 - 134
Chabannes, Jean Frederic, Marquis de, 让·弗雷德里克, 沙巴内侯爵 142
Chamberlain, William 威廉·张伯伦 29, 48, 71, 229, n. 59, 62
Champion, Richard 理查德·钱皮恩 107

Champion, William 威廉·钱皮恩 93, 95
Chancery 大法官法院 60-62, 68
Chapman, William 威廉·查普曼 20
Charles II 查尔斯二世 17, 20-22, 24-28, 43, 268, n.69
Chater, John 约翰·查特 59, 112-113
chemical inventions 化学发明 50, 63, 106-112
Clark, Richard 理查德·克拉克 233, n.36
classical economists 经典经济学家 197, 209; see also under individual names 详见索引中各人
Clay, Charles 查尔斯·克雷 31
Clay, Henry 亨利·克莱 130
Clerk of Patents 专利书记官 44
Clerke, Sir Clement 克莱门特·克莱克爵士 21, 29
Clerks Act (1535) 1535 年胥吏法 40
Clifford, Martin 马丁·克利福德 25
Clockmakers, Company of 制表公司 31, 43, 73, 84, 112-113, 188
clockmaking 钟表制造 94, 97, 113
Clowdesly, Paul 保罗·克劳德斯利 22
Coachmakers, Company of 马车制造公司 83
Coachmaking 马车制造 83, 97, 143, 155
Cochrane, Archibald, *see* Dundonald, 9th Earl 阿奇博尔德·科克伦，参见邓多德伯爵九世
Cockayne project 科卡因计划 47
coinage, 铸币 34
Coke, Sir Edward 爱德华·科克爵士 13, 18-19, 66, 161, 227, n.49
Cole, John 约翰·科尔 53
Colenett, John, 约翰·科尔内特 27
Coles, Joshua 约书亚·科勒斯 240, n.118
Collier, John Dyer 约翰·戴尔·科利尔 167
Collins, William 威廉·柯林斯 164
colonies 殖民地 28
common law 普通法 14, 15, 18, 19, 48, 59-60、61, 227, n.49, 236, n.5
competition, (商业) 竞争 88-89, 114, 128-129, 134, 135, 137, 143, 147
consumer goods 消费品 120-121, 153-156, 207
consumer society, rise of 消费社会的兴起 145, 149-150
Convex Lights Company 凸面灯行会 16, 82, 188
Cooke, James 詹姆斯·库克 100
Cooke, John 约翰·库克 176
Cookworthy, William 威廉·库克沃西 107, 111
Coote, Richard, 1st Earl of Bellamont 理查德·古特贝拉蒙特伯爵一世 21, 29
Copper Miners of England, Company of 英格兰铜矿工人公司 51-52
copyright: in books 版权：图书版权 98, 197-199; in designs 设计版权 67, 85
Copyright Act (1709) 1709 年版权法 198-199
Copyright Act (1787) 1787 年版权法 67
Cornforth, Joseph 约瑟夫·康弗思 100
Cornwall 康沃尔 102, 124, 128, 139, 175
Cort, Henry 亨利·科特 179
Cotesworth, William 威廉·科特斯沃斯 91
Coventry 考文垂 129, 133, 134
Cowley, John 约翰·考雷 34
Cowpland, William 威廉·考普兰 23
Crawshay, Richard 理查德·克劳沙伊 179
crime 犯罪 155-156
Crispe, William 威廉·克里斯皮 232, n.125
Crompton, Samuel 萨缪尔·克兰普顿 7, 93-94, 196
Crosbie, John 约翰·克罗斯比 60

Cumberland 坎伯兰 124 - 125
Cumberland, John 约翰·康博澜 232, n. 125
Curr, John 约翰·柯尔 101, 143
customs duties 海关关税 22, 228, n. 12
Cutlers Company of Hallamshire 哈兰餐具公司 27, 131

Dallowe, Philip 菲利普·达洛 27, 34
Dalrymple, Sir John 约翰·达尔林普 89
Darby, Abraham I 老亚伯拉罕·达比 179
Darby, Abraham II 小亚伯拉罕·达比 185
Darby, Edmund 埃德蒙·达尔比 59
Darcy v. *Allein* (1602) 1602 年达西诉阿连案 18
Davenant, Charles 查尔斯·达文南特 209, 212 - 213, 269, n. 94
Davies, John 约翰·戴维斯 76, 144
Davis, Daniel 丹尼尔·戴维斯 164
Decloux, Paul 保罗·德克劳斯 22, 83
defensive patents, See preemptive patenting 防御专利，参见先发型专利
Defoe, Daniel 丹尼尔·迪福 54, 163, 166, 208, 209 - 210, 214
Delabadie, James 詹姆斯·德拉巴迪 29
Delafaye, Charles 查尔斯·德拉法耶 30
Derbyshire 德比郡 77, 132
Derham, William 威廉·德勒姆 203
Desaguliers, J. T. J. T. 德萨谷里尔 104, 189, 190, 239, n. 96
desalination 淡化 16, 36 - 37, 73
D'Escherny, David 大卫·德伊斯车尔尼 50 - 51, 86, 190
Devonshire 德文郡 102, 128
Dickens, John 约翰·狄肯斯, 76
disposable incomes, increase in 可支配收入，增长 149
distilling industry 蒸馏产业 109, 114, 174
diving engines 水下发动机 43, 81, 189
docking 码头 168
Dollond, John 约翰·多伦德 70
Dollond, Peter 彼得·多伦德 61, 70
Doncaster 唐卡斯特 124
Doncaster loom 唐卡斯特织机 221
Dossie, Robert 罗伯特·多西 196
Drury, Dru 德鲁·德鲁里 168
Dublin Society for Improving Husbandry, Manufactures and other Useful Arts 都柏林养殖、制造与实用技术促进会 194、195
Ducrest, Charles Lewis 查尔斯·刘易斯·杜克雷斯特 79
Dudley, Dud 达德·达德利 28
Dundonald, 9th Earl of (Archibald Cochrane) 阿齐博尔德·科克伦邓唐纳德伯爵九世 79, 112, 142 - 143, 244, n. 119, 245, n. 148, 250, n. 120
Dunton, John 约翰·邓顿 197
Dupin, Nicholas 尼古拉斯·杜平 31
Durham 杜伦 101, 124, 179
Dwight, John 约翰·德怀特 64 - 67、68、69, 71, 79
dyeing industry 印染产业 107
Dyer, John 约翰·戴尔 166
Dyers, Company of 染色公司 113

earthenware 土陶器 48, 64 - 66, 71
East India Company 东印度公司 16, 45, 212
East India Company v. *Sandys* (1684), See Monopolies, Case of 1684 年东印度公司诉桑迪斯案，参见垄断集团诸案
Eaton, Robert 罗伯特·伊顿 76, 239, n. 92
Eckhardt, Anthony George 安东尼·乔治·埃克哈特 142
econometric history 计量经济学史 4 - 5
economy: growth of 经济：增长 217,

(Limite to) 限制因素 209; Stresses in 强调 158; Structure of 结构 156 - 157; *see also* industrializatian 另见工业化
Edgeburyv. Stephens (1691) 1691 年艾齐伯雷诉史蒂芬斯案 68
Edgeworth, Richard Lovell 理查德·洛威尔·埃奇沃思 78, 129
Eldon, Lord (John Scott) 约翰·斯科特, 埃尔登勋爵 147
Elers, David 大卫·埃勒斯 65
Elers, John 约翰·埃勒斯 65
Elizabeth I 伊丽莎白一世 14
employment: creation of 就业: 创造 33, 44 - 45, 161 - 163, 211, 215; protection of 保护 12, 13, 19, 158、159 - 161, 164 - 165; *See also* labour; labour - saving invention 另见劳动和劳动力节约型发明
engineering, Civil 工程, 土木 103 - 105
engineering, mechanical 工程机械 95, 97, 118, 124, 137 - 139, 148, 149, 215
equity courts 衡平法院 58 - 61, 236, n. 5, 237, n. 25; *See also* Chancery 另见大法官法院
Eugene, John 约翰·尤金 173
Evelyn, John 约翰·伊芙琳 208
excise 消费税 22 - 24, 113 - 114
Eyre, Sir James, Chief Justice 詹姆斯·艾尔爵士, 首席大法官 61 - 62

Facio, Nicholas 尼古拉斯·法西欧 188
Farey, John 约翰·法雷 42, 105, 237, n. 24
fashions 时尚 156, 210; *See also* consumer goods 另见消费品
Fauconnier, Peter 彼得·福康尼耶 29
Ffowke, John 约翰·福克 66, 70
financial crises 经济危机 55, 151 - 152
Finch, Heneage 亨内奇·芬奇 48, 82 - 83
Finch, John 约翰·芬奇 31
Finch, William 威廉·芬奇 168
fire - fighting equipment 消防设备 46, 48, 66, 70, 153
Fishwick, Richard 理查德·费舍维奇 245, n. 137
Fitzgerald, Richard 理查德·菲茨杰拉德 36 - 37
Florence 佛罗伦萨 11; *See also* A cademia del Cimento 另见西门托学院
Foljambe, Joseph 约瑟夫·弗亚姆贝 56, 67 - 68, 90 - 91
Folkestone, Lord 罗德·福克斯通 195
food and drink trades 餐饮业 97, 112
Fordyce, Alexander 亚历山大·福代斯 112
Forester Smith, Anthony 安东尼·福雷斯特·史密斯 44
Forrest, Thomas 托马斯·福雷斯特 46
Fortrey, Samuel 萨缪尔·福特雷 269, n. 96
Fox, Sir Stephen 史蒂芬·福克斯爵士 44
framesmiths 框架铁匠 131 - 132
Framework Knitters, Company of 机器针织工行会 132
France: patent law (1791) 1791 年法国专利法 199; Privilèges 法国专利特权 3, 41, 47, 192, 231, n. 94, 246, n. 8; *See also* A cadémie des Science 另见法国科学院
Franke, Thorness 索内斯·弗兰克 28
French, John 约翰·法兰奇 38
Fresne, Francis Fandell du 弗朗西斯·范德尔·杜弗兰 31 - 32, 47 - 48
fuel - saving inventions 燃料节约型发明 93, 102, 109 - 110, 175, 176 - 177, 178, 179
Fulthorpe, Timothy 蒂莫西·富尔索普 21
Fulton, Robert 罗伯特·富尔顿 142
furnaces 熔炉 28, 51 - 52

Garill, John 约翰·加里尔 16, 32, 42－43, 47, 230, n. 84
Garner, Matthew 马修·加纳 65, 238, n. 56
Garrett's (of Leiston) 加勒特公司（莱斯顿）99－100
Geddes, John 约翰·格德斯 92
General Turnpike Act (1765) 1765 年一般公路收费法案 155
Gentleman's Magazine《君子》杂志 190, 193
Gilbert, Thomas 托马斯·吉尔伯特 27
Gilmore, Joseph 约瑟夫·吉尔摩 245, n. 148
Glanvill, Joseph 约瑟夫·格兰维尔 203
glass industry 玻璃产业 11－12, 15, 25－27, 45, 88, 114
Glass Sellers Company 玻璃经销行会 25, 64
Gloucestershire 格洛斯特郡 124－125
Godfrey, Ambrose 安布罗斯·古德弗雷 46
Gold and Silver Wire Drawers, Company of 伦敦金银线工人行会 32, 42, 230, n. 84
Goodwin, Edward 爱德华·古德温 196
Goude, Anthony 安东尼·古德 76
government: contracts 政府：合约 34－38, 81－82, 231, n. 108, 113; industrial policies 产业政策 31－33; Laissez－faire, attitude of 自由放任态度 37, 47－48, 113; revenue 税收 20－24
Greene, John 约翰·格林 83
Grew, Nehemiah 尼希米亚·格鲁 63, 69－70, 187, 192, 195, 209
Grocers, Company of 伦敦杂货行会 45
Guidotti, Sir Antonio 安东尼奥·吉多蒂爵士 11
Guildford, Baron (Francis North) 弗朗西斯·诺斯，吉尔福德男爵 45, 60
guilds: decline of 行会：衰落 82, 84, 87－88; and patents 与专利 74, 82－84, 112－113, 134－135, 147, 188; rights of 权利 12, 66; see also under individual Companies 另见各行会与公司
Guise, Sir John 约翰·盖斯爵士 29
gunpowder engines 火药发动机 175
Guy, William 威廉·盖伊 23

Hagar, George 乔治·哈加尔 244, n. 109
Haines, Richard 理查德·海恩斯 99, 163, 185
Hale, Thomas 托马斯·赫尔 113, 231, n. 103
Hales, Stephen, 史蒂芬·赫尔斯 36, 204
Hamblin, Robert 罗伯特·汉柏林 49, 56, 84
Hampshire, 汉普郡 129
Hancock, Joseph 约瑟夫·汉考克 131
Harding, William 威廉·哈丁 84, 174
Hargreaves, James 约翰·哈格里夫斯 102、103
Harrington, John 约翰·哈灵顿 185
Harrison, John 约翰·哈里森 38, 193, 232, n. 128, 234, n. 62
Hartley, David 大卫·哈特雷 37
Hartlib, Samuel 萨缪尔·哈特利布 182, 186, 190－191
Haskins, Joshua, 约书亚·哈斯金斯 63－64
Hatton, Thomas 托马斯·哈顿 44
Hawksbee, Francis 弗朗西斯·霍克斯比 51－52
Hayne, John 约翰·海恩 61
Hensen, Gravenor 格雷文诺·亨森 145－146, 226, n. 16, 235, n. 81
Herriot, George 乔治·哈雷特 46－47
Hewes, Thomas 托马斯·赫维斯 247, n. 51
Higgins, Bryan 布莱恩·希金斯 79

Hildeyard, Charles 查尔斯·希德雅德 32 - 33
Hill, Aaron 阿伦·希尔 16 - 17, 88, 152, 204
Hill, Abraham 亚伯拉罕·希尔 186
Hindley, Henry 亨利·辛德利 94
Hodson, Read 雷德·霍德森 179
Hogarth' s Act (1735) 1735 年霍加斯法案 67; *See also* copyright, of design 另见设计版权
Holden, Henry 亨利·霍尔登 27
Holt, Richard 理查德·霍特 48, 72
Hooke, Robert 罗伯特·胡克 186、187, 191
Hornblower, Jonathan 乔纳森·霍恩布洛尔 71, 73, 174
hosiery industry 袜产业 60 - 61, 131 - 132, 143, 154
Houghton, John 约翰·霍顿 208, 213, 215, 269, n. 96
Howard, Charles 查尔斯·霍华德 82
Howard, Sir Philip 菲利普·霍华德爵士 27, 35, 49, 51, 58 - 59
Hulls, Jonathan 乔纳森·赫尔斯 77, 175
Hume, David 大卫·休谟 209
Hunter, Joseph 约瑟夫·亨特 131
Huntsman, Benjamin 本杰明·亨茨曼 7, 94, 131
Hurd, Edward 爱德华·赫德 86
Hutchinson, John 约翰·哈钦森 73, 198
Hutton, Thomas 托马斯·哈顿 45 - 46
Hutton, William 威廉·哈顿 130, 219
Huygens, Christian 克里斯蒂安·惠更斯186
Hyde, Lawrence, Earl of Rochester 劳伦斯·海德, 罗切斯特伯爵 28

immigrants 移民, *See* patentees, immigrant 参见专利权人 inport Substitution 进口替代 12, 27 - 28, 31, 109
improvement 改进 188, 209、210, 267, n. 58; national reputation for 国家声誉 208 (*See also* invention national reputation for) (另见英国发明声誉的); patenting of 型专利 13、14, 18, 62, 67 - 68, 145 - 146
indigo 靛蓝 27
industrial espionage 工业间谍 54, 108
industrial revolution 工业革命 156 - 157
industrialization 工业化 5 - 6, 62, 125
industries: Propensity to patent 产业: 申请专利偏好 97 - 114; Protection of 保护 32 - 33; see also under individual industries 另见各产业
ingenuity, promotion of 鼓励原创性 209、210
Inglis, Alexander 亚历山大·英格利斯 23
instrumentmaking 仪器制造 70, 97, 113, 143
intellectual property 知识产权 31, 67, 197 - 199, 221
invention: concepts of 发明的概念 145, 198 - 199, 201 - 222; definitions of……的定义 61 - 62, 65 - 68, 209、210, 221, 267, n. 58, 268, n. 70; diffusion of ……推广 5 - 6, 183, 194 - 195; economic context of ……的经济内容 205 - 206、207 - 209, 214, 216 - 217; ethic of communicating 交流的伦理 100, 187 - 188; folk - lore of ……的民间故事 204; goal of ……的目标 158 - 181; interest in 利益 145, 199 - 200; investment in 投资 77, 88, 90, 93, 193 - 194; measurement of 度量标准; 1 - 2, 4 - 5, 7, 144; nation reputation for 国家声誉 219, 271, n. 136 (*see also* improvement national reputation for 另见国家声誉的改进); Promotion of …… 鼓励 182 - 195, 200, 220 - 221; Property in 财产权 198 -

199；source of …… 的渠道 206，270，n. 104；unpatented 未获专利的 7，8，93－94，97－114（*see also* capital saving inventions 另见资本节约型；fuel－savinginventions 燃料节约型；labour－saving inventions 劳动力节约型；process invention 过程；product invention 产品；technical Change 技术改进；technology 科技）
invention industry 发明产业 4，75，79，139－141
inventors 发明人；amateur，业余～ 78－79；definition of ～的定义 265，n. 8；as designers，设计师～；210；heroic image of，～的英雄图像 3，220－221；motivation of ～的动力 7，159；professional，职业～ 79，92，135，139－143；rewards for，～奖励 31，38，60，190－196，221；and Royal Society，～与皇家学会 187；in trade，业界～ 79，93－95
Ireland 爱尔兰 8，76，194－195
iron industry 铁产业；燃煤炼铁产业 234，n. 39；铁进口 260，n. 134；and patents～专利 28，30，46，52－53，57，145，153，179；and timber scarcity 木材短缺 208，267 注释
Irwin，James 詹姆斯·欧文 87
Jackson，Benjamin Habakkuk 本杰明·哈巴库克·杰克逊 86－87
Jamaica 牙买加 28，110
James I 詹姆士一世 14－15
James II 詹姆士二世 21，43
James，Robert 罗伯特·詹姆斯 59，62－63，86，107
Jeffreys，George，Chief Justice 乔治·杰弗里斯，首席大法官 68
Jennens，Sir William 威廉·詹纳斯爵士 77
Jenner，Edward 爱德华·詹纳 193，264，n. 124
Jewellers，Company of 珠宝商行会 188
Jewes，Daniel 丹尼尔·裘斯 77
Johnson，Moses 摩西·约翰逊 65－66
Joiners，Company of 合作公司 59，112－113
joint－stock companies 股份公司 55－56，151
Jones，Sir William 威廉·琼斯爵士 62
judiciary 司法机关 31，48，58－74，145，167；另见各法官
Kay，John 约翰·凯 53，60，63，66，92，102，161，164，193，234，n. 58
Keir，James 詹姆斯·基尔 61，89，114，147
Kenrick，W.，Ll. D. W. 凯里克，法学博士 196，199
Kent 肯特 128，129
Kenyon，Lord Chief Justice 肯扬首席大法官 87
Labeyle，Charles 查尔斯·拉贝尔 104
labour：cost 劳动：成本 171，209－210，212；deskilling ～去技术化 168，177－178，180－181；division of ～分工 210－211，216；leisure preference ～休闲偏好 158，171，258，n. 71；relief of ～减轻 211；shortages～短缺 99，211；shortages～力短缺 99，168－169（荷兰～力短缺 208）；underemployment 就业人口不足 211，214；see also employment labour－saving inventions 另见劳动力节约型专利 158－173，180－181，201－202，210－219，257，n. 68；～价值理论 210
laissez－faire 自由放任主义，see goverment 参见政府
Lancashire 兰开夏郡 124－125，133，139
Lauderdale，8th Earl of（James Maitland）詹姆斯·梅特兰 劳德代尔伯爵八世 209，216－217

Le Blon, James Christopher 詹姆斯·克里斯托弗·勒布朗 55 – 56
Leach, Sir Simon 西蒙·利奇爵士 29
leather industry 皮革产业 82, 97, 113, 168, 173 – 174
Lee, Edward 爱德华·李 176
Lee, William 威廉·李 226, n. 16
Leeds 利兹 129, 133 – 134
Leicestershire 兰开夏郡 125, 132
leisure preference 休闲偏好, see labour 参见劳动
letters patent 专利证书, see patents 参见专利
Levinz, Sir Creswell 克莱斯维尔·列文茨爵士 45
Liardetv. Johnson (1778) 莱昂德特诉约翰逊案 49, 60, 69
licensing 审批许可 89 – 92, 244, n. 119
Liddell, George 乔治·利德尔 91
Lillie, John 约翰·利雷 28
linen industry 亚麻产业 31, 133
liquidity preference 资产流动偏好 258, n. 77
litigation 诉讼 3, 58 – 74, 237, n. 24
Liveings, Thomas 托马斯·莱温宁斯 98, 193, 234, n. 60
Liverpool 利物浦 124 – 125, 129
Llarguier, Jean 让·拉尔吉耶 83
Locke, John 约翰·洛克 220
Lodge, William 威廉·洛奇 77
Lombe, Sir Thomas 托马斯·隆比爵士 17, 49, 93, 95, 166, 183, 193, 218 – 219
London: Patents 伦敦; ~ 专利权人 118 – 125, 128 – 129, 137, 139, 143; street lighting ~ 街灯 82; as source information ~ 信息源 77 – 78, 124 – 125, 128, 130, 133; trade ~ 各行业 70, 88 – 89, 137
London, Samuel 萨缪尔·伦敦 48
Long, John 约翰·朗 109
longitude 经度 31, 38, 193, 234, n. 62
Longitude Act (1713) 1713 年经度法案 38, 193
Lonsdale, 3rd Viscount (Henry Lowther) 亨利·洛瑟 朗斯代尔子爵三世 94
looms 织机 53, 91 – 92, 132
Lowther, Sir James 詹姆斯·洛瑟爵士 30, 92, 94
Lowther, Sir John 约翰·洛瑟爵士 30
Lunar Society 月光社 78 – 79, 129
Lund, Benjamin 本杰明·隆德 51 – 52
lustring 光亮绸, See Royal Lustring Compiny: Silk Industg 参见皇家光亮绸行会, 丝绸产业等
Lydall, Robert 罗伯特·李代尔 239, n. 92

McCulloch, J. R. J. R. 麦克洛克 265, n. 144
machine – breaking 机械制动 169, 218
machine tools 机械工具 5, 105 – 106, 177 – 178, 181
machinery: 机械; collections of ~ 集 195; erport of ~ 出口 33, 218, 230, n. 91; reliabilitg of ~ 可靠性 174 – 177, 180 – 181
machinery question, the 机械问题 217
Madden, Samuel 塞缪尔·马登 194
Malthus, Thomas 托马斯·马尔萨斯 207
Manchester 曼彻斯特 91, 125, 129, 132 – 133
Manchester Committee for the Protection of Trade 曼彻斯特贸易保护委员会 195
Mandale, Nicholas 尼古拉斯·曼代尔 23 – 24
Mandeville, Bernard 伯纳德·曼德维尔 209
Mansell, Sir Robert 罗伯特·曼塞尔爵士 15, 25, 226, n. 32

Mansfield, Lord Chief Justice 曼斯菲尔德大法官 13, 48 – 49, 60, 69, 145 – 146, 199
manufacture 制造业; defination of ~的定义 62, 237, n. 29
Marbury, William 威廉·马伯里 249, n. 86
market, elasticity of 市场弹性 165, 212
market, national 国内市场 145, 147, 157
market forces 市场力量 166, 190, 192, 196 – 197, 221
Marshall, John 约翰·马歇尔 133
Martin, Henry 亨利·马丁 213 – 214, 215, 217
Masters, Sybilla 西比拉·马斯特斯 52
Maudslay, Henry 亨利·莫德斯累 105 – 106
mechanical arts 机械技术 204 – 205
mechanical inventions 机械发明 50, 63, 107
Meikle, Andrew 安德鲁·梅克尔 100, 176
Meikle, James 詹姆斯·梅克尔 94
Menzies, Michael 迈克尔·孟席斯 63, 101
Mercato, David 大卫·梅尔卡托 28
Mercator, Nicholas 尼古拉斯·墨卡托 186
metallurgical industries 冶金产业 28, 51 – 52, 97, 107, 149
metalworking industries 金属加工产业; machinery ~机械 162, 168; patents ~专利 88, 97, 130 – 131, 143, 177; ~标准化 259, n. 125
Middleton, John 约翰·米德尔顿 169
Midlands 米德兰 115, 124, 133, 143
Mildmay, Sir Thomas 托马斯·米尔德迈爵士 12
military inventions 军事发明 35 – 38, 231, n. 113
mill'd lead 碎铅（防护涂层）35
Miller, Samuel 塞缪尔·米勒 168
Miller, Thomas 托马斯·米勒 177
Million, Henry 亨利·米廉 31
Milot, John Lewis 约翰·刘易斯·米洛特 24
mining industries 矿业 91, 94, 97, 100 – 101, 149, 162
Mint, the 薄荷 32, 34
Mompesson, Giles 贾尔斯·蒙佩松 15
monopolies 垄断（组织）12, 21 – 22, 24 – 28; hostility 反~ 14 – 17, 20, 24, 51, 73, 230, n. 83; patents discussed as ~型专利 167, 182 – 185, 192 – 193; 1684 年~案 16; 1624 年~法案 59 – 60, 80, 89, 199; as basis of patent system 专利的~基础 1, 222; Compliance with 遵守~（规定）26, 41 – 42, 44, 46, 185; Contra vention of 对抗~ 28; extention to scoland and Ireland ~向苏格兰和爱尔兰的推广 8 – 9; historian concentration on ~的史学关注点 3 – 4; loophdes in ~漏洞 15 – 16; origin of ~起源 15, 17; scope of ~范围 17 – 19, 161
Montesquieu, Baron (Charles Louis de Secondat) 孟德斯鸠 270, n. 118
Moor Hall, Chester 切斯特·摩尔·霍尔 70
Morland, Samuel 塞缪尔·莫兰 175, 188
Morley, James 詹姆斯·莫利 65
Morris, John 约翰·莫里斯 61, 66, 132
Morris, Thomas 托马斯·莫里斯 61, 66, 132
*Morris*v. *Branson*（1776）1776 年莫里斯诉布兰森案 13, 60, 145 – 146
Moult, Francis 弗朗西斯·莫尔特 69 – 70, 239, n. 92
Moult, George 乔治·莫尔特 69 – 70
Moxon, Joseph 约瑟夫·摩松 34
Murdoch, William 约翰·默多克 78
Murray, Matthew 马修·穆雷 106, 253,

n. 58
musical – instrumentmaking 乐器制造 97，143

nail – making machines 制钉机 168
napping engine 定时休眠引擎 29
Nasmith，John 约翰·内史密斯 49 – 50
Nasmyth，James 詹姆斯·内史密斯 104 – 106，180 – 181，258，n. 93，259，n. 125
National Debt 国债 30，54，152
Neale，Thomas 托马斯·尼尔 30，79，81
neo – platonism 新柏拉图主义 203，219 – 220
Netherlands 荷兰 41，47，208
New Atlantis（1660）《新亚特兰蒂斯》（1660 年）187，191
Newcomen，Thomas 托马斯·纽科门 7，28，218 – 219；See also atmospheris engine 另见空气发动机 Newell，Henry 亨利·内维尔 12
Newsham Richard 理查德·纽山姆 48，66，70，95，153
North，Francis 弗朗西斯·诺斯，See Guildford，Baron 见吉德福特男爵
Northey，Sir Edward 爱德华·诺特雷爵士 38，45，48，54，236，n. 99
Northumberland 诺森伯兰 101，124
Norwich 诺维奇 16，129，133 – 134
Nottingham 诺丁汉 88，124 – 125，128 – 129，131 – 132，154
occupational health 职业健康 164
Oglethorp，James 詹姆斯·奥格洛普 260，n. 9
Oldenburg，Henry 亨利·奥登堡 43，186
opportunity costs 机会成本 212 – 214
Ordnance Office 军械局 36 – 38，231，n. 105
Owen，Robert 罗伯特·欧文 169
Painter Stainers，Company of 粉刷印染公司 59，83，112 – 113
Palmer，Sir Geoffrey 乔弗里·帕尔马爵士 46
Pantin，Lewis 刘易斯·潘廷 104
Pantoune，Robert 罗伯特·潘通 198
paper industry 造纸产业 32 – 33，46，114，250，n. 118，266，n. 25
Papin，Denis 丹尼斯·帕宾 187
parliament：attacks on monopolies 议会；攻击垄断 14 – 17；attitude to labour – saving inventions，~对劳动力节约型发明的态度 166 – 167；select committee on patents（1829）~1829 年专利专门委员会 42，50，62，78，232，n. 131，237，n. 29；see also Acts of Parliament；另见议会法案与津贴
Parrott，Stonier 斯通尼尔·帕罗特 91
partnerships 合伙 55 – 56，77，88，90，116，250，n. 2
Passman，John 约翰·帕斯曼 175
Patent，*The*，*a poem*（1776）1776 年专利之诗 87
patent agents 专利代理师 40
patent law 专利法律 14，48，58 – 64，66 – 67，145，167；see also common law；equity courts；Monopolies，Statute of；under individual cases 另见普通法，衡平法院，垄断法以及一系列个案
patent medicines 专利药物，see proprietary medicines 另见专有药物
Patent Office 专利局 1 – 2
patent rolls 专利登记簿 10，41，44
patent system 专利制度；awareness of，~认知 77 – 78，145 – 147，157；criticisms，~的批评 182 – 190；defences，~的辩护 196 – 200，222；development，~发展 1，

40 – 57，80；economic consequences，～经济后果 4；historiography，～史学史 3 – 4；a misnomer 不恰当的称呼 1；positive feedback in ～正反馈 95，147；subject to government interests，～受政府利益限制 38 – 39；

Patentees：courtiers 专利权人；朝臣～ 14 – 16，25 – 30，43，82 – 83，95，134；female 女性 ～ 9，52，105；financial burden on ～经济负担 77；gentleman，绅士～ 116 – 117，121；immigrant，移民～ 28，82，95，102；London，伦敦～ 118 – 125，128 – 129，137，139，143；motivation of，～激励 7，75 – 96；occupations of，～职业 116 – 118，121 – 124，134 – 139；places of residence of，～居住地 116 – 117；prejudice against，对～的偏见 58，72，145；in the provinces，地方～ 124 – 134，143；and reform of patent system，专利制度改革 182，188 – 189，200；in trades，各行业～ 84，87，134 – 135，143，153；types of ～类别 78 – 79，95，117，152

Patents：affidavit，专利；～宣誓书 42，48，53 – 54；applications lapsed and rejected，～申请逾期和驳回 42，45，76；caveats ～预告 43 ～ 44，89，147，195 – 196；clusters of ～群 87，137，152 – 156；conditions placed on，～条件 12；consideration，～考量 13 – 14，44 – 45，49，61，158；cost of，～费用 76 – 77，146，188；disclosure of secret，～秘密披露 13 – 14，42，49，182 – 183，185，187 – 188，193；disincentives to seeking，～申请的负面因素 75 – 78，124 – 125；enforcement of，～执行 58 – 74，78，92，98；examination，～检查 41，223，n. 4；geographical distribution of，～地理分布 77，115，118 – 134；infringement of，～侵犯 58，60 – 62，64 – 66，68 – 73；insecurity of，～的不安全性 72 – 73，78，188 – 189；Italian influence on，意大利对～的影响 11；justification of，～理由 13，182 – 184，196 – 200；non – obstante，～但书 42，82；origins of，～起源 10 – 11；procedure for obtaining，～申请程序 40 – 42，76；property in，～财产 89；publication of，～出版 43 – 44，50，58，146；registration，～登记 2，41，51；rents for，～租金 20 – 21，28，228 注释 12；revocation of，～撤销 59 – 60；sale of，～销售 92 – 93，142；scrutiny of，～审查 12，41 – 48，189 – 190，229，n. 43；statistics [interpretation of，～统计（～解读 2，5 – 7，115，144，156 – 158；long – term rise in 长期增长 144 – 157；and political crises，～政治危机 38；short – term fluctuations in，～短期猛增 145，151 – 156）]；uses of，～用途 7，74 – 96（heterodox，非正统～ 80 – 88；orthodox，正统用途 80，88 – 93，107）；see also licensing；monopolies；specification 另见许可，垄断，专利说明书

patronage 赞助人 24 – 30，54，80

Paul，Lewis 刘易斯·保罗 63，89 – 90，164 – 166，177，193

Paulden，Thomas 托马斯·帕尔顿 25

Payne，John 约翰·派恩 30，52 – 53，88，178

pearlashes 珍珠灰，see potashes 见锅灰

Peck，Philip 菲利普·派克 194

Pepper 胡椒 45

Pepys，Samuel 萨缪尔·佩皮斯 29 – 30，

231, n. 108
Perrott, Humphry 汉弗莱·佩洛特 249, n. 78
Perukemakers, Company of 假发制造商行会 113
Peter, Josiah 乔赛亚·彼得 70
Petty, Sir William 威廉·佩蒂爵士 183 – 184, 192, 211 – 212
Pewterers, Company of 锡镴行会 113
Peyn, James 詹姆斯·佩恩 52
Pharmacopoeia Londinensis 伦敦药典 85
Phillips, Thomas 托马斯·菲利普斯 29
Philosophical Magazine 哲学杂志 147
pianomakers 钢琴制造商 253, n. 72
Pingstone, Charles 查尔斯·平斯通 36
Plattes, Gabriel 加布里埃尔·普拉特斯 207, 211
Plenius, Roger 罗杰·普雷纽斯 234, n. 58
Plumbers, Company of 制管公司 35, 113
political economy 政治经济 217 – 218; 另见诸古典经济学家
poor relief 济贫 159 – 161, 163 – 164, 211, 214, 218
population pressure 人口压力 161, 207, 209, 211
populousness, theories of 人口密集理论 207, 210 – 211
porcelain 陶器 64, 110 – 111, 238, n. 61
ports 港口 129, 134
Postlethwayt, Malachy 马拉齐·波斯特莱维特 192 – 193, 215
锅灰 60, 153
Potteries, the 陶器产业区 124, 128
pottery industry 陶器产业 77, 110 – 111, 114, 164; see also earthware; porceloin; stoneware 另见土陶器, 陶器和石器
Povey, Charles 查尔斯·波维 46
Povey, Thomas 托马斯·波维 81
power: animal 动力; 牲畜 ~ 173; steam 蒸汽 ~ 35, 101 – 102, 109 – 110, 149, 175 – 177, 219; water 水 ~ 175 – 177; wind 风 ~ 101 – 102, 176; see also atornspere engnei; gunpavder engines 另见大气发动机和火药发动机
Power, Henry 亨利·泡尔 266 n. 25
Praemunire, Statute of 大逆法 55, 236 n.
preemptive patenting 先发专利申请 75, 80, 89, 95, 147
premiums: parliamentary 津贴; 议会 ~ 31, 38, 60, 193, 196; Society of Arts 皇家学会 ~ 76, 99, 194 – 196; 其他 ~ 192, 195
prerogative, royal 王权 15, 17, 38, 58 – 59, 82
Price, Robert 罗伯特·普莱斯 37
prices 价格 18, 152 – 153
principles, patenting of 专利原则 63 – 64
printing patents 印刷专利 71, 197
Privy Council: committee for trade and plantations 枢密院; ~贸易与种植园委员会 46 47; juriediotion ~ 管辖权 19, 37, 42, 47, 59, 61, 73 – 74
producer goods 生产货物, see also captical goods 另见资本货物
process inventions 工艺流程专利 62, 171
product inventions 产品发明 54, 171; see also capticol goods consumer goods 另见资本货物, 消费货物
products, regularity of 产品常规性 177 – 178; 生产力 144 – 145, 159, 163 – 164, 167 – 171, 212 – 214
Proger, Colonel 普罗格上校 28
projecting 计划 21, 54, 72, 88, 109, 151
projectors 计划者 95, 153, 156, 245 n. 148, 263 n. 91

proprietary medicines 专有药物 47，50，59，69－70，84－86，97，134，154－155，187，190
Prosser，Richard 理查德·普洛塞 130，156
Providence 普罗旺斯 198，202－204，209，219－221，265 n. 10
pumps 泵，see shipsi water－raising engines. 见船只和抽水泵
Quakers 贵格会教徒 42，53
Quare，Daniel 丹尼尔·奎尔 84
quasi－professional inventor 准职业发明人，see inventors，professiond 见职业发明人
Ramondon，Mr（inventor）拉蒙东（发明人）231 n. 105
Randall，William 威廉·兰德尔 180
Ransome，Robert 罗伯特·兰瑟姆 100
Ransome's（of Ipswich）伊普斯维奇的兰桑姆 99
Ravenscroft，George 乔治·列文斯考福特 45，64，228 n. 37
Raymond，Sir Robert 罗伯特·雷蒙德爵士 46，48
Rennie，John 约翰·雷尼 104
Repertory of Arts and Manufactures，技术和工业品名录 50，146－147，180
Reresby，Sir John 约翰·雷斯比 27
Revolution，of 1688 1688 年革命 28－29，38
Reynell，Carew 卡鲁·雷纳尔 184，211
Richards，Jacob 雅各布·理查德斯 29，36
Roberts，Samuel 塞缪尔·罗伯茨 131
Roebuck，John 约翰·罗巴克 90，114
ropemaking 制绳 101，143，168
Rotherham plough 罗特汉姆犁 56，63，67－68，90－91，99
Rowe，Jacob 雅各布·洛 30
Royal College of Physicians 皇家外科学会 47，84－86
Royal Iustitution 皇家协会 195
Royal Lustring Company 皇家光亮绸织造公司 13，33，49
Royal Navy 英国皇家海军 35－38，105，180，231 n. 102
Royal Society 皇家学会 191；and Harrison' s chronometer，and Harrison chronometion ～与哈里森计时器 193；history of Trades，贸易史 205；influence of Francis Bacon on，弗朗西斯·培根对～的影响 204－208，261 n. 25；and invention，～与发明 201，203，208，215；and inventors，～与发明人 78，86，187，192，194；patentees in，～专利权人 29，261，n. 29；and patents，～与专利 43，47，70，186－187，189；researches of，对～的研究 101，165－166；and timber conservation，～与木材保护 208
Ryder，Sir Dudley 杜德雷·莱德爵士 24，165

Sadler，John 约翰·萨德勒 94－95
Salmon，Robert 罗伯特·萨蒙 142
salt industry 盐业 12，20，22－23，32，93，109－110，178－179
saltpetre 硝酸钾 37
Savery，Thomas 托马斯·萨弗里 28，35，73，91，162，175，266 n. 17
saw mills 锯木厂 28，163，169，213
Schmettau，Samuel 塞缪尔·施梅陶 22－23
Schwanberg，Mary 玛丽·施万伯格 86
scire facias，writs of 专利辩解令 55，60
Scotland 苏格兰；improvement，promotion of，～的进步与推介 194；potent system，～专利制度 8，11，76；patentees ～专利权人 8，124；universities～大学 217－218
screws 螺旋桨 105

secrecy 秘密 34，52 –53，63，77，83，90 –91，93 –95，104，106，114，185，187 –188；see also patents，disclosure of seoret 另见专利秘密披露
seed oils 种子油 51，152 – 153，161；see also bech oil 另见山毛榉油
Sharp，James 詹姆斯·夏普 99
Shaw，Ralph 拉尔夫·肖 67，71
Sheffield 谢菲尔德 124 – 125，128 – 131，135
Sherard，William 威廉·谢拉德 22
Sherbrook，John 约翰·谢尔布洛克 45
Sherwin，William 威廉·舍温 29，95
Shipley，William 威廉·希普利 194 –195
ships 船舶 35 – 36，97，105，162，180，257 n. 56；see also mill'd lead；worm pitch 另见碎铅和蠕虫沥青
Shipwrights，Company of 造船公司 113
Shropshire 什罗普郡 124，128，139
silk industry 丝绸产业 22，45，83 –84，103
Silk Throwers，Company of 捻丝工行会 166，233 n. 31
silver – plating industry 镀银产业 131
Simpson，Samuel 塞缪尔·辛普森 30
Slyford，Thomas 托马斯·斯莱福特 23
Small，James 詹姆斯·斯莫尔 99 –100
Small，William 威廉·斯莫尔 79
Smartfopt，Francis 弗朗西斯·斯马特富特 81
Smeaton，John 约翰·斯米顿 104，176
Smiles，Samuel 塞缪尔·斯迈尔斯 159
Smith，Adam 亚当·斯密 197 – 198，216，220
Smith，John 约翰·史密斯 166
Smith，Sir Thomas（statesman）托马斯·史密斯爵士（政治家）11
Smith，Thomas（inventor）托马斯·史密斯（发明家）43
Smyth，Mr（patentee）斯迈斯（专利权人）11
soap 肥皂 23，114
Society of Arts 皇家技术学会 76，78，99，100，129，194 –196，264 n. 101
Somers，Sir John 约翰·索莫斯爵士 44 –45，69 –70，161
Somerset 萨默塞特郡 125，128
Sorocold，George 乔治·索洛科尔德 104
South Sea Bubble 南海泡沫 44，55，152，263 n. 91
Southampton，4th Earl of（Thomas Wriothesley）托马斯·利奥斯里 南安普顿伯爵四世 20，32，47
specification 13 –14，42，44，48 –55，62 –64，188 –189
Spectacle Makers，Company of 眼镜制造商行会 113
Spedding，Carlisle 卡利斯列·斯派定 94，101
Spinning machines 旋转机 63，89 –90，94，103，131，177
Sprat，Thomas，Bishop of Rochester 托马斯·斯巴特，罗彻斯特主教 201，206，211，215
Staffordshire 斯塔福德郡 124，128，139
Stanhope，3rd Earl（Charles Stanhope）查尔斯·斯坦霍普 斯坦霍普伯爵三世 79
Stanyforth，Disney 迪斯尼·斯坦尼福斯 67，90 –91
Stanyforth，Mary 玛丽·斯坦尼福斯 63，67 –69，146
Stationers Company 文具商行会 33，197
Steam Engine Proprietors，the 蒸汽机权利人 91 –92
steam engines 蒸汽机，see power，stean 参见蒸汽动力

steam navigation 蒸汽航运 35，175，259 n. 103
Stearne，John 约翰·斯泰恩 64，71
Stedman，John 约翰·斯特德曼 71
Steele，Sir Richard 理查德·斯蒂尔爵士 77
steel industry 钢铁产业 27，94，129
Stell，Joseph 约瑟夫·斯泰尔 53
Stephens，Joanna 乔安娜·斯蒂芬斯 193，235 n. 74
Stephenson，David 大卫·史蒂芬森 237 n. 42
Stephenson，Jabez 贾伯兹·史蒂芬森 93
Steuart，James 詹姆斯·斯图雅特 216，270，n. 115
Stewart，Dugald 杜高德·斯图尔特 216，220
stocking frame 织袜框架 61，66，131，226 n. 16；see also hosiery induatry 另见袜业
stock jobbing 股票经纪人 30，55，88，151，189
stoneware 石器 64 – 66，238 n. 56
Story，James 詹姆斯·斯托里 167
Stoughton，Richard 理查德·斯托顿 85
street lighting 街灯 81 – 82
Strickland，Thomas 托马斯·斯特里克兰德 27
Strutt，Jedediah 杰德迪亚·斯图鲁特 50，61，79，131
Suffolk 萨福克郡 77
sugar industry 糖业 12，28，84，110，174，266 n. 25
Sutton，William 威廉姆·萨顿 86
Sydney，Viscount 悉尼子爵 35
Sylvanus，George 乔治·西尔瓦努斯 72

Talbot，Charles，Baron Talbot of Hensol 查尔斯·塔尔博特，汉梭男爵 56
Talbot，Luke 卢克·塔尔博特 65 – 66，238 n. 65
tapestry，壁毯 55 – 56
Tate，James 詹姆斯·塔特 143
Tatham，John 詹姆斯·泰特 240 h. 117
Taudin，James 詹姆斯·陶丁 113
Taylor，Elizabeth 伊丽莎白·泰勒 105
Taylor，John 约翰·泰勒 53
Taylor，Samuel 塞缪尔·泰勒 76，164，245 n. 148
Taylor，Walter 沃尔特·泰勒 105
technical change 技术改变；demand in duse 需求驱动 ~ 206 – 209，214；econometric studies ~ 的经济学研究 4 – 5；link with patents ~ 与专利的联系 157 – 159；nature of ~ 本质 5 – 6；see also invertion 另见发明
technology 科技；import of ~ 进口 10 – 13，54，208；interest in ~ 利益 201，207，218 – 219
Tennant，Charles 查尔斯·特南特 90，112，174
Tennant，James 詹姆斯·特南特 203
textile industries 纺织产业 97，102 – 103，132 – 133，145，162 – 163，168 – 169
Thomas，Dalby 代尔比·托马斯 189
Thornhill，Elias 伊莱亚斯·桑希尔 179
Thorpe，John 约翰·特洛普 24，113
Thwaites，Thomas 托马斯·特怀特斯 33
Tilson，Thomas 托马斯·提尔森 25
timber，conservation of 木材保护 179 – 180，207 – 208
tin – plating industry 镀锡产业 29，48，229 n. 59
tobacco products 烟草产品 114
Tomlyn，George 乔治·汤姆林 34 – 35，59
Tonson and Co. 汤生公司 71
Toplis，William 威廉·托普利斯 169 – 170

trade cycle 贸易周期 151，156
trade – marks 商标 72，85
transport 交通 97
Treby，Sir George 乔治·特雷比爵士 31，45 – 46
Trevor，Sir Thomas 托马斯·特维尔爵士 45
Triewald，Marten 马丁·特里瓦尔德 91 – 92，165 – 166，175，189
Trinity House 领港行会 49，84
Tucker，Charles 查尔斯·塔克 27
Tucker，（Dean）Josiah 约西亚·塔克（主任牧师）17，162，166，169，209，216，219，270 n. 104
Tull，Jethro 杰斯洛·图尔 98
Tyndall，William 威廉·丁达尔 37

Upton，John 约翰·厄普顿 180
urbanization 城市化 125 – 129
Urlin，Simon 西蒙·乌林 16

Vahan，Thomas 托马斯·瓦汉 82 – 83
Valoué，James 詹姆斯·瓦卢埃 104
Van Daalen，James 詹姆斯·范·达伦 81
Vanderlint，Jacob 雅各布·范德林 212，269 n. 92
Venice 威尼斯 10 – 11，26，see also Alberti，Girdamo 另见吉罗拉莫·阿尔伯蒂
Verbruggen（brothers）范布鲁根兄弟 37
Vernatty，Andrew 安德鲁·韦纳蒂 81
Villiers，George 乔治·维利尔斯，see Buckingham，2nd Duke of 见白金汉公爵二世
Von Helmskirke，Captain 冯·海姆斯柯克船长 231 n. 108

Walcot，William 威廉·瓦尔科特 16，36 – 37，73，232 n. 116
Walker，John 约翰·沃克 109
war 战争；effect on patents ~ 对专利的影响 151，171，173
Ward，James 詹姆斯·沃德 43
Warwickshire 华威郡 124 – 125
washing machines 洗涤机 155，255 n. 41
water – raising engines 抽水机器 42 – 43，81，101 – 103，153，163，167 – 168
Watlington，John 约翰·沃特林顿 77，161
Watson，Francis 弗朗西斯·华生 35，49，58 – 59，83
Watson，Henry 亨利·沃森 77
Watt，James 詹姆斯·瓦特；Act of Parliament，Aot of Parliament 相关的英国议会立法 73，149，177，198；and chlorine bleach，and chlorine bleach 含氯洗涤剂 89，91，111；copying press，复印机 94；on excise，on excise，消费税 114；fame of 名声 221；litigation，诉讼 68，71，78 see also Boulton and Watt v. Bull（另见博尔顿和瓦特诉布尔案），Lunar Society，月光社 79；partnerships 合伙 90；on patent system，reform of，专利体制改革 189，190；patents，fears concerning，专利恐慌 61，89，91，111，147；secrecy of，秘密 89，104；on specification，专利说明书 64，235 n. 77；蒸汽机 149，176 – 178，219
Watt，James jun. 小詹姆斯·瓦特 78
Watts，Joseph 约瑟夫·瓦茨 173
Wayne，Ralph 拉尔夫·韦恩 81
Wayt，John 约翰·韦特 93
wealth 财富；attitude to 对 ~ 的态度 215；distrilation of ~ 分配 125，217
weavers 织工 258 n. 84
Weavers，Company of 织工公司 22，83 – 84
Wedgwood（potters）韦奇伍德（陶匠）

65, 66
Wedgwood, Josiah 约西亚·韦奇伍德 71, 79, 94, 107 – 108, 111, 221, 248 n. 71, 260 n. 126
Weishammer, Jeremiah 杰瑞米·威沙姆 173
Westmorland 威斯特摩兰 124
Weston, Abraham 亚伯拉罕·韦斯顿 61
White, Richard 理查德·怀特 65
White Paper Makers, Company of 白纸制造商行会 13, 33, 46
Whitworth, Joseph 约瑟夫·惠特沃斯 106
Wilkinson, Isaac 艾萨克·威尔金森 174 – 175, 234 n. 58
Wilkinson, John 约翰·威尔金森 37, 105, 143, 178
Wilkinson, Susannah 苏珊娜·威尔金森 85
Wilkinson, William 威廉·威尔金森 85
Williamson, Francis 弗朗西斯·威廉姆森 81
Willoughby, Francis, Baron Willoughby 法兰西斯·威洛比，威洛比男爵 28
Wiltshire 威尔特郡 102
winding engines 风力发动机 101
Winlaw, William 威廉·温劳 99
Winstanley, Gerard 杰拉德·温斯坦利 191
wire 线 32
Withins, Justice 维辛斯大法官 69
Wood, Charles 查尔斯·伍德 179
Wood, John 约翰·伍德 179
Wood, Sutton Thomas 萨顿·托马斯·伍德 178
Wood, William 威廉·伍德 30, 56
Woodcroft, Bennet 班纳特·伍德克罗夫特 2, 235 n. 66
woolcombing machinery 梳羊毛机 170 – 171
Woolf, Arthur 阿瑟·伍尔夫 176
Woollat, William, 威廉·伍拉特 61
woollen cloth 羊毛布料 46 – 47, 102 – 103, 133, 164 – 165, 214
Worlidge, John 约翰·沃尔利奇 99
Worcester, 2nd Marquis of (Edward Somerset) 爱德华·萨默斯特 伍斯特侯爵二世 49, 219
worm pitch 蠕虫沥青 52
wreck fishing 沉船打捞 21, 81; see also diving engines 另见潜水机
Wren, Sir Christopher 克里斯托弗·雷恩爵士 81, 205, 211, 215, 265 n. 6
Wright, William 威廉·怀特 31, 46, 153
Wyatt, Job 约伯·怀亚特 105
Wyatt, John 约翰·怀亚特 63, 89 – 90, 164 – 166, 177, 181
Wyatt, W. H. (editor) W. H. 怀亚特（编辑）50
Wyatt, William (patentee) 威廉·怀亚特（专利权人）105
Wyndus, Edward 爱德华·温杜斯 81

Yarranton, Andrew 安德鲁·雅兰顿 29, 45, 71, 177, 184 – 185, 191 – 192, 229 n. 62, 267 n. 54
Yorke, Philip, 1st Earl of Hardwicke 约克·菲利普 哈德威克伯爵一世 31, 46, 52 – 56, 82, 234 n. 39
Yorkshire 约克郡 124 – 125, 128 – 129, 133, 139
Young, Arthur 亚瑟·杨 131, 216